EUL VERLAG

WIRTSCHAFTSINFORMATIK

Herausgegeben von Prof. Dr. Dietrich Seibt, Köln, Prof. Dr. Hans-Georg Kemper, Stuttgart, Prof. Dr. Georg Herzwurm, Stuttgart, Prof. Dr. Dirk Stelzer, Ilmenau, und Prof. Dr. Detlef Schoder, Köln

Band 50
Rolf G. Poluha
Anwendung des SCOR-Modells zur Analyse der Supply Chain – Explorative empirische Untersuchung von Unternehmen aus Europa, Nordamerika und Asien
5., überarbeitete Auflage
Lohmar – Köln 2010 • 564 S. • € 76,- (D) • ISBN 978-3-89936-968-7

Band 66
Stefan Scholz
Geschäftsmodelle für Grid Computing in der Medizin und der Biomedizin
Lohmar – Köln 2010 • 352 S. • € 64,- (D) • ISBN 978-3-89936-894-9

Band 67
Sven-Carsten Hanssen
Bestimmung und Bewertung der Wirkungen von Informationssystemen
Lohmar – Köln 2010 • 352 S. • € 64,- (D) • ISBN 978-3-89936-912-0

Band 68
Michael Röthlin
Management of Data Quality in Enterprise Resource Planning Systems
Lohmar – Köln 2010 • 332 S. • € 63,- (D) • ISBN 978-3-89936-963-2

Band 69
Ludwig Fuchs
Methodology for Hybrid Role Development
Lohmar – Köln 2010 • 272 S. • € 58,- (D) • ISBN 978-3-89936-978-6

Band 70
Andreas Helferich
Software Mass Customization
Lohmar – Köln 2010 • 380 S. • € 65,- (D) • ISBN 978-3-8441-0006-8

JOSEF EUL VERLAG

Software Mass Customization: Übertragung des Konzepts der individualisierten Massenfertigung auf Softwareprodukte

Von der Fakultät Wirtschafts- und Sozialwissenschaften der Universität Stuttgart zur Erlangung der Würde eines Doktors der Wirtschafts- und Sozialwissenschaften (Dr. rer. pol.) genehmigte Abhandlung

vorgelegt von

Andreas Helferich

aus Kirchheim unter Teck

Hauptberichter: Prof. Dr. Georg Herzwurm

Mitberichter: Prof. Dr. Mareike Schoop

Tag der mündlichen Prüfung: 08. Dezember 2010

Betriebswirtschaftliches Institut der Universität Stuttgart

2010

Reihe: Wirtschaftsinformatik · Band 70

Herausgegeben von Prof. Dr. Dietrich Seibt, Köln, Prof. Dr. Hans-Georg Kemper, Stuttgart, Prof. Dr. Georg Herzwurm, Stuttgart, Prof. Dr. Dirk Stelzer, Ilmenau, und Prof. Dr. Detlef Schoder, Köln

Dr. Andreas Helferich

Software Mass Customization

Mit einem Geleitwort von Prof. Dr. Georg Herzwurm,
Universität Stuttgart

EUL VERLAG

Bibliografische Information der Deutschen Nationalbibliothek

Die Deutsche Nationalbibliothek verzeichnet diese Publikation in der Deutschen Nationalbibliografie; detaillierte bibliografische Daten sind im Internet über <http://dnb.d-nb.de> abrufbar.

Dissertation, Universität Stuttgart, 2010, unter dem Titel: Software Mass Customization – Übertragung des Konzepts der individualisierten Massenfertigung auf Softwareprodukte

D 93

ISBN 978-3-8441-0006-8
1. Auflage Dezember 2010

JOSEF EUL VERLAG GmbH
Brandsberg 6
53797 Lohmar
Tel.: 0 22 05 / 90 10 6-6
Fax: 0 22 05 / 90 10 6-88
E-Mail: info@eul-verlag.de
http://www.eul-verlag.de

Bei der Herstellung unserer Bücher möchten wir die Umwelt schonen. Dieses Buch ist daher auf säurefreiem, 100% chlorfrei gebleichtem, alterungsbeständigem Papier nach DIN 6738 gedruckt.

Geleitwort

Zahlreiche Veröffentlichungen der letzten Jahre konstatieren einen deutlich intensiver werdenden Konkurrenzdruck in der Softwarebranche. In der Regel wird konstatiert, dass Kunden einen immer größeren Funktionsumfang sowohl bei Standard- als auch bei Individualsoftware, eine individuelle Anpassung der Software und ein schnelles Reagieren auf geänderte Kundenanforderungen sowie geänderte technische Möglichkeiten verlangen. In der Regel wird dies aber ebenso wenig empirisch belegt, wie konkrete Lösungen vorgeschlagen werden, die mehr als nur Schlagworte und Trends darstellen.

Basierend auf der Erkenntnis, dass Parallelen zu der Situation in der produzierenden Industrie gegen Ende des zwanzigsten Jahrhunderts vorliegen und daher eine Übertragung der dort gewählten Lösungsstrategien angezeigt sein könnte, untersucht Herr Helferich die Übertragung des Konzepts der Konzept der individualisierten Massenfertigung (engl: Mass Customization) auf Softwareprodukte.

Es ist der Verdienst der vorliegenden Arbeit, ein softwarespezifisches Konzept der Mass Customization detailliert, sehr systematisch und intersubjektiv nachvollziehbar zu entwickeln und dabei die über die Softwareentwicklung hinausgehenden Auswirkungen der Software Mass Customization aufzuzeigen. Zudem wird mit Quality Function Deployment – Product Portfolio Planning (QFD-PPP) eine Methode vorgestellt, die Softwareunternehmen dabei unterstützt, Software Mass Customization auf der Basis von Softwareplattformen einzuführen.

Mit Hilfe dreier Fallstudien bei Softwareunternehmen weist Herr Helferich die Praxistauglichkeit seiner Methode nach. Zusammen mit der durchgeführten Umfrage unter deutschen Softwareunternehmen wird so auch die große Praxisrelevanz des Themas Software Mass Customization nachgewiesen. Damit liefert die Arbeit eine wichtige Grundlage für die Verbreitung der Software Mass Customization in der betrieblichen Praxis. Ich wünsche dieser ausgezeichneten Arbeit eine entsprechende Verbreitung in Wissenschaft und Praxis.

Stuttgart, im Dezember 2010 Univ.-Prof. Dr. Georg Herzwurm

Danksagung

Zwar ist eine Dissertation primär das Werk des Verfassers, ohne tatkräftige Unterstützung und Aufmunterung, konstruktive Kritik und Hinweise auf mögliche Verbesserungen aus dem persönlichen Umfeld aber wäre diese Arbeit in dieser Form nicht möglich gewesen.

Mein besonderer Dank gilt meinem Doktorvater, Professor Dr. Georg Herzwurm, der mich in all meinen Jahren am Lehrstuhl stets unterstützt hat. Vielen Dank für seine Zeit und seine Unterstützung mit Worten und Taten.

Meinen ehemaligen Kollegen am Lehrstuhl, namentlich Herrn Dr. Michael Breidung, Frau Dr. Ulrike Dowie, Frau Nicole Gellner, Herrn Dr. Sven Hanssen, Herrn Stefan Jesse, Herrn Lars Oliver Mautsch, Herrn Heiner Merz, Herrn Martin Mikusz, Frau Marie Milcz, Frau Katharina Peine, Frau Sook Ja Schmitz sowie last but by no way least Herrn Sixten Schockert möchte ich für die sehr gute Zusammenarbeit, fruchtbare Diskussionen und Feedback zu meinen Präsentationen von Zwischenergebnissen danken. Nach meiner Einschätzung nicht selbstverständlich ist die tolle Atmosphäre am Lehrstuhl, für die ich mich ausdrücklich bei allen Beteiligten bedanken möchte.

Dank gilt auch Frau Professor Doktor Mareike Schoop für die Verfassung des Zweitgutachtens sowie Herrn Professor Doktor Henry Schäfer für die Übernahme des Vorsitzes des Promotionsausschusses.

Ohne die tatkräftige Unterstützung durch meine Fallstudienpartner wäre es mir nicht möglich gewesen, meine Methode zu evaluieren. Den Herren Siegfried W. und Dr. Jens W. gebührt mein besonderer Dank, ihren zahlreichen an der Evaluation beteiligten Kollegen und Kunden bin ich ebenfalls zu großem Dank verpflichtet.

Großen Anteil an der Lesbarkeit dieser Arbeit haben Herr Michael Frommelt, Frau Lale Gündog und Frau Heike Kauer, die unermüdlich den Kampf gegen meine Schachtelsätze aufgenommen haben.

Besonderer Dank schließlich gebührt meinen Eltern und meinen Großeltern, die mich dabei bestärkt haben, diesen Weg einzuschlagen und mich stets dabei unterstützt haben, ihn zu begehen. Ihnen sei dieses Buch gewidmet.

München, im Dezember 2010 Andreas Helferich

Inhaltsübersicht

Inhaltsverzeichnis

Abbildungsverzeichnis

Tabellenverzeichnis

Abkürzungsverzeichnis

ASP	Application Service Provisioning (auch: Application Service Provider)
AX	Axapta
BWL	Betriebswirtschaftslehre
CAD	Computer Aided Design
CAM	Computer Aided Manufacturing
CIM	Computer Integrated Manufacturing
CobiT	Control Objectives for Information and Related Technology
CPM	Customer Portfolio Matrix
CRM	Customer Relationship Management
CSP	Customer Solution Planning
CSS	Customer Satisfaction Survey
CVA	Customer Value Analysis
DPA	Domain Potential Analysis
DSSA	Domain-Specific Software Architecture
ERP	Enterprise Resource Planning
GfK	Gesellschaft für Konsumforschung
HoQ	House of Quality
IEC	International Electrotechnical Commission
IESE	Fraunhofer-Institut für Experimentelles Software Engineering
IS	Information Systems
ISO	International Organization for Standardization
IT	Informationstechnologie
ITIL	IT Infrastructure Library
ITK	Informations- und Telekommunikationstechnologie
MS	Microsoft
NAV	Navision
PDM	Product Data Management / Produktdatenmanagement
PLM	Product Line Mapping
PPM	Product Portfolio Matrix
PPP	Product Portfolio Planning
PuLSE	Product Line Software Engineering (reg. Trademark Fraunhofer IESE)
QFD	Quality Function Deployment
RIS	Reuse Infrastructure Scoping

SaaS	Software-as-a-Service
SAP	Systeme, Anwendungen und Produkte in der Datenverarbeitung
SEI	Software Engineering Institute der Carnegie-Mellon University
SCM	Supply Chain Management
SIMPLE	Structured Intuitive Model of Product Line Economics
SOA	Service-orientierte Architektur
TQM	Total Quality Management
WKWI	Wissenschaftliche Kommission Wirtschaftsinformatik
xApp	Composite Application offered by SAP

Zusammenfassung

Seit dem Ende der Dotcom-Blase häufen sich Berichte über zunehmenden Wettbewerbsdruck in der Softwarebranche. Bei näherer Betrachtung ähneln die genannten Auswirkungen und Gründe des Wettbewerbsdrucks der Situation, der sich die produzierende Industrie in den neunziger Jahren des zwanzigsten Jahrhunderts gegenüber sah. Die produzierende Industrie antwortete auf diese Herausforderungen durch eine bewusste Unterscheidung standardisierbarer und sinnvollerweise individueller Produktbestandteile und Prozessschritte, die zu Plattformkonzepten und der individuellen Massenfertigung führte.

Ein systematischer Vergleich der Ausgangslagen, Wirkungsgefüge und vor allem auch der Reaktionen der Unternehmen auf die jeweilige Situation wurde bislang allerdings noch nicht unternommen. Die vorliegende Arbeit hat zum Ziel, hier eine Lücke zu schließen und sowohl die Ausgangslagen als auch die Wirkungsgefüge zu vergleichen. Zudem wird auf Basis dieses Vergleichs die Übertragbarkeit des Konzepts der individualisierten Massenfertigung untersucht und eine Methode entwickelt, die Softwareunternehmen bei der Übertragung dieses Konzepts unterstützt.

Dazu wird zuerst die Situation in der produzierenden Industrie in den neunziger Jahren analysiert, indem Hintergrund, Entstehung und Merkmale der individualisierten Massenfertigung (die ihrerseits in der Regel auf einer Produkt- und Prozessplattform beruht) beschrieben werden. Diese Analyse beginnt mit den Änderungen der Wettbewerbsbedingungen und führt direkt zur Individualisierung der Leistungserstellung als Antwort auf diese Bedingungen. Daran anschließend wird aufgezeigt, welche Rolle Komplexitätsmanagement als Konzept sowie Modularisierung und Produktplattformen als Umsetzungen dieses Konzepts für eine effiziente Individualisierung der Leistungserstellung spielen. Daraufhin wird die individualisierte Massenfertigung (Mass Customization) als wettbewerbsstrategisches Konzept, welches Plattformbauweisen mit einer intensiven Kundeneinbindung in die Leistungserstellung verbindet, erläutert.

Hierauf aufbauend wird dann untersucht, inwiefern sich die individualisierte Massenfertigung auf Softwareprodukte übertragen lässt und welche Besonderheiten des Produkts Software und der Softwarebranche zu berücksichtigen sind. Um die praktische Bedeutung des Phänomens zu untersuchen, wurde zudem eine explorative Studie durchgeführt, die anschließend vorgestellt wird.

Aufgrund einer generellen Bejahung der Übertragbarkeit sowie einer positiven Indikation für den Bedarf an einer Übertragung der individualisierten Massenfertigung auf Softwareprodukte wird anschließend genauer untersucht, wie diese Übertragung aussehen könnte. Aus dieser Untersuchung leiten sich der Bedarf an einer Methode zur Planung modularisierter Softwareproduktplattformen und plattformbasierter Softwareprodukte sowie Anforderungen an eine derartige Methode ab.

Mit Quality Function Deployment - Product Portfolio Planning (QFD-PPP) wird eine solche Methode entwickelt und dargestellt. Dazu werden zuerst aus bestehenden Methoden übernommene Grundbausteine beschrieben, bevor anschließend weitere Grundbausteine und schließlich die aus den Grundbausteinen zusammengesetzten Module der Methode vorgestellt werden. Den Abschluss der Beschreibung der Methode bilden eine Übersicht über die Unterschiede der Varianten der Methode und eine kurze Erläuterung, wie die Ergebnisse der Methode in den weiteren Entwicklungsprozess der Plattform und der plattformbasierten Softwareprodukte eingehen.

Den Empfehlungen von Hevner et al. folgend wurde die Methode QFD-PPP iterativ in mehreren Durchgängen entwickelt, evaluiert und verbessert. Die Iterationen fanden jeweils im Rahmen von Fallstudien mit Softwareunternehmen statt und werden in Kapitel 6 beschrieben.

Zwar besteht Bedarf an einer weitergehenden Evaluation, so konnten nicht alle Varianten der Methode umfassend evaluiert werden, dennoch ist das Ergebnis positiv. Die Evaluation der Methode zeigt, dass sie die an sie gestellten Anforderungen erfüllt und Softwareunternehmen dabei unterstützt, modularisierte Softwareproduktplattformen und plattformbasierter Softwareprodukte zu planen. Auch kann dem Framework von Hevner et al. ein hoher Wert bei der Unterstützung der Konstruktion und Evaluation von Methoden bescheinigt werden.

Abstract

Ever since the burst of the dotcom-bubble, a growing number of reports describe increasing competitive pressure in the software industry. On closer examination, the causes and effects described resemble the situation faced by the manufacturing industry in the nineteen-nineties. The manufacturing industry responded to these challenges by carefully differentiating between common and variable product parts and process steps, which in turn lead to the introduction of platform concepts and the concept of Mass Customization.

However, so far a systematic comparison of status quo, cause-and-effect chains or the reactions undertaken by companies in the respective situation has not been undertaken. This thesis aims to close this gap and compare the respective status quo and cause-and-effect chains. Additionally, the portability of the Mass Customization concept to the realm of software products is investigated and a method that supports software companies in transferring this concept is developed.

To achieve this, the situation of the manufacturing industry in the nineteen-nineties is analyzed and background, development and characteristics of Mass Customization (which is usually based on process and product platforms) are described. This analysis starts with the changes in the competitive landscape and leads directly to the creation of individual products and services as an answer to these changes. Afterwards, the role played by complexity management as a concept and modularization and product platforms as instantiations of this concept are analyzed with regard to their support for the efficient creation of individual products and services. Following this, Mass Customization is presented as a concept for competitive strategy that combines platform concepts with an intensive customer-integration into the creation of products and services.

Building upon this analysis, further research is conducted into the adaptations necessary to transfer Mass Customization to the software domain. Specifically the specific characteristics of software as a product and the software industry that have to be taken into account are investigated. Afterwards, an empirical study that was conducted to evaluate the practical significance of this problem is presented.

Based on positive results of both the analysis of the portability and the study on the practical significance, the adaptations necessary to transfer Mass Customization to the software domain are then analyzed in detail. This analysis results in the need for

a method to plan modular product platforms and software products based on these platforms as well as requirements for such a method.
Such a method – called Quality Function Deployment - Product Portfolio Planning (QFD-PPP) – is subsequently developed and described. For this purpose, basic building blocks transferred from existing methods, additional building blocks and finally the QFD-PPP modules using these methods are described. An overview of the different variants of the method and the integration of QFD-PPP's results in the further development of the platform and the software products based on this platform form the conclusion of the description.
Following the recommendations given by Hevner et al, the method QFD-PPP was developed, evaluated and improved iteratively. The iterations were performed in case studies with software companies and are described in chapter 6.
While further evaluations seem necessary (e.g. not all variants of QFD-PPP could be evaluated), the results are positive. The evaluation demonstrates that the methods fulfills the positioned requirements and that QFD-PPP supports software companies to plan software product platforms and software products based on these platforms. Additionally, the evaluation demonstrated the usefulness of the framework developed by Hevner et al. for the construction and evaluation of methods in the field of information systems.

1 Einleitung

1.1 Problemstellung

Zahlreiche Veröffentlichungen der letzten Jahre berichten davon, dass Softwareunternehmen sich immer stärkerem Wettbewerb ausgesetzt sehen.[1] Dies liege einerseits an dem verstärktem Kostenbewusstsein seitens der Kunden (spätestens seit dem Ende des dotcom-Hypes Anfang des Jahrtausends),[2] andererseits an der Konkurrenz durch Anbieter aus dem Ausland. Zusätzlich steige der geforderte Funktionsumfang immer weiter an, sowohl bei Standard- als auch bei Individualsoftware müsse jedes neue Release zahlreiche neue Funktionen bieten. Des Weiteren seien die Kunden zwar immer weniger bereit, für eine Individualentwicklung zu bezahlen, gleichzeitig würden ihre Wünsche aber immer spezifischer, so dass es immer schwerer würde, mit einem Standardprodukt die Wünsche aller Kunden zu bedienen.[3] Sowohl Privatkunden als auch gewerbliche Kunden fordern zusätzlich erhöhte Flexibilität der Softwareprodukte, da sich ihre Anforderungen immer schneller ändern (bei den gewerblichen Kunden oftmals getrieben dadurch, dass deren Kunden ihre Anforderungen schneller ändern).[4] Der technische Fortschritt, der ein hohes Obzoleszenzrisiko bei Software bewirkt, schreite ebenfalls unerbittlich voran und verstärke das Problem zusätzlich.[5]

Betrachtet man diese Schilderungen, so fallen Analogien zur Situation produzierender Unternehmen Ende der 80er/Anfang der 90er Jahre auf. Bereits damals wurde dort über den „Wandel vom Verkäufer- zum Käufermarkt" und die daraus resultierenden Probleme berichtet. Die produzierenden Unternehmen reagierten

---

[1] Vgl. z.B. Messerschmitt und Szyperski (2003), Müller (1999), Wolle (2005), S. 3ff., Heng (2005), S. 2 oder Kilian-Kehr et al. (2007), S. 62 und 65

[2] Vgl. PriceWaterhouseCoopers (2007), S. 1

[3] Dies kann auch aus der hohen Bedeutung von Branchensoftware bei dem in Deutschland sehr wichtigen Feld der Unternehmenssoftware geschlossen werden, vgl. GfK-Marktforschung et al. (2000), S. 71f. und 94f.

[4] Vgl. z.B. Bitkom e.V.; Roland Berger Strategy Consultants (2007), S. 68 oder Economist Intelligence Unit (2005), S. 3. Eine im Auftrag der SAP AG erstellte Umfrage der Economist Intelligence Unit unter 4.018 Mitgliedern des Topmanagements von Unternehmen aller Branchen weltweit ergab die Identifikation von Veränderungen im Kundenverhalten und den Kundenwünschen als größte Herausforderung für Produkt- und Dienstleistungsinnovationen der nächsten Jahre und betont in diesem Zusammenhang die Wichtigkeit des Verständnisses für die Kunden für die Personalisierung der Produkte und Dienstleistungen, vgl. Economist Intelligence Unit (2005), S. 4. Gleichzeitig sähen 82% der Befragten die IT als absolut kritischen Faktor für die Anpassung an die neuen Gegebenheiten, vgl. Economist Intelligence Unit (2005), S. 3f.

[5] Vgl. Wolle (2005), S. 6. Allerdings ist umstritten, wie lange dieser Fortschritt noch andauert, vgl. z.B. Messerschmitt und Szyperski (2003), S. 351f.

darauf zunächst meist durch eine starke Erweiterung ihres Produktprogramms, wobei viele neue Produkte keine wirklichen Neuheiten darstellten, sondern lediglich Varianten bestehender Produkte. Unterstützt durch Mängel in der klassischen Kostenrechnung (Zuschlagskalkulation) wurden diese Varianten zu günstig angeboten, so dass der Trend vom Standardprodukt hin zu Nischenprodukten noch gefördert wurde.[6] Als diese Probleme in Wissenschaft und Praxis erkannt waren, wurden verschiedene Lösungen entwickelt. Neben der Prozesskostenrechnung sind hier vor allem Methoden des Komplexitätsmanagements wie Baukastensysteme oder die bewusste Beschränkung des Produktprogramms zu nennen. Zusätzlich zu diesen eher reaktiven Ansätzen wurde aber auch das Konzept der Mass Customization, also der Verknüpfung von Prinzipien der Massen- und der Individualfertigung entwickelt. Dieses verspricht, die genannten Veränderungen der Wettbewerbsfaktoren auszunutzen und durch eine enge Interaktion mit dem Kunden sogar Vorteile aus diesen Herausforderungen zu ziehen.

Angesichts der Parallelen seitens der Wettbewerbsfaktoren erscheint es angebracht, zu untersuchen, inwiefern das Konzept Mass Customization auch für Softwareunternehmen angewandt werden kann.[7] Hierzu muss allerdings sorgfältig untersucht werden, ob die Ausgangslage wirklich vergleichbar ist, ob die Lösungen auf Software übertragbar sind und welche Anpassungen ggf. notwendig wären. Zudem stellt sich die Frage nach dem Neuigkeitsgrad: Schlagworte wie software families[8] oder mass produced software components[9] wurden schon in den 60er und 70er Jahren geprägt, und das Interesse an Wiederverwendung ist bis heute nicht abgeflaut.[10] Auch hat der Begriff der Industrialisierung der Softwareentwicklung – hinter dem ebenfalls der Gedanke steckt, erfolgreiche Lösungen aus der produzierenden Industrie zu übernehmen – in den letzten Jahren wieder verstärkt an Aufmerksamkeit gewonnen.[11]

---

[6] Vgl. im Folgenden z.B. Horváth und Mayer (1989), Johnson und Kaplan (1987a) und Homburg und Daum (1997) sowie Kapitel 2.2.2.

[7] Beispielsweise ist ein empfohlener Forschungsschwerpunkt, den die Autoren der Studie zur *Analyse und Evaluation der Softwareentwicklung in Deutschland* aus dem Jahr 2000 als Ergebnis ihrer Studie als Handlungsempfehlung an die Politik empfehlen, die Erforschung von „Prozesse[n], Methoden und Werkzeuge[n] zur rationellen Erstellung von Software-Varianten“ (GfK-Marktforschung et al. (2000), S. 14). Zudem thematisieren erste Veröffentlichungen das Thema Software Mass Customization, z.B. Meyer und Webb (2005), Kratochvil und Carson (2005), S. 51 oder Krueger (2002).

[8] Vgl. Parnas (1976)

[9] Vgl. McIlroy (1969)

[10] Tatsächlich scheinen sich die Ziele, aber auch die Probleme der Wiederverwendung kaum zu verändern, lediglich die Programmierkonzepte bzw. Entwicklungstechniken, mit denen versucht wird, die Wiederverwendung zu fördern, vgl. Ludewig und Lichter (2007), S. 574.

[11] So standen zwei Hefte der Zeitschrift Wirtschaftsinformatik (Sonderheft zu Ehren von Prof Mertens „Der Softwarestandort im Zeichen von Industrialisierung und Globalisierung“ sowie Heft 3/2007) und eines der Zeitschrift HMD (Fröschle und Strahringer (2007)) im Jahr 2007 unter diesem Motto, ebenso

1.2 Zielsetzung

Ziel der vorliegenden Arbeit ist es, das wettbewerbsstrategische Konzept der Mass Customization auf Softwareprodukte zu übertragen, um Softwareunternehmen einen Weg aufzuzeigen, die genannten Herausforderungen anzunehmen und zu ihrem Vorteil zu nutzen. Wie noch zu zeigen ist, erfordert dies die Entwicklung von (Software-)Produktplattformen, auf denen aufbauend mit geringem Aufwand eine Vielzahl inhaltlich wie technisch verwandter Produkte angeboten werden kann. Die besonderen Charakteristika des Gutes Software und der Softwarebranche führen dazu, dass die effiziente kundenorientierte Planung der Plattform und der auf ihr aufbauenden individualisierten Produkte ein wichtiges – und bislang unzureichend behandeltes – Problem ist, das im Rahmen dieser Arbeit angegangen werden soll.[12]
Aus der genannten Zielstellung resultieren folgende zwei Forschungsfragen:

1. Wie kann das Konzept der individualisierten Massenfertigung (Mass Customization) auf Softwareprodukte übertragen werden?
2. Wie muss eine Methode gestaltet sein, die Softwareunternehmen dabei unterstützt, eine modulare kundenorientierte Plattform zu planen, die es gestattet, effizient individualisierte Produkte abzuleiten und wie kann eine solche Methode in den Gesamtprozess der Softwareentwicklung eingebettet werden?

Zur detaillierten Beantwortung werden diese Forschungsfragen in die folgenden Teilfragen herunter gebrochen:

1.1 Wie funktioniert und welcher Methoden bedient sich Mass Customization für materielle Produkte und Dienstleistungen?

1.2 Unter welchen unternehmensexternen und –internen Voraussetzungen ist Mass Customization erfolgversprechend?

1.3 Welche Charakteristika des Gutes Software und der Softwarebranche sind bei der Übertragung des Konzepts der Mass Customization auf Softwareprodukte zu berücksichtigen?

griffen einige Konferenzen das Thema auf, z.B. die Software-Management 2008 (vgl. Herzwurm und Mikusz (2008)).

[12] Die softwaretechnische Implementierung dieser Plattform steht dagegen nicht im Fokus der Arbeit – hier kann auf zahlreiche Veröffentlichungen z.B. aus der Literatur zu Softwareproduktlinien verwiesen werden – stattdessen soll der sowohl von der Informatik als auch von der Betriebswirtschaftslehre eher stiefmütterlich behandelte Bereich der Produktdefinition von Softwareprodukten thematisiert werden, nicht aber ohne die Einbettung in den Gesamtprozess der Softwareentwicklung zu erläutern.

1.4 Welche Auswirkungen hat die Übertragung des Konzepts der Mass Customization auf Softwareprodukte für Softwareunternehmen?

als Teilfragen der Forschungsfrage 1 sowie

2.1 Wie muss eine Methode zur effizienten Planung modularer kundenorientierter Softwareproduktplattformen und auf diesen Plattformen basierender individualisierter Produkte aussehen?

2.2 Wie kann eine derartige Methode in den Gesamtprozess der Entwicklung von Softwareproduktplattformen eingebettet werden?

als Teilfragen der Forschungsfrage 2.

Auf der Basis dieser Forschungsfragen lässt sich das Forschungsdesign dieser Arbeit entwerfen. Zuvor muss die Arbeit allerdings wissenschaftstheoretisch eingeordnet werden.

1.3 Forschungsmethodik

1.3.1 Wissenschaftstheoretische Einordnung

Die vorliegende Arbeit ist der Wirtschaftsinformatik zuzuordnen, die sich selbst als ein interdisziplinäres Fach an der Grenze zu Betriebswirtschaftslehre und Informatik versteht.[13] Kurbel begründet die Daseinsberechtigung der Wirtschaftsinformatik damit, dass sie sich – neben Überschneidungen mit ihren Nachbardisziplinen – primär mit Fragestellungen auseinandersetzt, die bisher weder von der Betriebswirtschaftslehre noch von der Informatik befriedigend angegangen wurden, Damit begründe sie die Entwicklung ihrer eigenen Konzepte, Methoden und Modelle.[14] Heinrich et al. konstatieren in diesem Zusammenhang: „Wirtschaftsinformatik ist eine wirtschafts- und sozialwissenschaftliche Disziplin mit starker ingenieurswissenschaftlicher Durchdringung; ihre Eigenständigkeit ergibt sich aus dem ihr eigenen Gegenstandsbereich.“[15] Den **Gegenstandsbereich** beschreibt die „Rahmenempfehlung für die Universitätsausbildung in Wirtschaftsinformatik“ der Wissenschaftlichen Kommission Wirtschaftsinformatik (WKWI) und des Fachbereichs Wirtschaftsinformatik der Gesellschaft für Informatik wie folgt: „Gegenstand der Wirtschaftsinformatik sind Informations- und Kommunikationssysteme (IKS) in Wirtschaft und

[13] vgl. Hansen und Neumann (2005), S.101, Stahlknecht und Hasenkamp (2005), S.8 oder Heinrich et al. (2007), S. 38ff. zur Geschichte der Wirtschaftsinformatik. Ebenfalls sehr aufschlussreich sind die Arbeiten von Lange zur Abgrenzung der deutschen Wirtschaftsinformatik von ihrer amerikanischen Schwesterdisziplin, der Information Systems und die dort gemachten Aussagen zum Verhältnis der Wirtschaftsinformatik zur BWL und zur Informatik, vgl. Lange (2006).

[14] Vgl. Kurbel (1987), S. 93

[15] Heinrich et al. (2007), S. 13

Verwaltung, die zunehmend auch in die privaten Haushalte hineinwirken; sie werden kurz als Informationssysteme (IS) bezeichnet. IS sind soziotechnische Systeme, d.h. die Aufgaben werden von personellen und maschinellen Aufgabenträgern kooperativ durchgeführt. [...] Aufgabe der Wirtschaftsinformatik ist die Entwicklung und Anwendung von Theorien, Konzepten, Modellen, Methoden und Werkzeugen für die Analyse, Gestaltung und Nutzung von Informationssystemen."[16] Somit kann die Wirtschaftsinformatik wie auch die Betriebswirtschaftslehre den Kulturwissenschaften als Spezialisierung der Realwissenschaften zugeordnet werden, da sie sich – wie auch große Teile der Ingenieurswissenschaften und der Informatik – mit von Menschen geschaffenen (Wirtschafts- oder Technik-) Systemen beschäftigen.[17] Damit ist die *Gewinnung neuer Erkenntnisse über die Realität* Ziel der Wirtschaftsinformatik. Dabei teilt die Wirtschaftsinformatik mit der Betriebswirtschaftslehre das **Erfahrungsobjekt**, nämlich den Betrieb als geplante und organisierte Wirtschaftseinheit. Im **Erkenntnisobjekt** jedoch unterscheiden sie sich: die Wirtschaftsinformatik hat die *Gesamtheit der Informations- und Kommunikationssysteme als Mensch-Maschine-Systeme im jeweiligen organisatorischen Kontext* als Erkenntnisobjekt.[18]

Obwohl sie sich als eigenständige Wissenschaft versteht, hat die Wirtschaftsinformatik methodisch Anleihen bei der Betriebswirtschaftslehre einerseits und der Informatik andererseits genommen.[19] Dies hat auch Auswirkungen auf die in der Wirtschaftsinformatik vorherrschenden Forschungsstrategien: einerseits empirische Forschung (quantitativ oder qualitativ), andererseits die den „Sciences of the Artificial"[20] typische Design Science. Während Erstere die Gewinnung von Erkenntnissen über die Realität als Ziel hat, bezweckt Letztere die Konstruktion nützlicher Artefakte (und damit die Gestaltung der Realität).[21] Beide sind in der Wirtschaftsinformatik gebräuchlich, wobei die deutsche Wirtschaftsinformatik sich im Vergleich zu ihrer amerikanischen Schwesterdisziplin stärker der Konstruktion

---

[16] WKWI (2007), S. 319

[17] vgl. Raffée (1974), S. 23 oder Bea et al. (2004), S. 26f. für die BWL sowie bspw. Heinrich et al. (2007), S. 48ff. für die Wirtschaftsinformatik

[18] Heinrich et al. (2007), S. 13 weisen darauf hin, dass Erkenntnisobjekt und Gegenstandsbereich synonym zueinander sind, folglich ist hier der Gegenstandsbereich der Wirtschaftsinformatik aus Sicht der WKWI anwendbar, vgl. WKWI (2007), S. 319.

[19] Nach Heinrich et al. (2007), S. 13 ist „das Vorhandensein eines eigenen Gegenstandsbereichs zur Begründung einer Wissenschaftsdisziplin ausreichend; spezifische Forschungsmethoden sind dafür nicht Voraussetzung"

[20] Vgl. Simon (1998)

[21] vgl. Simon (1998) oder Hevner et al. (2004)

widmet.[22] Die gestaltungsorientierte Wirtschaftsinformatik wie die amerikanische Strömung der „Design Science“ in der Information Systems Research verfolgen das Ziel, die Realität zu gestalten und damit technologische Aussagen zu gewinnen (*Konstruktionsstrategie*).[23] Folglich liegt hier der Fokus auf dem **Gestaltungszusammenhang**.[24]

Im Rahmen der empirischen Forschung hingegen liegt der Schwerpunkt auf dem **Begründungszusammenhang** (quantitative empirische Forschung) oder dem **Entdeckungszusammenhang** (qualitative empirische Forschung).[25] Die quantitative empirische Forschung kennzeichnet sich durch eine *Falsifikationsstrategie* aus: hier wird versucht, Hypothesen zu widerlegen, indem sie in großzahligen standardisierten (repräsentativen Stichproben-)Erhebungen mit der Realität konfrontiert werden, um somit zu einem Erkenntnisfortschritt zu gelangen.[26] Die qualitative empirische

---

[22] Vgl. hierzu Herzwurm (2008), Lange (2006) oder Frank (2008), der in diesem Zusammenhang auch darauf verweist, dass die Wirtschaftsinformatik sich in den letzten Jahren verstärkt am Ansatz der Information Systems orientiert. Andererseits kann der vielbeachtete Artikel von Hevner et al. (2004) als Versuch angesehen werden, das konstruktionsorientierte Paradigma in der Information Systems aufzuwerten. Nach herrschender Meinung in der deutschen Wirtschaftsinformatik ist die Betonung der Konstruktion (oftmals als Gestaltungsorientierung bezeichnet) eine Stärke der deutschen Wirtschaftsinformatik, die nicht leichtfertig aufgegeben werden sollte, vgl. Zelewski (2007), Lange (2006), Frank (2008) oder Mertens (2005)

[23] Dabei steht der Ansatz nach Hevner et al. nicht alleine: er weist Ähnlichkeiten zum Ansatz „Forschung durch Entwicklung“ (vgl. Szyperski et al. (1979)) auf und bezieht sich explizit auf March und Smith (1995).

[24] Vgl. zu den verschiedenen Aussagenzusammenhängen und der Eignung verschiedener Forschungsmethoden im Kontext dieser Aussagenzusammenhänge Bea et al. (2004), S. 70ff.

[25] Verschiedene Autoren weisen darauf hin, dass eigentlich nicht von quantitativer bzw. qualitativer Sozialforschung gesprochen werden sollte, sondern im Kern die Daten selbst quantitativer (zahlenmäßig darstellbar und von der konkreten Bedeutung abstrahiert, oftmals durch standardisierte fragebogengestützte Befragung gewonnen) oder qualitativer (schwächer strukturiert, dafür „reicher“ an Informationen, i.d.R. in Textform, Teilweise auch als Foto o.ä. vorliegend) Natur sind, vgl. z.B. Frank (2007a). Da beide in der Regel aber 1:1 mit bestimmten Methoden der Datengewinnung und –analyse sowie Strategien der Forschungsdurchführung (linear, beginnend mit der Hypothesengenerierung über Stichprobenauswahl und Datenerhebung bis zum Testen der Hypothesen vs. zirkulär/iterativ, beginnend mit einem Vorverständnis, welches in einem Kreislauf von Auswahl von Forschungsmethoden und –subjekten, Datenerhebung und –analyse verfeinert wird, bis neue Durchläufe keine neuen Erkenntnisse mehr ergeben) verknüpft sind, wird hier vereinfachend von quantitativer bzw. qualitativer Sozialforschung gesprochen und auf die umfangreiche Literatur zu diesem Thema verwiesen, vgl. z.B. Atteslander und Cromm (2008), Stier (1999), Laatz (1993), Babbie (2005) oder Flick et al. (2000).

[26] Dies ist nur wahr, falls die wissenschaftstheoretische Grundposition des kritischen Rationalismus vertreten wird, nach der Hypothesen nicht bewiesen, sondern nur widerlegt werden können, vgl. Popper und Keuth (2005) oder Albert (1987). Dem gegenüber steht der Positivismus, der davon ausgeht, dass Hypothesen durch Beobachtungen verifiziert werden können und sollen. Inwiefern der Behaviorismus als dominierendes Paradigma der Sozial- und Wirtschaftswissenschaften, insb. auch der Information Systems, dem Positivismus oder dem kritischen Rationalismus zugeordnet werden kann, ist umstritten, vgl. Frank (2007a), S. 163. Unabhängig davon werden im Behaviorismus vermutete Zusammenhänge durch Beobachtungen überprüft, um Theorien zu entwickeln, die beobachtbares Verhalten erklären. Dazu werden Hypothesen formuliert, die geeignet operationalisiert werden, um anschließend die Ausprägungen der abhängigen Variablen zu messen. Hierzu werden zunehmend ausgereifte statistische Verfahren, insb. aus dem Bereich der multivariaten Statistik eingesetzt, vgl. z.B. Backhaus et al. (2003).

Forschung hingegen versucht in der Regel durch nicht-repräsentative Forschungsmethoden wie Inhaltsanalysen oder Ethnographie, Zusammenhänge erstmalig zu entdecken, und verfolgt somit eine *Explorationsstrategie*.[27]

Interessanterweise existiert in der großteils formalwissenschaftlichen oder ingenieurswissenschaftlichen Informatik eine Teildisziplin, welche empirisch vorgeht: das sog. ***empirical Software Engineering***.[28] Das empirical Software Engineering kann als unmittelbar relevant für die vorliegende Arbeit eingestuft werden, da hier empirische Forschung zu den Wirkungszusammenhängen der im Software Engineering geschaffenen Artefakte betrieben wird und gerade auch die Evaluation geschaffener Artefakte angestrebt wird.[29]

Kennzeichnend für Betriebswirtschaftslehre wie Wirtschaftsinformatik ist auch ihr Charakter als **anwendungsorientierte Wissenschaft**.[30] Kurbel und Strunz formulieren treffend, dass die Wirtschaftsinformatik „stets ihren Erkenntnisfortschritt am Kriterium der Anwendbarkeit auf reale betriebliche Probleme"[31] messen lassen muss. Infolgedessen kann sich das Erkenntnisziel der vorliegenden Arbeit nicht auf die Ableitung logisch wahrer Aussagen beschränken, sondern muss sich hinsichtlich ihres Erkenntnisfortschritts an der Realität von Betrieben messen und somit das pragmatische Wissenschaftsziel höher als das theoretische Wissenschaftsziel gewichten. Wie in Kapitel 1.3.2 dargestellt wird, ist das Forschungsdesign der vorliegenden Arbeit folgendermaßen ausgelegt: es wird sowohl empirisch als auch konstruktiv vorgegangen, um anwendungsorientierte Fragestellungen zu bearbeiten, die sowohl theoretisch interessant als auch für Hersteller von Softwareprodukten praxisrelevant sind.

---

[27] Hierbei wird in der Regel die Position des Interpretativismus vertreten, d.h. die Möglichkeit der Wahrnehmung der Welt „an sich" wird verneint, stattdessen sehen sie die Realität als durch Menschen, ihr Vorwissen und ihre Handlungen konstruiert an, vgl. Heinrich et al. (2007), S. 80.

[28] Vgl. z.B. Basili et al. (1986), Shaw (2003), Fowler und Swatman (2000) oder Lukowicz et al. (1994).

[29] Software Engineering (oder Softwaretechnik) zählt einerseits zu den Kerndisziplinen der Informatik, (Vgl. Hesse et al. (1984) Sommerville (2007), S. 7 oder Ludewig und Lichter (2007), S. 51f.), wie auch die Gliederung der Gesellschaft für Informatik zeigt, in der Softwaretechnik ein eigenständiger Fachbereich ist (wie z.B. auch die Wirtschaftsinformatik), vgl. Gesellschaft für Informatik e.V. (2009), bezogen auf betriebliche Informationssysteme aber auch relevantes Lehr- und Forschungsgebiet der Wirtschaftsinformatik, vgl. WKWI (2007), S. 321 oder Herzwurm (2008), S. 18ff.

[30] Vgl. Wöhe und Döring (2008), S. 11ff., oder Heinrich et al. (2004), S. XI: „Wirtschaftsinformatik ist eine angewandte Realwissenschaft, sie ist praxisorientiert". Auf die Diskussion, inwiefern die Betriebswirtschaftslehre Handlungsempfehlungen für die betriebliche Praxis geben soll, kann hier nicht im Detail eingegangen werden, vgl. hierzu Wöhe und Döring (2008), S. 19ff. Ausgehend von der auf Chmielewicz (1994) zurückgehenden Einteilung in Wirtschaftstheorie, -technologie & -philosophie wird im Rahmen dieser Arbeit der mehrheitlichen Meinung gefolgt, die von Schierenbeck wie folgt zusammengefasst wird: „Die Wirtschaftstechnologie ist das eigentliche Kernstück der wirtschaftswissenschaftlichen Forschung, die sich ausdrücklich als anwendungsbezogene (pragmatische) Wissenschaft versteht", Schierenbeck und Wöhle (2008), S. 9.

[31] Kurbel und Strunz (1990), S. 16

1.3.2 Forschungsdesign

Das Forschungsdesign einer Arbeit umfasst das Forschungsziel, die zugrunde gelegte Theorie sowie die Forschungsmethode. Es muss basierend auf der von dem oder den Autoren vertretenen wissenschaftstheoretischen Grundposition anhand des Untersuchungsgegenstands und der zu beantwortenden Forschungsfrage(n) ausgewählt werden.[32]

Wie im Folgenden erläutert wird, verfolgt die vorliegende Arbeit primär eine **Konstruktionsstrategie**, in Teilen aber auch eine **Explorationsstrategie**.[33] Dieses Vorgehen wird gewählt, da sich – wie z.B. auch Hevner et al. argumentieren – empirische und gestaltungsorientierte Forschung gegenseitig befruchten können, wenn man sie in einem Kreislauf miteinander verknüpft. Neue Artefakte liefern einen Anlass für neue empirische Forschung zu Verbreitung und Nutzung der Artefakte, Studien zur Nutzung (bzw. Nichtnutzung) wiederum liefern Erkenntnisse für die Entwicklung verbesserter Artefakte.[34] Eine **Falsifikationsstrategie** dagegen ist aufgrund der mangelnden theoretischen Durchdringung des Themengebiets (Software) Mass Customization nicht durchführbar: es existieren zu wenige gesicherte empirische Erkenntnisse z.B. zur Eignung der Mass Customization für bestimmte Branchen oder zu Erfolgsfaktoren der Mass Customization, um in ausreichendem Umfang Hypothesen aufstellen und testen zu können.

Verschiedene Forschungsansätze der Wirtschaftsinformatik oder der amerikanischen Information Systems verfolgen eine Konstruktionsstrategie, bspw. *Forschung durch Entwicklung* oder *Design Science*, aber auch spezialisierte Ansätze wie *Method Engineering*.[35] Die vorliegende Arbeit orientiert sich an **Design Science** im Sinne von Hevner et al., die einen Kreislauf aus Konstruktion und Evaluation von Artefakten propagieren. Hierfür schlagen sie einen „konzeptuellen Bezugsrahmen, der die Durchführung, Beurteilung und Präsentation"[36] gestaltungsorientierter Wirtschafts-

[32] Vgl. Heinrich et al. (2007), S. 102

[33] In der vorliegenden Arbeit wird die Position des kritischen Rationalismus nach Popper und Albert vertreten, d.h. es wird von einer Welt ausgegangen, die unabhängig vom Betrachter existiert und objektiv beobachtet werden kann, wobei die menschliche Erkenntnis allerdings fehlbar ist (sog. Fallibilismus), vgl. Popper und Keuth (2005), Albert (1987). Zudem können Hypothesen aber nur falsifiziert und nicht verifiziert werden. Zwar ist durchaus umstritten, welche wissenschaftstheoretische Grundposition den Ingenieurswissenschaften zugrunde liegt (vgl. Heinrich et al. (2007), S. 82ff), aber gerade dem empirical Software Engineering können die genannten Grundpositionen zugrunde gelegt werden, vgl. Jeffrey (1992).

[34] vgl. Hevner et al. (2004), S. 80. Hierbei ist Bichler zuzustimmen, wenn er feststellt, dass Hevner et al. die Wichtigkeit der Evaluation von Artefakten hinsichtlich des Nutzens, den sie für bestimmte Problembereiche und Nutzer schaffen, betonen (vgl. Bichler (2006), S. 133).

[35] Vgl. zu Method Engineering Harmsen (1997), Nuseibeh (1994) oder Greiffenberg (2004).

[36] Frank (2007a), S. 167

informatikforschung darstellt, vor. Zudem versuchen Hevner et al, Gütekriterien gestaltungsorientierter Wirtschaftsinformatikforschung zu etablieren und somit einen der Hauptkritikpunkte der behavioristischen Strömung zu entkräften (s.u.). Beides zusammen - sowie die Tatsache, dass der Artikel von Hevner et al. große Beachtung gefunden hat - lässt die Verwendung des Bezugsrahmens und der Gütekriterien attraktiv erscheinen.

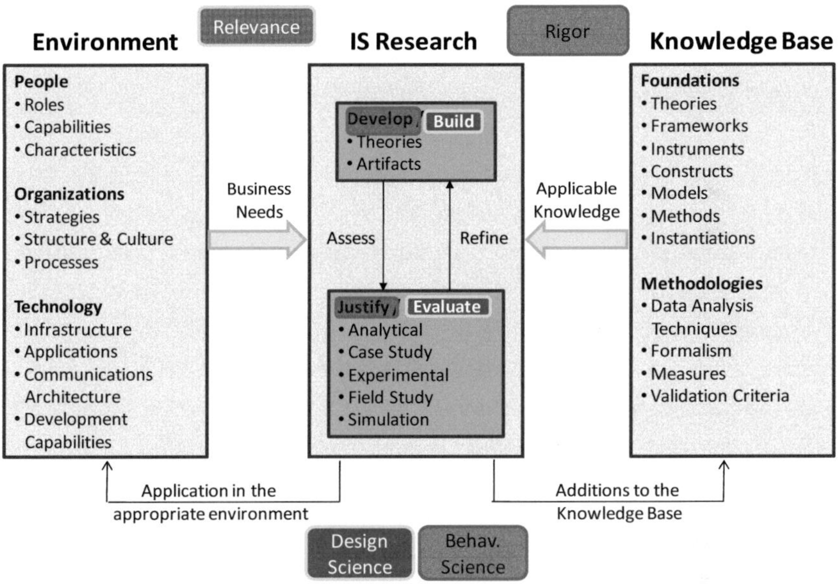

Abbildung 1: konzeptueller Bezugsrahmen nach Hevner et al.[37]

Abbildung 1 zeigt den konzeptuellen Bezugsrahmen. Wie zu erkennen ist, wird die Forschung (als *IS Research* bezeichnet) einerseits von der realweltlichen Umwelt (*Environment*) und andererseits von der wissenschaftlichen Wissensbasis (*Knowledge Base*) beeinflusst. Gleichzeitig liefert die Forschung Rückkopplungen in der Form der Anwendung entwickelter Artefakte bzw. neu gewonnener wissenschaftlicher Erkenntnisse. Innerhalb der „Säule" der Wissenschaft finden sich die beiden Paradigmen der Design Science und der Behavioral Science wieder, die sich (wie bereits erwähnt) nach Hevner et al. gegenseitig befruchten. Dabei beschäftigt sich Design Science mit der Konstruktion und Evaluation von Artefakten, während Behavioral Science Theorien entwickelt und begründet. Hierbei reflektiert die Zweiteilung in Entwicklung und Konstruktion einerseits sowie Begründung und Evaluation

[37] Quelle: Hevner et al. (2004), S. 80

andererseits die wissenschaftstheoretische Unterscheidung von Entdeckungs- und Begründungszusammenhang.[38] Der **Verwertungszusammenhang** spiegelt sich in den Beziehungen zwischen Wissenschaft und Realwelt: einerseits bestehen Anforderungen der Praxis (Business Needs) an wissenschaftliche Forschung, andererseits orientiert sich die anwendungsorientierte Forschung an der Relevanz für die Praxis.[39]
Hevner et al. betrachten die **Entwicklung von Artefakten** als Ziel von Design Science. Sie unterscheiden vier Arten von Artefakten: Konstrukte, Modelle, Methoden und Instanziierungen (constructs, models, methods and instantiations).[40] Dabei stellen **Konstrukte** die Sprache dar, in der Probleme und mögliche Lösungen formuliert werden. Konstrukte werden in **Modellen** verwendet, um die Probleme und den Lösungsraum zu beschreiben. Der Problemlösungsprozess wird durch **Methoden** gestaltet und beschrieben; diese Methoden können exakte Algorithmen z.B. aus dem Operations Research oder aber informelle Beschreibungen (z.B. best practices) sein. Unter **Instanziierungen** schließlich werden Prototypen und sonstige Implementierungen verstanden, welche Machbarkeit demonstrieren, d.h. sie zeigen, dass ein Artefakt das Ziel erfüllt, zu dessen Erfüllung es entwickelt wurde.
Für die quantitative empirische Forschung bestehen mit Reliabilität, Validität und Objektivität klar definierte und allgemein anerkannte Gütekriterien. Für die qualitative empirische Forschung und gestaltungsorientierte Wirtschaftsinformatikforschung ist dies nicht im selben Umfang der Fall.[41] Hevner et al. versuchen, diesem Mangel durch die Definition von sieben „guidelines for design science in information systems research“[42] abzuhelfen:[43]

1. **Design as an artifact**: Ergebnis des Prozesses muss die Entwicklung eines neuartigen Artefaktes sein: ein Konstrukt, ein Modell, eine Methode oder eine Instanziierung.[44] Dieses soll ein wichtiges Problem in der Realität lösen.[45]

[38] Vgl. Zelewski (2007), S. 75
[39] Vgl. Zelewski (2007), S. 74
[40] Vgl. für diesen Absatz Hevner et al. (2004), S. 87 und Bichler (2006), S. 133 sowie March und Smith (1995), S. 256ff.
[41] Dabei versteht man unter der Objektivität den Grad der Unabhängigkeit der Untersuchungsergebnisse vom Untersuchungsleiter/den Durchführenden der Untersuchung, unter Reliabilität die Zuverlässigkeit eines Messinstruments, also inwiefern die Messerergebnisse frei von Zufallsfehlern sind und unter der Validität die Genauigkeit eines Messinstruments, also ob das Instrument wirklich misst, was es messen soll. vgl. z.B. Stier (1999), S. 51ff. für Reliabilität und Validität S. 56ff. oder Laatz (1993), S. 56ff.
[42] Hevner et al. (2004), S. 82
[43] Vgl. Hevner et al. (2004), S. 82, Bichler (2006), S. 134 und Zelewski (2007), S. 77ff
[44] hier zeigt sich auch der Unterschied zwischen Design Science und „routine design or system building“: Forschung thematisiert wichtige, ungelöste Probleme auf innovative Art oder entwickelt verbesserte Lösungen für bereits gelöste Probleme und erweitert so den wissenschaftlichen

2. **Problem Relevance**: Ziel von Design Science muss es sein, ein wichtiges und relevantes Problem von Betrieben zu lösen, indem eine technische Lösung entwickelt wird. Dabei definiert sich Relevanz über den Nutzen, den diese Lösung der Gemeinschaft der Praktiker, die sich mit Informationssystemen beschäftigen, stiftet.
3. **Design Evaluation**: Nützlichkeit, Qualität und Effektivität des entwickelten Artefaktes müssen methodisch rigoros evaluiert werden. Dabei sind die Methoden zur Evaluation (dargestellt in Tabelle 1) und die zur Evaluation verwandten Metriken auf das entwickelte Artefakt abzustimmen.
4. **Research Contributions**: Ergebnis der Forschung muss ein eindeutiger und verifizierbarer Beitrag sein, der den Stand der Forschung voranbringt. Dieser Beitrag kann in dem Artefakt selbst, Beiträgen zur Wissensbasis zu Design oder Beiträgen zu Forschungsmethoden bestehen. Messbar ist die Größe des Beitrags anhand der Neuigkeit, der Allgemeingültigkeit oder der Bedeutsamkeit des Artefakts für den Anwendungsbereich.[46]
5. **Research Rigor**: sowohl die Konstruktion als auch die Evaluation eines Artefakts einerseits sowie Beschaffung und Analyse empirischer Daten andererseits müssen strengen wissenschaftlichen Maßstäben genügen.[47]
6. **Design as a Search Process**: Design stellt nach Simon zwangsweise einen iterativen Suchprozess dar, in dessen Verlauf mögliche Lösungen vorgeschlagen, evaluiert und verbessert oder verworfen werden. [48] Dieser Suchprozess soll in Veröffentlichungen offengelegt werden.[49]
7. **Communication of Research**: Hevner et al fordern, die Ergebnisse der Forschung müssen sowohl vorwiegend technisch orientierten als auch vorwie-

Kenntnisstand, während Systementwicklung bestehendes Wissen anwendet, vgl. Hevner et al. (2004), S. 81

[45] Vgl. Zelewski (2007), S. 77

[46] Bichler weist darauf hin, dass dieses Kriterium ähnlich dem der Erfindungshöhe bei der Erteilung eines Patents ist, vgl. Bichler (2006), S. 133.

[47] In der Wirtschaftsinformatik und v.a. in der Information Systems Research ist es ein umstrittenes Thema, inwiefern Rigor and Relevance, also (praktische) Relevanz und wissenschaftliche Strenge gleichzeitig erreichbar sind oder nicht, vgl. Zelewski (2007), S. 76 und die dort genannte Literatur sowie den Beitrag von Winter (2007) sowie die Diskussionsbeiträge von Baskerville (2007), Frank (2007b), Heinzl (2007), Hevner (2007) und Venable (2007). Zumindest die Genannten sind sich einig, dass beide prinzipiell gemeinsam erreicht werden können und eine Verkürzung auf „empirisch = rigorous, design = relevant" zu kurz käme.

[48] Simon spricht in diesem Zusammenhang von der Suche nach "satisficing", also zufriedenstellenden Lösungen, da der Suchprozess heuristisch ist und das Optimum nicht berechnet werden kann, vgl. Simon (1998), S. 119ff.

[49] Vgl. Zelewski (2007), S. 78

gend managementorientierten Zielgruppen effektiv und zielgruppengerecht vermittelt werden.

Tabelle 1: Methoden der Evaluation von Artefakten[50]

Design Evaluation Methods	
1. Observational	Case Study: Study artifact in depth in business environment
	Field Study: Monitor use of artifact in multiple projects
2. Analytical	Static Analysis: Examine structure of artifact for static qualities (e.g., complexity)
	Architecture Analysis: Study fit of artifact into technical IS architecture
	Optimization: Demonstrate inherent optimal properties of artifact or provide optimally bounds on artifact behavior
	Dynamic Analysis: Study artifact in use for dynamic qualities (e.g., performance)
3. Experimental	Controlled Experiment: Study artifact in controlled environment for qualities (e.g., usability)
	Simulation - Execute artifact with artificial data
4. Testing	Functional (Black Box) Testing: Execute artifact interfaces to discover failures and identify defects
	Structural (White Box) Testing: Perform coverage testing of some metric (e.g., execution paths) in the artifact implemetation
5. Descriptive	Informed Argument: Use information from the knowledge base (e.g., relevant research) to build a convincing argument for the artifact's utility
	Scenarios: Construct detailed scenarios around the artifact to demonstrate its utility

Bevor erläutert wird, wie diese Richtlinien im Rahmen dieser Arbeit befolgt werden, soll zuerst auf Kritik an Hevner et al. eingegangen werden, da diese sich teilweise auf die Richtlinien bezieht und in dieser Arbeit berücksichtigt wird.

Zelewski würdigt zum einen den Beitrag von Hevner et al. ob seiner „vielfältigen und weit reichenden wissenschaftstheoretischen Bezüge[n]“,[51] zum anderen äußert er im Detail an zahlreichen Stellen Kritik an diesen.[52] So kritisiert er beispielsweise, dass Hevner et al. ein deutlich zu enges Verständnis der Verhaltenswissenschaften (behavioral science) haben und qualitative Erkenntnismethoden ausklammern, z.B. auch den in der Information Systems Research verbreiteten Ansatz der Action Research.[53] Auch seien verhaltenswissenschaftliches und gestaltungsorientiertes

[50] Quelle: Hevner et al. (2004), S. 86

[51] Zelewski (2007), S. 72, vgl. auch S. 73ff., hier würdigt er beispielsweise, dass das Framework auch auf alle anderen realwissenschaflichen Disziplinen, die sich mit dem Zusammenwirken von Mensch und Technik beziehen, übertragen werden könne.

[52] Diese Kritik kann an dieser Stelle nur auszugsweise wiedergegeben werden, vgl. ausführlich Zelewski (2007), S. 86ff.

[53] Vgl. Zelewski (2007), S. 86ff. ähnlich auch Frank, der Hevner et al. einzu einfaches mechanistisches/positivistisches Weltbild unterstellt, vgl. Frank (2007a), S. 168.

Paradigma als gegensätzliche Paradigmen dargestellt, obwohl diese sich sehr wohl überlappen, z.B. könnten verhaltenswissenschaftliche Arbeiten die Grundlage für theoriegeleitetes Gestalten darstellen.[54] Zudem sei die Auflistung der Arten von Artefakten weder vollständig noch widerspruchsfrei im Vergleich mit dem Framework: zum einen müssten Theorien auch zu den Artefakten gezählt werden, zum anderen seien Frameworks und insb. Instrumente nicht nur der Wissensbasis, sondern eben auch den möglichen Artefakten zuzuordnen.[55]

Hinsichtlich der einzelnen Richtlinien sieht Zelewski folgende Kritikpunkte:

1. An der ersten Richtlinie (Design as an artifact) bemängelt er, dass sie – wie auch die sechste Richtlinie (Design as a Search Process), anders aber als die anderen Richtlinien – nur auf gestaltungsorientierte Forschung anwendbar sei und somit nicht als generische, paradigmenübergreifende Richtlinien geeignet seien,[56]
2. Hinsichtlich der Richtlinie, die Forschung müsse aus der Sicht einer „constituent community“ relevant sein, kritisiert er, dass keine weitergehende Orientierung dahingehend gegeben werde, wie die Wichtigkeit, Bedeutsamkeit oder Signifikanz für diese Community zu messen oder auch nur die „richtige“ Community zu bestimmen sei.[57] Auch betont er, dass hierin die Gefahr besteht, dass die Position „vorherrschender“ oder „dominanter“ Gruppierungen verfestigt und eben nicht wie von guter Forschung eigentlich erwartet auch kritisch hinterfragt wird. Frank wiederum übt Kritik daran, dass sich Relevanz nur an Praktikern misst, stattdessen müsse Forschung insb. auch für Wissenschaftler relevant sein und damit den drei Kriterien Abstraktion, Originalität und Begründetheit (abstraction, originality and justification) entsprechen muss.[58]
3. Zelewskis Kritik an der dritten Richtlinie (Design Evaluation) bezieht sich auf begriffliche Ungenauigkeiten: weder sei erläutert, wie Nützlichkeit, Qualität und Effektivität von Forschungsergebnissen voneinander abzugrenzen seien, noch seien die Evaluationsmethoden scharf getrennt. Beispielsweise sei bei

[54] Vgl. Zelewski (2007), S. 88
[55] Vgl. Zelewski (2007), S. 90f.
[56] Hierzu ist allerdings kritisch anzumerken, dass Hevner et al. ihre Richtlinien für Design Science Research postulieren: „Our purpose for establishing these seven guidelines is to assist researchers, reviewers, editors, and readers to understand the requirements for effective design-science research“ (Hevner et al. (2004), S. 82)
[57] Vgl. Zelewski (2007), S. 92
[58] Vgl. Frank (2007b), S. 405

der Trennung von Beobachtungs- und Testmethoden zu hinterfragen, ob Tests ohne Beobachtungen erfolgen.[59]

4. Umfassende Kritik übt Zelewski an der vierten Richtlinie (Research Contribution): zwar würdigt er Hevner et al., sie hätten in „seltener Deutlichkeit“[60] herausgearbeitet, dass wissenschaftliche Forschung deutlich herausstellen muss, wie sie zum Erkenntnisfortschritt beiträgt. Anschließend kritisiert er aber ihren Fortschrittsbegriff. So sei unklar, was mit dem Kriterium der Bedeutsamkeit (significance) gemeint sei und warum sie dem Kriterium der Allgemeingültigkeit nicht die Präzision zur Seite gestellt haben.[61] Erst beide zusammen ergäben ein gutes Maß für den Fortschritt: eine Theorie, die im Vergleich zu einer bestehenden die gleiche Anwendungsbreite (Allgemeingültigkeit) und größere Präzision aufweist, sei ebenso ein Fortschritt wie eine Theorie größerer Anwendungsbreite und gleicher Präzision. Zudem sei das Fortschrittskonzept implizit auf normalwissenschaftliche oder mit Kuhn gesprochen innerparadigmatische Forschung begrenzt.[62] Problematisch erscheine auch die Formulierung, die Nützlichkeit solle nachgewiesen werden, indem man aufzeigt, ein neues Problem gelöst zu haben: z.B. im Bereich der Algorithmen stelle die Entwicklung einer besseren Lösung für ein bereits gelöstes Problem unzweifelhaft einen Fortschritt dar.[63]
5. Auch hinsichtlich der fünften Richtlinie (Research Rigor) kritisiert Zelewski eine unzureichende Präzision, der zentrale Begriff der Stringenz (rigor) sei nicht operationalisiert. Zudem widersprächen Hevner et al. sich selbst, wenn sie einerseits fordern, das Artefakt müsse formalsprachlich repräsentiert werden, andererseits aber deutlich vor überzogenem Formalismus warnen.[64]
6. Die durch die sechste Richtlinie (Design as a Search Process) vorgegebene Beschränkung auf heuristische Verfahren zur Suche nach Lösungen kritisiert Zelewski dahingehend, dass in manchen Teilbereichen z.B. durch Verfahren des Operations Research auch „optimale“ Lösungen gesucht werden könnten.[65]

[59] Vgl. Zelewski (2007), S. 92f.
[60] Zelewski (2007), S. 93
[61] Vgl. ebenda, S. 93f.
[62] Vgl. ebenda, S. 95f.
[63] Vgl. ebenda, S. 96
[64] Vgl. ebenda, S. 98ff.
[65] Vgl ebenda, S.100f.

7. An der siebten Richtlinie (Communication of Research) kritisiert er, dass Wissenschaftler mit zu den Technikern bzw. Managern gezählt werden, was zum einen kontraintuitiv sei und zum anderen die „kritische“ oder „aufklärerische“ Rolle der Wissenschaft nicht berücksichtige. Dies passe zum generellen Eindruck eines eher naiven verifikationistischen Wissenschaftsverständnisses des Artikels. Zudem erscheine es nicht sinnvoll, alle angesprochenen Zielgruppen („Wissenschafter-Techniker“, „Praktiker-Techniker“, „Wissenschaftler-Manager“ und „Praktiker-Manager“) in einer Veröffentlichung anzusprechen, vielmehr erscheine es vielversprechend, die Kommunikation mit den verschiedenen Anspruchsgruppen über verschiedene Kanäle zu betreiben.[66]

Zudem seien die Richtlinien nicht klar gegeneinander abgegrenzt und überschneidungsfrei, beispielsweise lässt sich der Verwendungszusammenhang mit Bezügen zur Aufgabenerfüllung und zum Problemlösen (erste Richtlinie) nicht von der Forderung nach Relevanz (zweite Richtlinie) trennen.[67]
Zu guter Letzt sei zu befürchten, dass die unkritische Anwendung der Richtlinien von Hevner et al. – wie in der Kritik an Richtlinie 2 bereits angeklungen - im real existierenden Wissenschaftsbetrieb ungeplante nachteilige Nebeneffekte haben würde.[68] Zum einen sei zu befürchten, dass die Richtlinien „einen naiv anmutenden Verifikationismus begünstigen“[69] und somit andere erkenntnistheoretische Grundpositionen benachteiligen. Zum anderen seien Revolutionen im Sinne der Kuhnschen Paradigmenwechsel hier zumindest gefährdet, da Anpassung an das herrschende Paradigma gefordert sei.[70] Dabei konstruiert Zelewski eine „causal map“ eines sich selbst stabilisierenden oder gar verstärkenden Regelkreises, der die Dominanz des herrschenden Paradigmas zementiert, dabei aber die Urteilsfähigkeit von Gutachtern durch die naive Anwendung von Standards (der Richtlinien von Hevner et al.) ersetzt.[71] An dieser Stelle muss allerdings auf Hevner et al verwiesen werden, die vor der unkritischen Übernahme der Richtlinien explizit warnen: „we advise against mandatory or rote use of the guidelines. Researchers, reviewers, and editors must

[66] Vgl. ebenda, S. 101f.
[67] ebenda, S. 102f.
[68] Vgl. ebenda, S. 103ff
[69] ebenda, S. 103
[70] Vgl. ebenda, S: 108ff.
[71] Vgl. Zelewski (2007), S . 111ff.

use their creative skills and judgment to determine when, where, and how to apply each of the guidelines in a specific research project."[72]

Obige sieben Richtlinien sowie die Kritik werden im Rahmen der vorliegenden Arbeit wie folgt berücksichtigt:

1. Design as an artifact: ein Ziel dieser Arbeit ist die Entwicklung einer Methode, also einer Instanz einer der vier Klassen von Artefakten. Diese Methode hat zum Ziel, Softwareunternehmen dabei zu unterstützen, eine modulare kundenorientierte Plattform zu planen, die es gestattet, effizient individualisierte Produkte abzuleiten. Dass die Methode im Erfolgsfall ein bedeutsames Problem löst, wird anhand der Berücksichtigung der zweiten Richtlinie klar.
2. Problem Relevance: die Relevanz des in dieser Arbeit behandelten Problems wird einerseits in Kapitel 2 und 3 sachlogisch-analytisch aus der Literatur hergeleitet, andererseits aber auch durch die in Kapitel 3.3 vorgestellte explorative Umfrage empirisch nachgewiesen.[73] Die Tatsache, dass sich zwei Unternehmen gefunden haben, welche bereit waren, an der Evaluation der Methode mitzuwirken (vgl. die Beschreibung der Fallstudien in Kapitel 6), spricht ebenfalls für die praktische Relevanz des Themas. Mit der Frage, inwiefern die Methode das Problem tatsächlich löst, beschäftigt sich die nächste Empfehlung.
3. Design Evaluation: Die Methode wird anhand dreier industrieller Fallstudien evaluiert. Hierzu werden in Kapitel 4.5 Anforderungen an die Methode definiert (also Evaluationskriterien operationalisiert) und die Erfüllung der Anforderungen in Fallstudien evaluiert (vgl. Kapitel 6).
4. Research Contributions: da die vorliegende Arbeit normalwissenschaftlichen Charakters ist, ist der Erkenntnisfortschritt primär daran aufzuzeigen, dass ein noch ungelöstes Problem erstmals gelöst oder eine bessere Lösung für ein bereits gelöstes Problem entwickelt wird. Eine bestehende Lösung des Problems der effizienten Definition einer modular aufgebauten kundenorientierten Softwareproduktplattform, welche die effiziente Ableitung individuali-

[72] Hevner et al. (2004), S. 82

[73] Somit wird die praktische Relevanz des Themas nicht einfach nur postuliert, sondern empirisch nachgewiesen und damit ein von Schauer und Frank an der Realität der Forschung in der Wirtschaftsinformatik kritisiertes Vorgehen vermieden: „Während ein Großteil der Forschung in der WI auf die Gestaltung praxisnaher Artefakte zielt, werden Bedarfe und Anforderungen vielfach aus der Literatur abgeleitet. Häufig wird auch darauf verwiesen, dass es in der Praxis auch einen Bedarf gibt. Auf welche Weise dieser identifiziert wurde, bleibt jedoch in vielen Fällen ungewiss." (Schauer und Frank (2007), S. 146).

sierter Produkte gestattet, ist dem Autor nicht bekannt. Allerdings bestehen verschiedene Anknüpfungspunkte, auf denen im Rahmen dieser Arbeit aufgesetzt wird. Zusätzlich können die Anwendung der Hevnerschen Richtlinien sowie die diesbezügliche kritische Reflektion als Forschungsbeitrag gezählt werden, da bislang wenige Beispiele für die Anwendung der Richtlinien publiziert worden sind.[74]

5. Research Rigor: sowohl für die Methode als auch für ihre Evaluierung wurden Anforderungen definiert (vgl. Kapitel 4.5), die dadurch vorgegebene Vorgehensweise wurde streng eingehalten (vgl. Kapitel 6).
6. Design as a Search Process: eine erste Version der Methode wurde ausgehend von der Literatur entwickelt und auf verschiedenen Konferenzen vorgestellt. Das auf diesen Konferenzen enthaltene Feedback floss in die Methode ein, die dann in drei Fallstudien evaluiert und iterativ weiter verbessert wurde (vgl. Kapitel 6).
7. Communication of Research: Zwischenstände der Methode wurden auf mehreren Veranstaltungen vor unterschiedlichen Forschungs- und Praktikercommunities präsentiert:
   - vor Forschern und Praktikern, die im Bereich Softwareproduktlinien tätig sind,[75]
   - vor Forschern und Praktikern auf dem Gebiet der Mass Customization,[76]
   - vor Forschern und Praktikern auf dem Gebiet der Komponentenorientierung und Wiederverwendung.[77]

   Die Ergebnisse der explorativen Studie, die zum Aufzeigen der praktischen Relevanz des Problems dient, wurden auf einer Konferenz und auf einer Veranstaltung der Regionalgruppe Stuttgart-Böblingen der Gesellschaft für Informatik vorgestellt und als Arbeitsbericht veröffentlicht.[78] Zudem wurde der Forschungsbedarf im Bereich Marketing, Produktmanagement und Produktportfolioplanung in verschiedenen Veröffentlichungen thematisiert.[79]

Die Forschungsfragen sowie das konzeptuelle Framework von Hevner et al. geben eine Struktur der Arbeit vor, die im Folgenden erläutert wird.

[74] Zu den wenigen publizierten Beispielen zählt Becker et al. (2009).
[75] Vgl. Herzwurm und Helferich (2004), Helferich et al. (2005a) und Helferich (2005)
[76] Vgl. Helferich et al. (2006a) und Helferich et al. (2005b)
[77] Vgl. Helferich et al. (2005c)
[78] Vgl. Helferich und Herzwurm (2008), Gesellschaft f. Informatik (2008) sowie Helferich et al. (2007a)
[79] Vgl. Helferich et al. (2006b), Helferich et al. (2006c) und Helferich et al. (2006d)

1.4 Aufbau der Arbeit

Zur Beantwortung der gestellten Forschungsfragen unter Befolgung der Guidelines von Hevner et al. ist die vorliegende Arbeit in sechs Kapitel aufgeteilt, wie Abbildung 2 zeigt.

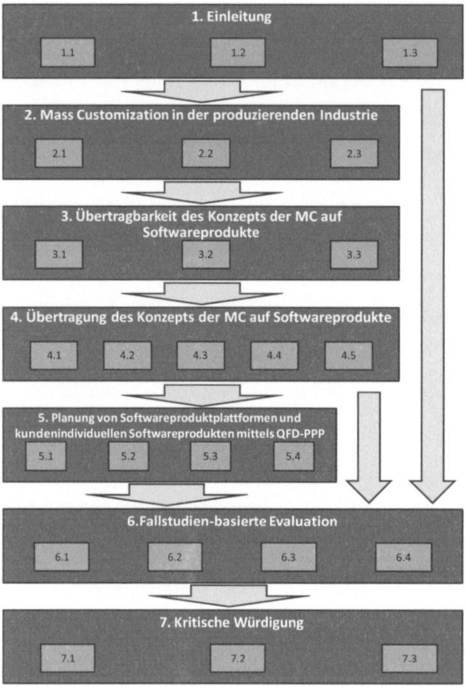

Abbildung 2: Ablauf der Arbeit

Nachdem in Kapitel 1 Problemstellung, Zielsetzung und Forschungsmethodik vorgestellt wurden, legt Kapitel 2 die Grundlagen im Bereich der Mass Customization. Dazu werden mit den Rahmenbedingungen des industriellen Komplexitätsmanagements sowie dem Komplexitätsmanagement selbst zuerst die Hintergründe und die Ursachen der Entstehung der Mass Customization erläutert. Daran anschließend wird das Konzept der Mass Customization ausführlich erläutert und eingeordnet, so dass nach Abschluss des zweiten Kapitels die Forschungsfragen 1.1 und 1.2 beantwortet sind.

Kapitel 3 widmet sich der Forschungsfrage 1.3 und beleuchtet die Übertragbarkeit des Konzepts der Mass Customization auf Softwareprodukte. Dazu werden nacheinander die spezifischen Charakteristika von Software als Produkt sowie der Softwarebranche beschrieben. Daran anschließend wird eine explorative Studie geschildert, mit der die Relevanz des Themas für deutsche Softwareunternehmen analysiert wurde.

Nachdem die Übertragbarkeit in Kapitel 3 analysiert und bejaht wurde, wird in Kapitel 4 geschildert, worauf Softwareunternehmen bei der Übertragung des Konzepts der Mass Customization auf Softwareprodukte zu achten haben. Hierzu wird zuerst auf das Thema Wettbewerbsstrategie eingegangen, bevor Auswirkungen auf das Softwaremarketing geschildert werden. Hieran schließen sich eine kurze Analyse der Auswirkungen einer Adoption der Software Mass Customization auf Produktentwicklung und produktbegleitende Dienstleistungen an, womit die Bearbeitung der Forschungsfrage 1.4 abgeschlossen ist. Die besonderen Charakteristika des Gutes Software und der Softwarebranche führen dazu, dass die effiziente kundenorientierte Planung einer Softwareproduktplattform als Umsetzung der Software Mass Customization ein wichtiges – und bislang unzureichend behandeltes – Problem ist. Daher wird Kapitel 4 abgeschlossen mit der Formulierung von Anforderungen an eine Methode, die Softwareunternehmen dabei unterstützt, eine modulare kundenorientierte Softwareproduktplattform und auf von dieser Plattform abgeleitete Produkte zu planen.

Eine ebensolche Methode wird in Kapitel 5 entwickelt. Hierzu zuerst ein kurzer Überblick über die Methode und ihre Module gegeben, bevor die Grundbausteine und Module der Methode beschrieben werden. Zum Abschluss des Kapitels wird noch kurz erläutert, wie diese Methode – Quality Function Deployment-Product Portfolio Planning (QFD-PPP) genannt – in den Entwicklungsprozess von Softwareproduktplattformen und plattformbasierten Softwareprodukten integriert werden kann.

Da Hevner et al. ein iteratives Vorgehen zur Entwicklung von Artefakten fordern, wurde die Methode QFD-PPP in drei Fallstudien mit industriellen Partnern evaluiert und verbessert. Dies wird in Kapitel 6 beschrieben. Die Evaluation der Methode geschieht auf Basis der in Kapitel 1.3 erläuterten Guidelines von Hevner et al. und der in Kapitel 4.5 entwickelten Anforderungen an eine Methode, die Softwareunternehmen dabei unterstützt, eine modulare kundenorientierte Softwareproduktplattform und auf von dieser Plattform abgeleitete Produkte zu planen. Dies ist in Abbildung 2 durch zwei Pfeile auf der rechten Seite symbolisiert.

Somit erfolgt in den Kapiteln 5 und 6 die Beantwortung der Forschungsfragen 2.1 und 2.2. Abschließend werden in Kapitel 7 Vorgehensweise und erzielte Ergebnisse einer kritischen Würdigung unterzogen. Dazu werden die Vorgehensweise und die erzielten Ergebnisse kurz zusammengefasst und daran anschließend sowohl Vorgehensweise als auch Ergebnisse kritisch begutachtet. Basierend auf dieser Bewertung wird abschließend ein Ausblick auf weiteren Forschungsbedarf gegeben.

2 Mass Customization in der produzierenden Industrie: Hintergrund, Entstehung und Merkmale

Wie diesem Kapitel dargelegt wird, haben gewisse Rahmenbedingungen in der produzierenden Industrie ab ca. den achtziger Jahren des zwanzigsten Jahrhunderts dazu geführt, dass sich Unternehmen gezwungen sahen, vermehrt die systematische Wiederverwendung von Bauteilen zu betreiben. Grund hierfür waren immer vielfältiger und dynamischer werdende Umweltbedingungen, insbesondere im Bereich der (Kunden-)Nachfrage. Die vermehrte Wiederverwendung geschah teilweise reaktiv durch Standardisierung mittels Modularisierung und Produktplattformen. Teilweise jedoch auch durch die proaktive Nutzung der sich ergebenden Chancen, wenn auf Basis einer Produktplattform kundenindividuelle Produkte angeboten werden. Die vorliegende Arbeit gründet sich auf der These, dass in der Softwarebranche aktuell vergleichbare Bedingungen herrschen und daher die Übertragbarkeit industrieller Ansätze des Komplexitätsmanagements, insb. aber auch des wettbewerbsstrategischen Konzepts der Mass Customization untersucht werden sollte. Um diese These zu analysieren, werden zuerst die Rahmenbedingungen industriellen Komplexitätsmanagements untersucht (Kapitel 2.1). In Kapitel 2.2 folgen die wichtigsten Ansätze industriellen Komplexitätsmanagements, bevor in Kapitel 2.3 Mass Customization als fortgeschrittenes Konzept zur Bewältigung der Veränderungen der Rahmenbedingungen und zur Erzielung von Wettbewerbsvorteilen vorgestellt wird. In Kapitel 0 wird dann die Übertragbarkeit des Konzepts der Mass Customization auf Softwareprodukte analysiert.

2.1 Rahmenbedingungen industriellen Komplexitätsmanagements

Ohne den Begriff der Industrialisierung ist der Begriff des industriellen Komplexitätsmanagements nicht zu verstehen, daher soll dieser einleitend kurz definiert werden. Mit Deane kann die **Industrialisierung** als der wirtschaftliche Prozess definiert werden, durch den eine vorindustrielle Gesellschaft, die von niedriger Produktivität und Stagnation gekennzeichnet ist, in eine durch steigende Produktivität und Wirtschaftswachstum gekennzeichnete Industriegesellschaft überführt wird.[80] Die Indus-

[80] Vgl. Deane (1985) (zitiert nach Condrau (2005), S. 5)

trialisierung begann in England Mitte-Ende des achtzehnten Jahrhunderts, in Deutschland ca. 70 Jahre später.[81] Sie löste durch

- die Betonung der **Standardisierung** von Produkten und (darauf aufbauend) von Prozessen,
- einen erhöhten Grad an Spezialisierung (und damit einhergehend stärkerer **Arbeitsteilung** innerhalb eines Unternehmens wie auch in der zunehmenden Einbindung von Zulieferern) sowie
- die fortschreitende **Mechanisierung** bzw. **Automatisierung** von Prozessen

die Produktionsweisen in Handwerk und Manufakturen als dominierendes Fertigungsparadigma ab.[82] Neben der Entwicklung der Dampfmaschine sind die Einführung des Fließbandprinzips durch Ford und Taylors Scientific Management, welches die Erreichung operationaler Effizienz zum Ziel hat, bekannte Meilensteine dieser Entwicklung. [83] Wie sich an dem berühmten, Henry Ford zugeschriebenen Satz, man könne das Ford T-Modell in jeder gewünschten Farbe bekommen, solange diese Farbe schwarz sei,[84] bereits erkennen lässt, war diese Zeit durch homogene und im Zeitverlauf recht stabile Bedürfnisse und eine große Marktmacht der Anbieter gekennzeichnet. Erst diese Faktoren machen die industrielle Massenfertigung möglich, da stark automatisierte Produktionsprozesse nur effizient laufen, wenn große Stückzahlen gleicher Teile hergestellt werden und diese Teile nur selten variieren.[85] Dabei lässt sich die Standardisierung von Produkten durch folgende Faktoren kennzeichnen:[86]

- die Ausrichtung der Absatzbestrebungen des Unternehmens auf die Durchschnittsansprüche einer großen Zahl potenzieller Kunden
- die Leistungserstellung für eine anonyme Abnehmerschaft
- das Angebot eines einheitlichen Produkts

---

[81] Vgl. Condrau (2005), S. 20f. oder Zahn und Schmid (1996), S. 45

[82] Vgl. beispielsweise Adam (2001), S. 1, Pine (1993), S. 9ff, oder Condrau (2005). Wie Condrau ausführt, können im Detail verschiedene Verständnisse des Begriffs unterschieden werden: die Industrialisierung als Veränderung der Produktionsprozesse, die Industrialisierung als gesamtgesellschaftliche Durchsetzung des industriellen Fertigungsprinzips, die Industrialisierung als Durchsetzung moderner Investitionsinstrumente, die Industrialisierung als Mechanisierung und Technisierung der Produktion mithilfe der Dampfmaschine sowie die Industrialisierung als Prozess, der die Nachfrage nach standardisierten, industriellen Massenprodukten entscheidend fördert, vgl. Condrau (2005), S. 5. Vgl. auch Zahn und Schmid (1996), S. 45ff. zu den naturwissenschaftlich-technischen, infrastrukturbezogenen und sozio-ökonomischen Voraussetzungen der Industrialisierung.

[83] Vgl. Adam (2001), S. 24f.

[84] Vgl. beispielsweise Kern und Schumann (1990), S. 42.

[85] Allerdings weisen Lampel und Mintzberg darauf hin, dass die Bewegung hin zur weitestgehenden Standardisierung nicht unumstritten war, vgl. Lampel und Mintzberg (1996), S. 22f.

[86] Vgl. Mayer (1993), S. 42ff.

- die Anpassung an die erwarteten (und da sie anonym sind nicht genau bekannten) Ansprüche der potenziellen Kunden
- die Möglichkeit der Produktion auf Vorrat, da der Kunde nicht in den Leistungserstellungsprozess eingebunden wird.

In Summe ergeben diese Faktoren den Effekt, dass die industrielle Massenfertigung mit steigender Ausbringungsmenge immer attraktiver wird. Nicht zu Unrecht werden daher die sog. **Economies of Scale** als wichtiges Konzept der industriellen Massenfertigung angesehen.[87]

Aufgrund verschiedener Ursachen ist die industrielle Massenfertigung standardisierter Güter seit den achtziger Jahren des zwanzigsten Jahrhunderts in Bedrängnis geraten. Die Gründe hierfür lassen sich in nachfrage- und angebotsseitige Veränderungen einteilen und werden im Folgenden genauer erläutert.[88]

2.1.1 Veränderungen der Wettbewerbsbedingungen als Auslöser

2.1.1.1 Nachfrageseitige Veränderungen

Zahlreiche Autoren konstatieren eine deutliche Heterogenisierung der Nachfrage, die zahlreiche Branchen umfasst.[89] Diese Heterogenisierung sorgt dafür, dass die klassische industrielle Massenfertigung, bei der Güter für ein bestimmtes Marktsegment hergestellt wurden, welches weitgehend anonyme Kunden umfasst, immer weniger tragfähig ist. Die hierfür verantwortlichen Faktoren lassen sich nach Piller wie folgt einteilen:[90]

- Heterogenisierung der Nachfrage im Industriegüterbereich
- Änderungen der kognitiven Orientierung der Verbraucher
- Zunahme der Abnehmermacht

---

[87] Vgl. Pine (1993), S. 16f. oder Mayer (1993), S. 94ff. für die Bedeutung der Economies of Scale für das System der Massenfertigung. Wie Jahncke erläutert, lassen sich die Economies of Scale i.w.S. unterscheiden in die Economies of Scale i.e.S. (bei einer Erhöhung des Faktoreinsatzniveaus steigt die Ausbringungsmenge überproportional an – zugrunde liegt totale Faktorvariation), sowie die Fixkostendegression bei Aufgabe der Annahme der totalen Faktorvariation und Rückgänge der Faktorpreise („Mengenrabatte" o.ä.) bei Erhöhung der Einsatzniveaus, vgl. Jahncke (2008), S. 40ff. Zudem werden Erfahrungskurveneffekte oftmals mit den Economies of Scale vermengt, obwohl beiden eigentlich unterschiedliche Einflussfaktoren zugrunde liegen, vgl. Mayer (1993), S. 94f.

[88] Andere Autoren verwenden eine andere Einteilung, nennen aber dieselben oder sehr ähnliche Faktoren, vgl. z.B. Zahn et al. (2003), S. 255ff., Zahn und Schön (2003), 167f., Picot und Reichwald (1994), S. 548, Simon (1988), S. 462, Warnecke (1997), S. 3 oder Pine (1993), S. 33ff.

[89] Vgl. z.B. Pine (1993), Womack et al. (1990), Duray et al. (2000) sowie Piller (2006a), S.41 und die dort zitierte Literatur.

[90] Vgl. Piller (2006a), S.42ff.. Vergleichbar argumentieren auch zahlreiche andere Autoren z.B. Adam (2001), S. 27f..

Anders als weite Teile des Konsumgütermarkts zeichnet sich der **Industriegütermarkt** im Großen und Ganzen schon immer durch relativ intensiven Kontakt zwischen Anbieter und Nachfrager aus, so dass die Ausgangslage für die meisten Anbieter nicht durch einen anonymen Markt und Massenfertigung gekennzeichnet ist. Nichtsdestotrotz ist hier eine weitere **Heterogenisierung der Nachfrage** zu verzeichnen, da die nachgefragten Güter in der Wertkette der Nachfrager eingesetzt werden und diese ihre Wertkette zum Zwecke der Erzielung strategischer Wettbewerbsvorteile einzigartig gestalten, was wiederum zu einer Nachfrage nach einzigartigen Industriegütern führt.[91]

Zudem folgt aus dem Trend zum Systemlieferanten, dass immer komplexere und damit in der Regel auch einzigartigere Komponenten beschafft werden.[92] Darüber hinaus ist, wie Piller anmerkt, zu erwarten, dass die Mitarbeiter in den Buying-Centern seitens der Nachfrager ihre Individualisierungswünsche aus dem privaten Bereich auch auf ihre beruflichen Beschaffungsentscheidungen übertragen.[93] Ergänzt wird diese Heterogenisierung der Nachfrage durch zusätzlichen Konkurrenzdruck aufgrund der Globalisierung, der die Anbieter zudem dazu zwingt, flexibler und kostengünstiger zu werden und dabei die Produktqualität mindestens auf gleichem Niveau zu halten. [94]

Die **Änderungen der kognitiven Orientierung der Verbraucher** rühren nach herrschender Meinung von einem tiefgreifenden Wertewandel in den Industriestaaten her, der unter dem Begriff „postmaterialistische Werte" zusammengefasst wird. Dieser Wertewandel rührt einerseits durch die Veränderungen in der Arbeitswelt her, die von größerer Selbstständigkeit und Verantwortung sowie damit einhergehend höherem Bildungsstand des Einzelnen geprägt ist. Andererseits ist er auch durch soziodemographische Änderungen wie dem Wunsch nach individuellen Produkten, verstärktem Qualitätsbewusstsein seitens der immer größer werdenden Gruppe der älteren Mitbürger sowie hedonistischem Verhalten begründet.[95] Als Folge dieser Änderungen der kognitiven Orientierung nimmt zudem das sog. Variety-seeking-behavior, d.h. der Markenwechsel um des Wechsels willens zu. Diese Wechsel geschehen also nicht aufgrund von Kundenunzufriedenheit oder vermeintlich höherem Nutzen des anderen Produktes, sondern da der Wechsel selbst einen

---

[91] Vgl. Piller (2006a), S. 42; verschiedene Umfragen wie z.B. Hildebrand (1997) und Jacob (1995) unterstreichen die zunehmende Bedeutung einer heterogenen Nachfrage im Industriegüterbereich.
[92] Vgl. Homburg (1995), Piller und Waringer (1999), S. 98ff, Arnold (2008), S. 753
[93] Vgl. Piller (2006a), S. 42
[94] Vgl. z.B. Garcia Sanz (2007), S. 3ff.
[95] Vgl. zu diesem Abschnitt Piller (2006a), S. 43ff. und die dort genannte Literatur.

Nutzen stiftet.[96] Aus diesen Faktoren resultiert eine zunehmende Heterogenisierung der Nachfrage auch für Konsumgüter.[97]

Die in zahlreichen Branchen zu beobachtende Verschiebung von Verkäufer- hin zu Käufermärkten hat zu einer deutlichen **Zunahme der Abnehmermacht** geführt. Diese wiederum resultiert in einer Verschärfung des Wettbewerbs aus Sicht der Anbieter. Insbesondere in der Automobilbranche sowie im Einzelhandel hat hierbei die Marktkonsolidierung wenige sehr große institutionelle Abnehmer (Automobilhersteller bzw. Einzelhandelsketten) mit entsprechender Marktmacht hervorgebracht. Aber auch der zunehmende Informationsstand seitens der Verbraucher nicht zuletzt aufgrund der einfachen Verfügbarkeit umfangreicher Informationen im Internet hat die Macht der Abnehmer spürbar gesteigert und das Anspruchsniveau der Kunden hinsichtlich Qualität und Preis-Leistungsverhältnis deutlich erhöht.[98]

2.1.1.2 Angebotsseitige Veränderungen

In vielen Branchen wird ein von einer sehr hohen Intensität geprägter Wettbewerb konstatiert, der in den Industrieländern mit oftmals nahezu gesättigten Märkten und teilweise auch Kapazitätsüberschüssen einhergeht. Infolgedessen ist ein Verdrängungswettbewerb im Gange und nachfolgende Produktgenerationen müssen oftmals trotz längerer Lebensdauer, höherer Qualität und verbesserter Funktionsmerkmale zum selben oder gar einem niedrigeren Preis als die vorherige Produktgeneration verkauft werden.[99] Piller sieht folgende Gründe für diesen Wettbewerbsdruck:[100]

- abnehmende Potenziale einer Technologieführerschaft
- Auflösung bestehender Branchenstrukturen und neue Konkurrenz
- Fortschreitende Globalisierung.

Dabei seien die Innovationszyklen durch Konzepte wie Simultaneous Engineering und Rapid Prototyping derart verkürzt, dass eine Technologieführerschaft nur noch schwer erzielt werden könne, da die Wettbewerber in kürzester Zeit nachziehen können. Gleichzeitig nimmt die Produktkomplexität zu, und die Entwicklung und

[96] Vgl. Kahn (1995)

[97] Hiermit ist vor allem eine Heterogenisierung der Bedürfnisse innerhalb eines Landes gemeint, inwiefern diese für international tätige Unternehmen von einer Homogenisierung der Bedürfnisse über Landesgrenzen hinweg kompensiert wird, wäre noch zu untersuchen, dies kann im Rahmen dieser Arbeit allerdings nicht geleistet werden. Zur Homogenisierung der Bedürfnisse als Grundlage der Internationalisierung von Softwareunternehmen vgl. Jahncke (2008), S. 37f.

[98] Vgl. für diesen Absatz beispielsweise Piller (2006a), S. 47f. oder Richter und Hartig (2007), S. 251ff.

[99] Vgl. Richter und Hartig (2007), S. 251f.

[100] Vgl. Piller (2006a), S. 49ff

Einführung neuer Produkte wird immer kapitalintensiver während die Lebenszyklen der Produkte stark abnehmen.[101] Gleichzeitig führen nicht zuletzt Entwicklungen auf dem Gebiet der Informations- und Kommunikationstechnik dazu, dass ganze Märkte miteinander verschmelzen, gänzlich neue Märkte entstehen und alte Märkte bedeutungslos werden.[102] Die zunehmende Vernetzung der Wirtschaft und die damit einhergehende Aufspaltung bestehender Wertschöpfungsketten tut ein weiteres, indem Markenartikelhersteller ihre Produkte oftmals nicht mehr selbst herstellen, sondern sich über Marketing und Image oder Innovationsmanagement definieren.[103] Die fortschreitende Globalisierung verstärkt diesen Trend noch, da leistungsfähige Unternehmen aus Ländern mit deutlich geringeren Personalkosten als neue Wettbewerber in den Markt eintreten. Zusammengefasst ergibt sich das in Abbildung 3 gezeigte Bild: die Erwartungen der Kunden nehmen stetig zu, während es gleichzeitig immer weniger möglich ist, ein höheres Preisniveau durchzusetzen, was nicht zuletzt an dem internationalen Wettbewerb liegt. Zusammen mit dem technischen Fortschritt führen diese Faktoren zu einer Steigerung der Komplexität und Dynamik, der die Unternehmen ausgesetzt sind.[104] Dabei wird in diesem Zusammenhang unter der Komplexität des Unternehmensumfelds die „Anzahl und Verschiedenheit der entscheidungsrelevanten externen Faktoren sowie ihre Verteilung über verschiedene Umfeldsegmente“[105] verstanden. Unter Dynamik dagegen „Häufigkeit, Ausmaß, Richtung und Tragweite von Veränderungen in den Faktoren sowie die Unregelmäßigkeit der Veränderungsmuster“.[106] In Kapitel 2.2 wird auf Komplexität und das Management von Komplexität noch detailliert eingegangen und eine Definition von Komplexität für diese Arbeit eingeführt, die Dynamik als Teil von Komplexität versteht.

---

[101] Vgl. für diesen Absatz Piller (2006a), S. 49ff.

[102] Beispiele für miteinander verschmelzende Branchen sind Mobilfunk-Telefonie, Festnetz-Telefonie, Breitband-Internet und Fernsehen (vgl. Bitkom e.V.; Roland Berger Strategy Consultants 2007, S.66f.), zu den Märkten, die stark an Bedeutung verloren haben gehören gedruckte Enzyklopädien (Vgl. Piller (2006a), S. 50) oder gedruckte Kleinanzeigen. Ein plakatives Beispiel für einen völlig neuen Markt sind virtuelle Marktplätze, auf denen Gegenstände, die lediglich innerhalb eines Spiels existieren, dort aber einen Wert haben (bspw. Schwerter oder Äxte im Onlinerollenspiel World of Warcraft), für reales Geld gehandelt werden. Auch die während des E-Business-Hypes Ende der 1990er Jahre geführte Diskussion um Dis- und Reintermediation im Internet, kann hier eingeordnet werden, vgl. Albers (2004) oder Reiß und Koser (2003), S. 66.

[103] Vgl. Piller (2006a), S. 49, Knyphausen-Aufseß und Meinhardt (2002), S. 75 und Becker (2006), S. 510

[104] Vgl. z.B. Piller (2006a), S.53ff. oder Tilebein (2005), S. 7ff. und die jeweils dort genannte Literatur.

[105] Tilebein (2005), S. 7f.

[106] Tilebein (2005), S. 8

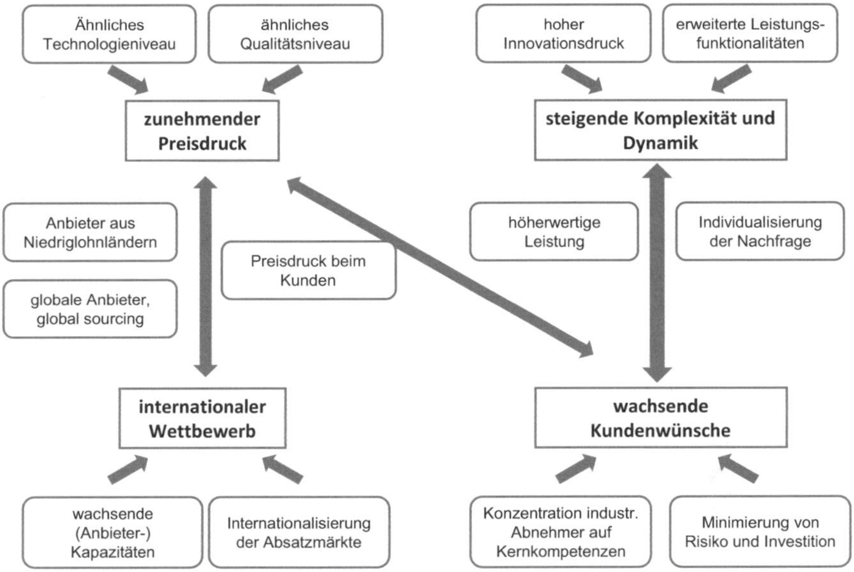

Abbildung 3: wettbewerbsstrategische Bestimmungsfaktoren[107]

2.1.2 Folgen der geänderten Wettbewerbsbedingungen

2.1.2.1 Unzulänglichkeit der Massenfertigung

Aufgrund der geschilderten Änderungen der Wettbewerbsbedingungen verliert die industrielle Massenfertigung in zahlreichen Branchen ihre Rolle als dominantes Paradigma, da sie mit zunehmenden Anforderungen an Anpassungsfähigkeit und Flexibilität produzierender Unternehmen inkompatibel ist.[108] Zahlreiche Unternehmen sehen sich gezwungen, immer mehr unterschiedliche Produkte in immer kürzerer Zeit auf den Markt zu bringen (und tendenziell auch wieder vom Markt zu nehmen), müssen gleichzeitig aber rentabel bleiben. Begründen lässt sich dies mit immer hetero-generen und unbeständigeren Kundenbedürfnissen sowie leistungsfähigen Wettbe-werbern aus Schwellenländern bei gleichzeitig vorhandenen Überkapazitäten in vielen Branchen. Im Zuge dessen hat neben einer teilweisen Renaissance der Einzelfertigung insbesondere die Variantenfertigung eine weite Verbreitung gefunden. Beide sind unterschiedliche Ansätze der kundenspezifischen Leistungserstellung, deren Vorteilhaftigkeit als Antwort auf zunehmende Heterogenität der Nach-

---

[107] Quelle: Piller (2006a), S. 54

[108] Vgl. beispielsweise Zahn et al. (2003) S. 255ff. oder Piller und Waringer (1999), S. 1

frage sowie sinkende Kundenloyalität Piller ausführlich diskutiert.[109] Verkürzt ausgedrückt, sucht der Kunde nicht ein spezifisches Produkt, sondern eine Kombination von Eigenschaften, die in dem nachgefragten Gut verkörpert sind.[110] Ein für den anonymen Massenmarkt entwickeltes Produkt erfüllt diese Kombination von Eigenschaften in der Regel nicht vollkommen, so dass der Kunde letzten Endes dasjenige Gut erwirbt, welches seiner „Idealkombination" am nächsten kommt. Mit zunehmender Wettbewerbsintensität und Anzahl der Anbieter auf dem Markt steigt tendenziell die Wahrscheinlichkeit, dass ein anderes Gut auf den Markt kommt, welches eine noch bessere Annäherung an die Idealkombination des Kunden darstellt.[111] Kennzeichnend für nicht-individuelle (also Massen-)Güter ist, dass der Anbieter (evtl. unter Einbindung mancher Kunden im Rahmen der Marktforschung o.ä.) versucht, die gesuchten Eigenschaften so gut wie möglich zu antizipieren und dergestalt in einem Produkt zu vereinen, so dass dieses für möglichst viele potenzielle Kunden näher an ihrem Idealpunkt liegt als die Produkte des Wettbewerbs.[112] Hierzu wird der Anbieter sich entweder mit einer eingeschränkten Anzahl an Produkten auf die Massenmärkte (d.h. Produkte, die für sehr viele Kunden „gut passen") konzentrieren oder sich eine Nische aussuchen, in der er auf geringeren Wettbewerb trifft und sich auf die Wünsche des zugehörigen Kundensegments besser einstellen kann als weniger spezialisierte Wettbewerber.[113]

2.1.2.2 Individualisierung der Leistungserstellung als Alternative

Eine andere Logik steckt hinter der Individualisierung der Leistungserstellung als Alternative: anstatt das Produkt auf den (vermuteten) Durchschnitt der Wünsche einer anonymen Kundengruppe hin zu entwickeln, wird das Produkt auf die von einem einzelnen Kunden direkt geäußerten Wünsche ausgerichtet.[114] Zwar kann auch ein massengefertigtes Produkt die Wünsche eines einzelnen Kunden perfekt treffen. Dies ist aber ebenso zufällig wie der Fall, dass zwei individualisierte Produkte

---

[109] Piller (2006a), S. 116ff.

[110] Vgl. Weigand und Lehmann (1997), S. 477 und Lancaster (1979)

[111] Siehe zu diesem „Idealpunkt-Modell" ausführlich Piller (1998a), S. 78f.

[112] Vgl. Piller (2006a), S. 114f.

[113] Der Bezug zu Porters generischen Strategien der Differenzierung bzw. der Konzentration auf Nischen ist hier offensichtlich, vgl. auch Kapitel 4.1.1.1.

[114] Vgl. Mayer (1993), S. 36. In diesem Zusammenhang weist Mayer darauf hin, dass sich Individualisierung im strengen Wortsinn nur auf Individuen, also Konsumenten, beziehen kann, eine derartige Unterscheidung allerdings nicht zweckmäßig sei. Nicht zuletzt würden Teile des Industriegüterbereichs wie z.B. der Sonderanlagenbau sich der Individualisierung bedienen, vgl. Mayer (1993), S. 37 sowie Arbeitskreis "Marketing in der Investitionsgüter-Industrie" der Schmalenbach-Gesellschaft (1977). Dabei ist das Ziel der Individualisierung im Industriegüterbereich, die Produkte den individuellen Besonderheiten ihres Einsatzes beim Kunden anzupassen, vgl. Reichwald und Piller (2006), S. 195.

identisch sind: im ersten Fall sind die Wünsche des Kunden zufällig perfekt deckungsgleich mit dem ermittelten Durchschnitt, im zweiten Fall sind die Wünsche der beiden Kunden zufällig identisch.[115] Da es vor allem bei komplexen Produkten sehr unwahrscheinlich ist, dass die Wünsche zweier Kunden exakt übereinstimmen, wird ein Anbieter individualisierter Produkte eine große Anzahl (mehr oder weniger) verschiedener Produkte an jeweils einen Kunden (außer im o.g. Sonderfall) verkaufen. Der Anbieter massengefertigter Produkte dagegen setzt im Extremfall genau ein Produkt ab, dieses dafür in großer bis sehr großer Stückzahl. Je heterogener dabei die Wünsche der verschiedenen Kunden in einem Markt (d.h. je weiter ihre Idealpunkte voneinander entfernt) sind, desto höher ist der Zusatznutzen eines individualisierten Produkts im Vergleich zu einem Standardprodukt.[116]

Tabelle 2: Merkmale der strategischen Optionen im Überblick[117]

Merkmal	Extremstrategie: Individualisierung	Extremstrategie: Standardisierung
Ausrichtung der Leistungsgestaltung	Extrem an den Anforderungen eines einzelnen Nachfragers	Konjektural an den Durchschnittsansprüchen einer größeren Zahl von Nachfragern
Zahl der Nachfrager je Leistung	Einer bzw. sehr wenige	Viele
Kontakt zum Nachfrager	Eng, Nachfrager in den Prozess der Leistungserstellung eingebunden	Nicht oder kaum vorhanden (anonyme Abnehmerschaft)
Erstellung der Leistung	Nach der Bestellung	Vor der Bestellung, auf Vorrat
Quelle der Informationen über die Nachfrageranforderungen	Direkt vom Nachfrager	Über Marktforschung
Gleichartigkeit der Leistungen einer Produktlinie	Nicht (oder nur zufälligerweise) gegeben: maßgeschneiderte Lösung, eventuell der Losgröße 1	Vollständig gegeben: homogenes Massenprodukt bzw. homogen-kollektive Dienstleistung
Leistungsvielfalt	Sehr groß	Nur eine Leistung

Notwendiges Merkmal der Individualisierung ist die Integration des Kunden in den Prozess der Leistungserstellung. Folglich kann ein individualisiertes Produkt auch – anders als ein massengefertigtes Produkt – nicht auf Vorrat erstellt werden.[118] Die Individualisierung kann entweder durch die klassische Einzelfertigung oder eine

[115] Vgl. Mayer (1993), S. 39 bzw. S. 43

[116] Vgl. Reichwald und Piller (2006), S. 195

[117] Quelle: Mayer (1993), S. 50

[118] Wie im Zusammenhang mit der Darstellung der Mass Customization noch gezeigt wird, können aber sehr wohl kundenneutrale Teile des Produkts vorgefertigt werden, vgl. Kapitel 2.3.

Variantenfertigung erreicht werden.[119] Durch beide Verfahren der kundenspezifischen Leistungserstellung kann vor allem auch dem reinen Preiswettbewerb entkommen werden, da der Vergleich „nur über den Preis“ vor allem bei sehr homogenen Gütern möglich ist (da sie nur unter diesen Umständen wirklich vergleichbar sind), und andererseits der Kunde auch bereit ist, eine Prämie für die (nahezu) Idealkombination zu zahlen.[120]

Tabelle 2 fasst die Merkmale der Individualisierung zusammen und kontrastiert sie mit der Standardisierung als Extrembeispiel der Massenfertigung.

2.1.2.2.1 Variantenfertigung als „unechte“ Individualisierung

Neben der klassischen Einzelfertigung als Möglichkeit der echten Individualisierung besteht mit der (anonymen) Variantenfertigung eine „unechte“ Möglichkeit, individualisierte Produkte anzubieten.[121] Die Variantenfertigung wurde von zahlreichen Massenfertigern als Antwort auf die zunehmende Heterogenisierung der Nachfrage eingeführt und basiert auf der Marktsegmentierung, bei der ein Markt nach bestimmten Kriterien in kleinere und homogenere Segmente eingeteilt wird.[122] Für jedes dieser Segmente wird dann eine Variante eines Standardproduktes abgeleitet, welche näher am jeweiligen durchschnittlichen Idealpunkt des resultierenden kleineren Kundensegments liegt.[123] Trotzdem bleibt bei der Variantenfertigung der einzelne Kunde in der Regel anonym, so dass auch von anonymer Variantenfertigung gesprochen wird. Diesen Umstand kommentiert Piller wie folgt: „Mit variantenreicher Produktion bieten die Anbieter allenfalls mehr Wahlmöglichkeiten in der Hoffnung, dass Kunden darunter etwas finden, das ihren Wünschen nahekommt.“[124] Ebenso wie der Kunde anonym bleibt, wird auch das Prinzip der Massenfertigung (im Sinne einer Serien- oder Sortenfertigung) beibehalten.[125] Bei einer zunehmenden Hetero-

---

[119] Vgl. Piller (2006a), S. 116

[120] Vgl. zu diesem Preissetzungsspielraum sowie den Grenzen dieses Spielraums in der Praxis Kapitel 2.3.3.1 sowie Piller (2006a), S. 117ff. und die dort zitierte Literatur. Dabei ist Piller dabei zuzustimmen, dass eine Individualisierung des Preises bei digitalen Gütern deutlich einfacher ist, vgl. auch Kapitel 4.2.2.2.1.

[121] Vgl. Piller (2006a), S. 127. Die folgenden Ausführungen beziehen sich auf die anonyme Variantenfertigung, die vor allem bei Industriegütern anzutreffende Entwicklung von Varianten auf Kundenwunsch wird aus didaktischen Gründen der Einzelfertigung zugeschlagen.

[122] Das Thema Marktsegmentierung wird in Kapitel 4.2.1.2.3 aufgegriffen. Dabei ist die Implementierung der Marktsegmentierungsansätze nicht unproblematisch, vgl. Dibb und Simkin (1994).

[123] Vgl. Mayer (1993), S. 39

[124] Piller (1998b), S. 105. Ähnlich argumentieren Pine und Peppers: der Kunde sei nicht an mehr Auswahl, sondern an genau dem Produkt, das seine Wünsche erfüllt, interessiert, vgl. Pine et al. (1995), S. 103.

[125] Vgl. Adam (2001), S. 22f. oder Zahn und Schmid (1996), S. 132

genisierung der Nachfrage sind Variantenfertiger folglich gezwungen, die Anzahl der angebotenen Varianten zu erhöhen, was die Komplexität des Produktionsprogramms und damit die sog. Komplexitätskosten (vgl. Kapitel 2.2.2) überproportional erhöht.[126] Erschwerend kommt hinzu, dass die Variantenfertiger – solange ihnen die Kundenpräferenzen nicht vollständig bekannt sind – ein höheres Level an Varietät anbieten als voraussichtlich benötigt wird, um anhand der Absatzzahlen zu sehen, welche Varianten Erfolg haben.[127] Oder anders formuliert: ein Teil der Produktvarianten geht an den Bedürfnissen der Kunden vorbei.[128]

Mittels moderner flexibler Fertigungssysteme in Kombination mit der Verwendung von CAD-Systemen und Konzepten wie Rapid Prototyping und Simultaneous Engineering kann der Anstieg der Komplexität und der entstehenden Kosten zwar begrenzt, nicht aber verhindert werden.[129] Aufgrund von Nachfrageschwankungen, immer weiter schrumpfenden Segmenten und kürzeren Lebenszyklen können von den Variantenfertigern keine Economies of Scale erreicht werden. Erschwerend kommt hinzu, dass die Vorteile einer echten Individualisierung wie der Aufbau von Learning Relationships nicht genutzt werden können. Vor diesem Hintergrund zieht Piller das Fazit „[d]er größte Fehler der meisten Variantenfertiger war und ist es geblieben, nur den indirekten Kontakt zum Kunden zu pflegen."[130]

2.1.2.2.2 Einzelfertigung als echte Individualisierung

Anders als die Variantenfertigung stellt die Einzelfertigung eine echte Individualisierung dar.[131] Damit ist die Einzelfertigung nicht die Extremform der fortschreitenden Variantenbildung, in welcher der „durchschnittliche" Bedarf eines Segments bestehend aus einem Kunden durch eine Produktvariante bedient wird, sondern eine grundsätzlich andere Herangehensweise: das Angebot wird für jeden Kunden „maßgeschneidert".[132] Infolgedessen ist die Einzelfertigung durch eine auftragsbezogene

---

[126] Vgl. Piller (2006a), S. 128f. oder Adam (2001), S. 47
[127] Vgl. Lancaster (1998), S. 11
[128] Vgl. Zahn und Schmid (1996), S. 87
[129] Vgl. Adam (2001), S. 20f. in Kapitel 2.2.2 wird auf die Kostenproblematik noch ausführlicher eingegangen.
[130] Piller (1998b), S. 105
[131] Die direkte und enge Integration des Kunden in den Prozess der Definition der zu erstellenden Leistung wird als konstituierendes Merkmal der Einzelfertigung angesehen, vgl. z.B. Adam (2001), S. 22, Reichwald und Piller (2006), S. 195 oder Lampel und Mintzberg (1996), S. 26.
[132] Vgl. Hildebrand (1997), S. 27. In diesem Zusammenhang kann Mayer zugestimmt werden, der betont, dass auch individualisierte Produkte, die auf Modulen basieren, als individualisiert bezeichnet werden können, da „die Ausrichtung der Absatzbestrebungen des Unternehmens auf den einzelnen Nachfrager, dessen Einbeziehung in den Leistungserstellungsprozess und die wahrnehmbare

Kalkulation, einen geringen Vorfertigungsgrad, ein hohes Flexibilitätsbedürfnis in allen Fertigungsstufen und die individuelle Erstellung von Fertigungsunterlagen wie Stücklisten, Arbeits- und Terminplänen sowie Konstruktionsplänen gekennzeichnet.[133] Neben der Erstellung des Produkts oder der Dienstleistung kann zudem auch die Kommunikation mit dem Kunden individualisiert werden.[134] Im Ergebnis sind sowohl die Produktions- als auch die Transaktionskosten deutlich höher als bei der Massenfertigung.[135] Dafür resultiert aus der Einzelfertigung eine stabilere Beziehung zum Kunden und der Kunde ist zufriedener, wenn er sein „Wunschprodukt" bekommt. Daraus wiederum ergibt sich eine im Vergleich zu einem Standardprodukt merkbar höhere Zahlungsbereitschaft.

Allerdings steigen die Komplexitätskosten noch stärker an als bei der anonymen Variantenfertigung, was zu deutlich höheren Herstellkosten und folglich auch höheren Preisen für einzelgefertigte Produkte und Dienstleistungen führt.[136] Hieraus folgt eine verhältnismäßig geringe Nachfrage nach einzelgefertigten Gütern, da viele Kunden nicht willens oder in der Lage sind, die entsprechenden Preise zu zahlen. Die geringe Nachfrage wiederum sorgt für noch höhere Preise, da der Anbieter seinen Gewinn über eine hohe Marge erzielen muss.[137] Als Resultat umgibt individuelle Leistungen eine Aura der Exklusivität, eine für alle Anbieter geeignete Antwort auf die Heterogenisierung der Nachfrage kann sie damit nicht darstellen.

Wie Lampel und Mintzberg allerdings richtig bemerken, sind Standardisierung und Individualisierung keine „alternative models of strategic action",[138] sondern nur Extrempositionen eines Kontinuums, welches verschiedene Zwischenpositionen bietet.[139] Folglich stellt sich die Frage, ob die **Vorteile einer Massenfertigung** wie Verstetigung und Beherrschung der Prozesse mit denen der **Einzelfertigung** (Schaffung eines quasi-monopolistischen Handlungsspielraums und individueller Beziehungen zu den Kunden) kombiniert werden können, um eine geeignete Antwort auf die

---

Unterschiedlichkeit dieser Leistung gegenüber der für einen anderen Abnehmer erstellten" (Mayer (1993), S. 153) maßgeblich für die Individualisierung ist.

133 Vgl. Gutenberg (1979), S. 99f. oder Zahn und Schmid (1996), S. 131

134 Vgl. Schnäbele (1997) oder Hildebrand (1997)

135 Im weiteren Sinne können auch Varianten, die speziell auf Wunsch eines bestimmten Kunden zusätzlich angeboten werden, oder Individualisierungen auf der Basis produktbegleitender Dienstleistungen zur Einzelfertigung gezählt werden, für diese gelten die Kennzeichen der Einzelfertigung aber nur eingeschränkt, da sie eigentlich eine Mischform darstellen, vgl. Piller (2006a), S. 137.

136 Vgl. für diesen Absatz Piller (2006a), S. 151 oder Schnäbele (1997), S. 39f.

137 Vgl. Adam (2001), S. 29, der zu Recht darauf hinweist, dass die Erfüllung von Kundenwünschen kein Selbstzweck, sondern nur dann sinnvoll ist, wenn der Kunde auch bereit ist, für das Resultat einen angemessenen Preis zu bezahlen.

138 Lampel und Mintzberg (1996), S. 21

139 Vgl. zu den verschiedenen möglichen Positionierungen ausführlich Lampel und Mintzberg (1996).

neuen Wettbewerbsbedingungen darzustellen.[140] Oder wie Kratochvil und Carson formulieren: „The paradox of the modern enterprise is that it must reduce costs while offering a much richer product variety to its customers than ever before. Maximum flexibility and customization have become a necessity but these need to integrate well with large-scale industrial processes."[141]

Bevor mit der Mass Customization in Kapitel 2.3 ein neuartiges wettbewerbsstrategisches Konzept vorgestellt wird, welches genau diese Verbindung darstellen soll,[142] werden zuerst das Problem der aus den Wettbewerbsbedingungen realisierenden Komplexität sowie herkömmliche Lösungsansätze genauer betrachtet.

2.2 Komplexitätsmanagement

2.2.1 Grundlagen und Begriffsklärung Komplexität

Nachdem in den vorangegangenen Kapiteln bereits die Rede davon war, dass durch die Veränderungen der Umweltbedingungen und den damit einhergehenden Änderungen im Produktprogramm vieler Unternehmen die Komplexität gesteigert wurde, soll dieser Zusammenhang im Folgenden genauer analysiert werden.

Dazu ist in einem ersten Schritt der Begriff der Komplexität zu definieren. Bei genauerer Betrachtung der einschlägigen Literatur zeigt sich allerdings, dass dieses Unterfangen alles andere als trivial ist: je nach Fokus der Betrachtung wird Komplexität durchaus unterschiedlich definiert.[143]

Dabei betrachtet die Systemtheorie als Metawissenschaft Komplexität auf einem abstrakten Level und zielt darauf ab, Prinzipien und Werkzeuge zu entwickeln, die in anderen Disziplinen angewandt werden können.[144] Hier wird die Komplexität eines Systems über die Anzahl und Verschiedenheit der Systemelemente, die Summe und Art ihrer Beziehungen untereinander sowie die Dynamik des Systems definiert. In diesem Zusammenhang gilt Emergenz als wichtige Eigenschaft, d.h. das Ganze ist mehr als die Summe seiner Teile oder wie Simon formuliert: „given the properties of

---

[140] Vgl. Piller (2006a), S. 151

[141] Kratochvil und Carson (2005), S. 13

[142] Vgl. Piller (2006a), S. 151 sowie die in Kapitel 2.3.2 genannten Quellen.

[143] Vgl. z.B. Fleck (1995), S. 177f.; Luczak und Fricker (1997), S. 316-318, Meyer (2007), S. 21ff. oder Sawhney und Herrmann (2000), S. 198

[144] Vgl. Tilebein (2005), S. 54 oder auch schon Bertalanffy: „In many cases, isomorphic laws hold for certain classes or subclasses of ‚systems', irrespective of the nature of the entities involved. There appear to exist general system laws which apply to any system of a certain type, irrespective of the particular properties of the system and of the elements involved.", Bertalanffy (1968), S. 38

the parts and the laws of their interaction, it is not a trivial matter to infer the properties of the whole".[145]

In den Anwendungsdisziplinen wie der Informatik[146], der Soziologie[147] oder der Betriebswirtschaftslehre ist es nötig, diese Definition unter Einbeziehung des betrachteten Phänomens zu konkretisieren, was allerdings dazu führt, dass unterschiedliche Definitionen des Begriffs Komplexität vonnöten sind: „Probably no single concept of complexity can adequately capture our intuitive notions of what the word ought to mean. Several different kinds of complexity may have to be defined, some of which may not yet have been conceived."[148]

Für die vorliegende Arbeit ist die Sicht der Betriebswirtschaftslehre und der Wirtschaftsinformatik relevant, so dass in einem ersten Schritt die durch die Umweltbedingungen bestimmte externe Komplexität sowie die innere Komplexität, also die durch Gestaltungsparameter beeinflussbare Komplexität in Prozessen und Funktionen des Unternehmens, unterschieden werden können. Die interne Komplexität kann in verschiedene, aufeinander aufbauende Schichten untergliedert werden (siehe auch Abbildung 4):[149]

- **Zielkomplexität**:
  hier sind traditionelle Ziele eines Unternehmens wie hohe Produktivität und Wirtschaftlichkeit ebenso zu nennen wie Kundenorientierung - sowohl im Sinne von schneller Reaktion als auch im Hinblick auf die Erfüllung der Kundenwünsche - oder hohe Termintreue, die alle gleichzeitig verfolgt werden, teilweise aber konfliktär sind,
- **Kundenkomplexität**:
  aufgrund der Erosion der Massenmärkte und der Kundenorientierung der Unternehmen steigt die Kundenkomplexität, da die Kunden und ihre Bedürfnisse sich teilweise stark unterscheiden und u.U. widersprechen,
- **Variantenkomplexität**:
  um die Kunden individuell bedienen zu können, reagieren viele Unternehmen mit einer großen Zahl an kundenindividuellen Varianten, was gleichzeitig zu einer Verringerung der Stückzahlen pro Variante führt, wenn die zusätzlichen

[145] Simon (1962), S. 468, vgl. auch Flood und Carson (1993), S. 17
[146] Vgl. Erk und Priese (2008), S. 439 oder Wegener (2003), S. 20ff.
[147] Vgl. Luhmanns soziologische Systemtheorie, siehe z.B. Luhmann (1980)
[148] Gell-mann (1994), S. 28
[149] Vgl. Adam und Johannville (1998), S. 7ff., sowie Luczak und Fricker (1997), S. 314f., Rommel (1993), S. 140f., Westkämper (1997), S. 282ff., Hofer (2001), S. 15f. und Wildemann (1998), S. 48ff., die ähnlich argumentieren.

Varianten nicht nur zusätzliche Kunden anziehen, sondern auch Kunden, die ansonsten eine der bestehenden „Standardvarianten" gekauft hätten

- **Teilekomplexität**:
  durch die zusätzlichen Varianten steigt in aller Regel die Anzahl der verwendeten Teile, die dazu oftmals von (verschiedenen) Zulieferern bezogen werden,
- **Komplexität des Fertigungssystems**:
  die hohe Variantenzahl kann nur durch die Nutzung flexibler Fertigungsmaschinen einigermaßen ökonomisch produziert werden, diese sind aber vergleichsweise teuer und störungsanfällig,
- **Koordinationskomplexität**:
  die geschilderten Entwicklungen führen zu einem Anstieg der Anzahl und Verschiedenartigkeit der Prozesse in unterschiedlichen Bereichen wie Logistik, Vertrieb und Service. Diese müssen geplant und gesteuert werden, somit steigt auch die Koordinationskomplexität.

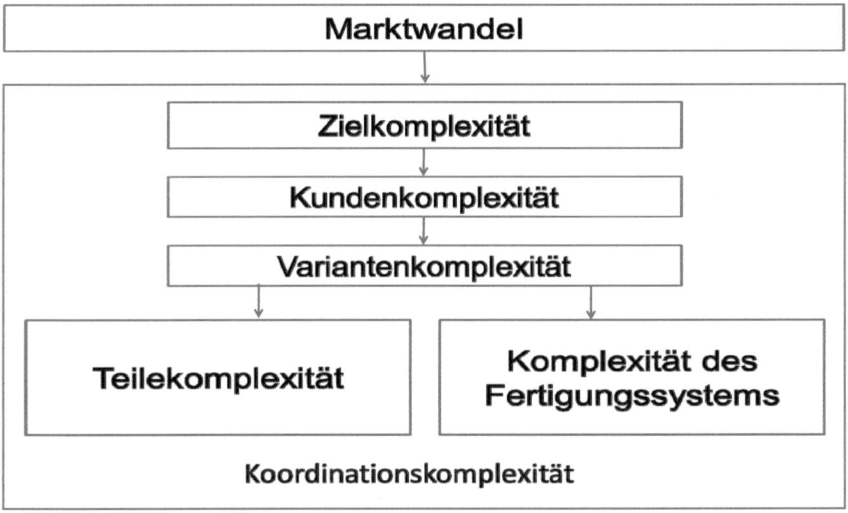

Abbildung 4: Schichten der Komplexität[150]

[150] Quelle: Adam und Johannville (1998), S. 7

Basierend auf diesen Überlegungen kann Pillers Definition von Komplexität als „Zusammentreffen einer strukturellen Vielschichtigkeit, resultierend aus der Anzahl und Diversität der Elemente eines Systems sowie deren gegenseitige Verknüpfung und der dynamischen Veränderlichkeit der gegenseitigen Beziehungen der Systemelemente“[151] für diese Arbeit übernommen werden. Demnach können vier Dimensionen unterschieden werden, aus denen die Komplexität der Elemente und Relationen (Verknüpfungen) herrühren kann: Vielzahl, Vielfalt, Vieldeutigkeit und Veränderlichkeit.[152] Dabei bezieht sich **Vielzahl** auf die Anzahl der Elemente und Relationen zwischen den Elementen und **Vielfalt** auf die Verschiedenartigkeit von Elementen und Relationen. **Vieldeutigkeit** wiederum steht für Probleme, das System klar und eindeutig zu erfassen. Diese rühren meist von mangelndem Wissen über das System, seine Elemente und Relationen sowie deren Wirkungszusammenhänge her, teilweise liegen stochastische Phänomene vor. **Veränderlichkeit** schließlich bezieht sich auf das Verhalten des Systems im Zeitablauf: je dynamischer sich Systemzustände ändern, desto höher die Veränderlichkeit. Wie die Erläuterungen zu den Dimensionen schon andeuten, sind sie nicht orthogonal zueinander, sondern beeinflussen einander: so erhöht beispielsweise eine hohe Veränderlichkeit die Vieldeutigkeit eines Systems, wenn die Systemzustände nicht regelmäßig wiederkehren, sondern sich immer neue Zustände herausbilden. Zusätzlich können Vielzahl und Vielfalt zur *Varietät* zusammengefasst werden. Im Rahmen dieser Arbeit ist Varietät insb. im Sinne der Vielzahl und Vielfalt des Produktprogramms im Sinne der Anzahl von Varianten eines Produktes von Interesse.

2.2.2 Die Komplexitätsfalle

Eine Erhöhung der externen Komplexität hat über eine Erhöhung der Komplexität des Produktprogramms und eine steigende Heterogenität der internen Unternehmensprozesse eine Erhöhung der internen Komplexität zur Folge. Diese wiederum führt zu den sog. **Komplexitätskosten**, also dem Resultat aller Faktorverbräuche, die in der Vielschichtigkeit von Produktkonzept, Programmzusammensetzung, Prozessgestaltung, Fertigungs- und Koordinationssystem begründet sind.[153] Diese lassen sich in direkte Komplexitätskosten und Opportunitätskosten der Komplexität

[151] Piller (2006a), S. 130
[152] Vgl. zu diesem Absatz Reiß (1993a), S. 57ff.
[153] Vgl. Kersten et al. (2004), S. 212. Rommel et al. beziffern bereits 1993 den Anteil der direkt von der Komplexität des Produktionsprogramms abhängigen Kosten eines Automobilherstellers mit 15-20%, vgl. Rommel (1993), S.23f.

unterscheiden.[154] Dabei versteht man unter den **Opportunitätskosten der Komplexität** diejenigen Kosten, die dadurch entstehen, dass Ressourcen nicht anderweitig verwendet werden können (beispielsweise die Arbeitszeit eines Managers). Hierzu zählen im weiteren Sinne auch Kannibalisierungseffekte.[155] Die **direkten Komplexitätskosten** sind großteils Gemeinkosten und entstehen durch die Inanspruchnahme der Infrastruktur (Produktion, Logistik, IT, Menschen). Sie lassen sich in **einmalige** und **dauerhafte direkte Komplexitätskosten** unterscheiden: zu Ersteren zählen beispielsweise Vorlaufkosten für Forschung und Entwicklung, zu letzteren Aufwendungen für die Qualitätssicherung.[156] Während ein Teil dieser Kosten Kundenwert schafft, ist ein anderer Teil kundennutzenneutral, wird also vom Kunden nicht honoriert und muss daher auf den Prüfstand gestellt werden.[157] Dabei treten die Kostenwirkungen der Komplexität zum einen funktionsübergreifend und zum anderen zeitverzögert und asymmetrisch-dynamisch auf.[158] Dabei sind vor allem die indirekten Komplexitätskosten nur schwer den einzelnen Funktionen zuzuordnen.[159] Die Zeitverzögerung des Auftretens der Kostenwirkungen resultiert indes daraus, dass das Unternehmen die Komplexität bei einer langsamen Zunahme der Produkt- und Prozessvielfalt zuerst noch bewältigen kann und erst nach einer gewissen Zeit zusätzliche Kapazitäten bei manchen Ressourcen notwendig werden.[160] Die asymmetrisch-dynamische Wirkung der Kosten - auch als Kostenremanenz bezeichnet - resultiert daher, dass die Kosten bei einem Rückgang der Komplexität nicht in demselben Maße wieder abgebaut werden können wie sie aufgebaut wurden. Beispielsweise verursachen neu angeschaffte flexible Fertigungsmaschinen höhere Betriebskosten, können aber nicht ohne weiteres stillgelegt und durch einfachere aber neu zu beschaffende Maschinen ersetzt werden.[161] Zudem können diese zusätzlichen Kapazitäten die Komplexität nicht senken, sondern nur beherrschbar machen. Sie führen ihrerseits aber auch zu komplexeren Strukturen und Prozessen, erhöhen die Gesamtkomplexität also weiter.[162]

---

[154] vgl. Homburg und Daum (1997), S. 333f. oder Schuh (2005a), S. 44ff.
[155] Hierunter versteht man das Phänomen, dass neue Produkte nicht nur zusätzliche Kunden anlocken sondern zumindest teilweise auch Kunden von anderen, bestehenden Produkten des eigenen Unternehmens abziehen („kannibalisieren"), vgl. Homburg und Daum (1997), S. 334.
[156] Vgl. Homburg und Daum (1997), S. 334
[157] Vgl. Wildemann (1998), S. 52ff.
[158] Vgl. Schuh (2005a), S. 22 oder Adam und Johannville (1998), S. 12
[159] Vgl. Sawhney und Herrmann (2000), S. 200f. oder Adam (2001), S. 48
[160] Vgl. Schuh (2005a), S. 23
[161] Vgl. Schuh (2005a), S. 23
[162] Vgl. Piller und Waringer (1999), S. 17.

Insbesondere die herkömmliche Kostenrechnung, welche die Gemeinkosten proportional zu den Einzelkosten auf die Produkte verteilt, ordnet die Komplexitätskosten nicht verursachungsgerecht zu und bevorteilt die aufwendigen Varianten, während die Standardprodukte zu teuer kalkuliert werden.[163] Auf Dauer resultiert hieraus ein Teufelskreis, der die Standardprodukte ihrer Wettbewerbsfähigkeit beraubt (da zu teuer) und die Entwicklung zusätzlicher Nischenprodukte fördert (da sie günstiger wirken als sie eigentlich sind).[164] Zur Lösung dieses und verwandter Probleme wurden verschiedene Kostenrechnungsverfahren wie Prozesskostenrechnung, Target Costing oder die Lebenszykluskostenrechnung vorgeschlagen, die auch unter dem Begriff „Strategische Kostenrechnung“ bzw. „Strategisches Kostenmanagement“ zusammengefasst werden.[165] Allerdings lässt sich Berens und Schmitting zustimmen, dass die Kostenrechnung klassischerweise als kurzfristige operative Rechnung ausgelegt ist, während für langfristige Entscheidungen die (dynamische) Investitionsrechnung gedacht und eigentlich auch besser geeignet ist, wenn auch die angesprochenen Verfahren Hilfe leisten können.[166]

Um das Problem Komplexitätskosten in den Griff zu bekommen, reichen verbesserte Kostenrechnungs- oder Investitionsrechnungsverfahren allerdings nicht aus, zusätzlich muss die Komplexität angemessen gesteuert werden. Dies ist Aufgabe des Komplexitätsmanagements.

2.2.3 Aufgabe und Maßnahmen des Komplexitätsmanagements

Mit Malik lässt sich feststellen „Das Kernproblem eines jeden Organismus [besteht] darin, die für sein Überleben relevante Komplexität unter Kontrolle zu bringen.“[167] Aufgabe des Komplexitätsmanagements ist in diesem Zusammenhang, „durch eine geeignete Gestaltung der Objekte, der Objektbeziehungen und der Wandlungsfähigkeit der Objekte die Komplexität zu verringern bzw. beherrschbar zu machen.“[168] Da die externe Komplexität nicht oder nur sehr schwer beeinflusst werden kann, ist vor

---

[163] Vgl. z.B. Horváth und Mayer (1989), Johnson und Kaplan (1987b), Fleck (1995), S. 182ff. oder Schuh (2005a), S. 19f.

[164] Vgl. z.B. Bennett (1999), S. 19f.

[165] Vgl. z.B. Seidenschwarz (1993), Seidenschwarz (2008), Horváth und Mayer (1989), Johnson und Kaplan (1987b) oder Horváth (2009), S. 473ff..

[166] Vgl. Berens und Schmitting (1998), S. 107 oder auch Adam und Johannville (1998), S. 13ff. Auf diese Thematik wird im Rahmen von Kapitel 5.2.2.4 noch etwas vertiefter eingegangen, da dort Methoden zur Kostenschätzung für die plattformbasierte Softwareentwicklung vorgestellt werden.

[167] Malik (1984), S. 170

[168] Bennett (1999), S. 12. Siehe in diesem Zusammenhang auch Hildebrand, der darauf hinweist, dass für den Erfolg einer Individualisierungsstrategie nicht allein ein möglichst hoher Individualisierungsgrad entscheidend ist, sondern auch das Management der entstehenden Komplexität, welche die Ausnutzung von Standardisierungsmöglichkeiten notwendig macht, vgl. Hildebrand (1997), S. 75

allem die Beeinflussung der internen Komplexität Aufgabe des Komplexitätsmanagements. Ashbys *law of requisite variety* besagt hierbei, dass zur Beherrschung eines Systems ein System, welches mindestens dieselbe Komplexität aufweist, notwendig ist.[169]

Zur Verringerung der internen Komplexität und damit Abschwächung der genannten Kostenwirkungen können drei Arten von Maßnahmen ergriffen werden:[170]

- Maßnahmen zur **Komplexitätsreduktion**:
  diese sind bereits kurzfristig ergreifbar und wirksam. Dazu wird die Zahl der Elemente eines Systems oder die Anzahl der Verbindungen zwischen den Elementen des Systems verringert. Ersteres kann beispielsweise durch eine Bereinigung des Produktportfolios oder die vermehrte Verwendung von Gleichteilen geschehen, letzteres durch Prozessoptimierungen. Große Potentiale bestehen hier im Bereich der Produktentwicklung, da ein großer Teil der Lebenszykluskosten eines Produkts bereits in der Produktentwicklung determiniert werden.[171]
- Maßnahmen zur **Komplexitätsbeherrschung**:
  diese haben einen mittelfristigen Zeithorizont, dienen der effizienten Handhabung der notwendigen Komplexität und versuchen, die externe Komplexität in eine möglichst geringe interne Komplexität zu transformieren, was z.B. durch flexible Prozesse und Strukturen geschehen kann.[172]
- Maßnahmen zur **Komplexitätsvermeidung**:
  diese sind langfristig angelegt und versuchen, die Komplexität gar nicht erst entstehen zu lassen, z.B. über eine entsprechend ausgelegte Produktarchitektur oder die Trennung von Prozessen in Prozessmodule mit höheren und mit niedrigeren Veränderungsfrequenzen, so dass die Module mit niedriger Veränderungsfrequenz bei vielen Änderungen konstant bleiben können.[173]

---

[169] vgl. Ashby (1956). Vgl. auch Reiß, der die vier Bereiche Strategie, Struktur, Markt und Kompetenzen nennt, die alle berücksichtigt werden und bei denen die jeweiligen Potenziale im Unternehmen in Einklang mit den gegebenen Anforderungen gebracht werden müssten, vgl. Reiß (2004). S. 272ff. oder auch Schuh et al. (2005a), S. 62ff., die ähnlich argumentieren.

[170] Vgl. z.B. Wildemann (1998), S. 55ff., Homburg und Daum (1997), S. 335f. Piller (2006a), S. 194ff. Piller und Waringer (1999), S. 28ff. Vereinzelt wird auch die Komplexitätserhöhung genannt, die allerdings nur in seltenen Fällen angewendet wird, vgl. Meyer (2007), S. 35.

[171] Vgl. z.B. Horváth (2009), S. 473ff., Bürgel und Zeller (1997), S. 219 und Sanchez (2004), S. 67.

[172] Reiß spricht in diesem Zusammenhang von Komplexitätskompetenz, also der Fähigkeit, mit einem bestimmten Level von Komplexität umzugehen, vgl. Reiß (1993b), S. 137.

[173] Meyer (2007), S. 34

All diese Arten von Maßnahmen können auf den Ebenen der Komponenten bzw. Produkte, der Prozesse oder der Kundenstruktur angewandt werden, Tabelle 3 gibt einen Überblick über die resultierende 3x3-Matrix.[174]

Tabelle 3: Systematisierung der Ansatzpunkte Komplexitätsmanagement[175]

Maßnahmen des Komplexitätsmanagements				
		Ansatzpunkt der Maßnahmen auf der Ebene der...		
		Komponenten / Produkte	Prozesse	Kundenstruktur / Programm
Auswirkungen des Maßnahmeneinsatzes auf den Komplexitätsgrad	**Komplexitäts-vermeidung**	• parallele Entwicklung antizipierter Varianten • Einsatz von Gleichteilen /Teile- und Materialstandardisierung • Modularisierung der Produktstrukturen, Baukastenprinzip, Plattformen • Funktionsintegration auf Teileebene	• Modularisierung auf Prozessebene: Reintegration von Arbeitsinhalten zu ganzheitllchen Aufgabenkomplexen; Fertigungssegmentierung und Implementierung selbststeuernder Regelkreise • fertigungs- und montagegerechte Konstruktion	• Vorfeldmarketing • Definition moglichst • homogener Zielmarkte
	Komplexitäts-reduktion	• Reduktion der Material- und Halbzeugvielfalt • Erhohung der Mehrfachverwendung / des Standardisierungsgrads • Angebot nur weniger höherwertiger Varianten (Up-Grading) • Verschiebung des Varianten-bestimmungspunkts bzw. Vorfertigungsgrads	• Optimierung der Lieferantenzahl (Single Sourcing) • Optimierung der Leistungstiefe (Bezug komplexerer Vorleistungen im Sinne des Modular Sourcing) • fokussierte Fabriken • Kontinuierliche Verbesserungsprozesse	• Optimierung der Programmbreite • direkte Kundenbereinigung durch Mindestauftragsmenge • Indirekte Kundenbereinigung durch Mindermengenzuschlage • Kombination von Komponenten zu Leistungsbundeln (Bundling; Packaging)
	Komplexitäts-beherrschung	• Einrichtung von Bevorratungsebenen • Substitution von Hardwarefunktionalitat durch Software • Realisierung standardisierter Produkt-, Baugruppen- und Komponentenschnittstellen	• objektorientierte Auftragsabwicklung • Visualisierung am Verbauort • Einsatz von IuK-Technologien zur Erhohung der Komplexitatsverarbeitung • Definition uberschaubarer Zielsysteme fiir dezentrale Entscheidungsbereiche	• Aufbau von Learning Relationships mit den Abnehmern • Nutzung des Kundenwissens

Eng mit dem Komplexitätsmanagement verwandt ist das Variantenmanagement, mit dessen Hilfe die Varietät des Produktprogramms aufs Notwendige beschränkt und beherrschbar gemacht werden soll.[176] Dabei kann Variantenmanagement wie folgt definiert werden: „Variantenmanagement umfasst die Entwicklung, Gestaltung und Strukturierung von Produkten bzw. Dienstleistungen bzw. Produktsortimenten im Unternehmen. Dadurch wird angestrebt, die vom Produkt ausgehende Komplexität (Anzahl Teile, Komponenten, Varianten usw.) wie auch die auf das Produkt einwirkende Komplexität (Marktdiversifikation, Produktionsabläufe usw.) mittels geeig-

---

174 Vgl. Piller (2006a), S. 196, der auch darauf hinweist, dass zwischen den einzelnen Instrumenten starke sachlogische Interdependenzen bestehen und sie daher nicht isoliert betrachtet werden dürfen.
175 Quelle: Piller (2006a), S.195
176 vgl. Bennett (1999), S. 12 oder Hofer (2001), S. 18

neter Instrumente zu bewältigen."[177] Hierbei lassen sich strategisches und operatives Variantenmanagement unterscheiden:[178]

- **strategisches Variantenmanagement** beschäftigt sich mit der Bestimmung und Beherrschung der Variabilität des Produktportfolios in Einklang mit der Wettbewerbs- und der Produktstrategie des Unternehmens.[179] Insbesondere die Fragen nach der Breite des Produktportfolios und des Grades der Standardisierung bzw. Individualisierung des Produktprogramms gehören zu den Themen, mit denen sich das strategische Variantenmanagement beschäftigt.[180]
- **operatives Variantenmanagement** wiederum beschäftigt sich auf dieser Basis mit der Umsetzung und Einhaltung der Vorgaben des strategischen Variantenmanagements.[181] Damit stellt es einen kontinuierlichen Prozess zur Kontrolle des Produktportfolios dar.[182]

Nach Blecker und Abdelkafi lassen sich die zahlreichen Methoden des Variantenmanagements auf die folgenden sechs prototypischen Konzepte zurückführen: Verwendung gemeinsamer Komponenten, Produktmodularisierung und Produktplattformen auf Seiten der Produkte, sowie gemeinsame Prozessschritte, Prozessmodularisierung und später Entkopplungspunkt auf Seiten der Prozesse.[183] Die Verwendung gemeinsamer Komponenten sowie Produktmodularisierung werden in Kapitel 2.2.4 behandelt, Produktplattformen anschließend in Kapitel 2.2.5, während die Prozesse im Rahmen von Kapitel 2.3.4 angesprochen werden.

2.2.4 Modularisierung als Maßnahme des Variantenmanagements

In der Literatur werden zahlreiche Maßnahmen des Komplexitätsmanagements diskutiert, die an den internen Prozessen, der Kundenstruktur, dem Produktprogramm sowie der Architektur der Produkte ansetzen. Im Folgenden soll mit der Modularisierung eine wichtige Methode erläutert werden, die sich bei der Realisierung komplexer Systeme in zahlreichen Anwendungsgebieten bewährt hat.[184]

---

[177] Schuh (2005a), S. 37
[178] Vgl. Avak (2007), S. 22f.
[179] Vgl. Heina (1999), S. 40
[180] Vgl. Sekolec (2005), S. 28
[181] Vgl. Rathnow (1993), S. 179f.
[182] Vgl. Heina (1999), S. 41
[183] Vgl. Blecker und Abdelkafi (2006), S. 79
[184] Vgl. Baldwin und Clark (2000), S.63

In der Literatur existiert keine Einigkeit über die Bedeutung des Begriffs der Modularisierung, hierauf kann an dieser Stelle aber nicht ausführlich eingegangen werden, so dass auf die bestehende Literatur verwiesen wird.[185] Für die Zwecke dieser Arbeit sehr gut geeignet ist die Definition von Schuh: „Unter Modularisierung versteht man die geeignete Gliederung eines Produktes, indem die Abhängigkeiten zwischen den Elementen (Modulen) verringert bzw. die Schnittstellen reduziert werden."[186] (vgl. auch Abbildung 5).

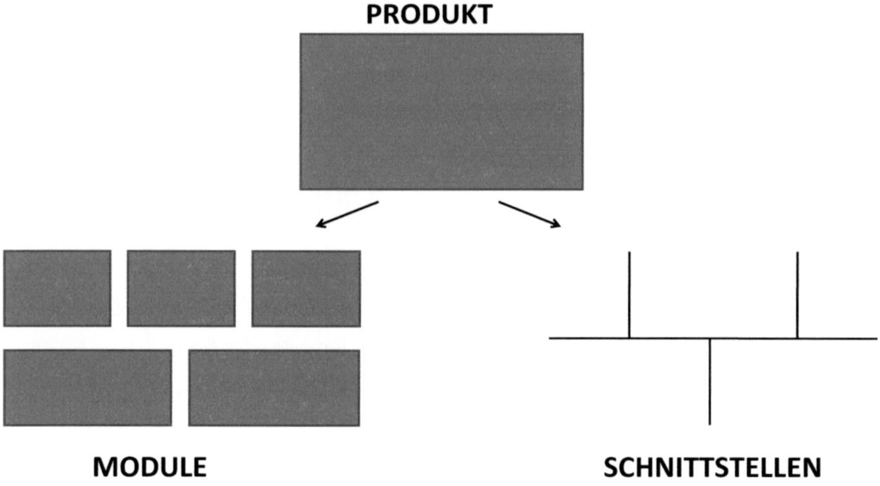

Abbildung 5: Prinzip der Modularisierung[187]

Wie man anhand dieser Definition sieht, bilden zwei Ideenkomplexe den Kern der Modularisierung: Kopplung von und Zusammenhalt zwischen Modulen auf der einen sowie Abstraktion, Geheimnisprinzip und Schnittstellen auf der anderen Seite.[188] Dabei bezieht sich Kopplung auf die Breite und Komplexität der Schnittstellen zwischen Modulen, während Zusammenhalt als Grad der Verwandtschaft bzw. Andersartigkeit zwischen den Modulen interpretiert werden kann. Die Beziehung

[185] Für eine umfangreiche Übersicht über Definitionen vgl. Gershenson et al. (2003), S. 296ff. Insbesondere die Frage, inwiefern funktionale Elemente eins zu eins auf materielle Module abgebildet sein müssen, wird uneinheitlich beantwortet, vgl. z.B. die Definitionen von Ulrich und Tung (1991), Ulrich (1995), Ericsson und Erixon (1999), Nilles (2001), Baldwin und Clark (2000) oder Abdelkafi (2008). In der Realität wird dies sicher ein Ziel sein, das aber selten komplett erreicht werden kann. Ähnlich gilt dies auch für Modularisierung insgesamt: reale Produktarchitekturen sind meist weder komplett modular noch komplett integral sondern stellen einen Punkt auf dem Kontinuum zwischen diesen beiden Endpunkten dar, vgl. z.B. Abdelkafi (2008), S. 145 sowie Schuh (2005a), S. 130.

[186] Schuh (2005a), S. 130

[187] Quelle: Hofer (2001), S. 28

[188] Vgl. Baldwin und Clark (2000), S. 63

zwischen der Modularisierung und den Begriffen Abstraktion, Geheimnisprinzip und Schnittstellen lässt sich wie folgt erklären: bei der Aufspaltung eines komplexen Systems in kleinere Elemente wird mithilfe von Abstraktion eine möglichst einfache Schnittstelle erzeugt. Das Geheimnisprinzip dient dazu, die Komplexität der einzelnen Elemente zu verbergen.[189] Die durch die Modularisierung erzeugbaren Produkte können als **Produktfamilie** bezeichnet werden: „eine Produktfamilie setzt sich aus einer Menge individueller Produkte zusammen, die auf einer gemeinsamen Basis aufbauen, aber spezifische Eigenschaften und Funktionen besitzen".[190] Dabei ist der Begriff der Produktfamilie von dem der **Produktlinie** abzugrenzen: Aus Sicht des Marktes bzw. des Marketing wird eine Produktlinie durch die Verwendung der betreffenden Produkte bzw. durch das mit ihr angesprochene Marktsegment definiert. „[Eine Produktlinie]...umfasst eine Gruppe an Produkten, die eng miteinander verwandt sind, weil sie im Absatz miteinander verbunden sind, ähnlich funktionieren, auf vergleichbare Art hergestellt werden oder in dieselbe Preiskategorie fallen"[191]
Ziel der Modularisierung ist es, mit möglichst wenigen Modulen die benötigte (Produkt-)Varietät zu erreichen. Zudem bietet die Modularisierung die folgenden Möglichkeiten:[192]

- Erhöhung der handhabbaren Komplexität durch Verringerung der Abhängigkeiten
- Verbesserter Umgang mit Unsicherheit durch erhöhte Flexibilität
- Möglichkeit der gleichzeitigen Bearbeitung (Entwicklung bzw. Weiterentwicklung, Qualitätssicherung, etc.) mehrerer Elemente eines komplexen Systems.

Dabei ermöglicht die Erhöhung der handhabbaren Komplexität die Entwicklung immer komplexerer Systeme, z.B. Produkte mit einem immer umfangreicheren Einsatzspektrum. Die erhöhte Flexibilität wiederum ermöglicht eine raschere Reaktion auf ein verändertes Marktumfeld und damit eine höhere Chance auf Markterfolg.[193] Die Möglichkeit der gleichzeitigen Bearbeitung mehrerer Elemente bei komplexen Systemen schließlich verkürzt sowohl die Zeit, bis ein Produkt auf den Markt kommt

[189] Vgl. Baldwin und Clark (2000), S. 64
[190] Hofer (2001), S. 32
[191] Bruhn und Homburg (2001), S. 594
[192] Vgl. z.B. Bashe et al. (1986), S. 90 oder Böhmann (2004), S. 15 sowie die Übersicht über positive Effekte der Modularisierung auf Effizienz und schnelle Entwicklung bei Abdelkafi (2008), S. 148.
[193] Insb. in Branchen mit kurzen Innovationszyklen und hohen Produktentwicklungskosten kann eine um ein paar Monate verkürzte Entwicklungszeit entscheidend sein, vgl. Fleck (1995), S. 135ff.

als auch die zur Herstellung benötigte Zeit.[194] Ebenso wird die parallele Entwicklung und Fertigung von Produkten durch mehrere Unternehmen so erst möglich.[195] Simon argumentiert in diesem Zusammenhang, dass ein hierarchisches System schneller evolviert als ein nicht-hierarchisches System vergleichbarer Größe.[196] Zudem wird argumentiert, dass die modulare Produktgestaltung Auswirkungen auch auf die Organisation hat: die Organisation sollte die Produktarchitektur und insb. die Module sowie deren Schnittstellen widerspiegeln.[197]

Ein wichtiges Kennzeichen der Modularisierung besteht nach herrschender Meinung darin, dass mehrere Varianten eines Moduls existieren können, von denen jeweils eine ausgewählt und in ein spezifisches Produkt eingebaut wird.[198] Durch die definierten Schnittstellen ist auch ein Austausch des Moduls nach Auslieferung möglich, was entweder im Schadensfall (defektes Modul wird ersetzt) oder bei funktionalen Verbesserungen (altes Modul wird durch verbessertes Modul ersetzt) geschehen kann.[199] Dabei geht die Modularisierung meist noch einen Schritt weiter als die Verwendung gemeinsamer Komponenten: diese besagt im Kern nur, dass dasselbe Bauteil in verschiedenen Produkten verwendet wird, was keine Aussage über das Vorhandensein von Varianten der Komponente oder Austauschbarkeit der Komponente beinhaltet.

Bei genauerer Betrachtung lassen sich verschiedene Arten unterscheiden, wie Module zu individualisierten Produkten zusammengesetzt werden können. Diese wurden von verschiedenen Autoren auf unterschiedliche Art und Weise typologisiert.[200] Im Folgenden wird die Typologie von Pine[201] erläutert, der sich wiederum auf Ulrich und Tung[202] sowie Abernathy und Utterback[203] bezieht. Die von Pine identifizierten Arten der Modularität reichen von der einfachen **Modularität durch Gemeinsamkeit von Bestandteilen**, die mit geringfügigen Änderungen bereits eine große Varietät ermöglicht, bis hin zur **Teil-Modularität**, die nahezu komplett kundenindividuelle

[194] Vgl. Ulrich und Tung (1991), S. 75 oder Ericsson und Erixon (1999), S. 18.
[195] Vgl. Baldwin und Clark (2003), S. 150f. oder Schuh et al., die hier die Möglichkeit der Konzentration auf Kernkompetenzen nennen, vgl. Schuh (2005a), S. 71f.
[196] Vgl. Simon (1962), S. 473. Unter einem hierarchischen System versteht Simon ein System, das aus mehreren miteinander verbundenen Subsystemen besteht, die ihrerseits wiederum aus mehreren miteinander verbundenen Subsystemen bestehen, vgl. Simon (1962), S. 468.
[197] Vgl. Gawer und Cusumano (2002), S. 8 oder Sanchez und Mahoney (1996)
[198] Vgl. z.B. Fleck (1995), S. 286 oder Piller (2006a), S. 229
[199] Vgl. Kratochvil und Carson (2005), S. 21f.
[200] Vgl. Hvam et al. (2008), S.30f., Pine (1993), S. 200ff., Ulrich und Tung (1991), S. 77ff. Utterback und Abernathy (1978), Mayer (1993), S. 155ff., Schuh (2005a), S. 130ff. oder Piller (1998a), S. 181ff.
[201] Vgl. im Folgenden Pine (1993), S. 200ff.. Die deutsche Übersetzung der Arten der Modularität ist von Schuh (2005a), S. 131 übernommen.
[202] Vgl. Ulrich und Tung (1991)
[203] Vgl. Utterback und Abernathy (1978)

Produkte erlaubt, welche eine grundlegend geänderte Produktstruktur aufweisen (siehe auch Abbildung 6).

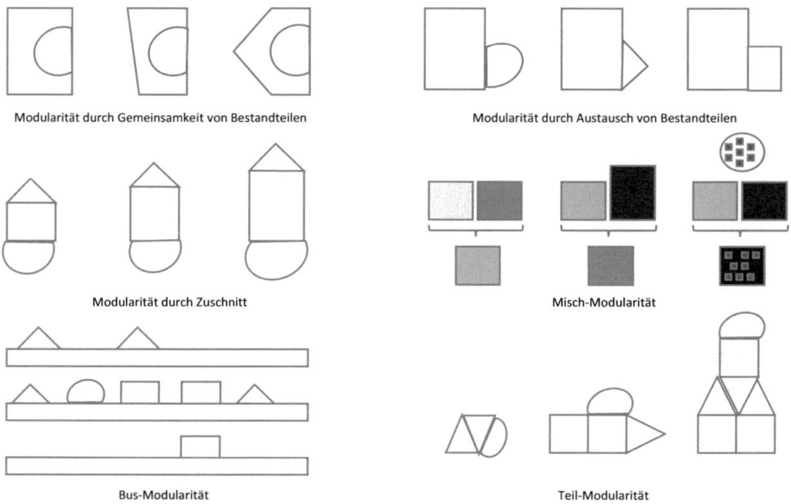

Abbildung 6: Arten der Modularität[204]

Die einfachste Art der Modularität, die **Modularität durch Gemeinsamkeit von Bestandteilen**, ist erreicht, wenn ein Bauteil in vielen Produkten eingesetzt wird. Für dieses Bauteil werden dadurch Economies of Scope erreicht, seine Produktionskosten also gesenkt. Pine argumentiert, dass diese Art der Modularität zum Redesign bestehender Produktlinien mit hoher Produktvarietät gut geeignet ist, um dort die Kosten durch den verstärkten Einsatz von Gleichteilen zu senken.[205]

Der Übergang zur **Modularität durch Austausch von Bestandteilen** ist fließend, da hier das Grundprodukt gleich bleibt und lediglich ein Bestandteil ausgetauscht wird. Ob der allen Produkten gemeinsame Teil also Bestandteil oder Grundprodukt ist, hängt von seinem Anteil am Gesamtprodukt ab: je größer der Anteil, desto eher wird man von Modularität durch Austausch von Bestandteilen sprechen.

Kennzeichnend für die **Modularität durch Zuschnitt** ist, dass Struktur und Anzahl der Komponenten sowie die Schnittstellen für alle Varianten gleich sind und die Varianten sich lediglich durch die Dimensionen der Bestandteile unterscheiden.

[204] Quelle: Pine (1993), S. 201
[205] Vgl. Pine (1993), S. 200

Anwendungen der Mass Customization in der Bekleidungsindustrie setzen diese Art der Modularität ein.[206]

Die **Misch-Modularität** wiederum ist ausschließlich für Produkte anwendbar, die durch das Vermischen von Komponenten hergestellt werden. Die Speisekarten chinesischer Restaurants sind ein hervorragendes Beispiel für diese Art der Modularität: aus einer begrenzten Anzahl von Gemüsen, Fleischsorten bzw. Arten von Meeresfrüchten sowie Soßen wird eine sehr große Anzahl von Gerichten, deren Zutaten im Wok gemischt und angebraten werden, kombiniert. Die Zutaten (= Module) können vorab geschnitten (=vorgefertigt) und nach Bestellung nach dem immer gleichen Prozess (im Wok anbraten) zubereitet werden.

Die **Bus-Modularität** basiert auf einer Grundstruktur (Bus), an die ein oder mehrere Bestandteile über eine standardisierte Schnittstelle angebaut werden können.[207] Sie kann als eine spezielle Form der Modularität durch Austausch von Bestandteilen interpretiert werden.[208]

Die **Teil-Modularität** schließlich zeichnet sich dadurch aus, dass die Endprodukte in ihrem Umfang nicht begrenzt sind, sondern die Bestandteile dank standardisierter Schnittstellen beliebig zusammengebaut werden können (z.B. Lego-Bausteine).

Allen Arten der Modularität gemeinsam ist, dass durch die Verwendung standardisierter Bausteine und Schnittstellen eine hohe Produktvarietät bei möglichst geringer Varietät der Teile und Prozesse erreicht werden soll. Diese Standardisierung stellt allerdings auch eine Gefahr modularisierter Produkte dar: sie sind leichter nachzubauen (im Sinne eines Reverse Engineerings), was Nachahmern zugutekommt.[209]

2.2.5 Produktplattformen als Erweiterung der Modularisierung

Das Konzept der Produktplattform stellt eine Erweiterung der Modularisierung dar.[210] Eine Produktplattform basiert auf einer modularen Produktfamilie, zielt aber darauf ab, die Gleichteile über mehrere Produktgenerationen, Produktreihen und Firmen-

[206] Vgl. Pine (1993), S. 203f. oder Kirn et al. (2005), S. 35-42. Simpson et al. (2001) beschreiben die Anwendung dieser Art der Modularität für eine Familie von Elektromotoren.

[207] Ein bekanntes Beispiel aus dem Bereich IT stellt der sog. Universal Serial Bus (USB) dar, der als standardisierte Schnittstelle zum Anschluss von Peripheriegeräten geschaffen wurde, vgl. Gawer und Cusumano (2002), S. 42

[208] Vgl. Schuh (2005a), S. 131

[209] Vgl. Baldwin und Clark (1997), S. 87f., Ulrich und Tung (1991), S. 76f.

[210] Vgl. z.B. Meyer und Lehnerd (1997) Robertson und Ulrich (1998), Sawhney und Herrmann (2000), McGrath (1995) oder Schuh (2005a), S. 132ff.

grenzen hinweg einzusetzen.[211] Nach Meyer und Lehnerd kann eine Produktplattform definiert werden als „a set of common components, modules, or parts from which a stream of derivative products can be efficiently created and launched".[212] Werden von einer Plattform mehrere Produktgenerationen abgeleitet, so liegt offensichtlich ein durchaus langfristiger Zeithorizont vor.[213] Müller spricht in diesem Zusammenhang daher von einer Plattform*strategie* als „die langfristig angelegte, systematische Bündelung von produktinhärenten Elementen (Produktgemeinsamkeiten) zu Plattformen und das Management dieser Plattformen im Rahmen einer langfristig angelegten Produktplanung".[214] Boutellier et al. weisen der strategischen Entscheidung des Topmanagements, eine Plattform einzuführen und durchzusetzen, eine hohe Bedeutung für den Unternehmenserfolg zu.[215]

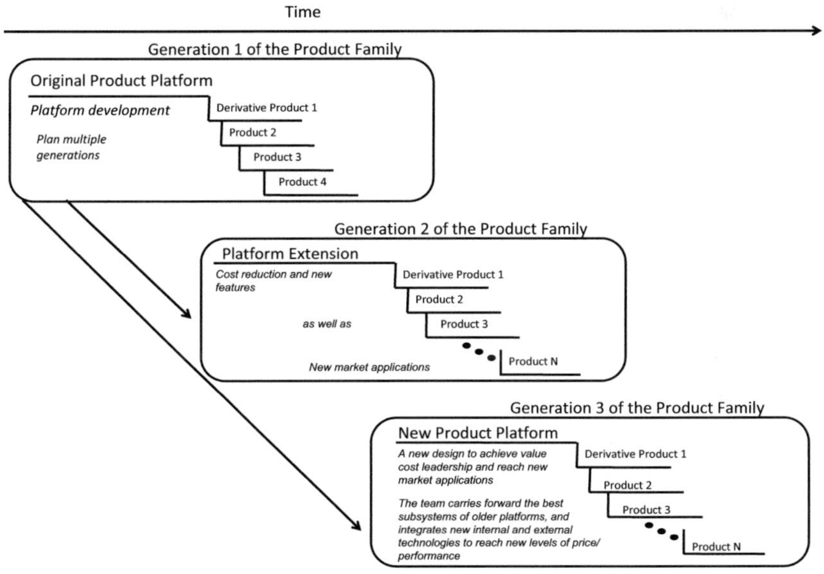

Abbildung 7: Evolution von Produktplattformen[216]

---

[211] Vgl. Meyer und Lehnerd (1997), S. 17, Hofer (2001), S. 35ff., Piller und Waringer (1999), S. 66ff. oder Sanchez, der in diesem Zusammenhang auch von "strategic modularity" spricht, vgl. Sanchez (2004), S. 59f.

[212] Meyer und Lehnerd (1997), S. 7. Vergleichbar auch Simpson et al. (2001), S. 3, die allerdings nicht auf explizit die effiziente (Weiter-)Entwicklung abzielen

[213] Vgl. Rapp (1999), S. 101f. nach Schuh (2005a), S. 132 oder Meyer und Lehnerd (1997), S. 17

[214] Stauss (2006), S. 322. Stauss betont zusätzlich den engen Bezug zwischen Modularisierung, Plattformstrategien und Standardisierung, wenn er auf die Notwendigkeit standardisierter Schnittstellen zwischen den einzelnen Plattformbestandteilen hinweist, vgl. Stauss (2006), S. 324

[215] Vgl. Boutellier et al. (1997a) S. 59

[216] Quelle: Meyer und Lehnerd (1997), S. 36

Abbildung 7 zeigt die Evolution einer Produktplattform inklusive der abgeleiteten Produkte.[217] Wie man sieht, kann eine Plattform mehrere Produktgenerationen überdauern, sie kann dabei aber zwischenzeitlich überarbeitet werden. Neben der Produktplattform können auch auf den Ebenen der Prozesse, Methoden, Fertigungstechnologien, Kunden und Marken Plattformen definiert werden,[218] die allesamt miteinander in Verbindung stehen.[219]

Teilen sich zwei Produkte einer Plattform 100% aller Teile, so sind sie identisch und nicht unterscheidbar. Teilen sie sich aber 0% der Teile, so sind sie zu 0% identisch. Der Grad ihrer Unterscheidbarkeit ist allerdings undefiniert, da zur Realisierung der verschiedenen Funktionen unterschiedliche, aus Kundensicht aber nicht unterscheidbare Teile verwendet werden können.[220] Ziel des Unternehmens muss es sein, gleichzeitig einen hohen Anteil an Gleichteilen und einen hohen Grad an Unterscheidbarkeit zu erreichen, was durch eine geeignete Produktarchitektur gelingen kann.[221]

Vorteile von Produktplattformen werden insbesondere in möglichen Kosteneinsparungen (z.B. in Entwicklung, Produktion und bei der Vorhaltung von Ersatzteilen) gesehen. Sie können aber auch zur Verkürzung von Entwicklungszeiten, einer leichteren Anpassbarkeit von Produkten an individuelle Anforderungen und der Erhöhung der Produktqualität führen.[222] Zu den Nachteilen wird insbesondere das Entwicklungsrisiko gezählt, da der Aufwand zur Entwicklung einer Produktplattform deutlich über dem Aufwand zur Entwicklung eines einzelnen Produktes liegt und somit einige erfolgreiche auf der Plattform basierende Produkte notwendig sind, damit die Entwicklung der Plattform sich amortisiert. [223] Ein weiterer Nachteil wird in

[217] Vgl. auch Ulrich und Eppinger (2004), S. 40f.

[218] Vgl. Boutellier et al. (1997a), S. 61 (nach Schuh (2005a), S. 133) und Sawhney (1998) sowie Sawhney und Herrmann (2000). Dabei betont Sawhney noch die Rolle, die eine Produktplattform im globalen Wettbewerbsumfeld spielen kann, wenn Landesspezifika (nicht nur hinsichtlich der Funktionen, sondern beispielsweise auch bzgl. des Preises oder der Produktpositionierung) geeignet in der Plattform berücksichtigt werden, vgl. Sawhney und Herrmann (2000), S. 207f. bzw. Sawhney (1998), S. 59f.

[219] Nach Sawhney und Herrmann bildet die Produktplattform die Basis für die Prozeßplattform eineseits sowie die Kunden- und Markenplattform andererseits, die globale Plattform wiederum wird erst im Zuge einer Internationalisierungsstrategie relevant, vgl. Sawhney und Herrmann (2000), S. 210

[220] Vgl. Robertson und Ulrich (1998), S. 22

[221] Vgl. Robertson und Ulrich (1998), S. 22

[222] Vgl. Simpson et al. (2006a), S. 3f., Stauss (2006), S. 324f, Robertson und Ulrich (1998), S. 20 oder Sawhney (1998), S. 55f. sowie die Übersicht bei Abdelkafi (2008), S. 150.

[223] Laut Ulrich und Eppinger können die Kosten der Plattformentwicklung zwei bis zehn Mal höher sein als die Entwicklung eines einzelnen Produkts, vgl. Ulrich und Eppinger (2004), andererseits ist das Risiko der Entwicklung eines auf der Plattform basierenden Produkts in der Regel deutlich geringer.

einer zu geringen Unterscheidbarkeit der auf der Plattform basierenden Produkte gesehen, falls die Plattform falsch definiert wird.[224]

Nicht zuletzt da die Balance zwischen Gemeinsamkeit und Unterscheidbarkeit diffizil ist, stellt die Planung und Entwicklung einer Produktplattform eine Herausforderung dar.[225] Zum einen muss aus der Sicht von Marketing und Produktmanagement geklärt werden, welche Marktsegmente bedient werden sollen, welche Bedürfnisse diese Marktsegmente auszeichnen und welche Produktmerkmale diese Bedürfnisse erfüllen.[226] Zum anderen müssen die Entwickler eine geeignete Plattformarchitektur entwerfen, die einen möglichst großen Anteil an Gleichteilen und gleichen Prozessen erlaubt, es aber auch ermöglicht, die einzelnen Produkte in Merkmalen, die aus Kundensicht einen Unterschied machen, differenzierbar zu gestalten. Dabei gibt es zwei Möglichkeiten, eine Produktplattform zu entwickeln: top-down oder bottom-up.[227] Während die *top-down*-Entwicklung die proaktive Definition einer Plattform und anschließende Ableitung von Produkten zum Ziel hat, beginnt die *bottom-up*-Entwicklung mit bestehenden Produkten, die Schritt für Schritt auf eine gemeinsame Plattform gezogen werden.[228] In beiden Fällen lassen sich aber getrennte Entwicklungsprozesse für die Plattform und die plattformbasierten Produkte unterscheiden.[229]

Robertson und Ulrich betonen in diesem Zusammenhang die Wichtigkeit eines interdisziplinären Teams, das die Sichten von Marketing, Entwicklung (inkl. Design, gerade in der ästhetischen Gestaltung liegt in zahlreichen Märkten ein großes Differenzierungspotenzial[230]), Produktion, Fabrikplanung und (After Sales) Service einbezieht und austariert.[231] Zudem warnen sie davor, die Planung zu detailliert zu gestalten und sich in Details zu verlieren. Stattdessen sei es wichtig zu fokussieren, indem diejenigen Produktmerkmale identifiziert und detailliert analysiert werden, bei denen die Kunden der Unterschiedlichkeit einen hohen Wert zuweisen und bei denen die Kostenwirkung der Unterschiedlichkeit groß ist. Merkmale, bei denen die Unterschiedlichkeit aus Sicht des Kunden nicht relevant ist, sollen durch Gleichteile realisiert werden. Merkmale mit geringer Kostenwirkung können dagegen problemlos

[224] Vgl. Robertson und Ulrich (1998), S. 21
[225] Vgl. für diesen Absatz Robertson und Ulrich (1998), S. 20ff.
[226] Boutellier et al. bezeichnen die Marktorientierung als wichtigsten Erfolgsfaktor einer Produktplattform, vgl. Boutellier et al. (1997a), S. 58.
[227] Vgl. Simpson et al. (2001), S. 3
[228] vgl. Simpson et al. (2001), S. 3
[229] Müller (2000), S. 31f.
[230] Vgl. Sanchez (2004), S. 61ff.
[231] Vgl. Robertson und Ulrich (1998), S. 21, ähnlich auch Boutellier et al. (1997a), S. 58.

variiert werden, wenn die Kunden der Variation Wert beimessen. Zusätzlich sollte auch der Vergleich mit den Produkten des Wettbewerbs in die Planung der Produktplattform einfließen.[232]

Vorteilhaft wäre es, die Anzahl der Produkt- und Modulvarianten im Sinne einer Komplexitätsvermeidung von Anfang an möglichst gering zu halten. Dies ist allerdings schwierig, nicht zuletzt auch, da eine exakte Bestimmung der Kostenwirkungen wie des Werts, den die Kunden bestimmten Merkmalen zumessen oder auch des Preises, den das Unternehmen für plattformbasierte Produkte verlangen kann, im Voraus nahezu unmöglich ist. Stattdessen stehen hier einfache Schätzungen oder komplexere heuristische Methoden im Vordergrund.[233] Hierbei warnen Robertson und Ulrich einerseits vor einer zu langen Suche nach Informationen und dem Versuch, ein exaktes Ergebnis zu errechnen, andererseits aber auch davor, sich auf das Bauchgefühl einzelner zu verlassen.[234]

Für materielle Produkte besteht eine Vielzahl mathematischer Berechnungsmöglichkeiten: insbesondere die Berechnung sogenannter commonality metrics (also „Gemeinsamkeitmetriken“) und deren Verwendung zur Bestimmung des optimalen Maßes an Gemeinsamkeit wird gut unterstützt.[235] Wie Dahmus et al. anmerken, benötigen diese Verfahren Systemgleichungen, welche die Leistung des Systems mit bestimmten Designvariablen, also physischen Produkteigenschaften, in Zusammenhang setzen. Früher im Entwicklungsprozess setzen Methoden an, die mögliche Systemarchitekturen generieren, die anschließend durch die erwähnten Berechnungsverfahren miteinander verglichen werden können.[236] Aber auch diese – wie z.B. die von Dahmus et al. entwickelte[237] – Methoden setzen die Anzahl der zu entwickelnden Produkte sowie eine grobe Beschreibung ihrer Charakteristika (also eine Produktdefinition) als gegeben voraus. Wichtiges Merkmal der im Rahmen dieser Arbeit entwickelten und in Kapitel 5 beschriebenen Methode ist es hingegen, genau dies nicht als gegeben anzusehen, sondern die Entscheidung hierüber zu unterstützen, indem die Kunden eng in den Entwicklungsprozess eingebunden werden. Eben diese Einbindung in den Entwicklungs- und Fertigungsprozess wird in der Literatur oftmals unter dem Begriff Mass Customization bzw. dem verwandten Begriff

[232] Vgl. Meyer und Lehnerd (1997), S. 77f. oder Boutellier et al. (1997a), S. 58f.
[233] Vgl. Robertson und Ulrich (1998), S. 28 oder Meyer und Lehnerd (1997), S146ff.
[234] Vgl. Robertson und Ulrich (1998), S. 28ff.
[235] Vgl. Dahmus et al. (2001), S. 411f. oder zahlreiche Beiträge in Simpson et al. (2006b).
[236] Vgl. Dahmus et al. (2001), S. 411f. oder zahlreiche Beiträge in Simpson et al. (2006b).
[237] Vgl. Dahmus et al. (2001)

der Open Innovation behandelt, weswegen beide im Folgenden ausführlich erläutert werden.

Zuvor sei allerdings noch darauf hingewiesen, dass eine Produktplattform auch gebildet werden kann, wenn ein Unternehmen seine Produkte als Basis für Komplementärprodukte oder Dienstleistungen anderer Unternehmen etablieren möchte.[238] Diese Strategie wird in Kapitel 3.1.3 ausführlicher erläutert, da sie für Softwareprodukte besonders verbreitet ist.

2.3 Mass Customization

2.3.1 Abgrenzung und Definition von Mass Customization

Zahlreiche Autoren konstatieren das Aufkommen eines neuen Fertigungsparadigmas, welches mithilfe moderner IuK-Technik, flexibler Fertigungssysteme und einer weitgehenden Produkt- und Prozessmodularisierung die Synthese aus industrieller Massenfertigung und kundenindividueller Einzelfertigung ermöglicht.[239] Dieses Paradigma wird mit dem Begriff **Mass Customization** (auf Deutsch teilweise auch **kundenindividuelle Massenproduktion** genannt) bezeichnet, der die eigentlich widersprüchlichen Begriffe „Mass Produktion" und „Customization" verbindet.[240] Die Individualisierung ist in der Einzelfertigung lang bekannt und nichts Besonderes. Aufgrund der hohen zusätzlichen Kosten der Interaktion zwischen Anbieter und Nachfrager war diese Individualisierung lange Zeit nur bei (margenträchtigen) Industriegütern sinnvoll, während sie bei Konsumgütern ein Phänomen meist sehr exklusiver Nischen blieb (wie in Kapitel 2.1.2.2.2 erläutert). Durch die moderne IuK-Technik können die Interaktionskosten drastisch gesenkt werden, so dass eine Produktindividualisierung für deutlich mehr Marktsegmente als Option zum Aufbau von Wettbewerbsvorteilen interessant wird.[241]

Im Rahmen dieser Arbeit ist anders als in vielen deutschsprachigen Arbeiten zur Mass Customization von **individualisierter** Massen**fertigung** und nicht von **kundenindividueller** Massen**produktion** die Rede, wie im Folgenden begründet wird.

Ausgangspunkt ist Gutenbergs Definition der Produktion als Kombination der Elementarfaktoren Arbeit, Material und Maschinen mit Hilfe der derivativen Faktoren

[238] Vgl. z.B. Gawer und Cusumano (2002)

[239] Vgl. z.B. Adam (2001), S. 20, verschiedene Beiträge in Schuh und Wiendahl (1997) oder Piller (2006a), S. 153 sowie die dort aufgeführte Literatur.

[240] Der Begriff geht auf Davis (1987), zurück, der sich seinerseits auf Toffler (1970) beruft, der den Zerfall der Massenmärkte und die hieraus resultierende Orientierung am Einzelnen vorhersagte.

[241] Vgl. für diesen Absatz Reichwald und Piller (2006), S. 191

Planung und Organisation zum Zwecke der Leistungserstellung.[242] Eben diese Leistungserstellung kann in Beschaffung, Transport, Lagerhaltung sowie Fertigung unterteilt werden.[243] Dabei umfasst die Fertigung die „Bearbeitung und Verarbeitung von Werkstoffen, Materialien und dergleichen".[244] Unterscheidet man dabei nach der relativen Ausbringungsmenge, so kann in Massenfertigung, Einzel- bzw. Variantenfertigung sowie intermittierende Fertigung in der Form der Serien- oder Sonderfertigung unterschieden werden.[245]

Nun stellt Mass Customization wie bereits erwähnt aufgrund der Kombination von „Mass Production" und „Customization" ein Oxymoron dar. Dies soll durch die Verwendung des Begriffs der Fertigung im Zusammenhang mit Software noch auf die Spitze getrieben werden, da – wie in Kapitel 3.1.1 noch gezeigt wird – Software nicht im herkömmlichen Sinne aus Werkstoffen oder Materialien gefertigt wird, ohne daher automatisch eine Dienstleistung zu sein.[246] Zudem stehen Beschaffung, Transport und Lagerhaltung der Software nicht im Fokus dieser Arbeit, so dass die Verwendung des Begriffs der Fertigung die sprachliche Präzision erhöht.

Im Rahmen dieser Arbeit ist zudem die Rede von **individualisiert** anstelle von **kundenindividuell**, da Mass Customization anders als Einzelfertigung in fast jedem Fall ein Stück weit auf Standardbauteilen aufbaut. Folglich steht das Ziel im Vordergrund: ein Ergebnis, welches durch die Zusammenstellung (teilweise) standardisierter Bestandteile entstanden ist, aber konsequent auf die Bedürfnisse des Kunden maßgeschneidert wurde.[247]

Auf diesen Überlegungen basierend wird die folgende Definition von Mass Customization im Rahmen dieser Arbeit verwendet:

Mass Customization bezeichnet die Fertigung von Gütern und Leistungen, welche die unterschiedlichen Bedürfnisse jedes einzelnen Nachfragers dieser Produkte treffen, mit der Effizienz einer vergleichbaren Massen- bzw. Serienfertigung. Grundlage des Wertschöpfungsprozesses ist dabei ein Co-Design-Prozess zur

---

[242] Gutenberg subsumiert hierunter die Leistungserstellung in Gewinnungsbetrieben wie z.B. Bergwerken, Fertigungsbetrieben, Veredelungsbetrieben sowie in Dienstleistungsbetrieben, vgl. Gutenberg (1979), S. 1ff. Im Rahmen dieser Arbeit werden Gewinnungs- und Veredelungsbetriebe allerdings ausgeklammert.

[243] Vgl. Bloech und Lücke (2006) , S. 183f.

[244] Bloech und Lücke (2006) , S.183

[245] Vgl. Adam (2001), S. 21

[246] Die Befürworter der Verwendung von Massen*produktion* wie z.B. Piller sehen oftmals Produktion und Fertigung als synonym an, vgl. Piller (2006a), S. 8, Piller (1998a), S. 64. Basierend auf dieser Argumentation könnte man also ebenfalls von Massen*fertigung* sprechen.

[247] Vgl. Mayer (1993), S. 153 und die Definition von Individualisierung in Kapitel 2.1.2.2.

Definition der individualisierten Leistung in Interaktion zwischen Anbieter und Nutzer.[248]

Direkt an der Abgrenzung zur Einzelfertigung setzt der sog. **Lösungsraum** an: „Der Lösungsraum ist die Gesamtheit aller Problemlösungen, die ein Unternehmen auf Basis stabiler Produktarchitekturen und darauf abgestimmter Fertigungstechnologien und –prozesse gegenwärtig herstellen und anbieten kann."[249] Anders gesagt: ein Anbieter von Mass Customization ist anders als ein Einzelfertiger eben nicht in der Lage, einem Kunden ein für das Unternehmen von Grund auf neues Produkt ganz nach seinen Wünschen anzubieten, wie dies bspw. im Spezialmaschinenbau oder bei der Anfertigung von Sonderwerkzeugen üblich ist.[250] Diese klassische Einzelfertigung kann und soll Mass Customization nicht ersetzen.[251] Anders als diese zeichnet sich Mass Customization durch stabile Produkt- und Prozessarchitekturen aus, d.h. die Menge der möglichen Produkte ist begrenzt und wird durch den Lösungsraum abgebildet.[252] Demzufolge zeichnen stabile und gleichzeitig flexible Prozesse ein erfolgreiches Mass-Customization-System aus und erlauben es dem Unternehmen, einen Fluss individualisierter Produkte herzustellen, die sich in ihrem grundsätzlichen Aufbau nicht unterscheiden.[253] Dabei ist das Ziel eine Variation weniger Komponenten, die aus Kundensicht aber den wesentlichen individuellen Produktnutzen ausmachen. Folglich könnte man deshalb auch von einer Standardisierung der Individualisierung sprechen. Die richtige Festlegung des Lösungsraumes ist ein wesentlicher Erfolgsfaktor des Konzepts der Mass Customization: können für den Kunden wesentliche Komponenten nicht nach seinen Wünschen angeboten werden oder sind Variationen in zahlreichen unwesentlichen Komponenten möglich, so ist der Lösungsraum falsch gewählt und der Erfolg der Mass Customization in Gefahr.

Auch ein korrekt gewählter Lösungsraum beinhaltet die Gefahr der Unsicherheit des Käufers hinsichtlich der für ihn optimalen Konfiguration des individualisierten

[248] Diese Definition ist fast wortwörtlich von Piller übernommen, es wurden lediglich „individuellen" durch „individualisierten" sowie „Produktion" durch „Fertigung" ersetzt, vgl. Piller (2006a), S. 161 sowie ebenda, S.160f. für eine noch ausführlichere Definition.

[249] Reichwald und Piller (2006), S. 49

[250] Vgl. Piller (2006a), S. 162 oder Abdelkafi (2008), S. 2

[251] Vgl. Piller (2006a), S. 76

[252] Vgl. Reichwald und Piller (2006), S. 45 oder Piller (2006a), S. 248f.

[253] Vgl. Reichwald und Piller (2006), S. 211f.

Produkts.[254] Dieses, auch als Mass Confusion bezeichnete Phänomen,[255] lässt sich in die „**Qual der Wahl**" und in Qualitätsunsicherheiten des Käufers unterscheiden.[256] Erstere bezeichnet den erhöhten Aufwand seitens des Käufers aufgrund einer großen Anzahl möglicher individualisierter Produkte und daraus resultierender geringer Markttransparenz für die Suche nach dem optimalen Produkt und den Vergleich der Alternativen. Verteilt sich die Anzahl der möglichen Produkte nicht nur auf das Produktprogramm eines Anbieters sondern müssen die Produktprogramme mehrerer Anbieter verglichen werden, so erhöht dies das Problem zusätzlich. Empirische Studien haben gezeigt, dass Kunden durch zu viel Auswahl überfordert werden können und im Zweifelsfall den Produktkonfigurationsprozess abbrechen und ein Standardprodukt erwerben. Die **Qualitätsunsicherheiten des Käufers** resultieren daraus, dass er das Produkt vor Lieferung nur sehr eingeschränkt beurteilen kann (anders als bei Standardprodukten, die in der Regel im Handel oder auf Messen begutachtet werden können). Zudem besteht hier eine typische Principal-Agent-Konstellation, da der Anbieter (Agent) über deutlich mehr Informationen verfügt als der Kunde (Principal) und somit der Käufer die Qualität der Arbeit des Anbieters nur eingeschränkt beurteilen kann. Vor diesem Hintergrund kann Reichwald und Piller uneingeschränkt zugestimmt werden, dass es zu den wichtigsten Aufgaben eines Mass Customization-Anbieters gehört, Mass Confusion, Unsicherheit und Aufwand für die Kaufentscheidung soweit wie möglich zu reduzieren.[257] Ebenso sollte der Anbieter darauf achten, dass der wahrgenommene Nutzen des Kunden aus der Individualisierung die von ihm wahrgenommenen Kosten deutlich übersteigen sollte.[258] Auch der Empfehlung, die Integration des Kunden sollte insbesondere bei Konsumgütern auf „ein für ihn [den Kunden, d. Verf.] wirtschaftlich wie geistig zu bewältigendes Höchstmaß begrenzt werden"[259] kann uneingeschränkt zugestimmt werden. Hierfür wird in der Regel moderne Information- und Kommunikationstechnik in Form von Produktkonfiguratoren eingesetzt.[260] Wie im Folgenden beschrieben, können die im Rahmen der Individualisierung erhobenen Daten zum Aufbau sog. Learning Relationships führen, die im Sinne eines ganz-

---

[254] Vgl. Zipkin (2001), S. 82
[255] Vgl. Piller et al. (2005)
[256] Vgl. im Folgenden Reichwald und Piller (2006), S. 221
[257] Vgl. Reichwald und Piller (2006), S. 222
[258] Vgl. Reichwald und Piller (2006), S. 222
[259] Reichwald und Piller (2006), S. 222
[260] Vgl. z.B. Fink et al. (2001), S. 239ff., Piller (2006a), S. 246ff. oder Reichwald und Piller (2005), S. 245ff.

heitlichen Customer Relationship Managements (CRM) zu einer Steigerung der Kundenbindung und Kundenprofitabilität führen können.

2.3.2 Mass Customization als wettbewerbsstrategisches Konzept

Man kann sich dem Thema der Mass Customization aus drei Richtungen nähern:

- aus der Sicht der Produktion
- aus der Sicht des Marketings
- aus der Sicht des strategischen Managements.

Aus Produktionssicht stellt Mass Customization ein neuartiges Produktionskonzept dar, das mittels flexibler Fertigungstechnik die Kombination von Massen- und Einzelfertigung erlaubt.[261] Aus Marketingsicht stellt Mass Customization eine Form der individualisierten (Massen-)Marktbearbeitung dar, bei der sowohl der Vermarktungsprozess als auch das Vermarktungsprodukt individualisiert ist.[262] Aus der Sicht des strategischen Managements stellt Mass Customization ein wettbewerbsstrategisches Konzept dar, das die Sicht des Marketings und der Produktion integriert und eine neuartige Quelle für Wettbewerbsvorteile verkörpert.

Letztere Sicht wird in der vorliegenden Arbeit vertreten und daher im Folgenden näher betrachtet. Hierzu ist zuerst eine Klärung der Frage vonnöten, was unter „Strategie" bzw. „strategisch" zu verstehen ist. Folgende Merkmale gelten als konstituierend für die Verwendung des Begriffs strategisch:[263]

- Die **grundsätzliche Richtung der Unternehmensentwicklung** wird bestimmt oder wesentlich beeinflusst. Um diesem Anspruch gerecht zu werden, muss eine strategische Entscheidung darauf angelegt sein, langfristig gültig zu sein sowie eventuelle Ereignisse zu antizipieren und diese mit in die Entscheidung einzubeziehen.[264]
- Ziel ist die **Sicherung des langfristigen Erfolgs** eines Unternehmens. Hierzu muss das Unternehmen in die Lage versetzt werden, Leistungen so zu erbringen, dass sie für seine Zielgruppe attraktiver sind als die Leistungen der Wettbewerber.

---

[261] Vgl. z.B. Kaluza (1996)

[262] Vgl. z.B. Schnäbele (1997), S. 13ff.

[263] Vgl. Hungenberg (2008), S.4ff. und die dort genannte Literatur

[264] Hiermit ist nicht gemeint, dass sämtliche mögliche Ereignisse berücksichtigt werden können oder gar müssen, der Anspruch strategischen Managements muss aber sein, die wichtigen Ereignisse soweit möglich vorherzusehen. Ebenso wenig muss eine strategische Festlegung tatsächlich langfristig gültig sein, unvorhergesehene Ereignisse können dazu führen, dass sie nach kurzer Zeit revidiert werden muss. Vgl. beispielsweise Hungenberg (2008), S. 4.

- Sowohl die **Positionierung im Markt** als auch die **interne Ausstattung mit Ressourcen** sind wichtige Parameter, die innerhalb eines bestimmten Rahmens gestaltet werden können und in strategischen Entscheidungen berücksichtigt werden müssen.[265]
- Durch strategische Entscheidungen sollen **Erfolgspotenziale** für das Unternehmen geschaffen werden, also Handlungsmöglichkeiten, die den zukünftigen Erfolg sichern sollen.
- Eine **übergreifende Perspektive** ist vonnöten, d.h. strategische Entscheidungen sind organisationseinheitenübergreifend zu treffen, um die entsprechenden Ursachen und Wirkungen im Blick haben zu können.

Zusammengefasst kann man also strategische Entscheidungen definieren als Entscheidungen, die „aus einer übergeordneten Perspektive die grundsätzliche Ausrichtung eines Unternehmens bestimmen. Sie determinieren seine Position im Markt und die Ausgestaltung seiner Ressourcenbasis mit dem Ziel, Vorteile im Wettbewerb zu erlangen und auf diesem Weg den langfristigen Erfolg des Unternehmens zu sichern.“[266] Aufgabe des strategischen Managements ist es, sich mit diesen Entscheidungen zu befassen. Hierbei kommt erschwerend hinzu, dass sich in größeren Unternehmen verschiedene, klar voneinander abgegrenzte Geschäftsfelder (auch als strategische Geschäftseinheiten oder Divisionen bezeichnet) unterscheiden lassen, die jeweils eigene strategische Entscheidungen benötigen. Infolgedessen lassen sich in diesen Unternehmen zwei Ebenen des strategischen Managements unterscheiden: die Unternehmensebene und die Geschäftsbereichsebene.[267] Dabei werden auf der Unternehmensebene Entscheidungen über das Geschäftsfeldportfolio des Unternehmens und die Verteilung von Ressourcen auf die einzelnen Geschäftsfelder getroffen, mithin die Unternehmensstrategie formuliert.[268] Die Unternehmensstrategie dient zudem als Klammer für die auf der Ebene der Geschäftsfelder formulierten einzelnen Wettbewerbsstrategien. Die Wettbewerbsstrategien beschäftigen sich mit der Frage, wie für ein Geschäftsfeld mittels einer überlegenen

[265] Die aktuelle Ressourcenausstattung und Marktpositionierung bestimmen den Bereich möglicher zukünftiger Ressourcenausstattungen und Marktpositionierungen, so dass diese in strategischen Entscheidungen berücksichtigt werden müssen. Dies wird in der einschlägigen Literatur unter dem Stichwort Pfadabhängigkeit von Strategien diskutiert, vgl. Teece et al. (1997), S. 509ff. oder Hungenberg (2008) S.11

[266] Hungenberg (2008), S. 6

[267] Vgl. Hungenberg (2008), S.16 oder Steinmann et al. (2005), S. 170

[268] Vgl. Hungenberg (2008), S.16f. oder Steinmann et al. (2005), S. 170

Marktposition oder einzigartigen Ressourcenbasis Wettbewerbsvorteile aufgebaut und erhalten werden können.[269]

Befürworter der Mass Customization argumentieren, Mass Customization verändere die Kräfteverhältnisse in der Branche: „Mass Customization is, simultaneously, a reaction to this demand trend but also a key driving force in heightening expectations through increased competition“.[270] Damit Mass Customization also als wettbewerbsstrategisches Konzept gelten kann, muss sie es erlauben, Wettbewerbsvorteile für ein Geschäftsfeld aufzubauen und zu erhalten. So die Aussage von Kratochvil und Carson also zuträfe, würde dies dafür sprechen, dass Mass Customization als wettbewerbsstrategisches Konzept gelten darf. Bevor diese Frage beantwortet werden kann, werden im Folgenden zuerst die ertragsseitigen Vorteile (Kapitel 2.3.3.1) und anschließend die kostenseitigen Vor- und Nachteile (Kapitel 2.3.3.2 bzw. 2.3.3.3) erläutert und anschließend in die Logik der Mass Customization eingeordnet (Kapitel 2.3.3.4).

2.3.3 Erzielbare Wettbewerbsvorteile durch Mass Customization

2.3.3.1 Ertragsseitige Vorteile: Präferenzvorteile und Kundenbindung

Ziel einer jeden Differenzierungsstrategie ist es, sich vom Wettbewerb abzuheben, indem das eigene Produkt in einer vom Kunden als wesentlich eingeschätzten Eigenschaft dem Wettbewerb überlegen positioniert wird.[271] Infolgedessen kommt es zu dem, was Gutenberg als **akquisitorisches Potenzial** bezeichnet: der Anbieter erlangt einen quasi-monopolistischen Status und kann somit Preiszuschläge fordern, die über seinen Grenzkosten liegen.[272] Im Falle der Mass Customization besteht diese Differenzierung in dem zusätzlichen Nutzen, den der Kunde aus dem individualisierten Produkt im Vergleich zu einem massenhaft produzierten Gut zieht. Es lässt sich leicht nachvollziehen, dass dieser Nutzenzuwachs umso größer ausfällt, je heterogener die Kundenbedürfnisse in einem Markt sind.[273]

---

[269] Inwiefern die hierauf aufbauenden Entscheidungen auf Funktionsbereichsebene noch als strategisch gelten und somit berechtigterweise als Funktionsbereichsstrategien bezeichnet werden können, ist in der Literatur umstritten, insb. Autoren aus dem strategischen Management verneinen dies, vgl. z.B. Hungenberg (2008), S.17f. oder Steinmann et al. (2005), S. 170f. oder Meffert et al. (2008), S. 252.

[270] Kratochvil und Carson (2005), S. 23

[271] Vgl. hierzu auch die Ausführungen zu Differenzierung als Wettbewerbsstrategie in Kapitel 4.1.1.1.

[272] Vgl. Gutenberg (1984)

[273] Vgl. Piller (2008), S. 523

Piller führt diesen Nutzenzuwachs auf zwei Faktoren zurück:[274]

- Eine Steigerung der wahrgenommenen **Produktqualität**:
  die Produktindividualisierung bewirkt primär einen Nutzenzuwachs durch die bessere Übereinstimmung des Produkts mit den Bedürfnissen des jeweiligen Kunden. Zusätzlich kann das individualisierte Produkt aber noch eine hedonistische Qualität aufweisen, wenn Wünsche nach Einmaligkeit des Produkts, Abwechslung (sog. Variety-seeking behaviour)[275] oder sozialem Status erfüllt werden.
- Eine Steigerung der **Prozessqualität**:
  neben dem Nutzen aus dem Produkt kann der Kunde auch aus dem Prozess selbst einen Nutzen ziehen. Zwar wird der Interaktionsprozess in der Regel als Kosten des Kunden interpretiert (s.u.), bei entsprechender Gestaltung kann er aber auch eine positive Erlebniskomponente aufweisen, wenn der Kunde Befriedigung aus seiner quasi schöpferischen Tätigkeit zieht.[276]

Übersteigt dieser beim Kunden entstehende zusätzliche Nutzen (der in der Theorie seiner Zahlungsbereitschaft entspricht) den Preis des individualisierten Produkts, so entsteht beim Kunden eine sog. Konsumentenrente. Diese wiederum kann aufgrund der quasi-monopolistischen Stellung des Anbieters des individualisierten Produktes theoretisch komplett abgeschöpft werden. Allerdings folgen hieraus auch individualisierte Preise, da der Nutzen von Kunde zu Kunde unterschiedlich sein wird. Abgesehen davon, dass die Bestimmung dieses Nutzens eine nicht-triviale Aufgabe darstellt, wird die Preisdifferenzierung oftmals als unfair empfunden. Studien haben ergeben, dass dies bei individualisierten Produkten nicht im selben Maße der Fall ist wie bei massengefertigten Standardprodukten, so dass hier eine Preisindividualisierung eher möglich erscheint.[277]

Wie aus der Definition der Mass Customization ersichtlich, sind an dieser Stelle „vertretbare“ Preisaufschläge gefordert, da mit Mass Customization kein Wechsel des Marktsegments im Vergleich zu massengefertigten Produkten angestrebt wird.[278] Dies entspricht auch der Realität: in der Regel liegt wie von Gutenberg beschrieben eine doppelt geknickte Preis-Absatz-Funktion vor, d.h. es existiert ein oberer Grenz-

[274] Vgl.Piller (2006b) oder Reichwald und Piller (2006), S. 230ff.
[275] Vgl. Kahn (1995)
[276] Schreier beispielsweise spricht hier von „pride-of-authorship-effect“, vgl. Schreier (2004).
[277] Vgl. zu diesem Absatz Skiera (2003) sowie Kapitel 4.2.2.2, in dem das Thema Pricing am Beispiel individualisierter Softwareprodukte ausführlicher besprochen wird.
[278] Vgl. Reichwald und Piller (2006), S. 234

preis, oberhalb dessen die Kunden auf ein Standardprodukt ausweichen, das ihre Bedürfnisse schlechter erfüllt als das individualisierte Produkt (vgl. Abbildung 8).[279]

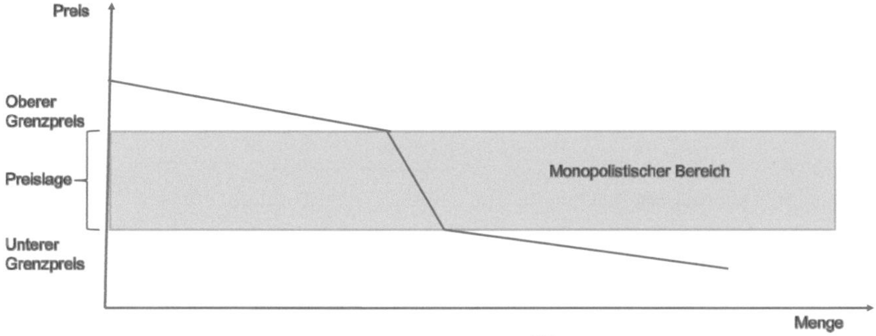

Abbildung 8: Die doppelt geknickte Preis-Absatz-Funktion[280]

Mass Customization ermöglicht durch die sog. **Learning Relationship** die Schaffung eines Kunden-lock-ins, da zum einen ein Anbieter individualisierter Produkte schwieriger zu finden ist als ein Anbieter von Standardprodukten und zum anderen der Kunde die Individualisierungsinformationen einem anderen Anbieter erst aufwendig zukommen lassen müsste.[281] Wichtig ist in diesem Zusammenhang auch, dass der Kunde freiwillig beim Anbieter des individualisierten Produkts bleibt, da ihm das individualisierte Produkt einen höheren Nutzen stiftet als ein vergleichbares standardisiertes Produkt.[282]

Learning Relationships entstehen durch die Speicherung der (persönlichen) Daten des Kunden sowie der Spezifikation seines individualisierten Produkts, zu denen auch Informationen über Feedback des Kunden zu seiner Zufriedenheit mit dem Produkt, Wartungsaktivitäten, automatisiert erhobene Daten zur Nutzung etc. hinzukommen.[283] Hierdurch können insbesondere Wiederholungskäufe deutlich vereinfacht werden, wenn alle kundenrelevanten Informationen im Sinne eines umfassenden Customer Relationship Managements gespeichert und ausgewertet werden.[284]

Abbildung 9 zeigt die Wirkungszusamenhänge dieser Learning Relationships.

---

[279] Vgl. Gutenberg (1984), S. 245ff. oder Mayer (1993), S. 58ff.

[280] Quelle: abgeändert nach Gutenberg (1984), S. 247.

[281] Vgl. Piller (1998b), S. 107 oder Reichwald und Piller (2006), S. 226ff.

[282] Vgl. Reichwald und Piller (2006), S. 227 oder Stotko (2002), S. 7, der zwischen „Loyalisten" und „Gefangenen" unterscheidet: beide sind durch eine hohe Bindung an das Unternehmen gekennzeichnet, während Erstere aber zufrieden und daher loyal sind, sind Zweitere unzufrieden, aber aufgrund des lock-ins trotzdem gebunden („gefesselt").

[283] Vgl. Pine et al. (1995), Schnäbele (1997), oder Peppers und Rogers (1997)

[284] Vgl. Piller (1998b), S. 104ff., Schnäbele (1997), S. 244ff.

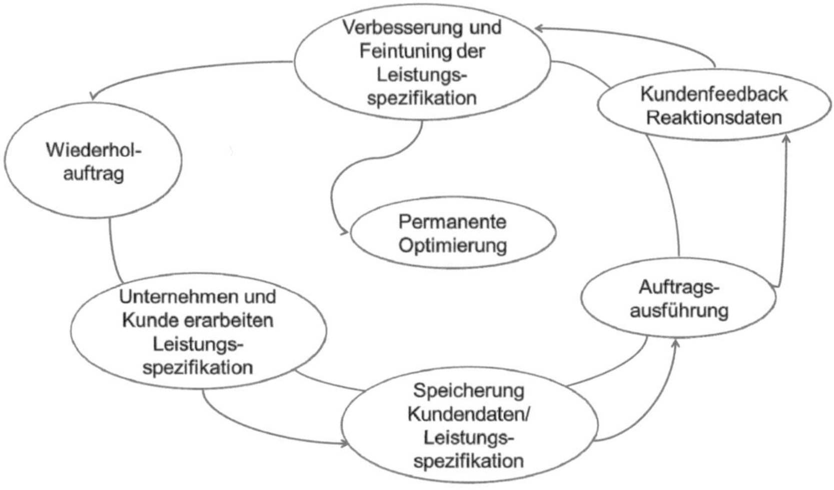

Abbildung 9: Aufbau von Learning Relationships[285]

Gleichzeitig können die Kundenintegration und der Aufbau der Learning Relationships zu einer Erhöhung der Kundenbindung und damit der Kundenprofitabilität aufgrund von Wiederholungskäufen führen.[286] Allerdings zeigen empirische Erkenntnisse, dass die Beziehung zwischen Kundenzufriedenheit und Kundenbindung komplex ist und Kundenzufriedenheit nicht zwangsweise zu Kundenbindung führt.[287]

2.3.3.2 Kostenseitige Nachteile: zusätzliche Kosten der Produktindividualisierung

Die zusätzlichen Kosten der Individualisierung lassen sich in Kosten, die beim Aufbau des Individualisierungspotenzials anfallen sowie laufende Kosten der Individualisierung unterscheiden. Zu Ersteren zählen beispielsweise Investitionen in flexible Fertigungsmaschinen und zusätzliche Kosten der Produktentwicklung, z.B. aufgrund einer modularen Produktarchitektur.[288] Bei den laufenden Kosten betonen Piller und Reichwald, dass nicht nur die Kosten in der Produktion, sondern über alle Bereiche der Wertschöpfung hinweg betrachtet werden müssten und dass die

[285] Quelle: Piller (2006a), S. 123
[286] Vgl. Kratochvil und Carson (2005), S. 18
[287] So gilt Kundenzufriedenheit als notwendige, nicht aber ausreichende Vorbedingung für Kundenbindung – außer im oben genannten Fall des Lock-ins, der zu einer zwangsweisen Kundenbindung führt. Vgl. zum Zusammenhang zwischen Kundenzufriedenheit und Kundenbindung Homburg et al. (1999), Homburg (2008) oder Festge (2006).
[288] Vgl. Reichwald und Piller (2006), S. 216

Kosten der Interaktion mit dem Kunden bei vielen Mass Customizern erfolgskritisch seien.[289]

Verteilt man die Gesamtkosten, also die Summe aus anfänglichen und laufenden Kosten, auf die Wertschöpfungsstufen, so kommt man zu folgenden Kostenblöcken:[290]

1. **Kostentreiber in der Produktion**:
   in der Produktion direkt fallen insbesondere Investitionen in flexible Fertigungsmaschinen an, die höher sind als im Vergleichsfall der Massenfertigung, aber auch zusätzliche Kosten, die aufgrund des Wegfalls der Economies of Scale entstehen. Da ein wesentliches Merkmal der Mass Customization allerdings darin besteht, Bauteile oder Module wiederzuverwenden und Prozesse soweit möglich zu standardisieren, werden auf der Ebene der Bauteile bzw. Module Economies of Scale und Economies of Scope erzielt. Während **Economies of Scale** durch größere Stückzahlen aufgrund der Verwendung in verschiedenen Produkten entstehen,[291] begründen sich **Economies of Scope** in Verbundeffekten aufgrund der Produktion mehrerer verwandter Produkte.[292] Hinzu kommen zusätzliche Kosten in den indirekten Bereichen der Produktion wie Kosten der Produktionsprogrammplanung, Wechselkosten, Kosten der Materialwirtschaft und Kosten für die Qualitätssicherung. Dabei resultieren die zusätzlichen Kosten der Produktionsprogrammplanung aus der Komplexität des Produktionsprogramms, während die erhöhten Wechselkosten aufgrund von öfters vorkommenden Rüstzeiten auftreten. Die zusätzlichen Kosten der Materialwirtschaft bestehen aus den Lagerhaltungskosten für Materialien, Halbfertig- und Fertigwaren. Zusätzliche Kosten für die Qualitätssicherung schließlich entstehen, da anstatt einer Prüfung von Stichproben jedes Produkt getestet werden muss, um die Einhaltung der gewählten Individualisierungsoptionen zu überwachen.
2. **Kosten der Interaktion im Wertschöpfungsprozess**:
   die Kosten seitens des Anbieters liegen zum einen in der direkten Interaktion mit dem Kunden, zum anderen aber auch in dem Aufwand, der zu treiben ist, um Aufwand und Unsicherheit für den Kunden möglichst gering zu halten.

[289] Vgl. Reichwald und Piller (2006), S. 216
[290] Vgl. im Folgenden wo keine anderen Quellen genannt, Reichwald und Piller, die sich dem Thema ausführlicher widmen als das an dieser Stelle möglich ist (Reichwald und Piller (2006), S. 216ff.)
[291] Vgl. Piller (2006a), S. 204ff
[292] Vgl. Piller (2006a), S. 207ff.

Neben der bereits genannten Unterstützung des Kunden durch Produktkonfiguratoren oder eine persönliche Beratung sind vertrauensstiftende Maßnahmen und eine ausgefeilte Kommunikationspolitik zu nennen. All diese Maßnahmen sind sowohl in der Durchführung als insbesondere auch in der Konzeption relativ kostspielig.

3. **Zusatzkosten im After-Sales-Service**:
auch nach Abschluss des Kaufs führt die Produktindividualisierung zu steigenden Kosten, so etwa durch Garantien, Gewährleistung, Produktschulungen und die Bevorratung von Ersatzteilen.
4. **Zusatzkosten für den Kunden**:
auch dem Kunden entstehen zusätzliche Kosten, nicht nur zusätzlicher Nutzen. Hierunter fällt zum einen das Preispremium, welches der Anbieter des individualisierten Gutes verlangt, zum anderen aber auch die Kosten durch seine Beteiligung am Wertschöpfungsprozess. Insbesondere die Komplexität der Kaufentscheidung aufgrund der in der Regel großen bis sehr großen Anzahl an Varianten des individualisierten Produkts ist hier zu nennen. Während in Konsumgütermärkten die Käufer schon bei der Spezifikation ihres optimalen Produktes oftmals große Probleme haben, ist dies bei Industriegütern oftmals nicht das Problem.[293] Abdelkafi argumentiert in diesem Zusammenhang, dass eine Unterstützung (durch Produktkonfiguratoren), die dazu führt, dass die Kunden ihre echten Bedürfnisse erkennen und sich dessen sicher sind, darin resultiert, dass eine große Auswahl nicht verwirrend wirkt.[294] Dies mag korrekt sein, eine derartige Lösung bereitzustellen ist für den Anbieter allerdings nicht einfach.[295] Zudem ist der Konfigurationsprozess auch in diesem Fall zeitaufwendig.

All diese Kosten können durch die Ausnutzung der Potenziale der modernen IuK-Technik begrenzt werden, z.B. durch Computer-integrated Manufacturing – CIM.[296] Eine andere Möglichkeit stellt die für Mass Customization charakteristische konsequente Standardisierung der Produkte und Prozesse an Stellen, wo Individualisierung keinen erkennbaren Kundennutzen erbrächte, dar. Ganz auf null reduzieren

[293] Vgl. die Erläuterungen zum Thema „Mass Confusion" in Kapitel 2.3.1
[294] Vgl. Abdelkafi (2008), S. 118f.
[295] Vgl. Franke und Piller (2003) für eine Betrachtung offener Fragen bzgl. Produktkonfiguratoren aus der Sicht der Forschung.
[296] Vgl. ausführlich Piller (2006a), insb. S. 55ff., S.92ff. und S. 237ff.

lassen sich die zusätzlichen Kosten allerdings nicht. Diesen stehen aber an anderer Stelle Kostensenkungspotenziale gegenüber.

2.3.3.3 Kostenseitige Vorteile: Kostensenkungspotenziale

Die Kostensenkungspotenziale der Mass Customization resultieren ebenfalls direkt aus der Integration des Kunden in den Wertschöpfungsprozess und werden daher auch als **Economies of Interaction** bezeichnet. Sie entstehen durch den verbesserten Zugang zu Kundenwissen. Dieser bringt das Potenzial mit sich, sowohl Effektivität als auch Effizienz in Fertigung und Vertrieb zu steigern.[297] Aufgrund der Kundenintegration können insbesondere Planungs- und Steuerungsprozesse, aber auch die Wertschöpfung selbst optimiert und nicht wertschaffende Tätigkeiten eliminiert werden. Bei der Produktion für einen anonymen Markt ist dies nicht im selben Umfang machbar, da eine Prognoseunsicherheit hinsichtlich der tatsächlichen Nachfrage herrscht, die bei individualisierten Produkten maximal auf der Ebene auftragsneutraler Baugruppen oder Module vorliegt.[298]

Ein Problem hierbei liegt darin, dass das Wissen der Kunden nicht einfach auf den Anbieter übertragen werden kann. In diesem Zusammenhang spricht von Hippel von **sticky information** („klebrige" Informationen). „Stickiness" definiert er als "the incremental expenditure required to transfer a unit [of information] from one place to another, in a form that can be accessed by the recipient. When this expenditure is low, information stickiness is low; when it is high, stickiness is high"[299] Dabei können die Gründe für hohe "stickiness" sowohl in den Merkmalen der Information selbst liegen (z.B. implizites Wissen oder spezifische Informationen) als auch in den Merkmalen des Informationssuchenden bzw. -liefernden liegen z. B. in der mangelnden Aufnahmefähigkeit des Informationssuchenden aufgrund von Vorwissen oder Qualifikation.[300] Reichwald und Piller argumentieren, dass Informationen über die Bedürfnisse der Kunden dermaßen **sticky** sein können, dass die Kosten für den notwendigen Informationstransfer vom Kunden zum Hersteller den Nutzen für das Unternehmen übersteigen, da zum Transfer der Information zahlreiche, zeitaufwändige Iterationen und "Trial-and-Error"-Zyklen zwischen Unternehmen und Kunden notwendig sind.[301] Eine geeignete enge Einbindung des Kunden kann den Auf-

[297] Vgl. Reichwald und Piller (2006), S. 223 oder Kratochvil und Carson (2005), S. 16f.
[298] Vgl. Reichwald und Piller (2006), S. 223ff. oder Piller (2006a), S. 212ff.
[299] von Hippel (1994), S. 430
[300] Vgl. Reichwald und Piller (2006), S. 57
[301] Vgl. Reichwald und Piller (2006), S. 57

wand zur Nutzbarmachung dieser Informationen für den Anbieter deutlich verringern und somit sowohl zu einer Vermeidung von Verschwendung in Produktion und Distribution als auch zu einer Senkung der Akquisekosten durch eine Steigerung der Kundenbindung führen.[302]

Durch die Kundenintegration sollen die Kunden besser verstanden werden, um ihre Bedürfnisse besser erfüllen zu können. Klassische Kundenbefragungen stehen hier vor dem von Boutellier et al. wie folgt formulierten Problem: „Meistens sind die Kunden, selbst im Business-to-Business-Markt, nicht in der Lage, ihre Bedürfnisse und ihre Erwartungen vollumfänglich zum Ausdruck zu bringen."[303] Abhilfe kann die Interaktion mit dem Kunden bringen, wenn z.B. in Workshops oder Gesprächen mit geschulten Verkäufern oder durch Produktkonfiguratoren im Internet der Kunde dabei unterstützt wird, seine Bedürfnisse zu formulieren.[304] Als Resultat sollte das Erheben der Individualisierungsinformation für den Kunden wie für den Anbieter so einfach wie möglich verlaufen.[305]

Aus der zielgenauen Erhebung der Individualisierungsinformation folgt unmittelbar die Möglichkeit einer zielgerichteten und effizienten Marktbearbeitung, da der Kunde das richtige Produkt erhält. Dadurch entfällt die Gefahr von „Ladenhütern", die nur mit hohen Preisabschlägen verkauft werden können besteht, bei entsprechender Koordination der Supply Chain sind zudem keine Sicherheitsbestände notwendig.[306] Auch können Fixkosten abgebaut werden, wenn bislang als Flexibilitätspotenzial genutzte Leerkapazitäten aufgrund der höheren Planungssicherheit abgebaut werden können. Wie in der Diskussion der verschiedenen Konzeptionen der Mass Customization in Kapitel 2.3.4 noch erläutert wird, kann durch die Bestimmung des idealen Vorfertigungsgrads gleichzeitig eine hohe Planungssicherheit und eine hohe Flexibilität erreicht werden. Gleichzeitig können durch Kundenintegration und den Aufbau der beschriebenen Learning Relationships Streuverluste im Marketing reduziert, Kunden zielgerichteter angesprochen und somit die Marketingkosten gesenkt werden, wenn Marketingmaßnahmen aufgrund der Informationen über den Kunden zielgerichteter durchgeführt werden können.[307]

---

[302] Vgl. Walcher (2007), S. 3 und 6f.
[303] Boutellier et al. (1997b), S. 52
[304] Vgl. Reichwald und Piller (2005), S. 57f. oder Walcher (2007), S. 23ff.
[305] Vgl. Piller (1998b), S. 105
[306] Vgl. zu diesem Absatz Reichwald und Piller (2006), S. 225f.
[307] Vgl. Piller (2006a), S. 213 oder Schnäbele (1997), S. 151ff.

2.3.3.4 Logik der Mass Customization

Die soeben erläuterten Kosten- und Erlöswirkungen der Mass Customization fasst Piller in einer **Logik der Mass Customization** zusammen (vgl. Abbildung 10).[308] Von grundlegender Bedeutung sind in dieser Logik die **Differenzierungsoption** aufgrund der individuellen Leistungserstellung sowie die **Kostenoption**. Dabei wird die individuelle Leistungserstellung durch die Interaktion zwischen dem Unternehmen und dem einzelnen Kunden ermöglicht, woraus eine Steigerung des akquisitorischen Potenzials einerseits und eine Erhöhung der Kundenbindung andererseits resultiert. Die Steigerung des akquisitorischen Potenzials und die Erhöhung der Kundenbindung führen über eine Erhöhung der Absatzmenge bei gleichbleibenden Preisen zu einer Steigerung des Umsatzes.[309] Zwar führt die Steigerung des akquisitorischen Potenzials gleichzeitig zu einer Erhöhung von interner Varietät und Komplexität der Unternehmensprozesse und damit zu zusätzlichen, der Mass Customization direkt zurechenbaren Kosten. Gleichzeitig aber führt der intensivierte Kundenkontakt zu Economies of Interaction, die ebenso wie die steigende Absatzmenge stückkostensenkend wirken. Inwiefern die Kosten insgesamt steigen oder sinken, hängt zu einem bestimmten Maß von der Wahl einer für das Unternehmen angemessenen Konzeption der Mass Customization ab. Die in der Literatur diskutierten möglichen Konzeptionen der Mass Customization werden im nächsten Kapitel erläutert.

In Summe zielt Mass Customization auf die gleichzeitige Verfolgung einer Differenzierungs- und Kostenführerstrategie ab, kann also den simultanen hybriden Wettbewerbsstrategien zugerechnet werden.[310]

---

[308] Vgl. für diesen Abschnitt Piller (2006a), S. 214f.

[309] Zudem kann, wie Piller bemerkt, aufgrund der Differenzierung aus einem Preiswettbewerb ausgestiegen werden, was bei Mass Customization aber definitionsgemäß eine Preiserhöhung bis hin in das Premiumpreissegment ausschließt, vgl. Piller (2006a), S. 214

[310] Dieser Einordnung wird in der Literatur nicht durchgehend gefolgt, wie Piller selbst anmerkt (vgl. Piller (2006a), S. 215f. oder Abdelkafi (2008), S. 18, der sich hiermit ausführlicher beschäftigt sowie die an beiden Stellen genannte Literatur). An dieser Stelle wird allerdings der Argumentation Pillers gefolgt, dass die Argumentation, Mass Customization stelle eine sequentielle hybride Wettbewerbsstrategie dar, sich vor allem auf die von Unternehmen, die bislang eine Differenzierungs- oder Kostenführerstrategie verfolgen, eingeschlagenen Pfade stützt. So wird ein Unternehmen, welches bislang eine Differenzierungsstrategie verfolgt, bei der Einführung einer Mass Customization-Strategie seine Kostenposition verbessern, während akquisitorisches Potenzial, Kundenbindung und Vorteile des direkten Kundenkontakts durch Mass Customization nicht deutlich weiter ansteigen (bzw. vice versa für einen Kostenführer). Dies hat aber primär pragmatische Gründe und bedeutet nicht, dass es unmöglich oder zwangsweise nachteilhaft wäre, beide Ziele gleichzeitig zu verfolgen. So würde ein Start-up von Anfang an (also simultan) beide Vorteile anstreben, so dass man guten Gewissens von Mass Customization als simultaner hybrider Wettbewerbsstrategie sprechen kann (vgl. Piller (2006a), S. 215f. oder Abdelkafi, der argumentiert, Mass Customization könne je nach Branche als simultane oder sequentielle hybride Wettbewerbsstrategie eingesetzt werden Abdelkafi (2008), S. 20ff.). Siehe hierzu auch Kapitel 4.1.1.

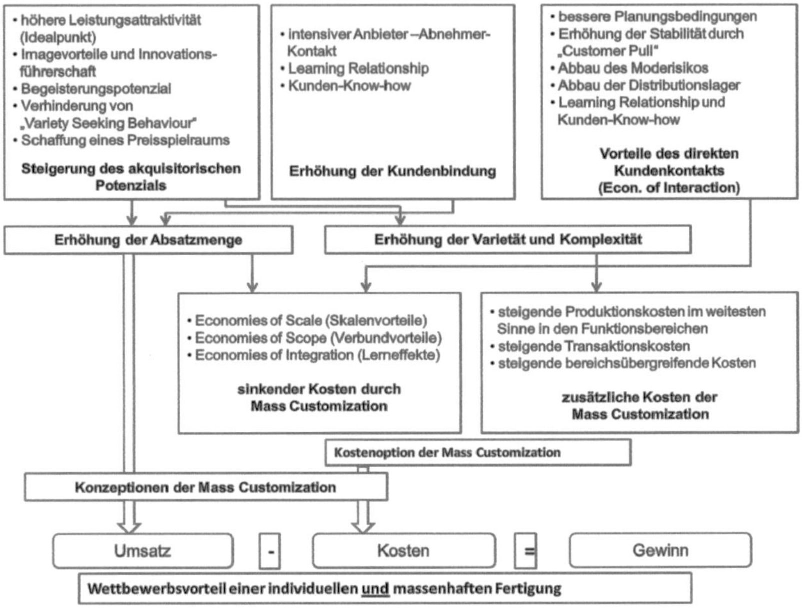

Abbildung 10: Die Logik der Mass Customization[311]

Allerdings gibt es auch Kritik am Konzept der Mass Customization sowie Beispiele von Mass Customizern, die erfolglos blieben. Agrawal et al. beispielsweise argumentieren am Beispiel der Automobilindustrie (und haben dabei v.a. die USA im Blick), dass eine echte Mass Customization, bei der das Fahrzeug erst nach Auftragseingang gefertigt bzw. aus Standardbauteilen zusammengebaut wird, viel zu teuer und zeitaufwendig wäre und weder von den Kunden noch von den Händlern akzeptiert würde.[312] Stattdessen schlagen sie eine Art Onlinemarktplatz vor, auf dem Kunden das ihren Wünschen am nächsten kommende Fahrzeug finden und mit dem entsprechenden Händler in Verhandlungen treten können. Dies bezeichnen sie als „virtual Mass Customization".[313] Auf diesem Marktplatz könnte der Kunde sich das für ihn am besten passende Fahrzeug aussuchen, das bereits produziert ist und aktuell bei einem Händler zum Verkauf steht oder sich auf dem Weg vom Hersteller zum Händler befindet.[314] Diese Alternative scheint - wenn überhaupt - nur auf sehr speziellen Märkten wirklich praktikabel, alleine schon der massenhafte Transport von Fahrzeugen von einem Händler zu einem anderen dürfte eine größere logistische

[311] Quelle: Piller (2006a), S. 215
[312] Vgl. Agrawal und Kumaresh (2001), S. 66ff.
[313] Vgl. Agrawal und Kumaresh (2001), S. 70
[314] Vgl. Agrawal und Kumaresh (2001), S. 70f.

Herausforderung darstellen. Zudem bleiben die zusätzlichen Potenziale der Mass Customization wie der Aufbau von Learning Relationships ungenutzt. In der Praxis hat sich seitdem zumindest in Europa der Trend zu einer verstärkten Integration von Zulieferern als strategische Partner und Modullieferanten durchgesetzt und wird von Experten auch als von weiterhin zunehmender Bedeutung eingeschätzt. [315] Die Situation der amerikanischen Automobilhersteller hingegen bereits vor der Finanzkrise der Jahre 2008 und 2009 lässt nicht unbedingt darauf schließen, dass diese als Vorbilder geeignet sind, nicht zuletzt die jahrelangen Rabattschlachten aufgrund der zahlreichen auf Halde produzierten Fahrzeuge haben zu dieser Situation beigetragen.[316]

Zipkin wiederum argumentiert, dass nur bestimmte Güter für Mass Customization geeignet seien und Unternehmen daher gut daran täten, sorgfältig zu prüfen, ob sie Mass Customization einführen sollen.[317] Zudem betont er die Wichtigkeit geeigneter Kompetenzen und Prozesse in den Bereichen **Ermittlung von Kundenbedürfnissen, flexible Prozesse** und **Logistik** und deren Integration zu einem stimmigen Ganzen.[318]

Nicht wenige Mass Customization-Startups und Mass Customization-Initiativen waren am Markt nicht erfolgreich.[319] Sicherlich werden die gescheiterten Firmen teilweise an der Umsetzung der Mass Customization gescheitert sein.[320] Es lässt sich aber dennoch die Frage stellen, ob sich Bedingungen identifizieren lassen, unter denen Mass Customization besonders erfolgversprechend ist. Pine hat sich hierzu bereits 1993 Gedanken gemacht und einen umfangreichen Fragebogen entwickelt, mit dessen Hilfe Unternehmen beurteilen können, inwiefern sie auf Mass Customization umsteigen sollten und falls ja, wie dringend diese Umstellung ist.[321]

---

[315] Vgl. beispielsweise mehrere Beiträge in Garcia Sanz et al. (2007).

[316] Vgl. z.B. Spiegel.de (2009), tagesschau.de (2009) oder Süddeutsche.de (2007)

[317] Vgl. Zipkin (2001), S. 82ff. Ähnlich argumentiert auch Knolmayer, der das Beispiel einer Apotheke bringt, die einem ernstlich kranken Patienten nicht erlauben könne, sich die Inhaltsstoffe einer Arznei selbst zusammenzustellen, vgl. Knolmayer (2002), S. 4.

[318] Vgl. Zipkin (2001), S. 82ff.

[319] Beispielsweise sind von 122 im Anhang von Piller (2006a) aufgeführten Fallbeispielen für Anbieter von Mass Customization 35 im Jahr 2006 nicht mehr am Markt existent oder haben ihre Mass Customization-Initiativen eingestellt, vgl. Piller (2006a), S. 361ff.. In Kirn et al. (2005) argumentiert Piller, dass die Unternehmen der sog. ersten und zweiten Mass-Customization-Generation zu sehr Mass Customization als Selbstzweck gesehen hätten, anstatt den eigentlichen Nutzen für den Kunden im Blick zu haben, vgl. Kirn et al. (2005), S. 209.

[320] Selbst Proponenten der Mass Customization betonen in der Regel, dass sie nicht einfach umzusetzen sei, die Potenziale das Risiko aber wert seien, vgl. z.B. Piller und Ihl (2002), S. 17.

[321] Vgl. für diesen Absatz Pine (1993), S. 54ff. Ähnlich argumentieren im Übrigen auch Reiß und Beck, wenn sie vorschlagen, die Segmente „Masse-Geschäft“, „Klasse-Geschäft“ sowie „Masse und

Dazu unterscheidet Pine siebzehn Faktoren der Marktturbulenz, die in nachfrageseitige und strukturelle Faktoren eingeteilt werden können und in Tabelle 4 aufgeführt sind.

Tabelle 4: Marktturbulenzfaktoren nach Pine[322]

Low Market Turbulance	High Market Turbulance
Demand Factors	
Stable and predictable demand levels	Unstable and unprdictable demand levels
Neccessities	Luxuries
Easily defined needs/wants	Uncertain needs/wants
Homogeneous desires	Heterogeneous desires
Slowly changing needs/wants	Quickly changing needs/wants
Low price consciousness	High price consciousness
Low quality consciousness	High quality consciousness
Low fashion/style consciousness	High fashion/style consciousness
Low levels of pre- and postsale service	High levels of pre- and postsale service
Structural Factors	
Low buyer power	High buyer power
Independent of econimic cycles	Dependent of econimic cycles
Low competitive intensity	High competitive intensity
High price competition	High product differentiation
Low to medium levels of saturation	High levels of saturation
Few substitutes	Many substitutes
Long, predictable product life cycles	Short, unpredictable product life cycles
Low rate of technological change	High rate of technological change

Mit Hilfe eines Fragebogens kann der Wert, den jeder Faktor für ein bestimmtes Unternehmen annimmt, bestimmt werden. Liegt der Durchschnitt der 17 Werte unter 40 (auf einer Skala von 0 bis 100, wobei 100 für maximale Turbulenz steht), so ist nach Pine die Massenproduktion noch angemessen. Bei einem Wert zwischen 40 und 60 sollte das Unternehmen in nächster Zeit umstellen, liegt der Wert über 60, so sollte es sofort damit beginnen, Mass Customization einzuführen. Die Einteilung der Skala erscheint eher willkürlich, die Marktturbulenzfaktoren dagegen scheinen gut geeignet, um das Ausmaß zu erfassen, in dem die Wettbewerbsbedingungen Massenproduktion oder Mass Customization favorisieren. Daher werden sie auch – angepasst an die Besonderheiten von Software als Produkt sowie die Softwarebranche – als Grundlage für die empirische Untersuchung zu Mass Customization in der Softwarebranche in Kapitel 3.3 verwendet.

Klasse"-Geschäfte (Mass Customization) zu unterscheiden und entsprechend unterschiedlich zu bearbeiten, vgl. Reiß und Beck (1995).

[322] Quelle: Pine (1993), S. 56

Pine widmet sich allerdings ausschließlich den externen Faktoren, nicht aber der Frage, inwiefern das Unternehmen selbst bereit für die individualisierte Massenfertigung ist. Blecker et al. untersuchen ausführlich beide Faktoren, also sowohl welche Marktbedingungen als auch welche unternehmensinternen Voraussetzungen als notwendige Bedingungen für eine erfolgreiche Anwendung der Mass Customization gelten können.[323] Als Ergebnis ihrer Literaturanalyse entwickeln sie ein Framework, das in notwendige Voraussetzungen vor Einführung der Mass Customization und notwendige Voraussetzungen nach Einführung der Mass Customization unterscheidet.[324] Die notwendigen Voraussetzungen vor der Einführung lassen sich weiter in **Marktbedingungen** (in diese Kategorie fallen Pines Faktoren der Marktturbulenz) und die **Individualisierungsfähigkeit** des Unternehmens unterscheiden. Erstere unterscheidet neben makroökonomischen und mikroökonomischen Faktoren noch die Frage, ob das Unternehmen im eigenen Markt „first mover", also erster Mass Customizer ist. Zweitere umfasst Faktoren, die zusammen beschreiben, wie gut das Unternehmen darauf vorbereitet ist, individualisierte Produkte anzubieten. Hierzu zählen die „Readiness" der Wertschöpfungskette, die Flexibilität der bestehenden Prozesse, der Grad der Individualisierbarkeit der Produkte sowie die Fähigkeit, die Kundenwünsche möglichst effektiv und effizient zu erfassen. Nach Einführung der Mass Customization sind die Fähigkeit, die Kundenwünsche möglichst effektiv und effizient zu erfassen, ein kundenorientiertes Produktdesign, Fertigungsflexibilität, Variabilitäts- und Komplexitätsmanagement, die Reaktionsfähigkeit der Supply Chain sowie die Teilung von Wissen unter den Wertschöpfungspartnern notwendige Voraussetzungen. Für die vorliegende Arbeit ist vor allem die *Fähigkeit, die Kundenwünsche möglichst effektiv und effizient zu erfassen*, von Bedeutung und wird daher etwas ausführlicher behandelt: Fehler bei der Aufnahme und Verarbeitung der Kundenbedürfnisse sind bei Anwendung einer individualisierten Massenfertigung sehr problematisch, da dem Kunden versprochen wird, dass er bekommt, was er benötigt und folglich auf Abweichungen davon stärker unzufrieden reagieren wird als bei vergleichbaren Standardprodukten.[325] Hieraus können sehr hohe Nacharbeitsaufwände oder gar die Rückgabe resultieren, wobei die Rückgabe bei einem individualisierten Produkt dazu führen kann, dass dieses nicht verkauft werden kann. Die in Kapitel 5 beschriebene Methode setzt genau hier an, indem

[323] Vgl. Blecker et al. (2005), S. 23ff.
[324] Vgl. im Folgenden Blecker et al. (2005), S. 30ff.
[325] Kotha (1996)

(Pilot-)Kunden intensiv in den Prozess der Produktdefinition eingebunden werden und die während dieses Prozesses gewonnenen Erkenntnisse dazu genutzt werden, weitere Kunden effektiv und effizient durch den Konfigurationsprozess zu leiten.

2.3.4 Konzeptionen der Mass Customization

Mass Customization ist ein relativ junges Konzept, über dessen genaue Ausgestaltung noch kein endgültiger Konsens in Forschung und Praxis besteht, so dass in der Literatur zahlreiche Systematisierungsansätze vorgeschlagen werden, in welche Stufen das Kontinuum zwischen reiner Standardisierung und reiner Individualisierung aufgeteilt werden kann.[326] Wie Abdelkafi zeigt, sind diese allerdings durchaus vergleichbar,[327] so dass im Folgenden die Systematisierung von Piller[328] verwendet wird, da diese für die Übertragbarkeit auf Software besonders geeignet erscheint.

Konzeptionen der Mass Customization		
Soft Customization: *Kein Eingriff in die Fertigung, Vollzug der Individualisierung außerhalb des Unternehmens*	***Hard Customization:*** *Varietät basiert auf Aktivitäten der Fertigung, Änderung der internen Funktionen notwendig*	Umfang kundenindividueller Wertschöpfungsstufen
Selbstindividualisierung Konstruktion und Fertigung standardisierter Produkte mit eingebauter Flexibilität, die vom Kunden selbst angepaßt werden	**Individuelle End-/Vorproduktion mit standardisierter Restfertigung** Entweder, die ersten (Materialverarbeitung) oder die letzten Wertschöpfungsschritte (Montage, Veredelung) werden kundenindividuell durchgeführt, alle anderen standardisiert	
Individuelle Endfertigung im Handel/Vertrieb Auslieferung eines einheitlichen Rohprodukts, das im Handel nach Kundenwunsch vollendet wird	**Modularisierung nach Baukastenprinzip** Erstellung kundenspezifischer Produkte aus standardisierten kompatiblen Bauteilen	
Serviceindividualisierung Ergänzung von Standardprodukten um indivudelle sekundäre Dienstleistungen	**Massenhafte Fertigung von Unikaten** Individuelle Leistungserstellung über ganze Wertkette durch standardisierte Prozesse	

Abbildung 11: Konzeptionen der Mass Customization nach Piller[329]

Piller verwendet zwei Dimensionen zur Systematisierung der Konzeptionen der Mass Customization (vgl. Abbildung 11): die **Variabilität der Wertschöpfungsaktivitäten** des Anbieters sowie die **Wertschöpfungsstufe**, auf der die Individualisierung des Produkts vorgenommen wird.[330] Dabei werden bei der Variabilität der Wertschöp-

[326] Vgl. Piller (2006a), S. 216ff. sowie Abdelkafi (2008), S. 22ff. für eine Übersicht über bestehende Systematisierungen.
[327] Vgl. Abdelkafi (2008), S. 28ff.
[328] Vgl. Piller (2006a), S. 219-236 und Piller (1998a), S. 135-208
[329] Quelle: Piller (2006a), S. 220
[330] Vgl. Piller (2006a), S. 219f. bzw. Piller (1998a), S. 235f.

fungsaktivitäten **offene** und **geschlossene Individualisierung** unterschieden.[331] Bei der offenen Individualisierung (**Soft Customization**) werden wenige Varianten eines Produkts in großer Stückzahl hergestellt, die entweder durch individuelle begleitende Dienstleistungen ergänzt oder im Handel bzw. beim Kunden angepasst werden. An dieser Stelle weist Piller zu Recht darauf hin, dass die Soft Customization zwar die Komplexität der Leistungserstellung deutlich senkt und eine tiefergehende Interaktion mit dem Kunden seitens des Herstellers im Falle der Selbstindividualisierung und der individuellen Endfertigung im Handel nicht notwen-dig ist, dadurch aber der primäre Ansatzpunkt für die angestrebte langfristige Kun-denbeziehung entfällt.[332] Die geschlossene Individualisierung (**Hard Customization**) hingegen beruht darauf, dass die Individualisierung bereits in der Fertigung, spätestens in der Endmontage, vollzogen wird. Folglich muss die tiefgreifende Interaktion mit dem Kunden spätestens direkt vor der Endmontage erfolgen. Diese Interaktion ermöglicht die angestrebte Erhöhung der Kundenbindung, steigert andererseits aber die Komplexität der unternehmensinternen Prozesse deutlich (allerdings auch die Möglichkeiten zur Variation).

Die Dimension **Wertschöpfungsstufe** unterscheidet nach dem Umfang der kundenindividuellen Wertschöpfung. Hierbei wird der kundenneutrale Teil der Fertigung oftmals gebündelt zu Beginn der Wertschöpfung und der auftragsbezogene (also zumindest potenziell individuelle) Teil im Anschluss an den kundenneutralen Teil durchgeführt, um die Komplexität sowie die Zeit bis zur Auslieferung zu verringern.[333] Piller weist aber darauf hin, dass prinzipiell auch die auftragsbezogenen Schritte zu Beginn erfolgen könnten.[334] Die Bestimmung des optimalen Vorfertigungsgrades wird in der Literatur neben der Modularisierung (vgl. Kapitel 2.2.4) und der Unterstützung durch moderne IuK-Technik als entscheidende Maßnahme zur Beherrschung der Komplexität bezeichnet.[335] Der Vorfertigungsgrad wird auch als Entkopplungspunkt bezeichnet und charakterisiert den Übergang zwischen der kundenunabhängigen und der auftragsbezogenen Fertigung, wie in Abbildung 12 gezeigt. Wie ebenfalls aus der Abbildung ersichtlich, wird in der neueren Literatur darauf verwiesen, dass die Fertigung bis zum Entkopplungspunkt nach dem Prinzip der Lean Production, ab

[331] Diese Unterscheidung geht auf Coates zurück, vgl. Coates (1995), S. 6
[332] Vgl. Piller (2006a), S. 219
[333] Vgl. Abdelkafi (2008), S. 30
[334] Vgl. Piller (2006a), S. 220
[335] Vgl. Piller (2006a), S. 201, Corsten (1998), S. 233, Schnäbele (1997), S. 137, Ulrich und Eppinger (2004), S. 177, Hvam et al. (2008), 26ff. oder Abdelkafi (2008), S. 30

dem Entkopplungspunkt dann flexibel verlaufen sollte, um in Summe effizient die benötigten Varianten produzieren zu können.[336,337]

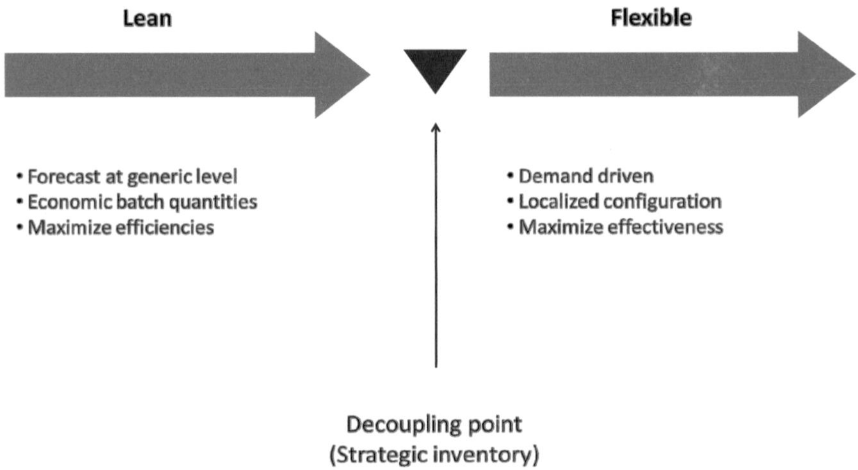

Abbildung 12: Entkopplungspunkt[338]

Basierend auf diesen zwei Dimensionen werden – wie aus Abbildung 11 ersichtlich ist – sechs Konzeptionen unterschieden, die im Folgenden genauer erläutert werden:[339]

- Selbstindividualisierung durch intelligente Produkte
- Individuelle Endfertigung im Handel bzw. Vertrieb
- Serviceindividualisierung
- Individuelle End-/Vorproduktion mit standardisierter Restfertigung
- Modularisierung nach Baukastenprinzip
- Massenhafte Fertigung von Unikaten.

---

336 Vgl. Schulte (1995), S. 764f., Wildemann (1998), S. 63ff., Schuh (2005a), S. 356ff. oder Abdelkafi (2008), S. 30ff. für diesen und weitergehende Vorschläge zur komplexitätsorientierten Prozessorganisation.

337 Sanderson und Uzumeri unterscheiden in Flexible Manufacturing, bei dem das Unternehmen selbst durch entsprechende Fertigungstechnik und Prozesse flexibel neue oder veränderte Produkte ins Produktionsprogramm aufnehmen kann, und Agile Manufacturing, bei dem sich das Unternehmen zusätzlich eines Netzwerks von Partnern bedient, welche die Produktion neuer oder veränderter Produkte übernehmen können. Dieser Unterscheidung wird in einem Großteil der Literatur nicht gefolgt, sie weist aber auf den sehr wichtigen Tatbestand hin, dass bei modularisierten Produkten Teile der oder gar die gesamte Fertigung ausgelagert werden kann, vgl. Sanderson und Uzumeri (1997) , S. 188 sowie Kapitel 2.2.4.

338 Quelle: abgeändert nach Christopher und Towill (2001), S. 240

339 Vgl. im Folgenden soweit nicht anders angegeben Piller (2006a), S. 220ff. und Piller (1998a), S. 136ff. sowie die dort angegeben Quellen

Selbstindividualisierung durch intelligente Produkte

Diese Konzeption beinhaltet die Produktion standardisierter Produkte mit eingebauter Flexibilität, welche der Kunde selbst konfiguriert. Dabei muss die eingebaute Flexibilität einen Lösungsraum aufspannen, der einer relativ großen Anzahl potenzieller Kunden die Konfiguration des Produkts dahingehend gestattet, dass seine Anforderungen erfüllt sind. Hieraus folgt einerseits eine hohe Komplexität auf Produktebene, andererseits eine geringe Varietät, da lediglich ein Produkt hergestellt werden muss. In Abhängigkeit von der Wiederholbarkeit der Konfiguration sowie davon, ob die möglichen Funktionen fest vorgegeben oder variabel sind, können vier verschiedene Arten von Produkten zur Selbstindividualisierung unterschieden werden, wie Abbildung 13 zeigt.

Arten von Produkten zur Selbstindividuaisierung		
Wiederhol-barkeit	*Funktionen*	
	fix	*variabel*
einmalig/keine Speicherung	(1) einmalige Einstellung möglich bzw. vor jeder Benutzung Auswahlentscheidung zwischen verschiedenen fest vorgegebenen Funktionen (Waschmaschine, Bankautomat, Sportschuhe)	(2) Konfiguration von Standardprodukten durch individuelle Zusatzstoffe (individuelle Kosmetikprodukte)
Speichern und wiederholte Anpassung möglich	(3) reversible Konfiguration des Produkts durch die Kombination vorgegebenr Funktionen und individueller Speicherung dieser Einstellungen (EDV-Software, automat. Spannungsanpassung bei Elektrogeräten, intelligente Suchagenten)	(4) intelligente Systeme, die aus einer Reihe von Funktionsmodulen die Erstellung eigener komplexer Funktionen ermöglichen (selbstprogrammierbare Computerchips, Handschriften-erkennung von Palmtops)

Abbildung 13: Arten von Produkten zur Selbstindividualisierung[340]

Die Einbindung des Kunden in die Leistungserstellung (der Kunde nimmt die Konfiguration vor) wiederum führt einerseits zu einer Kostenersparnis, andererseits besteht die Gefahr, dass der Konfigurationsvorgang insbesondere unerfahrene Nutzer verwirrt. Weitere Nachteile selbstindividualisierbarer Produkte bestehen in der sehr eingeschränkten Möglichkeit zum Aufbau von Learning Relationships und der relativ leichten Imitierbarkeit (das Know-how ist komplett im Produkt enthalten und somit vor Reverse Engineering nicht geschützt). Zudem bestehen dieselben Absatz-

[340] Quelle: Piller (2006a), S. 222

risiken wie bei konventionellen Massenprodukten. Auch daher bezeichnet Piller die Selbstindividualisierung als vor allem geeignet, um Mass-Customization-Produkte zu ergänzen.[341]

Individuelle Endfertigung im Handel bzw. Vertrieb

Diese Konzeption stellt eine Mischform aus der Selbstindividualisierung durch intelligente Produkte und der Individuellen End-/Vorproduktion mit standardisierter Restfertigung dar und wird im Rahmen der letzteren erläutert.

Serviceindividualisierung

Hierbei wird ein Standardprodukt um individuelle Dienstleistungen ergänzt, folglich ist die fertigungsseitige Komplexität und Varietät gering. Da die Erstellung der individuellen (Sekundär-)Dienstleistung eine Interaktion mit dem Kunden erfordert,[342] besteht hier die Möglichkeit zum Aufbau von Learning Relationships, obwohl für die Produktion des Standardprodukts keine Kundeninteraktion vonnöten ist. Ähnlich wie bei der Selbstindividualisierung bestehen Absatzrisiken, falls die Produktion nicht erst nach Auftragseingang stattfindet. Dafür entfällt die für Hard Customization charakteristische Wartezeit auf das Endprodukt. Wie Piller erläutert, können im Detail Muss-, Soll- und Kann-Dienstleistungen unterschieden werden, die an verschiedenen Teilen der Wertschöpfungskette aus Kundensicht ansetzen können (beispielsweise Bedarfsanalysen, Schulungen, Instandhaltung oder Entsorgung).[343]

Individuelle End-/Vorproduktion mit standardisierter Restfertigung

Diese wie die folgenden Konzeptionen beruhen auf der bereits erwähnten Splittung des Produktionsprozesses in einen auftragsneutralen und einen individuellen Teil. Hierzu bestehen drei Alternativen: die individuelle Endfertigung im Vertrieb (Point-of-Delivery Customization), die kundenindividuelle Endfertigung beim Hersteller und schließlich die kundenindividuelle Vorfertigung beim Hersteller. Die **individuelle Endfertigung im Vertrieb** zeichnet sich dadurch aus, dass die kundenindividuellen Bestandteile am Ort des Verkaufs bzw. der Auslieferung gefertigt werden (wie z.B. das Bedrucken von T-Shirts oder Tassen mit individuellen Motiven, das Ausschäumen von Skischuhen oder das Mischen kundenindividueller Wandfar-

[341] Vgl. Piller (2006a), S. 223
[342] Die Integration des externen Faktors Kunde gilt als konstitutives Merkmal einer Dienstleistung, vgl. Kapitel 3.1.1.
[343] Vgl. Piller (2006a), S. 224

ben).[344] Die Verwandtschaft zur Selbstindividualisierung ist offensichtlich, so dass die Vor- und Nachteile dieselben sind, nur dass zusätzlich die transaktionskostensenkende Funktion des Handels genutzt werden kann. Dabei erscheint diese Konzeption allerdings nur sinnvoll, wenn die zur Individualisierung notwendigen Gerätschaften so kostengünstig sind, dass sie bei einer großen Anzahl von Händlern vorgehalten werden können oder aber der Kunde mit der Konfiguration überfordert wäre.[345]

Im Fall der **kundenindividuellen Endfertigung beim Hersteller** erfolgt die Vorfertigung (d.h. die Produktion von Bauteilen und Baugruppen) auftragsneutral und erst in der Endfertigung werden kundenindividuelle Teile hinzugefügt, so dass die Varietät ans Ende der Fertigung verlagert wird und in möglichst vielen Fertigungsstufen Economies of Scope realisiert werden können. Im Vergleich zur kundenindividuellen Endfertigung im Vertrieb muss die Möglichkeit zur Individualisierung nicht bei vielen Händlern, sondern nur in den Produktionsstätten geschaffen werden, was sowohl Kapitalkosten (für Maschinen sowie dezentral gelagerte Halbfertigprodukte bzw. Materialien) als auch Schulungsaufwände senkt. Dafür fällt der Handel als Mittelsmann weg, so dass die Interaktion direkt zwischen Kunden und Hersteller und zudem vor der Endfertigung stattfinden muss.

Im Rahmen der **kundenindividuellen Vorfertigung beim Hersteller** wird die Individualisierung in einer frühen Fertigungsstufe vorgenommen, während die weitere Fertigung und die Endmontage standardisiert ablaufen. Hieraus folgt eine sehr hohe Komplexität und Varietät, da die kundenindividuellen Teile im ganzen Produktionsprozess identifizierbar und eindeutig dem jeweiligen Auftraggeber zugeordnet sein müssen. Andererseits lässt sich so eine höhere Produktindividualisierung erreichen. Bekannte Beispiele für diese Art der Hard Customization stammen aus der Bekleidungsindustrie, wo vor allem Maße und Schnitt an den Kunden angepasst werden, der Rest der Verarbeitung aber standardisiert abläuft.

Modularisierung nach Baukastenprinzip

Die wahrscheinlich leistungsfähigste und auch am weitesten verbreitete Konzeption der Mass Customization basiert auf einem Baukastenprinzip mit großteils standardisierten Modulen und klar definierten Schnittstellen (vgl. Kapitel 2.2.4 und 2.2.5).

---

[344] Vgl. Schulte (1995), S. 764

[345] Vgl. Piller (2006a), S. 227

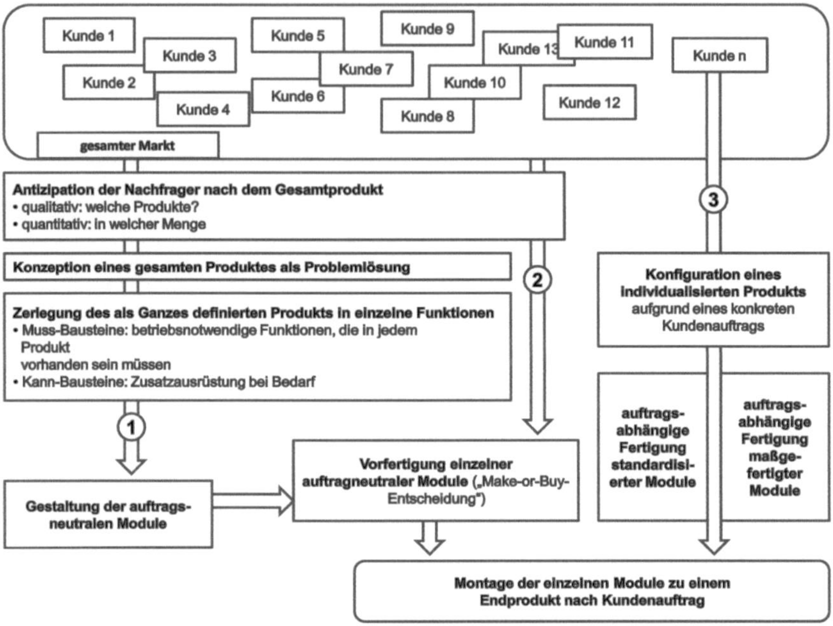

Abbildung 14: Modularisierung individualisierter Massenprodukte[346]

Wie in Abbildung 14 gezeigt, geschieht die individualisierte Massenfertigung auf der Basis eines modularen Baukastensystems auf drei Ebenen: während die erste Ebene sich mit der Zusammenstellung eines optimalen Baukastens und der Definition der grundlegenden Produktarchitektur beschäftigt, behandelt die zweite Ebene die Frage, welche Komponenten massenhaft vorgefertigt und welche auftragsbasiert erstellt werden. Die dritte Ebene schließlich beinhaltet die kundenspezifische Montage des Produkts. Auf der ersten Ebene wird die Basis dafür geschaffen, mit einer möglichst geringen internen Komplexität die notwendige Varietät am Markt anbieten zu können. Dazu muss die Nachfrage antizipiert und darauf aufbauend sowohl eine Produktarchitektur als auch die einzelnen Module definiert werden, so dass letztere möglichst oft verwendet werden können. Insbesondere bei Unternehmen, die bislang Individualgüter anbieten, wird die Erhöhung der Verwendung gleicher Module dadurch erschwert, dass vor Einführung des Baukastens neue Produkte typischerweise voneinander unabhängig und auf individuelle Kundenwünsche hin optimiert

[346] Quelle: Piller (2006a), S. 231

entwickelt wurden.[347] Bei der Antizipation der Kundenanforderungen ist die Nutzung des Kundenwissens (Economies of Interaction) von Bedeutung, nicht zuletzt da der Baukasten sich im Zeitverlauf weiterentwickeln muss. Insbesondere solche Bausteine, die in jedem Produkt vorkommen müssen und damit eine Art Basis darstellen, werden in der zweiten Ebene den auftragsunabhängig zu produzierenden Modulen zugeordnet. Eher selten verwendete Module werden dagegen nur bei Vorliegen eines Kundenauftrags erstellt, da hier die Abwägung zwischen Lagerhaltungskosten und Zeit zwischen Eingang des Kundenauftrags bis Auslieferung gegen eine Fertigung „auf Verdacht“ spricht.[348] Im Rahmen der dritten Ebene werden neben diesen explizit vorgesehenen, aber nur bei Bedarf gefertigten Modulen auch Module, die erst auf ausdrücklichen Kundenwunsch hin konstruiert werden, gefertigt und mit den vorgefertigten auftragsneutralen Modulen zusammen montiert. Aufgrund von Skaleneffekten und geringerer Komplexität in Beschaffung, Entwicklung und Produktion sowie Vertrieb und Kundendienst können Baukastensysteme zu deutlichen Kosteneinsparungen führen.[349] Zudem können Kundenwünsche schnell und individuell erfüllt werden, was einen echten Zusatznutzen für den Kunden darstellt.[350]
Hinzu kommt die Möglichkeit des Austauschs von Modulen nach Auslieferung: Ersatzteile oder gar verbesserte Versionen eines Moduls können aufgrund der modularen Architektur mit geringem Aufwand eingebaut werden. Ebenfalls aus der Architektur in Verbindung mit den definierten Schnittstellen resultiert die Möglichkeit zur Auslagerung von Forschung und Entwicklung sowie Produktion an Zulieferer.[351] Tabelle 5 zeigt die weitreichenden vorteilhaften Auswirkungen auf die komplette Wertkette des Anbieters. Allerdings wird der Lösungsraum, aus dem der Kunde wählen kann, durch die gewählte Produktarchitektur und die berücksichtigten (also aktuell oder potenziell unterstützten) Module begrenzt, d.h. manche Kunden werden nicht ihr „perfektes“ Produkt bekommen können. Folglich ist es von großer Bedeutung, die Produktmerkmale zu ermitteln, bei denen die Kunden Auswahl wirklich schätzen.[352]

---

[347] Vgl. Meyer und Lehnerd (1997), S. 2
[348] Vgl. Abdelkafi (2008), S. 30f.
[349] Vgl. Reiß und Beck (1995), S. 32
[350] Vgl. Reiß und Beck (1995), S. 32
[351] Vgl. Reiß und Beck, die auch für über mehrere Unternehmen verteilte Wertschöpfung empfeh-len, die kundennahen Stufen kundenorientiert und individualisiert auszugestalten, in den kundenfer-nen Stufen dafür stärker kostenorientiert und standardisiert vorzugehen, vgl. Reiß und Beck (1995), S. 33f.
[352] Vgl. Kapitel 2.2.5 und MacCarthy et al. (2002), S. 76ff.

Tabelle 5: Potenziale der Modularisierung im Rahmen Mass Customization[353]

Potenziale der Modularisierung im Rahmen der individualisierten Massenfertigung		
Aktivität	**Modularisierung auf Produktebene**	**Modularisierung auf Prozessebene**
Forschung und Entwicklung	•Reduktion der Produktschnittstellen •Größerer Optimierungsspielraum eines in die Entwicklung integrierten Zulieferers	•teamorientlerte (modulare) Organisation der Entwicklung führt zu Abbau von Schnittstellen, Reduktion von Reibungsverlusten und Komplexität durch Dezentralisierung von Planungsaufgaben
Erhebung der Kundeninformation	•leichtere Vorgabe von Varianten •Aufbau eines regelbasierten Konfigurationssystems	•Wissensbildung und Lerneffekte durch Spezialisierung einzelner Module auf besondere Spezifikationsprobleme bestimmter Kundengruppen
Beschaffung	•Kosten- und Komplexitätsabbau durch Planung auf Modul- statt auf Teileebene •Bestandsreduktion durch Teilereduktion	•Reduktion der Anzahl direkter Zulieferer auf wenige Modullieferanten führt zur Abnahme zu koordinierender Schnittstellen •bessere Möglichkeiten einer Integration von / Kooperation mit Lieferanten
Produktion	•Reduktion der Komplexität in der Montage, da statt vielen Einzelbauteilen ein komplettes Modul integriert wird •Unterstützung der Montage durch einfache Gestaltung der Modulschnittstellen (Steckverbindungen etc.) •Unterstützung einer fertigungsgerechten Konstruktion	•Reduktion der Planungskomplexität durch Übertragung von Aufgabeninhalten auf dezentrale Fertigungsmodule und Einsatz dezentraler Steuerungsmechanismen •Verschiebung des Variantenbestimmungspunkts auf spätere Stufe der Wertkette •Wissensbildung und Lerneffekte durch Spezialisierung einzelner Prozessmodule
Marketing und Vertrieb	•Erleichterung der Distribution •Reduktion der Lagerhaltung im Vertrieb •Reduktion des Risikos der Nichtabnahme bestellter Leistungen	•Erstellung von Sekundärleistungen nach modularen Prinzipien •leichtere Schulung der Verkaufsmltarbeiter
Kundendienst	•Up-Date einzelner Komponenten •leichtere Reparatur durch Austausch einzelner Komponenten	•geringere Komplexitat der Reparaturplanung / Ersatzteilbevorratung

Zudem verlagert sich das Bestandsrisiko von den Endprodukten auf die Module, d.h. es kann zu überhöhten Lagerbeständen, Abschreibungen auf veraltete Module oder Lieferengpässe bei bestimmten Modulen kommen. Auch kann eine Art lock-in entstehen, wenn Innovationen nicht eingeführt werden, da sie eine Änderung der Architektur vonnöten machen würden.[354] Zudem ist die Entwicklung eines modularen Produktsystems kostspieliger als die Entwicklung eines vergleichbaren integrierten Systems. Aber auch einzelne Bauteile können teurer sein, da sie auf die Verwendung unter verschiedenen Bedingungen ausgelegt sein und daher mit dem anspruchsvollsten Produkt im Auge dimensioniert werden müssen.[355] Auch kann die Verwendung einer zu großen Anzahl an Modulen zu sehr hohen Komplexitätskosten führen.

---

[353] Quelle: Piller (2006a), S.200

[354] Vgl. Bower und Christensen (1995), die argumentieren, dass bislang erfolgreiche Unternehmen oftmals radikale Innovationen, die auf „disruptiven Technologien" basieren, verpassen.

[355] Vgl. Piller (2006a), S. 233f.

Massenhafte Fertigung von Unikaten

Die weitestgehende Konzeption der Mass Customization besteht in der massenhaften Fertigung von Einzelstücken. Ohne die Vorgabe einer modularisierten Produktarchitektur und vordefinierter Bausteine kann jedem Kunden ein maßgeschneidertes Produkt geliefert werden. Allerdings kann argumentiert werden, dass zumindest Teile des Produkts aus mehrfach verwendeten Bauteilen oder Komponenten bestehen müssen, damit diese Fertigung massenhaft erfolgen kann.[356] Anders als bei der Modularisierung nach dem Baukastenprinzip stehen in diesem Fall aber die kundenindividuell konstruierten und gefertigten Bauteile im Vordergrund. Oder wie Piller formuliert „Ihre Herstellung nimmt den *Hauptteil der fertigungsbezogenen Wertkette* ein."[357] Der Unterschied zur klassischen Einzelfertigung besteht in der Nutzung standardisierter Prozesse unter Einsatz moderner flexibler Produktionstechnik, da nur diese es erlaubt, ein vergleichbaren standardisierten Produkten ähnliches Kostenniveau zu erreichen. Hieraus resultiert aber eine gewisse Restbeschränkung der Individualisierungsmöglichkeiten, die aus den Begrenzungen der eingesetzten Produktionstechnik herrührt. Zudem gilt ein konsequentes Zeitmanagement, das die Zeit bis zur Auslieferung des individualisierten Produkts verkürzt, als unabdinglich für diese Konzeption der Mass Customization.[358] Piller nennt den Prozess der Erhebung der Individualisierungsinformation als besonders wichtig und geeignet, um ihn durch moderne IuK-Technologie zu unterstützen und gegenüber der klassischen Einzelfertigung deutlich zu verkürzen.[359]

Abschließend lässt sich festhalten, dass die verschiedenen Konzeptionen der Mass Customization sich hinsichtlich des Grades und des Zeitpunkts der Kundenintegration in den Wertschöpfungsprozess deutlich unterscheiden. Dies hat Auswirkungen auf die Komplexität in der Produktion und auch auf den Grad der erzielbaren Individualisierung.

Seit einigen Jahren wird mit Open Innovation ein Konzept propagiert, das ebenfalls auf die Kundenintegration in betriebliche Prozesse abzielt und dabei Tools nutzt, die den Produktkonfiguratoren sehr ähnlich sind. Sie werden allerdings als Toolkits für Open Innovation bezeichnet.[360] Anders als Mass Customization steht hier aber nicht

---

[356] Vgl. Mayer (1993), S. 152
[357] Piller (2006a), S. 235, Hervorhebung aus dem Original übernommen.
[358] Vgl. z.B. Pine (1993), S. 193
[359] Vgl. Piller (2006a), S. 249
[360] Vgl. beispielsweise Franke und Piller, die eine Studie zur Verwendung derartiger Toolkits durchgeführt haben, siehe Franke und Piller (2003).

die Kundenintegration in den Leistungserstellungsprozess im Mittelpunkt, sondern die Integration in den Leistungsgestaltungs- und v.a. Innovationsprozess. Da – wie in Kapitel 3.1.1 noch erläutert wird - Produktentwicklung und Produktion bei Software anders voneinander abzugrenzen sind als bei materiellen Produkten, erscheint es sinnvoll, Open Innovation ebenfalls genauer zu betrachten.

2.3.5 Open Innovation: Weiterentwicklung oder Ergänzung der Mass Customization?

Setzt Mass Customization daran an, den Kunden frühzeitig in den Produktionsprozess einzubinden, um ihm ein auf seine Bedürfnisse angepasstes Produkt liefern zu können, so geht Open Innovation noch einen Schritt weiter: der Kunde wird in den Prozess der Produktentwicklung einbezogen, um Produkte und Dienstleistungen zu entwerfen, bei denen man davon ausgeht, dass sie den Anforderungen und Bedürfnissen der Kunden besser gerecht werden als auf herkömmlichem Weg entwickelte Produkte.[361] Reichwald und Piller definieren Open Innovation wie folgt: „**Open Innovation** bezeichnet eine **interaktive Wertschöpfung** im Innovationsprozess, indem ein Her-stellerunternehmen mit ausgewählten Kunden bzw. Nutzern **gemeinschaftlich** Inno-vationen generiert. Dies erfolgt durch gezielte, jedoch relativ informale und vor allem partizipative Koordination des Interaktionsprozesses zwischen Herstellern und einer Vielzahl an Kunden und Nutzern."[362]

Die Proponenten der Open Innovation beziehen sich teilweise direkt auf die Entwicklung von Open Source Software, die durch das freiwillige Engagement von Softwareentwicklern getrieben wird, die in der Regel gleichzeitig auch Nutzer des entsprechenden Produkts sind und damit die klassische Zweiteilung in Hersteller und Kunden bzw. Nutzer aufheben.[363] Diese Zweiteilung findet sich auch beim Verständnis dessen, welches Wissen sich bei Kunden und Hersteller findet: im traditionellen Innovationsprozess wird davon ausgegangen, dass die Lösungsinformationen aus dem Unternehmen kommen und die Bedürfnisinformationen der Kunden durch die Markt-forschung gewonnen werden.[364] Dabei versteht man unter **Bedürfnis-** bzw. **Lösungsinformation** folgendes: „Bedürfnisinformationen beinhalten

---

[361] Vgl. z.B. Leckner (2006), S. 2 oder Reichwald und Piller (2006), S. 45ff.. Der Begriff der Open Innovation wurde von Chesbrough (2003a) geprägt, fokussiert aber nicht auf den Kunden als Partner im Innovationsprozess, sondern bezieht sich auf die Integration von Lieferanten, Wettbewerbern oder Kunden, vgl. Reichwald und Piller (2006), S.105f.

[362] Reichwald und Piller (2006), S. 96, Hervorhebung aus dem Original übernommen

[363] Vgl. Reichwald und Piller (2005), S. 58

[364] Vgl. Reichwald und Piller (2005), S. 53 oder Bullinger und Warschat (2007), S. 206

Wünsche, Präferenzen und Anforderungen aktueller oder potentieller Kunden an ein neues Produkt oder eine neue Leistung sowie an deren Leistungsfähigkeit, Qualität, Design oder Preis. Lösungsinformation dagegen umfasst Wissen zur Transformation dieser Bedürfnisse in ein konkretes Leistungsangebot. Dabei kann es sich um den Einsatz von Wissen, Technologien, Fertigungstechniken oder Humankapital handeln."[365] Neuere empirische Studien zeigen allerdings, dass Kunden die eigentlichen Entwickler vieler erfolgreicher neuer Produkte und Dienstleistungen sind.[366] Infolgedessen versuchen Unternehmen verstärkt, die Kunden aktiv in den Innovationsprozess einzubinden und auch als Quelle für Lösungsinformationen zu nutzen.[367] Andere Stimmen hingegen sind kritischer und sehen Kundenwünsche als geeignet an, Anstöße für inkrementelle Innovationen zu geben, weniger jedoch für radikale Innovationen.[368] Wieder andere Autoren sind der Ansicht, dass zu starke Kundenorientierung innovationshemmend wirken kann,[369] weswegen man den Anstößen der Kunden nicht unkritisch folgen sollte.[370] Es erscheint wahrscheinlich, dass all diese Stimmen ein Stück weit Recht haben: Unternehmen sollten sich nicht blind auf die Kunden verlassen, die Kunden werden sicher auch nicht die F&E-Abteilungen der Unternehmen ablösen. Statt-dessen erscheint es wichtig, Kunden und Entwickler auf geeignete Art zusammenzubringen.

Erschwerend kommt hinzu, dass sich nicht alle Kunden eines Unternehmens gleichermaßen für eine Integration in den Innovationsprozess zu eignen scheinen: nach von Hippel konzentriert sich diese Eignung auf eine ausgewählte Gruppe von Nutzern bzw. Kunden, die „fortschrittlichen Kunden" (sog. **Lead User**).[371] Das besondere an diesen fortschrittlichen Kunden ist zum einen, dass sie früher als die Mehrheit der Kunden über ein Bedürfnis verfügen, das sich durch kein existierendes Marktangebot befriedigen lässt, und demzufolge mit dem aktuellen Marktangebot unzufrieden sind. Zum anderen zeichnen Lead User sich durch Fähigkeit sowie Motivation, eigenständig innovative Lösungen zu entwickeln, aus. Anders ausgedrückt:

---

365 Reichwald und Piller (2006), S. 24

366 Vgl. z.B. von Hippel (2006), S. 5 und Bullinger und Warschat (2007), S. 206f.

367 Vgl. Walcher (2007), S. 3, kritisch ist hierbei allerdings anzumerken, dass die Bedeutung unternehmensexterner Quellen schon lange bekannt ist und auch seit langen Jahren Tipps gegeben werden, wie man unternehmensexterne Ideen aufnehmen kann, vgl. Bittner (1994), S. 34f. Die Intensität der Kundenintegration mag allerdings in den letzten Jahren zugenommen haben.

368 Vgl. Herstatt und Sander (2004), zitiert nach: Leckner (2006), S. 45

369 Insbesondere könnten Kunden radikale Innovationen verhindern, wenn die ihnen zugrunde liegenden Technologien anfänglich bestimmte Kriterien nicht so gut erfüllen wie bestehende Produkte des Unternehmens, vgl. Bower und Christensen (1995), S. 43f.

370 Vgl. Ulwick (2002), S. 91

371 Vgl. von Hippel (1986)

Lead User haben sowohl Bedürfnis- als auch Lösungsinformation, d. h. sind in der Lage, ein neues Bedürfnis zu erkennen und in eine Problemlösung zu überführen.[372]
Ein Problem bei der Integration der Kunden in den Innovationsprozess besteht darin, dass Kunden häufig nicht von ihrer Problemsituationen, den zugrunde liegenden Präferenzen oder den vergebenen Kriterien, abstrahieren können. Somit tritt hier das Phänomen der „sticky information“ zutage, das in Kapitel 2.3.3.3 bereits erwähnt wurde. Bei sehr heterogenen Kundenbedürfnissen kommt noch erschwerend hinzu, dass sich durch einmalige Aufwendungen kaum Skaleneffekte im Informationstransfer für andere Kunden erzielen lassen. Zur Lösung dieses Problem schlagen verschiedene Autoren vor, den Wertschöpfungsprozess in Teilaufgaben zu zerlegen, für die entweder primär Bedürfnisinformationen von Kunden oder aber primär Lösungsinformationen von Unternehmen notwendig sind und die Aufgaben, die weitgehend Bedürfnisinformation benötigen, auf den Kunden zu übertragen.[373]
Abschließend soll das Verhältnis von Open Innovation und Mass Customization noch einmal thematisiert werden: Reichwald und Piller fassen beide unter dem Begriff Interaktive Wertschöpfung zusammen, wobei sie Open Innovation als *interaktive Wertschöpfung in der Innovation* und Mass Customization als *interaktive Wertschöpfung in der Produktion* bezeichnen.[374] Beide miteinander zu verbinden, liegt demzufolge nahe: durch die Integration des Kunden in den Innovationsprozess wird die Wahrscheinlichkeit, dass der aufgespannte Lösungsraum für möglichst viele der anvisierten Kunden das richtige Produkt beinhaltet, deutlich vergrößert. Zudem erscheint es aufgrund der zunehmend heterogenen Kundenbedürfnisse unwahrscheinlich, dass die Kunden alle mit ein und demselben Standardprodukt zufriedengestellt werden können.[375]

Die Betrachtung von Mass Customization sowie Open Innovation soll an dieser Stelle mit zwei Zitaten abgeschlossen werden:

> „Interaktive Wertschöpfung ist nicht universell anwendbar und soll keine bewährten Konzepte ersetzen. Es handelt sich vielmehr um eine Ergänzung etablierter Instrumente des Innovations- und Produktionsmanagements.“[376]

[372] Vgl. Reichwald und Piller (2006), S. 125 und die dort genannte Literatur
[373] Vgl. von Hippel (1990), Dietl (1993), oder Reichwald und Piller (2006), S. 57f.
[374] Vgl. Reichwald und Piller (2006)
[375] Gerade für Softwareprodukte erscheint eine derartige enge Integration des Kunden in den Innovations- und den Produktionsprozess vielversprechend. Hierauf wird in den Kapiteln 3.1, 4.3 und 4.5 weiter eingegangen.
[376] Reichwald und Piller (2006), S. 41

sowie

> „..one secret of successful management today [...] is to customize standard concepts to fit specific applications. After a century in which management writing has been dominated by the search for the standardized solution, isn't it time to customize our concepts too?"[377]

Ganz im Gedanken dieser Zitate soll im Folgenden gezeigt werden unter welchen Umständen und wie die individualisierte Massenfertigung auch für Softwareunternehmen von Nutzen sein kann.

[377] Lampel und Mintzberg (1996), S. 29.

3 Übertragbarkeit des Konzepts der Mass Customization auf Softwareprodukte

Nachdem in Kapitel 2 die Hintergründe der Entstehung der Mass Customization in der produzierenden Industrie geschildert und die Mass Customization selbst ausführlich beschrieben wurde, erfordert Forschungsfrage 1.3, dass in diesem Kapitel erläutert wird, ob das Konzept der Mass Customization auf Softwareprodukte übertragen werden kann. Hierzu werden zuerst die Besonderheiten von Software als Produkt analysiert und anschließend die Softwarebranche charakterisiert. Neben der Übertragbarkeit stellt sich auch die Frage, ob ein Bedarf für eine derartige Übertragung besteht, so dass im Rahmen dieser Arbeit eine Untersuchung zu Komplexität und Dynamik in der Softwarebranche durchgeführt wurde, über die in Kapitel 3.3 berichtet wird. Auf dieser Basis kann in Kapitel 3 dann analysiert werden, welche Auswirkungen die Übertragung des Konzepts der Mass Customization auf Softwareprodukte für Softwareunternehmen hat.

3.1 Software als Produkt

Bevor genauer untersucht werden kann, wie das Konzept der Mass Customization auf Softwareprodukte übertragen werden kann, muss im folgenden noch geklärt werden, inwiefern sich Software als ökonomisches Gut von anderen Produkten unterscheidet. Aber auch die Herstellung von Software sowie die Softwarebranche an sich müssen analysiert werden, da beide ebenfalls Charakteristika aufweisen könnten, welche die Übertragbarkeit der Mass Customization auf Software beeinflussen könnten.

Dabei versteht die IEEE unter Software folgendes: „Computer programs, procedures, and possibly associated documentation and data pertaining to the operation of a computer system".[378] Demnach umfasst Software nicht nur – wie vor allem umgangssprachlich verwendet – Programme, sondern auch Abläufe, Regeln, sowie möglicherweise Dokumentation und Daten, die mit dem Betrieb eines Rechnersystems zu tun haben.[379]

Weiter differenziert werden kann Software auf verschiedene Arten. Einerseits kann Software wie in Abbildung 15 dargestellt in die Kategorien Systemsoftware, Anwen-

[378] ANSI/IEEE (1990)
[379] Vgl. auch Ludewig und Lichter (2007), S. 34

dungssoftware und Unterstützungssoftware eingeteilt werden.[380] Andererseits kann Software auch nach dem Prozess der Erstellung in Standardsoftware, die als Produkt für einen (anonymen) Markt entwickelt und an (relativ) zahlreiche Kunden verkauft werden soll, und in Individualsoftware, die in einem Projekt für einen speziellen Kunden entwickelt wird, unterschieden werden.[381] Dabei kann Standardsoftware nach der Anzahl an verkauften Kopien auch noch in Standardsoftware im engeren Sinne und „Produkt-" bzw. Massensoftware unterschieden werden.[382]

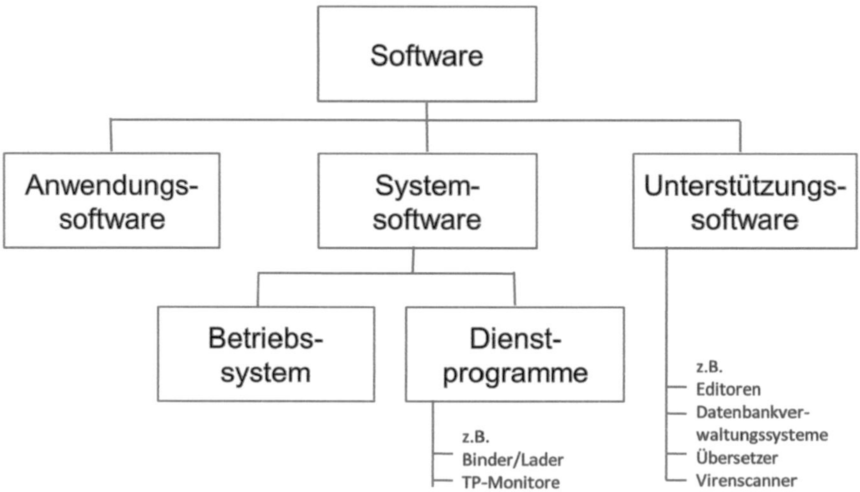

Abbildung 15: Arten von Software (nach ISO/IEC 2382-1)[383]

[380] vgl. Stahlknecht und Hasenkamp (2005), S. 66; hier stellt sich auf den ersten Blick die Frage, wo das weite Feld der eingebetteten Systeme einzuordnen ist. Auf den zweiten Blick lassen sich auch hier Betriebssystem, Dienstprogramme sowie Anwendungssoftware unterscheiden, auch wenn die Grenzen evtl. fließend oder für den Außenstehenden schwer ersichtlich sind. Beispielsweise bieten die Hersteller von Geräten mit großer Bedeutung eingebetteter Systeme auch Unterstützungs- oder Anwendungssoftware an, die auf angeschlossenen PC ausgeführt wird, z.B. zur Auswertung medizinischer Daten,. vgl. z.B. Märzendorfer (2005)

[381] Vgl. z.B. Baaken und Launen (1993), S.5 oder Lippold (1998), S. 18ff. wobei die moderne Softwareentwicklung auch verschiedene Arten der Zwischenstufen, wie anpassbare Standardsoftware, Klassenbibliotheken oder Softwareproduktlinien kennt. Die entstehenden Softwaresysteme lassen sich aber allesamt in einen Teil, welcher der Standardsoftware zuzuordnen ist, und in einen Teil, welcher der Individualsoftware zuzuordnen ist, aufteilen, vgl. auch Herzwurm (2000), S.38 und die dort genannte Literatur. Zu den Vorteilen, die Standard- bzw. Individualsoftware aus Kundensicht aufweisen vgl. beispielsweise Gronau (2001), S. 17ff.

[382] Vgl. Baaken und Launen (1993), S. 11ff.

[383] Quelle: Stahlknecht und Hasenkamp (2005), S. 66

3.1.1 Software als ökonomisches Gut

Es besteht weitgehend Einigkeit darin, dass Software spezielle Charakteristika aufweist, welche sie von anderen Gütern unterscheiden.[384] Insbesondere der immaterielle Charakter von Software wird als wichtige Eigenschaft angesehen, da Software wie auch ihr Entwicklungs- und Produktionsprozess sich hierdurch von materiellen Gütern wie Häusern, Fernsehgeräten oder Fertiggerichten unterscheidet. Demzufolge wird Software von einigen Autoren pauschal den Dienstleistungen zugeordnet.[385] Dieser Meinung wird hier nicht gefolgt, es erscheint stattdessen ratsam, genauer zu differenzieren.[386] Nach herrschender Meinung ist eine Dienstleistung durch folgende wesentliche Merkmale gekennzeichnet:[387]

- **Immaterielles Leistungsversprechen**: Voraussetzungen hierfür sind das Vorhandensein, die Leistungsfähigkeit und die Leistungsbereitschaft von Einsatzfaktoren seitens des Anbieters.[388]
- **Integration externer Faktoren**: Als externer Faktor wird hier der Kunde oder ein Objekt aus seinem Besitz bezeichnet, an dem die Dienstleistung erbracht oder ausgeführt wird.[389] Dieser so genannte externe Faktor muss am Produktionsprozess mitwirken, d.h. es besteht ein enger Kontakt zwischen Dienstleister und Kunde[390] und ist dabei als zentrales Dienstleistungsmerkmal weitgehend unstrittig.[391]
- **Immaterieller Charakter**: Diese Eigenschaft wird als wichtigste und wesensbestimmende angesehen. Das Charakteristikum zielt auf die nicht unmittelbare

[384] vgl. beispielsweise Ludewig und Lichter (2007), S. 35.ff, Balzert (2001), Wimmer et al. (1993), S.15ff. Herzwurm (2000), S. 35ff., Baaken und Launen (1993), S. 14ff., Messerschmitt und Szyperski (2003), S. 2ff. oder Evans et al. (2006), wobei der von Evans et al. vertretenen Meinung, Software sei äquivalent zu einer flexiblen Fabrik, weil der Nutzer sie für verschiedenste Zwecke nutzen kann, nicht gefolgt wird; die Nutzungsmöglichkeiten einer Textverarbeitung unterscheiden sich nicht so grundlegend von denen einer rein mechanischen Schreibmaschine, und niemand würde diese Schreibmaschine als flexible Fabrik bezeichnen.

[385] Vgl. Neugebauer (1986), S. 39-43

[386] Die Gründe für die Notwendigkeit dieser differenzierten Betrachtung werden im Folgenden noch erläutert. Bereits an dieser Stelle soll aber ein Beispiel genannt werden: in Deutschland wird die Ein- oder Ausfuhr von Standardsoftware, die auf Datenträgern im- oder exportiert wird, statistisch als Güterhandel erfasst, während sie bei elektronischer Übermittlung über das Internet zu den IT-Dienstleistungen gezählt wird, vgl. Bitkom e.V.; Roland Berger Strategy Consultants (2007), S. 25.

[387] Vgl. z.B. Corsten und Gössinger (2007), S. 21ff. , Burr und Stephan (2006), S: 19ff. oder Kotler und Keller (2006), S: 446. Dort sind auch die anderen Möglichkeiten zur Definition des Begriffs der Dienstleistung, nämlich die Negativdefinition und die enumerative Definition erläutert. Für die Zwecke dieser Arbeit ist die Definition über konstitutive Merkmale geeigneter, da anhand dieser Merkmale analysiert werden kann, inwiefern Software eine Dienstleistung darstellt.

[388] Vgl. Corsten und Gössinger (2007), S. 21

[389] vgl. Burr und Stephan (2006), S. 21

[390] vgl. Meffert und Bruhn (2008), S. 42ff.

[391] vgl. Meffert und Bruhn (2008), S. 42ff. oder Pepels (2009), S. 1067 und 1073f..

Fassbarkeit bzw. auf die nicht mögliche physische Messbarkeit ab.[392] Eine Konsequenz ist die fehlende Transport- und Lagerfähigkeit.[393]

Zwar ist der immaterielle Charakter bei jeder Art von Software gegeben (wenn auch Software in der Regel auf einem Medium gespeichert vorliegt), auch das immaterielle Leistungsversprechen wird im Allgemeinen gegeben sein. Die Integration des externen Faktors Kunde in den Erstellungsprozess ist allerdings nicht in jedem Fall gegeben: während bei Individualsoftware die Mitwirkung des Kunden an der Spezifikation und Entwicklung seines individuellen Softwaresystems unabdingbar ist, kann die Entwicklung von Standardsoftware ohne Einbindung potenzieller Kunden geschehen. Folglich ist Standardsoftware als Sachgut einzuordnen, Individualsoftware als Dienstleistung.

Sachgüter lassen sich weiter einteilen in Konsumgüter einerseits und Industrie- bzw. Investitionsgüter andererseits sowie Vertrauensgüter. Dabei werden **Konsumgüter** für den privaten Gebrauch hergestellt, z.B. Computerspiele oder PC-Betriebssysteme. Merkmale von Konsumgütern bzw. den Märkten für Konsumgüter sind die Vermarktung für einen anonymen Massenmarkt (häufig unter Nutzung indirekter Absatzkanäle), oftmals eine relativ hohe Vergleichbarkeit, eine hohe Bedeutung von Spontan- oder Gewohnheitskäufen sowie vergleichsweise kurze Produktlebens-, Vertriebs- und Gebrauchszyklen verbunden mit einer hohen Innovationsrate.[394] **Industrie-** bzw. **Investitionsgüter** sind dadurch definiert, dass die Kunden nicht Endverbraucher, sondern Organisationen sind, welche diese Güter selbst weiterverarbeiten (v.a. Industrieunternehmen).[395] Hierbei spricht man auch von der derivativen (abgeleiteten) Nachfrage, da die Nachfrage letzten Endes davon bestimmt wird, dass Produkte oder Dienstleistungen für Endverbraucher hergestellt werden und hierfür das Investitionsgut benötigt wird.[396] Infolgedessen sind seitens des Kunden oftmals mehrere Personen am Problemlösungs- und Entscheidungsprozess beteiligt, die sog. Buying Center.[397] Hieraus resultieren verschiedene spezifische Eigenschaften, etwa dass Kaufprozesse in der Regel länger dauern oder in eher langwierige Verhandlungen über Rahmenverträge und recht kurze Kaufprozesse innerhalb des

---

[392] Vgl. Burr und Stephan (2006), S. 20f. oder Pepels (2009), S. 1070f.

[393] Teilweise wird hier auch von den eigenständigen konstitutiven Merkmalen Nichtlagerbarkeit und uno-actu-Prinzip gesprochen, vgl. Burr und Stephan (2006), S. 22 oder Corsten und Gössinger (2007), S. 22 und 27f.

[394] Vgl. z.B. Becker (2006), S. 700ff.

[395] Vgl. Backhaus und Voeth (2007), S. 3ff.

[396] Vgl. Backhaus und Voeth (2007), S. 10

[397] Vgl. Backhaus und Voeth (2007), S. 46ff. oder Stölzle (2007), S. 162ff.

Rahmenvertrags aufgeteilt werden.[398] Charakteristisch für Industriegüter ist auch, dass der Kaufprozess von wenig Spontaneität gekennzeichnet ist, die Produktlebens-, Vertriebs- und Gebrauchszyklen vergleichsweise lang sind, sowie dass das Produkt in vielen Fällen kundenspezifisch innerhalb eines Projekts entwickelt/hergestellt/angepasst wird.[399] Im Industriegütermarketing werden die folgenden vier Geschäftstypen unterschieden:[400]

- Produktgeschäft:
  dieses zielt auf die Entwicklung einzeln einsetzbarer Produkte für einen anonymen Markt ab. Im Bereich der Software können Betriebssystempakete oder Computerspiele zum Produktgeschäft gezählt werden.
- Systemgeschäft:
  im Systemgeschäft werden die Produkte ebenfalls für einen anonymen Markt entwickelt, die Produkte werden beim Kunden aber meist als Teil eines Verbundes eingesetzt. Hieraus resultieren u. a. Abhängigkeiten bei Folgekäufen bspw. aufgrund notwendiger Schnittstellen. Datenbanksysteme sind ein gutes Beispiel für das Systemgeschäft.
- Anlagengeschäft:
  Kennzeichen des Anlagengeschäfts ist die Vermarktung kompletter Angebote bzw. Projekte eines oder mehrerer Unternehmen. Diese Angebote bzw. Projekte werden als „komplexe Hardware/Software-Bündel" angeboten, die einzelnen Bestandteile werden in der Regel beim Kunden vor Ort zum Gesamtsystem zusammengefügt bzw. in ein bestehendes System eingepasst. ERP-Systeme, aber auch andere Systeme, die in eine bestehende Infrastruktur eingepasst und dabei angepasst werden müssen, sind Beispiele hierfür.
- Zuliefergeschäft:
  Charakteristisch für das Zuliefergeschäft ist die Erstellung von individuell für einen bestimmten Kunden entwickelten und produzierten Leistungen, die während einer längerfristigen Geschäftsbeziehung von diesem abgenommen werden. Bekanntermaßen von großer Bedeutung ist das Zuliefergeschäft in der Automobilbranche. Festinstallierte und mit der Elektronik des Fahrzeugs abge-

[398] Vgl. zu den Charakteristika der Beschaffung, ihrer Organisation und dem Thema Beschaffungsmanagement algemein auch die Beiträge in Arnold (2007).
[399] Vgl. Backhaus und Voeth (2007), S. 11ff. oder Becker (2006), S.702f.
[400] Vgl. z.B. Backhaus und Voeth (2007), S. 202ff. bzw. für die softwarespezifischen Beispiele Herzwurm und Pietsch (2008), S. 84f.

stimmte Navigationsgeräte können hier als Beispiel mit signifikantem Softwareanteil genannt werden.

Als letzte Kategorie sind die **Vertrauensgüter** zu unterscheiden: oftmals ist es dem Kunden nicht oder nur sehr eingeschränkt möglich, die objektiven Eigenschaften zu messen (insb. vor dem Kauf ist dies schwierig).[401] Folglich spielt das Vertrauen in das Produkt bzw. den Anbieter eine große Rolle, was zur Bezeichnung Vertrauensgüter führt. Fast alle Dienstleistungen, viele Industrie- und auch einige Konsumgüter sind gleichzeitig Vertrauensgüter. Daher sind die Produktlebens-, Vertriebs- und Gebrauchszyklen unterschiedlich. In der Vermarktung sind v.a. die Darstellung der Erfahrung und Zuverlässigkeit z. B. durch Referenzen[402] und der persönliche Kontakt zwischen Anbieter und Abnehmer wichtig.

In der Realität sind diese Typen leider nicht immer eindeutig voneinander abzugrenzen, so kann man das ERP-System SAP ERP als Industriegut und als Vertrauensgut (die Einhaltung aller relevanten Gesetze, z.B. aus dem Bereich der Buchhaltung, des Datenschutzes oder branchenspezifischer Gesetze wie der Rückverfolgbarkeit bei Medikamenten kann vom Kunden nicht im Detail verifiziert werden) einordnen. Untrennbar mit dem Kauf verbunden ist allerdings die Einführung im Unternehmen, welche einen starken Dienstleistungscharakter aufweist.

Unabhängig davon, welche Art von Software vorliegt, hat die Immaterialität einige wichtige Auswirkungen: [403]

- Bei Software fallen Entwicklung und Fertigung zusammen: nach Abschluss der erstmaligen Fertigstellung ist die Entwicklung praktisch abgeschlossen, die in industriellen Entwicklungs- und Fertigungsprozessen oftmals kritische Schnittstelle zwischen Konstruktion und Fertigung entfällt,[404] dafür aber auch die Möglichkeit, am hergestellten Produkt zu lernen und gewisse Verbesserungen in den Phasen der Produktionsvorbereitung und Pilotserie vorzunehmen, die sowohl den Produktionsprozess als auch das Produkt betreffen können,[405]

[401] Vgl. Backhaus und Voeth (2007), S. 188

[402] Vgl. zur Bedeutung von Referenzen im Softwarevertrieb Lippold (1998), S. 221. und 242ff. und Baaken und Launen (1993), S. 170.

[403] Vgl. Messerschmitt und Szyperski (2003), S. 18-21 und 343ff., Baaken und Launen (1993), S. 14f. Lippold (1998), S. 31f. und Wolle (2005), S. 15

[404] Vgl. Wildemann und Kersten (2000), S. 1217 oder Herzwurm (2000) , S. 40

[405] Vgl. Wildemann und Kersten (2000), S. 1217, die hierzu anmerken: „Dieser permanente Lernprozess am Produkt, dessen Ergebnisse in aktuelle und zukünftige Produkte einfließen, fehlt in der Software-Entwicklung völlig.“ Zwar lässt sich Software nachträglich noch leicht ändern(s.u.), hier gemeint ist aber die Stabilisierungsphase vor Auslieferung des ersten Exemplar des Produkts.

- Kopie und Original sind identisch: bei Software können durch Vervielfältigung beliebig viele Kopien von identischer Qualität erzeugt werden. Folglich sind keine Qualitätsverluste zu befürchten, d.h. das Vervielfältigungsrisiko ist quasi Null, zusätzlich sind die Grenzkosten sehr gering und damit sehr hohe Gewinnspannen bei hohen Absatzzahlen möglich.[406]
- Leichte Änderbarkeit, auch spät im Entwicklungsprozess oder gar nach Auslieferung: während es relativ schwer ist, einem bereits produzierten materiellen Produkt noch ein Feature hinzuzufügen (z.B. einem Auto eine Klimaanlage oder einen Rußfilter nachzurüsten) oder einen Fehler auszumerzen (vgl. die Rückrufaktionen der Automobilhersteller), ist dies bei Software meist ebenso einfach wie kostengünstig. Vor allem die Verbreitung der Änderung kann über das Internet für den Hersteller annähernd kostenlos geschehen. Zudem lässt sich mit Software nahezu alles erreichen, da sie durch keine physikalischen Gesetze beschränkt wird.[407] Allerdings gilt es hier Einschränkungen zu machen: zum ersten führt die leichte Änderbarkeit von Software dazu, dass oftmals bereits bekannte Fehler nicht vor Auslieferung ausgemerzt, sondern erst nach Auslieferung korrigiert und bereitgestellt werden. Zum zweiten führt dies dazu, dass Kunden teilweise sehr spät mit gravierenden Änderungen kommen, und schließlich sind manche Änderungen aufgrund von Entscheidungen, die früher im Projekt getroffen wurden, nicht einfach und kostengünstig vorzunehmen.[408,409]
- Die Softwareentwicklung stellt einen kreativen Prozess dar und ist nicht direkt mit einem industriellen Fertigungsprozess vergleichbar. Daraus resultiert einerseits eine hohe Abhängigkeit vom Faktor Mensch, die sich in sehr hohen Leistungsabweichungen – sowohl zwischen verschiedenen Personen als auch in Form tagesabhängiger Leistungsschwankungen bei ein und derselben Person – bemerkbar macht.[410] Andererseits ist es – anders als bei industrieller

---

[406] Cusumano (2004), S. 24-85 beschäftigt sich ausführlich damit, dass dies vor allem auf den Verkauf von Standardsoftware bzw. Lizenzen zur Nutzung derselben zutrifft, während das Dienstleistungsgeschäft geringere und v.a. konstante Margen erbringt

[407] Vgl. Balzert (2001), S. 27 oder Messerschmitt und Szyperski (2003), S. 4f.

[408] Vielleicht das wichtigste Beispiel für derartige Entscheidungen sind Entscheidungen betreffend der Architektur des Systems (engl. architectural design decisions), vgl. Jansen und Bosch (2005), Bass et al. (2005), S. 31 oder Reussner und Hasselbring (2009), S. 21.

[409] Aus diesem Grund sind Wildemann und Kersten (2000), S.1218 der Meinung, die Änderbarkeit stelle keinen Unterschied dar, hier wird allerdings der Meinung gefolgt, die Änderbarkeit stelle durchaus einen – allerdings problematischen – Unterschied dar, wie sie beispielsweise von Herzwurm (2000), S.41f. und Balzert (2001), S. 27 geteilt wird.

[410] Vgl. Ludewig und Lichter (2007), S. 75f. und die dort genannte Literatur.

Fertigung – nicht möglich, aus hoher Qualität von Rohstoffen, stabilen und entsprechend qualitativ hochwertigen Prozessen und konstanten Umweltbedingungen auf hochwertige Erzeugnisse zu schließen.[411]

- Software verschleißt nicht: anders als bei materiellen Produkten gibt es bei Software keinen alters- oder nutzungsbedingten Verschleiß, der Reparaturen oder Ersatzteile zur Folge hätte. Folglich dient Wartung bei Software nicht der Wiederherstellung eines alten Zustands, sondern der Verbesserung bzw. Anpassung an neue Umstände.[412]
- Abnutzung ist nicht der Grund für Softwarefehler: während bei materiellen Produkten oftmals Verschleiß mechanischer Bauteile die Ursache für Defekte darstellt, sind Softwarefehler unabhängig davon, wie oft Software verwendet wurde,[413]
- Die „Werkstoffe" der Software implizieren keine sinnvolle Strukturierung:[414] bei materiellen Produkten geben die verwendeten Materialien oftmals eine gewisse Strukturierung vor, die zur Bildung von Bauteilen und Modulen verwendet werden kann. Ludewig und Lichter benutzen das Beispiel vom Fahrrad, bei dem aus Kunststoff eine Leitung und aus Stahlblech, Kupferleitern und Glas eine Lampe wird und beide anschließend miteinander sowie dem Rahmen und die Leitung mit einem Dynamo verbunden werden. Dies ist bei Software so nicht der Fall. In den meisten Fällen gibt es mehrere, wenn nicht gar zahlreiche, Möglichkeiten, ein Programm zu strukturieren. Um diese gegeneinander abzuwägen, sind spezifische Erwägungen notwendig (z.B. coupling und cohesion,[415] separation of concerns,[416] die Trennung von Anwendungslogik und Benutzeroberfläche,[417] aber auch Änderungswahrscheinlichkeit und –häufigkeit, die Möglichkeit zur Verwendung bestehender Programmteile oder die Frage, wie gut die entstehende Architektur die Erfüllung nichtfunktionaler Anforderungen erlaubt).[418]

---

[411] Vgl. Mellis et al. (1998), S. 28 oder Balzert (2001), S. 27

[412] auf diese Art „altert" Software doch: wenn sich beispielsweise der zu unterstützende Geschäftsprozess ändert, muss die Software angepasst werden, vgl. Balzert (2001), S. 27 oder Zarnekow (2007), S. 51.

[413] Im Gegenteil führt häufige Nutzung eher dazu, dass ein Fehler gefunden und ausgebessert wird

[414] Vgl. Ludewig und Lichter (2007), S. 37f.

[415] Vgl. Ludewig und Lichter (2007), S. 385f.

[416] Vgl. ebenda, S. 392

[417] Vgl. ebenda, S.393

[418] Hieran scheitert die Übertragung zahlreicher Ansätze zur Gestaltung oder Optimierung modularer Produktarchitekturen für materielle Produkt auf Softwareprodukte, da diese Ansätze oftmals physi-

- Software und –qualität schwer zu beurteilen, v.a. vor Beendigung der Entwicklung: [419] In diesem Zusammenhang spricht man auch davon, dass Software erklärungsbedürftig ist bzw. ein entsprechend ausgeprägtes Fachwissen voraussetzt, um sie beurteilen zu können.[420]

Zudem ist Software eine Schlüsseltechnologie, welche in zahlreichen anderen Branchen genutzt wird, um Innovationen hervorzubringen. Dies führt dazu, dass sowohl die Bedeutung von Software schwer abzuschätzen ist als auch die Frage, welche Unternehmen der Softwarebranche zuzuordnen sind, nicht ganz einfach zu beantworten ist.[421]

Ein weiteres charakteristisches Merkmal von Software ist die große Bedeutung direkter wie indirekter Netzwerkeffekte, [422] diese werden im Folgenden erläutert.

3.1.2 Netzeffekte – Increasing Returns

Wie im Folgenden gezeigt wird, unterscheidet sich Software von vielen materiellen Gütern dadurch, dass sog. **positive Netzeffekte** vorliegen. Katz und Shapiro formulieren den Zusammenhang wie folgt: „The utility that a given user derives from the good depends on the number of other users who are in the same network as he or she".[423] D.h. der Nutzen, den Software stiftet, hängt nicht nur von ihrer Funktionalität ab, sondern auch davon, wie viele andere Anwender die Software aktuell oder zukünftig hat. Hieraus folgt unmittelbar, was Arthur "Law of Increasing Returns" bezeichnet hat: „Increasing returns are the tendency for that which is ahead to get further ahead, for that which loses advantage to lose further advantage. They are mechanisms of positive feedback".[424] Allgemein gesprochen, liegen increasing returns oder positive Feedbacks vor, wenn bestehende Erfolgspositionen wie Unternehmensgröße, Markenname oder Anzahl bestehende Nutzer weitere Erfolge quasi automatisch nach sich ziehen.[425]

Die Gründe für increasing returns werden als Netzeffekte bezeichnet und lassen sich in direkte und indirekte Netzeffekte unterscheiden:[426]

---

kalische Bedingungen als Entscheidungskriterium nutzen, vgl. Ericsson und Erixon (1999), Erixon (1998), Bongulielmi et al. (2001) Martin und Ishii (2000) oder Kersten (2001), S. 48.

[419] Vgl. Schneider (2007), S.1, Herzwurm (2000), S. 168 oder Ludewig und Lichter (2007), S. 36

[420] Vgl. Wolle (2005), S. 3

[421] Vgl. Kapitel 3.2

[422] Vgl. Arthur (1996)

[423] Katz und Shapiro (1985), S. 424

[424] Arthur (1996), S.100

[425] Vgl. z.B. Shapiro und Varian (1999), S. 273 oder Schwandner (2002), S. 90

[426] Vgl. Buxmann et al. (2008a), S. 21

- **direkte Netzeffekte** entstehen, weil die Mitglieder eines Netzwerks (z.B. Nutzer eines Standardsoftwarepakets, eines Standards zum elektronischen Datenaustausch oder Faxbesitzer) einfacher und damit kostengünstiger miteinander kommunizieren können als mit Nicht-Mitgliedern des Netzwerks (z.B. Nutzer eines konkurrierenden Standardsoftwarepakets, wenn beide Pakete keine Im- und Exportfilter bzw. –schnittstellen für das jeweils andere Paket bereitstellen),
- **indirekte Netzeffekte** entstehen durch komplementäre Produkte und Dienstleistungen, sprich wenn die Größe des Netzwerks ein größeres Angebot an Zusatzgütern und Dienstleistungen nach sich zieht. Beispiele hierfür sind Beratungsleistungen für Standardsoftware, Anwendungssoftware für Betriebssysteme oder die Verfügbarkeit von Entwicklungsumgebungen, Schulungen und einschlägigen (Lehr-)Büchern für Programmiersprachen.[427]

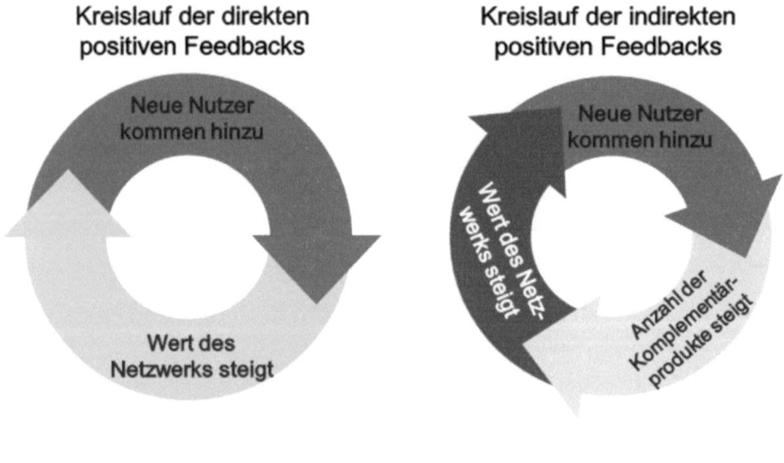

Abbildung 16: Kreislauf der positiven Feedbacks[428]

Abbildung 16 zeigt den Kreislauf der positiven Feedbacks für direkte und indirekte Netzeffekte. Beide Kreisläufe führen dazu, dass Märkte, in denen positive Netzeffekte vorliegen, zu monopolartigen Strukturen tendieren. Vereinfacht gesagt, gibt es bei diesen Märkten einen sog. **tipping point**, ab dem der Marktführer an Marktanteil gewinnt, allein weil bereits so viele Nutzer sein Produkt einsetzen. Ab diesem Zeitpunkt ist es für Neueinsteiger in den Markt extrem schwer, Marktanteile zu ge-

[427] Vgl. Buxmann et al. (2008a), S. 21
[428] Quelle: Buxmann et al. (2008a), S. 22

winnen, auch wenn ihr Produkt deutlich besser ist als das des monopolartigen Marktführers.[429]

Diese Tendenz zu monopolartigen Strukturen unterscheidet Märkte, auf denen Netzeffekte eine Rolle spielen von solchen, auf denen diese keine Rolle spielen. An Beispielen wie Microsoft Windows, Microsoft Office und dem Microsoft Internet Explorer lässt sich zeigen, dass Netzeffekte für Software eine große Rolle spielen: auch wenn Wettbewerber vergleichbare oder bessere Produkte auf den Markt bringen, ist es für den Nutzer nicht vorteilhaft umzusteigen, solange sein bisheriges Produkt die marktführende Stellung innehat. Folglich steigt (fast) niemand um, und die marktführende Stellung bleibt erhalten.

Hier unterscheidet sich Software von den meisten materiellen Produkten: viele Märkte für materielle Produkte sind nicht durch increasing, sondern durch diminishing returns gekennzeichnet, Arthur nennt hier den Anbau von Kaffeebohnen als Beispiel:[430] bei Ausweitung der Produktionskapazitäten seien Kaffeeplantagen irgendwann darauf angewiesen, auf Boden anzubauen, der nicht optimal geeignet ist und folglich geringere Erträge liefert (also diminishing returns). Dies erginge nun allen Wettbewerbern so, bei vollkommenem Wettbewerb sinke der Preis bis auf die durchschnittlichen Produktionskosten, so dass kein Anbieter auf diesem Markt besonders hohe Gewinne machen könne. Bekanntlich versuchen Unternehmen durch Produktdifferenzierung und Markennamen, ihre Produkte weniger austauschbar zu machen und somit höhere Gewinne zu erzielen. Dies funktioniert für jedes Produkt bzw. jede Marke aber nur für einen begrenzten Teil der Käufer, so dass keine Tendenz besteht, dass ein Unternehmen eine marktbeherrschende Stellung bekommt – anders als auf Märkten, auf denen increasing returns vorherrschen.[431]

Es existieren aber auch materielle Produkte, bei denen Netzeffekte eine Rolle spielen, Beispiele hierfür sind Videorekorder, IBM-kompatible PCs oder die QWERTY-Tastatur.[432] Arthur unterscheidet eine „bulk-production world“ und eine „knowledge-based world“, also eine Welt, in der Massenfertigung zu diminishing returns führt,

---

[429] Im Detail hängt es von zahlreichen Faktoren ab, um wie viel ein anderes Produkt besser sein muss, damit die Kunden trotz Netzeffekten wechseln. Shapiro und Varian nennen hier in erster Stelle die Frage, ob das andere Produkt abwärtskompatibel ist (so wie ein DVD-Laufwerk für den PC, das auch CD-Roms lesen und CD-RWs beschreiben kann) oder nicht, im zweiten Fall sei die notwendige Performanceverbesserung größer. Zudem sei die Frage, wie stark die Netzeffekte denn seien, sie nennen hier das Beispiel der Spielekonsolen, hier gäbe es jedes Jahr eine neue Generation von Jungs, die ihre Eltern davon überzeugen, die neueste und beste Konsole zu brauchen. Vgl. hierzu Shapiro und Varian (1999), S. 190ff.

[430] Vgl. Arthur (1996), S. 101

[431] Vgl. Arthur (1996), S. 102

[432] Vgl. Buxmann et al. (2008a), S. 26, Arthur (1996), S. 103

und eine Welt, in der Informationen und Wissen den wichtigsten Produktionsfaktor darstellen und in der increasing returns vorherrschen. Dabei weist er darauf hin, dass die Grenze zwischen beiden Welten nicht immer klar definiert ist: in vielen High-Tech-Unternehmen werden Produkte entwickelt, für die increasing returns gelten, die aber anschließend in realen Fabriken gefertigt werden, für die wiederum diminishing returns gelten. Andere Produkte wie z.B. der IBM-kompatible PC hätten in der Welt der increasing returns begonnen, seien inzwischen aber in der Welt der diminishing returns angekommen.[433]

Zwar sind Netzeffekte für Software wichtig, wie Schwandner ausführlich erläutert, dies gilt allerdings vor allem für Standardsoftware, während sie für Individualsoftware (ebenso wie übrigens für die meisten IT-Services) relativ schwach ausgeprägt sind.[434] Im Rahmen dieser Arbeit spielen sie vor allem aus unternehmensstrategischer Sicht eine Rolle, zudem kann Software Mass Customization dabei helfen, die Nutzerzahlen für das eigene Produkt (und seine individualisierten Varianten) schnell zu steigern und so den tipping point zu erreichen.

3.1.3 Plattformen und Partnernetze

Eine weitere Besonderheit von Software liegt in der Bedeutung von (Produkt-)Plattformen und Partnernetzen.[435] Basierend auf dem Begriffsverständnis, das in Kapitel Kapitel 2.2.5 zum Tragen kam, ist nicht unbedingt ersichtlich, warum Produktplattformen für Software besonders wichtig sein sollten oder worin die besondere Bedeutung von Partnern liegt. Berücksichtigt man aber, dass Software oftmals Schicht über Schicht anderer Software benötigt, um wie vorgesehen zu funktionieren, wird beides verständlicher: im Bereich der Software wird oftmals auch von einer Plattform gesprochen, wenn eine bestimmte Hardwarearchitektur (z.B. IBM-kompatible PCs) oder ein Softwarepaket (oftmals aus dem Bereich der Systemsoftware, z.B. Microsoft Windows XP) gemeint ist, auf dem das eigene Produkt aufbaut.[436] Beispielsweise muss der Anbieter eines ERP-Systems überlegen, auf welchen Kombinationen aus Hardwarearchitektur, Betriebssystem und Datenbank seine Software lauffähig sein soll. Zwar könnte der ERP-Anbieter seine eigenen Produkte in diesem Bereich ent-

---

[433] Vgl. Arthur (1996), S. 103

[434] Vgl. Schwandner (2002), S. 90ff., ähnlich auch Hoch et al. (2000), S. 37ff. oder Cusumano (2004), S. 25ff.

[435] Zahlreiche Veröffentlichungen der letzten Jahre beschäftigen sich mit diesem Themengebiet, vgl. z.B. Cusumano (2004), S. 71ff., Moore (1993), Gawer und Cusumano (2008), Gawer und Cusumano (2002), Hoch et al. (2000), S. 179ff., Cusumano und Yoffie (1998), S.76ff., Meyer und Lehnerd (1997), S. 172ff., Evans et al. (2006) und Messerschmitt und Szyperski (2003), S. 171ff. und 229ff..

[436] Vgl. Meyer und Lehnerd (1997), S. 174ff. oder Messerschmitt und Szyperski (2003), S. 207ff.

wickeln oder die Funktionen in sein ERP-System integrieren, dies würde allerdings die Komplexität deutlich erhöhen, während es eher unwahrscheinlich ist, dass die Kunden dies honorieren. Wahrscheinlicher ist, dass die meisten Kunden lieber eine von ihnen bereits verwendete und lizensierte Kombination aus Hardwarearchitektur, Betriebssystem und Datenbank einsetzen. Folglich können mindestens vier Schichten unterschieden werden: Hardware, Betriebssystem, Entwicklungswerkzeuge (Programmiersprache & Entwicklungsumgebung sowie evtl. Datenbankverwaltungssystem) und schließlich die eigentliche Anwendungssoftware. Beispiele wie SAP R/3, Netscape Navigator, Mozilla Firefox, Microsoft Visio oder Adobe Photoshop zeigen, dass auch Anwendungssoftwarepakete noch Schnittstellen aufweisen können, an denen sogenannte Plugins andocken, um die Funktion des Standardpakets zu erweitern.[437]

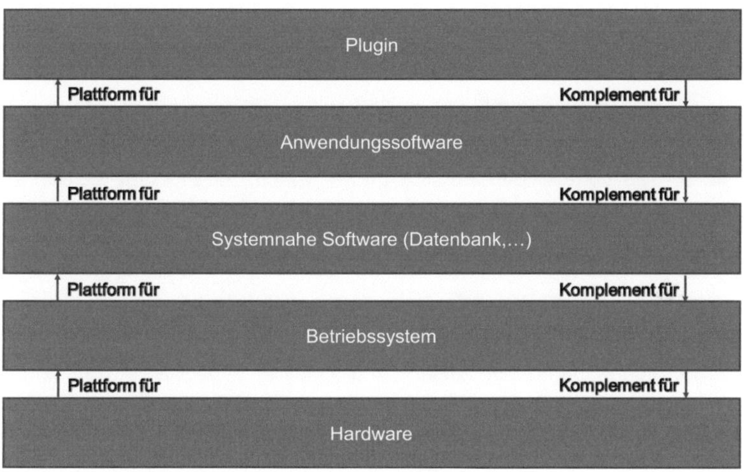

Abbildung 17: Plattform- und Komplementbeziehungen

Wie Abbildung 17 zeigt, können die Beziehungen zwischen den Elementen der unterschiedlichen Schichten als Plattform- bzw. Komplementbeziehung interpretiert werden. Indirekt ist ein Plugin nicht nur Komplement für die Anwendungssoftware, sondern auch für die systemnahe Software, das Betriebssystem und die Hardware, für welche die Anwendungssoftware verfügbar ist.

---

[437] Vgl. Cusumano und Yoffie (1998), S. 31ff. oder Meyer und Lehnerd (1997), S. 181 für Netscape Navigator als Plattform oder Meyer und Lehnerd (1997), S. 184ff. für Visio als Plattform.

In der Literatur herrscht Konsens darüber, dass Netzeffekte für Plattformen von großer Bedeutung sind.[438] Das heißt, die Attraktivität einer Plattform für den Kunden wird stark von der Anzahl bestehender Nutzer (relativ zum potenziellen Gesamtmarkt und zu alternativen Plattformen) einerseits und von der Anzahl komplementärer Produkte und Dienstleistungen andererseits beeinflusst. Zusätzlich ist unstrittig, dass es gerade für IT-Produkte im Allgemeinen und Software im Besonderen von Vorteil ist, wenn der Anbieter einer Plattform nicht alle Komplementärprodukte und –dienstleistungen selbst anbietet, sondern andere Unternehmen einbindet, die ebenfalls Komplementärprodukte und –dienstleistungen für seine Plattform anbieten.[439]

Die Rolle und Wichtigkeit der Komplementoren hängt eng zusammen mit der Frage, inwiefern der Anbieter der Plattform ihre Spezifikation offenlegt oder nicht: einerseits muss er den Profit nicht teilen, wenn er die Spezifikation nicht freigibt und die Plattform sowie alle Komplementärprodukte und –dienstleistungen selbst anbietet. Andererseits erlaubt es die Offenlegung anderen Unternehmen, Zusatzdienste und –produkte anzubieten und damit die Attraktivität der gesamten Plattform für den Kunden zu steigern. In diesem Zusammenhang argumentiert Chesbrough, dass Wissen, welches es Komplementoren erlaubt, ihre Produkte und Dienstleistungen zu verbessern, mithin also den zu verteilenden Kuchen größer macht, offengelegt werden sollte. Wissen, das dem eigenen Unternehmen erlaubt, ein größeres Stück vom Kuchen für sich zu behalten, solle dagegen (z.B. durch Patente) geschützt werden.[440]

Dabei scheint die Rolle der Komplementoren vor allem für die Durchsetzung einer Plattform am Markt entscheidend zu sein: konkurrieren zwei oder mehr Plattformen um die Vorherrschaft, kann die Anzahl und Qualität verfügbarer Komplementärprodukte und –dienstleistungen entscheidend sein.[441] Offensichtlich kann eine große Anzahl von Komplementoren (auch als Partnernetz oder Business Ecosystem bezeichnet) dabei helfen, diese Anzahl und Qualität zu erhöhen.

---

438 Vgl. Shapiro und Varian (1999), S. 173ff., Cusumano und Yoffie (1998), S. 71 oder Evans et al. (2006), S. 53ff.

439 Vgl. im Folgenden Shapiro und Varian (1999), S. 196ff., Cusumano (2004), S. 75ff. oder Moore (1993), S. 76ff.

440 Vgl. Chesbrough (2003b), S. 53

441 Andere Faktoren, die hier von Bedeutung sein können, sind (Liste erhebt keinen Anspruch auf Vollständigkeit) die Leistung der Plattform im Vergleich zu bestehenden Plattformen, die Kompatibilität mit bestehenden Plattformen, das Image des Anbieters, bessere Werbung oder Vertriebsmannschaften, ein attraktiveres Preismodell oder die Möglichkeit, Hebelwirkungen einer anderen Plattform des Unternehmens, die bereits eine starke Position im Markt hat, zu nutzen. Gerade Microsoft gilt als Meister der letztgenannten Taktik, indem beispielsweise die starke Position im Bereich der Betriebssysteme genutzt wurde, um Microsoft Office einen Vorteil gegenüber anderen Officepaketen zu verschaffen, vgl. Gawer und Cusumano (2002), S. 148ff. oder Hoch et al. (2000), S. 211f.

Allerdings ist Cusumano zuzustimmen, wenn er darauf hinweist, dass die meisten Softwareunternehmen Komplementoren und nicht Plattformanbieter sein werden.[442] Dies und die Tatsache, dass auch ein Plattformanbieter seinerseits Komplementor für eine andere Plattform sein kann (z.B. stellt Microsoft mit seinen Betriebssystemen eine wichtige Plattform dar, die ihrerseits als wichtige Komplemente für IBM-kompatible PCs gelten), verleihen der Entscheidung, für welche Plattform man Komplementärprodukte und –dienstleistungen anbieten will, großes Gewicht.[443]

Neben den unbestreitbaren Vorteilen von Partnernetzen bestehen aber auch Nachteile bzw. Gefahren: beispielsweise in verringerten Absatz- und Umsatzzahlen aufgrund von Schäden am Image der Plattform, die durch Anbieter qualitativ problematischer Komplementärleistungen hervorgerufen werden.[444] Zudem lässt sich nachweisen, dass die Interessen des Netzwerks und die Interessen einzelner Mitglieder des Netzwerks nicht immer kongruent sind.[445] In diesem Zusammenhang hat sich in Anlehnung an die Konzepte des Customer Relationship Management und des Supplier Relationship Management in letzter Zeit das Konzept des Complementor Relationship Management herausgebildet, welches das Management der Beziehungen zu Komplementoren in den Mittelpunkt stellt.[446]

Auf das Management von Plattformen und Partnernetzen kann im Rahmen dieser Arbeit nicht ausführlich eingegangen werden, so dass auf Empfehlungen aus der Literatur verwiesen wird, wie sich insbesondere Plattformanbieter verhalten sollen.[447] Zudem existieren gerade zum Beispiel SAP einige Veröffentlichungen, die das Partnermanagement beschreiben oder analysieren.[448] Stattdessen wird im Folgenden die Softwarebranche dahingehend analysiert, ob Bedarf besteht, das Konzept der Mass Customization (in entsprechend an die besonderen Charakteristika des Produkts Software und evtl. der Softwarebranche angepasster Form) anzuwenden.

---

[442] Vgl. Cusumano (2004), S. 72

[443] So zählen sowohl Wimmer et al. als auch Lippold die Entscheidung für die „richtige“ Plattform zu den wichtigsten Entscheidungen für Softwareunternehmen, die Standardsoftware entwickeln, vgl. Wimmer et al. (1993), S. 19, Lippold (1998), S. 146

[444] Vgl. z.B. Reiß (2008), S. 560, Gomes-Casseres und Leonard (1997) oder Hoch et al. (2000), S. 191f.

[445] Vgl. Baldwin und Woodard (2007)

[446] Vgl. Reiß (2008)

[447] Vgl. z.B. Gawer und Cusumano (2002), Gawer und Cusumano (2008), Shapiro und Varian (1999), S. 197ff., Hagel (1996), S. 10ff., Evans et al. (2006), Hoch et al. (2000), S. 204ff.

[448] Vgl. für eine analytische Betrachtung der Veränderung der Arbeitsteilung zwischen SAP und Paernern im Zeitverlauf Wolf et al. (2008) oder für seine sehr praxisorientierte Darstellung der verschiedenen Möglichkeiten, Partner der SAP zu werden Mayer (2008).

3.2 Die Softwarebranche

In diesem Kapitel werden Erkenntnisse aus der Literatur präsentiert, die Aufschluss darüber geben sollen, inwiefern die Situation der Softwarebranche mit jener in der produzierenden Industrie vergleichbar ist, die zur Adoption von Produktplattformen und plattformbasierter Mass Customization geführt hat. Im Anschluss daran wird in Kapitel 3.3 eine speziell für diese Arbeit durchgeführte Umfrage unter deutschen Softwareunternehmen präsentiert. In dieser wurde erforscht, inwiefern die Situation der Softwarebranche heute mit jener der produzierenden Industrie zur Zeit des Aufkommens der Mass Customization vergleichbar ist.

Die Entstehung des Konzepts der Mass Customization wurde vor allem durch die veränderte Wettbewerbsdynamik, den rapiden technischen Fortschritt und zunehmende Heterogenisierung und Dynamisierung der Nachfrage einerseits sowie durch die Entstehung der „Informationsgesellschaft" andererseits beeinflusst. Daher sind Daten zu Anzahl Softwareunternehmen, Branchenstruktur, Anzahl Mitarbeiter pro Unternehmen und in der Branche gesamt nicht von primärer Bedeutung und sollen im Folgenden daher nur kurz dargestellt werden.

Die deutsche ITK-Wirtschaft erwirtschaftet mit rund 800.000 Mitarbeitern (Angestellte + Selbstständige) die höchste Bruttowertschöpfung (noch vor Automobilindustrie und Maschinenbau).[449] Davon sind 56,6% im Bereich Software und IT-Dienstleistungen beschäftigt.[450] Nicht in diesen Zahlen berücksichtigt sind die im Bereich ITK beschäftigten Mitarbeiter in den Anwenderbranchen der ITK, die sich z.B. mit Netzwerkadministration, Intranetbetreuung oder Softwareentwicklung beschäftigen und zu denen ca. 1 Million Erwerbstätige gezählt werden können.[451] In monetären Zahlen ausgedrückt betrug das Volumen des ITK-Markts in Deutschland im Jahr 2008 ca. 145 Mrd. Euro, davon ca. 14,5 Mrd. im Bereich Software und ca. 32,5 Mrd. im Bereich der IT-Services.[452] Dabei sind wenige der deutschen Anbieter im Bereich Standardsoftware tätig, die meisten haben sich vielmehr auf den Bereich kundenindividueller Softwareentwicklung bzw. –anpassung und auf Softwaredienstleistungen konzentriert.[453]

Wie aus Tabelle 6 ersichtlich, ist der Bereich Software und IT-Services in Deutschland durch einen sehr großen Anteil kleiner und sehr kleiner Unternehmen gekenn-

[449] Vgl. Bitkom e.V.; Roland Berger Strategy Consultants (2007), S.3. Daten für das Jahr 2006.
[450] Vgl. Bitkom e.V.; Roland Berger Strategy Consultants (2007), S: 16
[451] Vgl. Bitkom e.V.; Roland Berger Strategy Consultants (2007), S. 17
[452] Vgl. Bitkom e.V. (2009), S. 8
[453] Vgl. Friedewald et al. (2002), S. 51

zeichnet. Ganze 91,6% dieser Unternehmen haben einen Jahresumsatz von maximal 1 Mio. Euro (zum Vergleich: bei IT-Hardware liegt dieser Wert bei 83,7%). Die große Anzahl kleiner Softwareunternehmen lässt sich durch die niedrigen Eintrittsbarrieren und die Vielfalt möglicher Produkte (Textverarbeitungen, Betriebssysteme, CRM-Systeme, Steuerungssoftware für Kernkraftwerke) in Verbindung mit heterogenen Kundenanforderungen erklären.[454]

Tabelle 6: Anzahl der ITK-Unternehmen in Deutschland 2006

Anzahl der ITK-Unternehmen¹ in 2006						
Umsatz	IT-Hardware²	TK-Hardware³	CE⁴	TK-Dienste⁵	Software & IT-Services⁶	
über 17 500 - 50 000	939	338	161	365	20.552	31,4%
50 000 - 100 000	711	285	139	189	14.883	22,7%
100 000 - 250 000	877	379	150	209	15.276	23,3%
250 000 - 500 000	447	244	95	108	5.517	8,4%
500 000 - 1 Mill.	415	228	66	106	3.736	5,7%
1 Mill. - 2 Mill.	233	197	28	59	2.450	3,7%
2 Mill. - 5 Mill.	201	146	53	52	1.800	2,8%
5 Mill. - 10 Mill.	93	56	30	39	634	1,0%
10 Mill. - 25 Mill.	70	71	25	36	378	0,6%
25 Mill. - 50 Mill.	19	15	9	20	123	0,2%
50 Mill. - 100 Mill.	24	11	6	10	51	0,1%
100 Mill. - 250 Mill.	6	13	7	13	25	0,0%
250 Mill. und mehr	12	10	3	15	16	0,0%
Insgesamt	4.047	1.993	772	1.221	65.441	100,0%

¹Steuerpflichtige Unternehmer, deren Umsatz über 17 500 Euro und deren Steuer über 512 Euro im Jahr beträgt
² Bürotechnik und DV-Hardware (WZ 30)
³ Nachrichtentechnische Geräte und Einrichtungen (WZ32.20)
⁴ Rundfunkgeräte sowie phono- u. videotechnische Geräte (WZ 32.30)
⁵ Fernmeldedienste: Festnetz, Mobilfunk, Satellitenfunk, sonstige (WZ 64.30)
⁶ Datenverarbeitung und Datenbanken (WZ 72)

Quelle: Statistisches Bundesamt
Stand: März 2008

Hinsichtlich der Wettbewerbsdynamik lassen sich Beispiele von gescheiterten ehemaligen Marktführern ebenso aufführen wie sehr dynamische Veränderungen in den Marktanteilen bestimmter Softwarepakete oder Beispiele für Unternehmen, die in sehr kurzer Zeit sehr groß geworden sind. Bekannte Beispiele für ehemalige Marktführer, die gescheitert sind, sind Visicalc und Lotus 1-2-3 als Tabellenverarbeitungsprogramme oder WordPerfect als Textverarbeitung.[455] Aber auch Unternehmen, die mehr im Bereich Unternehmenssoftware und IT-Dienstleistungen tätig sind, können scheitern, wie spektakuläre Unternehmenspleiten wie Brokat Software oder die Ge-

[454] Vgl. u.a. Rao und Klein (1994) oder Hoch et al. (2000), S. 11.
[455] Vgl. Gawer und Cusumano (2002), S. 147f. oder Hoch et al. (2000), S. 2ff. und 11.

sundschrumpfung von Intershop beweisen. Auch der „Browserkrieg“ zwischen Netscape und Microsoft zeigt diese Dynamik: war Netscape mit seinem Navigator noch im April 1996 mit 90% Marktanteil Marktführer, so hatte der Internet Explorer den Netscape Navigator schon im Juni 1998 fast eingeholt.[456] Der Mozilla Firefox wiederum, der inzwischen von der Mozilla Foundation weiterentwickelte Nachfolger des Netscape Navigators, hat nach seiner offiziellen Markteinführung in kurzer Zeit dem Internet Explorer von Microsoft deutlich Marktanteile abjagen können und diesen Marktanteil halten bzw. sogar ausbauen können, obwohl der Internet Explorer bereits ca. 90% Marktanteil hatte.[457] Aber auch das Beispiel Google, gegründet im September 1998 von Larry Page und Sergey Brin und ein Jahrzehnt später unumstrittener Marktführer im Bereich Suchmaschinen mit tausenden von Mitarbeitern und einem Marktwert von über 200 Milliarden US-Dollar, zeugt von der Dynamik der IT-Branche.[458] Neben der Suchtechnologie, die inzwischen auch für Intranets, als Desktopsuche und nicht zuletzt spezialisiert für Bilder, Videos und Kartendaten angeboten wird, bietet Google eine Reihe weiterer Services wie z.B. Google Docs, eine internetbasierte Konkurrenz für Microsoft Office und Google Android, ein Betriebssystem für mobile Endgeräte.[459]

Naturgemäß sind solche Indizien für die Wettbewerbsdynamik eher anekdotenhafter Natur und nicht im statistischen Sinne repräsentativ, v.a. sind große Unternehmen und Hersteller von Standardsoftware überrepräsentiert, nichtsdestotrotz geben sie einen gewissen Eindruck von der Dynamik der Branche. Statistische Daten verstärken diesen Eindruck:[460] beispielsweise wurden in Westdeutschland zwischen 1996 und 2006 jedes Jahr jeweils mindestens 3.000 Unternehmen in der Branche „Softwareberatung und Softwareentwicklung“ neu gegründet.[461] Schätzungen der Unternehmensberatung A.T. Kearney gehen davon aus, dass der deutsche Markt für Software und IT-Services zwischen 2007 und 2020 um 4,6% (Software) bzw. 5,6% (IT-Services) pro Jahr steigen wird.[462] Nimmt man die Patentanmeldungen als Indikator dafür, wie innovativ eine Branche ist und sieht man dies als Sekundärindikator für die

[456] Vgl. Cusumano und Yoffie (1998), S. 11
[457] Vgl. PC Praxis (2007), zdnet.de (2008) und Kolokythas (2009).
[458] Vgl. Gawer und Cusumano (2008), S. 30.
[459] Vgl. Google Inc. (2009)
[460] Z.B. konstatiert Lippold im Jahr 1998 den Wandel vom Verkäufer- zum Käufermarkt, die Notwendigkeit zur Differenzierung der Anwendernachfrage sowie immer kürzere Produktlebenszyklen, vgl. Lippold (1998), S. 84., während der *Economist* im Jahr 1996 konstatiert, 70% der Erträge der Computerbranche (inkl. Software) stammten „von Produkten, die es vor zwei Jahren noch gar nicht gab“ (o.V. (1996), S. 10, zitiert nach Hoch et al. (2000), S. 11).
[461] Vgl. Bertschek et al. (2008), S. 88
[462] Vgl. A. T. Kearney (2009), S. 20

Wettbewerbsdynamik, so deutet auch dieser Indikator auf eine hohe Wettbewerbsdynamik hin: 5.600 Patentanmeldungen im Bereich ITK im Jahr 2006 stellen ca. ein Viertel aller deutschen Anmeldungen beim europäischen Patentamt dar, während Automobilindustrie und Maschinenbau zusammen auf ca. dreißig Prozent kommen.[463] Nach Friedewald et al. zeichnet sich die Softwarebranche durch sehr kurze Innovationszyklen, eine sehr hohe Marktdynamik und überdurchschnittlich viele inkrementelle, aber nur durchschnittlich viele radikale Innovationen geprägt.[464]

Zudem ist die Informationstechnologie ein wichtiger Treiber von Innovationen in anderen Branchen.[465] Bereits im Jahr 2000 urteilen die Autoren der Studie zur *Analyse und Evaluation der Softwareentwicklung in Deutschland,* in den Sekundärbranchen (also Branchen, in denen Unternehmen „im Rahmen ihrer Geschäftstätigkeit auch Software herstellen"[466]) seien die „Alleinstellungsmerkmale innovativer Produkte sowie Dienstleistungen wie Telekommunikations- oder Versicherungsprodukte [..] ohne Software nicht mehr vorstellbar. Der Wettbewerb wird zunehmend über ‚softwareveredelte' Funktionen der Produkte oder Dienstleistungen entschieden."[467] Zudem entfielen bereits im Jahr 2000 durchschnittlich ca. 15% der Neuentwicklungskosten von Produkten und Dienstleistungen in den Sekundärbranchen auf Software, in der Telekommunikationsbranche 23% und im Bereich Elektrotechnik sogar 25%.[468]

Was eine mögliche Heterogenisierung der Nachfrage bzw. der Kundenanforderungen angeht, ist die Datenlage dünner; explizite Studien zum Thema sind dem Autor nicht bekannt, aus folgenden Umständen lassen sich aber Rückschlüsse ziehen: seit geraumer Zeit wird ein Trend hin zur Nutzung von Standardsoftware konstatiert. Dieser Trend könnte aber gerade für eine Homogenisierung der Nachfrage stehen, wenn doch alle Kunden mit einem Standardprodukt bedient werden können. Andererseits ist für viele Arten von Standardsoftwareprodukten eine durchaus größere Anzahl an unterschiedlichen Produkten verschiedener Hersteller am Markt, auch die

---

463 Vgl. Bitkom e.V.; Roland Berger Strategy Consultants (2007), S. 5. Damit ist Deutschland Spitzenreiter in Europa und hinter den USA und Japan weltweit auf dem dritten Platz (vgl. ebenda). Dabei ist gerade bei Software fraglich, inwiefern Patente geeignet sind, um eigenes Intellectual Property zu schützen (Rao und Klein (1994), S. 31).

464 Vgl. Friedewald et al. (2002), S. 155f.

465 Vgl. z.B. GfK-Marktforschung et al. (2000), S. 3 und 53ff., die Maschinenbau, Elektrotechnik, Fahrzeugbau, Telekommunikation und Finanzdienstleistungen als Sekundärbranchen genannt werden, in denen Software eine große Rolle spielt, Bitkom e.V.; Roland Berger Strategy Consultants (2007), S. 3 und 36 ff., die Finanzdienstleistungssektor, Automobilindustrie und Gesundheitswesen besonders herausstellen oder Bitkom e.V. (2005), S. 12, welche Fahrzeugbau, Maschinen- und Anlagenbau, Elektrotechnik, Medizintechnik sowie den Finanzdienstleistungssektor nennen.

466 Friedewald et al. (2002), S. 151

467 GfK-Marktforschung et al. (2000), S. 7

468 Vgl. Friedewald et al. (2002), S. 154

Konsolidierung bspw. am Markt für ERP-Systeme kann nicht als Widerspruch gedeutet werden, da gerade für große ERP-Systeme der Aufwand für die Anpassung an die Bedürfnisse und Prozesse der einzelnen Kunden als beträchtlich gilt. Zudem machen zahlreiche IT-Serviceunternehmen einen großen Teil ihres Umsatzes mit der Anpassung und Integration von Standardsoftwarepaketen. Auch die Empfehlungen mancher Experten an deutsche Softwareunternehmen, ihre Lösungskompetenz zu betonen und zu pflegen sowie gezielt Offshoring einzusetzen, um in der Entwicklung kostengünstiger zu werden,[469] sprechen nicht unbedingt dafür, dass die Nachfrage immer homogener wird, da Lösungskompetenz gerade bei nicht-standardisierten Problemen wichtig ist.

Auch die Vielzahl an Branchenlösungen („Industry Solutions") der SAP[470] weist darauf hin, dass die Kunden aus verschiedenen Branchen sich deutlich unterscheiden,[471] ebenso wie die Einführung neuer spezifischer Systeme für den Mittelstand mit SAP all-in-one, SAP Business One und SAP business by design.[472] Vor allem für den Bereich eingebetteter Systeme bietet die Literatur zu Softwareproduktlinien einen deutlichen Nachweis der zunehmenden Heterogenisierung der Nachfrage, die effiziente Entwicklung verschiedener, aber ähnlicher und miteinander verwandter Systeme war der Anstoß für die Entwicklung dieses Ansatzes zur Softwareentwicklung.[473]

Etwas anders sieht die Lage hinsichtlich der Dynamisierung der Nachfrage aus: zwar kann man die rasche Abfolge neuer Releases von Standardsoftwarepaketen einerseits als Zeichen des technischen Fortschritts auffassen, andererseits aber eben auch als Folge der Berücksichtigung zusätzlicher oder veränderter Kundenanforderungen, schließlich umfasst jedes neue Release auch neue oder verbesserte Funktionen. Insbesondere im Zusammenhang mit dem Thema Service-orientierte Architekturen und Web Services, aber auch im Kontexts des IT-Business-Alignments sind Klagen darüber, dass die vorhandene IT-Infrastruktur in vielen Unternehmen die Anpassungsfähigkeit der Unternehmen bislang eher behindert als befördert, häufig zu

[469] Vgl. z.B. Software Forum Bayern e.V. (2002), S. 43ff.
[470] Vgl. Neumann und Srinivasan (2009), S. 134 oder Hansen und Neumann (2005), S. 589.
[471] So wird laut Claus Heinrich, Vorstand der SAP, „die industriespezifische Funktionalität immer mehr zum entscheidenden Wettbewerbsvorteil..." Heinrich (2005), S. 533
[472] Ebenso verweist Heinrich darauf, dass der Mittelstand eine stark vorkonfigurierte Lösung erwartet, was dazu führt, dass Lösungen für noch feinere Industriesubsegmente angeboten werden müssen, vgl. Heinrich (2005), S. 535. Vgl. in diesem Zusammenhang auch die Beschreibung der neuen Mittelstandslösung SAP Business ByDesign in Zencke und Eichin (2008).
[473] Vgl. bspw. Böckle et al. (2004a), S. V. Zum Ansatz der Softwareproduktlinien und seinem Potenzial zur softwaretechnischen Umsetzung von plattformbasierter Mass Customization siehe Kapitel 4.3.3

lesen.[474] Geht man davon aus, dass die globalisierte Wirtschaft sich wirklich rapide verändert und dass viele Unternehmen Unternehmenssoftware dazu nutzen, ihre Prozesse zu unterstützen, ist es nur folgerichtig, dass diese Software sich schnell anpassen lassen muss. Inwiefern diese Dynamik aber zunimmt, ist nicht im selben Maße eindeutig.

Zusammenfassend lässt sich feststellen, dass die Indizien dafür, dass die Softwarebranche sowohl markt- als auch technologieseitig hohe bis sehr hohe Dynamik aufweist, ziemlich eindeutig sind, während die Situation hinsichtlich einer evtl. zunehmenden Heterogenisierung und Dynamisierung der Nachfrage nicht so klar ist. Dass die Kundenanforderungen an verschiedene Arten von Software durchaus heterogen sind und sich schnell ändern, scheint hingegen recht eindeutig. Um größere Sicherheit hinsichtlich dieser Faktoren zu bekommen, wurde eine Umfrage zu diesem Thema unter deutschen Softwareunternehmen durchgeführt, die in Kapitel 3.3 beschrieben wird.

Als weiteres Indiz dafür, dass die Übertragung des Konzepts der Mass Customization auf Software erfolgversprechend sein könnte, lässt sich das verstärkte Interesse am Themenbereich Industrialisierung der IT deuten. Zahlreiche Veröffentlichungen der letzten Jahre beschäftigen sich aus unterschiedlichen Blickwinkeln mit diesem Thema.[475] Dabei hat sich ein einheitliches Verständnis, was hierunter verstanden wird, noch nicht ausgebildet. Beispielsweise versteht Capgemini unter Industrialisierung vor allem eine Senkung der Fertigungstiefe,[476] während der Bitkom auf Standardisierung, Modularisierung und Automatisierung eingeht.[477] Gemeinsam ist diesen Veröffentlichungen aber, dass Analogien zur Entwicklung der Industrialisierung in produzierenden Branchen gesehen werden und versucht wird, Erfahrungen, Konzepte, Verfahren und Methoden aus produzierenden Branchen auf den Bereich der Entwicklung und des Betriebs von Software zu übertragen.[478]

Neben diesen Indizien scheinen lediglich anekdotenhafte Berichte zur Bedeutung von Umweltkomplexität und Komplexität des Produktprogramms vorzuliegen.[479] Die

---

[474] Vgl. exemplarisch Rettig (2007)
[475] Vgl. Capgemini (2009), S. 5 und 18ff., das Sonderheft 2007 der Zeitschrift Wirtschaftsinformatik mit dem Titel „Der Softwarestandort im Zeichen von Industrialisierung und Globalisierung"), Fröschle und Strahringer (2007) oder die Beiträge in Herzwurm und Mikusz (2008)
[476] Vgl. Capgemini (2009), S. 7
[477] Vgl. Bitkom e.V. (2009), S. 13
[478] Vgl. Bitkom e.V. (2009), S. 13
[479] Vgl. z.B. Pohl (2008), S. 7

Literaturanalyse brachte keine detaillierten Untersuchungen zutage, welche die Frage thematisieren, inwiefern die Situation der Softwarebranche aufgrund dieser Faktoren eine Übertragung des Konzepts der Mass Customization sinnvoll erscheinen lässt. Daher wurde im Rahmen dieser Arbeit eine explorative empirische Studie[480] unter deutschen Softwareanbietern durchgeführt, von der im Folgenden berichtet wird.[481]

3.3 Relevanz von Umweltkomplexität und Komplexität des Produktprogramms für deutsche Softwareunternehmen

3.3.1 Einführung in eine explorative Studie

Um klären zu können, inwiefern Unternehmen der Softwarebranche ihre Situation dergestalt einschätzen, dass eine Übertragung des Konzepts der Mass Customization zur Lösung für sie wichtiger Probleme beitragen könnte, wurde im Februar/ März 2007 eine Umfrage durchgeführt. Da aus verschiedenen Gründen nicht die Gesamtheit der deutschen oder gar weltweiten Softwareunternehmen befragt werden konnte, wurden zwei verschiedene Teilmengen der deutschen Softwareunternehmen mittels eines internetbasierten Fragebogens befragt: einerseits 121 Teilnehmer von Seminaren zum Thema Software-Produktmanagement (im Folgenden als Produktmanager bezeichnet), welche sich an Fach- und Führungskräfte wenden, andererseits 180 Anbieter von ERP-Software in Deutschland (im Folgenden als ERP-Anbieter bezeichnet).[482] Rückschlüsse auf die Gesamtheit der Softwareunternehmen in Deutschland lassen sich aber nur begrenzt ziehen, da die Gruppen gerade nicht durch eine Zufallsstichprobe aus der Gesamtheit bestimmt wurden. Folglich kann die Umfrage keinen Anspruch darauf erheben, im statistischen Sinne für die deutsche

[480] Nach Babbie kann zwischen exploration, description und explanation als Zwecke empirischer Studien unterschieden werden, vgl. Babbie (2005), S. 88f.

[481] Für die ausführliche Beschreibung der Umfrage und ihrer Ergebnisse vgl. Helferich et al. (2007a)

[482] Die Auswahl dieser beiden Teilmengen hatte sowohl praktische als auch theoretische Gründe: zum einen waren die Adressen beider Gruppen verfügbar, zum anderen stellen beide Gruppen komplementäre (wenn auch nicht vollkommen überschneidungsfreie) Teilmengen der deutschen Softwarebranche dar. Die Gruppe der ERP-Anbieter stellt eine Vollerhebung unter den aus verschiedenen Branchenführern und Webseiten ermittelten Anbietern von ERP-Software in Deutschland dar. Diese Gruppe weist eine große wirtschaftliche Bedeutung, eine relativ klare Abgrenzung nach außen und auch mengenmäßig eine ausreichende Größe auf. Die Gruppe der Teilnehmer an Seminaren zum Thema Produktmanagement wiederum weist aufgrund der Teilnahme aller ihrer Mitglieder an entsprechenden Seminaren, welche die Professoren Herzwurm und Pietsch in den Jahren 2005 bis 2007 abhielten, einen inhaltlichen Bezug zur Thematik auf und stellt einen breiten (wenn auch nicht unbeding statistisch für die gesamte Softwarebranche repräsentativen) Querschnitt der deutschen Softwareunternehmen dar. Zudem schien das Thema der Umfrage für beide Gruppen hochrelevant, was eine hohe Rücklaufquote erhoffen ließ.

Softwarebranche repräsentativ zu sein. Dennoch sind die Ergebnisse durchaus interessant und lassen eine großzahlige empirische Umfrage unter allen Softwareunternehmen in Deutschland vielversprechend erscheinen. Auch lässt die hohe Rücklaufquote (siehe auch Tabelle 7) vor allem bei den Produktmanagern auf ein hohes Interesse an der Materie schließen.

Tabelle 7: Teilnahme an der Umfrage

	Produktmanager	ERP-Anbieter	Gesamt
verschickte E-Mails	121	180	301
angefangene Fragebögen	82 (67,8%)	55 (30,6%)	137 (45,5%)
Vollständig ausgefüllte Fragebögen	45 (37,2%)	26 (14,4%)	71 (23,6%)

Der Fragebogen wurde mithilfe des Online-Tools „Globalpark Umfragecenter 5.1“ erstellt und vor Versand einem Pretest unterzogen.[483] Nach Beendigung des Pretests wurde der Fragebogen überarbeitet. Im nächsten Schritt wurde eine E-Mail mit dem Anschreiben an die beiden Gruppen versandt. Hierbei wurden die Produktmanager persönlich angesprochen, bei den ERP-Anbietern war dies oftmals nicht möglich, da lediglich E-Mail-Adressen der Art info@... vorlagen.[484] Bei den 21 Teilnehmern, bei denen die E-Mail mit Fehlermeldung zurückkam (z.B. wegen Tippfehlern oder weil der Ansprechpartner das Unternehmen verlassen hatte), wurde telefonisch nachgefragt. Wurde keine Auskunft gegeben, folgte eine Ermittlung offizieller Kontakt-Adressen auf den entsprechenden Homepages. In den Fällen, in denen beides nicht zum Erfolg führte, wurden die fehlerhaften Adressen aus dem Adresskatalog entfernt. Hier kann ein systematischer Fehler nicht völlig ausgeschlossen werden, da Teilnehmer, die nicht ermittelt werden konnten, ein anderes Antwortverhalten zeigen

[483] Zum Thema Pretest vgl. z.B. Bäckström und Henningsson (2003) oder Babbie (2007), S. 257. Für den Pretest wurden drei im Bereich Softwareproduktmanagement (tw. bei einem ERP-Anbieter) tätige Ansprechpartner im Rahmen eines Telefoninterviews durch den Onlinefragebogen geführt und gebeten, Feedback zum Fragebogen zu geben.

[484] Heerwegh (2005) empfiehlt die persönliche Ansprache zur Erhöhung des Rücklaufs, während Faught et al. (2004) festgestellt haben, dass unter bestimmten Voraussetzungen generische E-Mail-Adressen wie info@ zu höheren Rücklaufquoten führen. Bei der vorliegenden Umfrage waren die persönlich adressierten E-Mails erfolgreicher, was damit zusammenhängen dürfte, dass die Adressaten im Zeitraum von max. 3 Jahren vor Versand der E-Mail an einem Seminar mit dem Absender der E-Mail als Referenten teilgenommen hatten, welches in engem inhaltlichem Zusammenhang mit dem Thema steht.

könnten als die tatsächlichen Teilnehmer. Dies erscheint aber relativ unwahrscheinlich.

Zur Bearbeitung hatten die Teilnehmer 30 Tage Zeit, wobei nach zwei Wochen eine Erinnerungs-E-Mail versandt wurde.[485] Der Versand der Teilnahmeeinladungen und der Erinnerungs-E-Mails erfolgte – wie in der Literatur empfohlen - jeweils zur Wochenmitte.[486]

In Abbildung 18 sind die Seitenaufrufe der Umfrage in Wochen dargestellt. Wie zu erkennen ist, sind die meisten Empfänger der E-Mails dem Link in der ersten und in der dritten Woche gefolgt. Zu diesen Zeitpunkten wurden jeweils die Teilnahmeeinladungen und die Erinnerungen versandt. Hinsichtlich der fünften Umfrage-Woche muss vermerkt werden, dass diese nur zwei Tage umfasst, da die Umfrage nach 30 Tagen deaktiviert wurde.

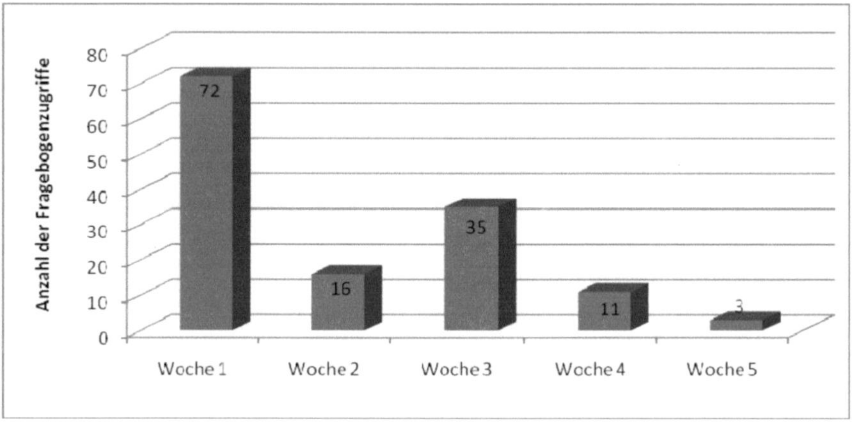

Abbildung 18: Aufrufe der Umfrage pro Woche

3.3.2 Datenbasis

Bevor die Ergebnisse der Umfrage detailliert dargestellt werden, soll zuerst noch genauer darauf eingegangen werden, wie sich die Teilnehmerschaft zusammensetzt.

Um sicherzustellen, dass alle Teilnehmer Software herstellen, die in irgendeiner Art an Kunden verkauft wird (am Markt oder an interne Kunden z.B. mittels Verrechnungspreisen), wurde gleich in Frage 1 darauf eingegangen. Vier Teilnehmer beant-

[485] vgl. Dimetrosky et al. (2001)
[486] vgl. z.B. Faught et al. (2004)

worteten diese Frage mit „Nein“ und wurden auf eine spezielle Endseite geleitet. Die anderen 95 Befragten (95,96%) antworteten mit „Ja“.

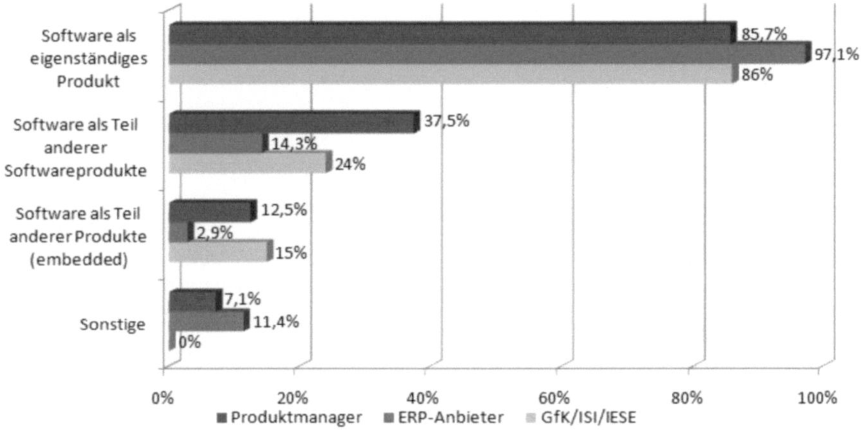

Abbildung 19: Typ der hergestellten Software (Mehrfachnennung möglich)

Als nächstes wurden die Teilnehmer nach der Art der entwickelten Software befragt. Dabei wurde eine Typologie aus der Studie *Analyse und Evaluation der Softwareentwicklung in Deutschland*[487] aus dem Jahr 2000 übernommen. Diese Studie ist repräsentativ für softwareentwickelnde Unternehmen in Deutschland (zumindest auf dem Stand von 2000) und daher als Vergleichsbasis sehr gut geeignet. Abbildung 19 zeigt, dass die Gruppe der Produktmanager in überdurchschnittlichem Maße Software entwickelt, welche als Teil anderer Softwareprodukte verwendet wird. Dies kann ein Indikator für eine fortschreitende Herausbildung von Lieferketten und sinkender Fertigungstiefe in der Softwareentwicklung sein. Dies wiederum wäre ein Anzeichen für eine fortschreitende Industrialisierung der Softwareentwicklung, wie sie in der Literatur diskutiert wird.[488] Gleichzeitig ist wenig überraschend, dass in der Gruppe der ERP-Anbieter der Typ eingebettete Software selten vorkommt. Der hohe Wert unter „sonstige“ bei den ERP-Anbietern kommt durch Einträge wie „Branchenlösungen auf Basis Standard ERP“ oder „ERP/ERPII modulares System mit opt. Schnittstellen“ zustande, die zu „Software als eigenständiges Produkt“ oder „Software als Teil anderer Software-Produkte“ gezählt werden könnten.

[487] Vgl. GfK-Marktforschung et al. (2000)

[488] Vgl. z.B. die Beiträge in Fröschle und Strahringer (2007) sowie in Herzwurm und Mikusz (2008).

Eine weitere Frage verwendet eine andere Typisierung von Software. Bei den Antworten auf diese Frage (siehe Tabelle 8) zeigt sich, dass die Gruppe der ERP-Anbieter – wie zu erwarten war – sehr homogen ist und v.a. betriebswirtschaftliche Software anbietet. In der Gruppe der Produktmanager ist diese Art Software hingegen weniger verbreitet als in der repräsentativen Studie von GfK/ISI/IESE, gleiches gilt für „Multimedia/Internet“.

Tabelle 8: Art der hergestellten Software (Mehrfachnennung möglich)

Art der hergestellten Software	Produktmanager	ERP-Anbieter	GfK/ISI/IESE
Betriebswirtschaftliche Software	39,1%	94,1%	55%
Technische Software	34,8%	8,8%	33%
Multimedia/Internet	23,9%	2,9%	44%
Systemsoftware	15,2%	0,0%	17%
Sonstige kommerzielle Software	19,6%	2,9%	36%
Sonstige	21,7%	5,9%	

Zahlreiche Antworten, die bei “Sonstige” gegeben wurden, könnten noch zu technischer oder betriebswirtschaftlicher Software gezählt werden (bspw. Software für Sprachcomputer, Medizinische Software oder Product Lifecycle Management).

Da manche Unternehmen verschiedene Arten von Software herstellen und die Antworten die Fragen zum Variantenmanagement und zum Wettbewerbsumfeld sich zwischen den Arten möglicherweise unterscheiden, wurde auch nach der umsatzstärksten Software gefragt und daran anschließend darum gebeten, im Folgenden aus der Perspektive der umsatzstärksten Software zu antworten. Abgebildet ist hier (Abbildung 20) nur die Gruppe der Produktmanager, da bei den ERP-Anbietern 32 von 34 (entspricht 94,1%) Anbietern betriebswirtschaftliche Software als umsatzstärkste Software angegeben haben, ein Anbieter mit technischer Software den meisten Umsatz macht und ein Anbieter die Frage nicht beantwortet hat.

Ebenfalls gefragt wurde nach der Anzahl an Mitarbeitern, die momentan im Unternehmen im Bereich der Softwareentwicklung beschäftigt sind (weltweit). Abbildung 21 zeigt das auch aus anderen Umfragen im Bereich der Softwareentwicklung bekannte Bild: die meisten deutschen Softwareunternehmen sind kleine bis mittlere Unternehmen. Interessant ist in diesem Zusammenhang der deutliche Ausschlag bei „10-19“ Mitarbeitern in der Softwareentwicklung bei der Gruppe der ERP-Anbieter.

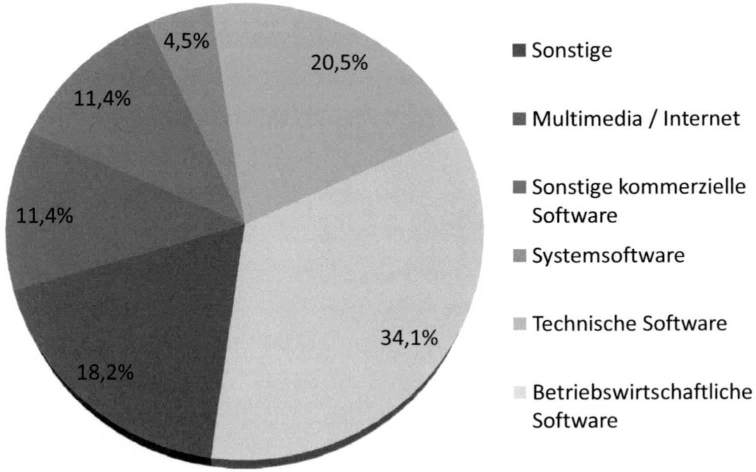

Abbildung 20: Umsatzstärkste Software des Unternehmens (in %)

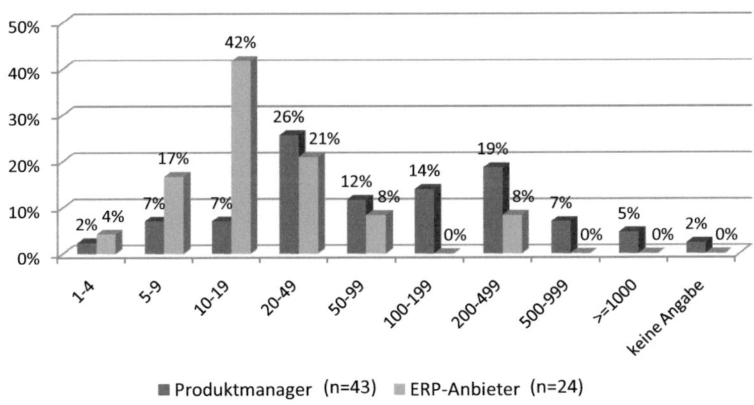

Abbildung 21: Mitarbeiter in der Softwareentwicklung (weltweit)

Ebenfalls interessant erschien die Frage nach der Position, welche die Antwortenden im Unternehmen einnehmen. Hier (Abbildung 22) fällt vor allem auf, dass die Teilnehmer aus der Gruppe der ERP-Anbieter relativ hoch im Unternehmen angesiedelt sind. Dies war so nicht erwartet worden: im Gegenteil war zu befürchten, aufgrund eines hohen Anteils an generischen E-Mail-Adressen (info@...) wenig aussagekräftige Antworten zu erhalten.[489] Eine genauere Analyse zeigt, dass insbesondere bei den kleineren Unternehmen die Verwendung einer generischen E-mail-Adresse oftmals dazu geführt hat, dass ein Mitglied der Geschäftsleitung (oftmals wahrscheinlich der Inhaber/einer der Inhaber) die Umfrage beantwortet hat. Dass in der Gruppe der Teilnehmer an den Seminaren zu IT-/Software-Produktmanagement ein deutlicher Ausschlag bei der Position „Produktmanager" (20 von 43 Teilnehmern) zu sehen ist, überrascht jedenfalls nicht.

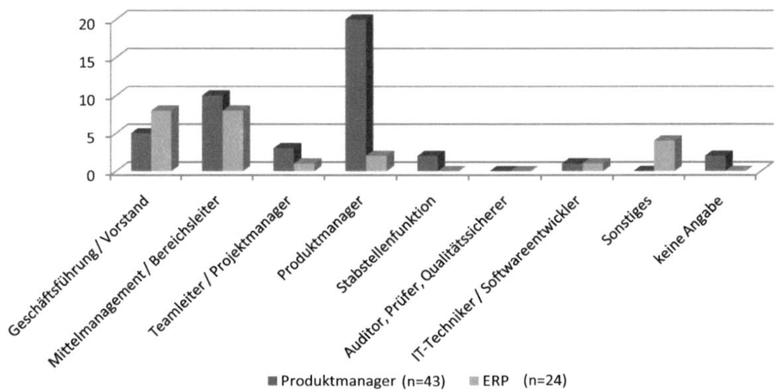

Abbildung 22: Position im Unternehmen

3.3.3 Bedeutung des Problems Varietät

Eine wichtige Annahme hinter der vorliegenden Umfrage war, dass Varietät, also Variantenvielfalt des Produktprogramms, eventuell ein Problem für deutsche Softwareunternehmen darstellt, d.h. dass die Softwareunternehmen in die sog. Komplexitätsfalle (vgl. Kapitel 2.2.2) tappen. Um dies zu überprüfen, wurden den Teilnehmern einige Fragen zur Veränderbarkeit ihrer Software gestellt. Ist die Software nämlich veränderbar, erhöht sich die Varietät zumindest aus der Sicht von Wartung und Weiterentwicklung sowie Support und Service, da hier zwei unterschiedlich veränderte Installationen der Software wie Varianten wirken.

Die erste Frage zu diesem Themenkomplex lautet „Wie würden Sie die Veränderbarkeit Ihrer Software den Kundenwünschen entsprechend einschätzen?" Die Antworten (Abbildung 23 und Abbildung 24) zeigen, dass fast keiner der Teilnehmer reine Individualentwicklung betreibt und ebenfalls fast keiner der Teilnehmer Standardsoftware anbietet, die nicht verändert werden kann. Die Varietät ist offensicht-

[489] Vgl. Faught et al. (2004)

lich bei nicht veränderbarer Standardsoftware am geringsten, inwiefern sie mit zunehmendem Grad der Veränderbarkeit zunimmt, hängt davon ab, wie sehr die tatsächlich vorgenommenen Veränderungen von Kunde zu Kunde unterschiedlich ausfallen.

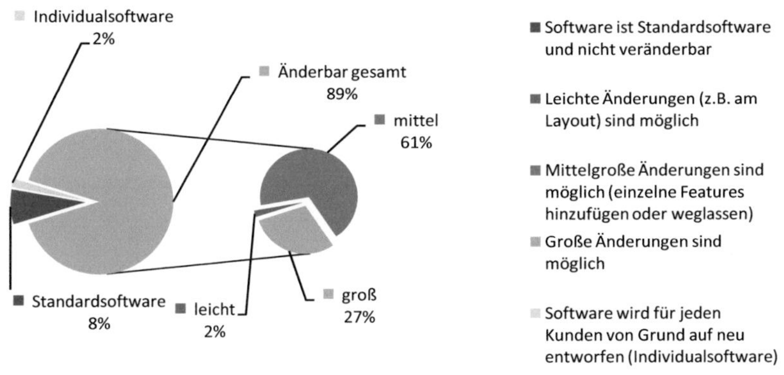

Abbildung 23: Veränderbarkeit der Software – Produktmanager

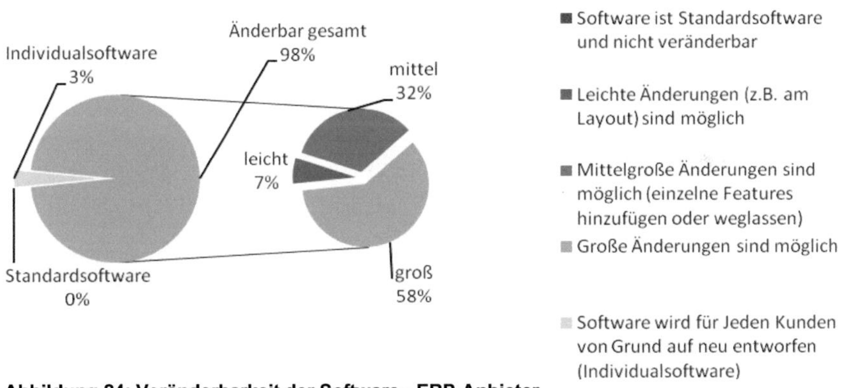

Abbildung 24: Veränderbarkeit der Software - ERP-Anbieter

Neben der aktuellen Veränderbarkeit ist die zukünftige Veränderbarkeit von Interesse, schließlich könnte der Grad der Veränderbarkeit zurückgehen. Folglich wurden die Teilnehmer nach ihrer Einschätzung der Veränderbarkeit ihrer Software den Kundenwünschen entsprechend in 5 Jahren gefragt. In Abbildung 25 sind die aktuelle und die zukünftige Veränderbarkeit nebeneinander dargestellt.

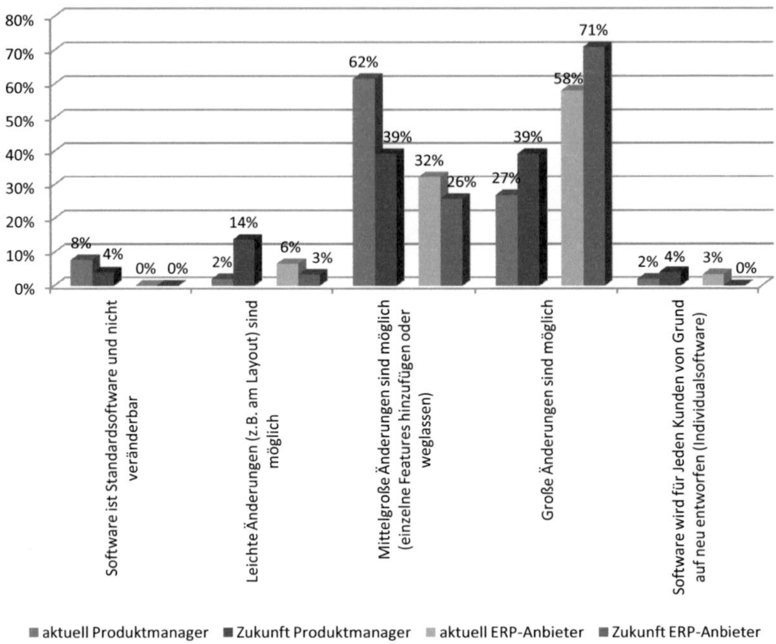

Abbildung 25: Veränderbarkeit der Software in 5 Jahren

Tabelle 9: Kreuztabelle kundenor. Veränderbarkeit - Produktmanager

		kundenorientierte Veränderbarkeit in 5 Jahren					
		Software ist Standardsoftware und nicht veränderbar	leichte Änderungen (z.B. am Layout) sind möglich	mittelgroße Änderungen sind möglich (einzelne Features hinzufügen od. weglassen)	große Änderungen sind möglich	Software wird für jeden Kunden von Grund auf neu entworfen	Gesamt
kundenorientierte Veränderbarkeit heute	Software ist Standardsoftware und nicht veränderbar	1	3	0	0	0	4
	leichte Änderungen (z.B. am Layout) sind möglich	0	0	1	0	0	1
	mittelgroße Änderungen sind möglich (einzelne Features hinzufügen od. weglassen)	1	4	16	11	0	32
	große Änderungen sind möglich	0	0	3	9	1	13
	Software wird für jeden Kunden von Grund auf neu entworfen	0	0	0	0	1	1
	Gesamt	2	7	20	20	2	51

Noch aufschlussreicher ist die Analyse von Veränderungen zwischen den Antworten hinsichtlich des heutigen Zustands und des erwarteten Zustands in 5 Jahren, die aus den Kreuztabellen (

Tabelle 9 und Tabelle 10) ersichtlich werden.Bei den ERP-Anbie-tern erwarten mit 25 von 31 Teilnehmern über 80%, eine gleichbleibende Veränder-barkeit, bei den Produktmanagern immerhin noch 27 von 51 Teilnehmern, also ca. 53%. Von den Teilnehmern, die Veränderungen erwarten, nimmt eine Mehrheit eine Zunahme in der Veränderbarkeit ihrer Software an. Dabei ergibt sich die deutlichste Bewegung jeweils von mittlerer zu großer Veränderbarkeit (Teilnehmer, welche die aktuelle Veränderbarkeit als „mittel" einschätzen und davon ausgehen, dass die Veränderbarkeit ihrer Software in 5 Jahren als „hoch" eingeschätzt werden kann).

Tabelle 10: Kreuztabelle kundenor. Veränderbarkeit - ERP-Anbieter

		kundenorientierte Veränderbarkeit in 5 Jahren?					
		Software ist Standardsoftware und nicht veränderbar	leichte Änderungen (z.B. am Layout) sind möglich	mittelgroße Änderungen sind möglich (einzelne Features hinzufügen od. weglassen)	große Änderungen sind möglich	Software wird für jeden Kunden von Grund auf neu entworfen	Gesamt
kundenorientierte Veränderbarkeit heute	Standardsoftware	0	0	0	0	0	0
	leichte Änderungen (z.B. am Layout) sind möglich	0	1	0	1	0	2
	mittelgroße Änderungen sind möglich (einzelne Features hinzufügen od. weglassen)	0	0	7	3	0	10
	große Änderungen sind möglich	0	0	1	17	0	18
	Software wird für jeden Kunden von Grund auf neu entworfen	0	0	0	1	0	1
	Gesamt	0	1	8	22	0	31

Des Weiteren ist von Interesse, wer die Anpassungen vornimmt. Dabei ähneln sich die Antworten der beiden Gruppen stark (Abbildung 26). Bei beiden Gruppen werden die Änderungen in ca. 50% der Fälle vom Anbieter vorgenommen, in ca. 20% übernehmen dies Partner des Anbieters und in ca. 30% kann der Kunde diese selbst vornehmen. Für den eigentlichen Anbieter ist das Problem zumeist geringer, wenn die Änderungen durch Partner durchgeführt werden, da diese dann mehr Verantwortung tragen. Wie in Kapitel 3.1.3 angeklungen ist, können durch Partner begangene Fehler aber ein Problem für das gesamte Netzwerk darstellen.

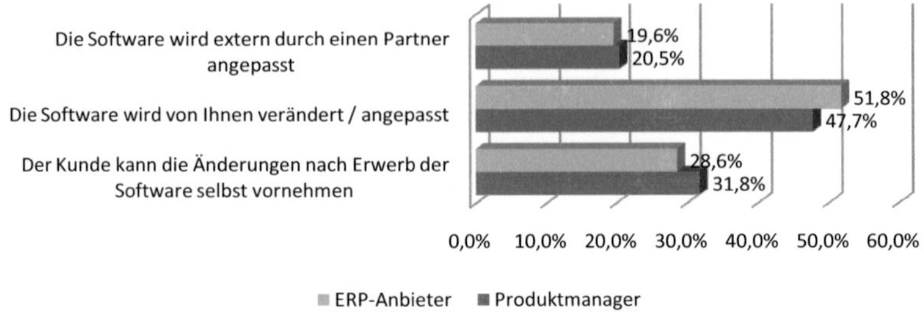

Abbildung 26: Durchführung der Anpassungen

Ebenfalls interessant schien die Frage, ob die konfigurierbare Software schon immer konfigurierbar war oder ob sie zuerst Standard- oder Individualsoftware war. Wie Abbildung 27 zeigt, haben jeweils gut die Hälfte der Teilnehmer die Software von Anfang an veränderbar gestaltet. Interessant ist, dass bei den ERP-Anbietern quasi niemand den Weg von Individualsoftware in Richtung Konfigurierbarkeit gegangen ist, während dieser bei den Produktmanagern von immerhin 25% gegangen wurde.

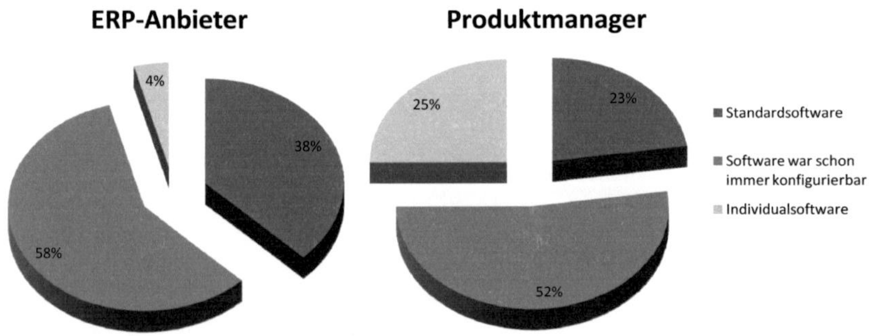

Abbildung 27: Veränderbarkeit früher

Auch die Beweggründe, die Software konfigurierbar zu gestalten, wurden erfragt. Hierzu wurden in Abhängigkeit von der jeweiligen Antwort auf die Frage, ob ihre Software schon immer konfigurierbar ist oder ob sie ursprünglich reine Standard- bzw. Individualsoftware war, unterschiedliche Antwortmöglichkeiten vorgegeben. Zusätzlich wurde danach gefragt, ob die damit verbundenen Erwartungen erfüllt wurden.

Abbildung 28 zeigt die Erwartungen der Unternehmen, welche zuvor Individualsoftware angeboten hatten und zu welchem Grad diese erfüllt wurden. Sowohl die Erweiterung des Produktportfolios als auch der Wunsch, den Anschluss zur Konkurrenz nicht zu verlieren, haben sich zu 100% erfüllt. Schwieriger war dagegen die Reduzierung des Implementierungsaufwandes. Diese war zwar meistgenannter Grund für die Einführung kundenorientierter Konfigurierbarkeit, aber bei 20% der Unternehmen nicht erfüllt.

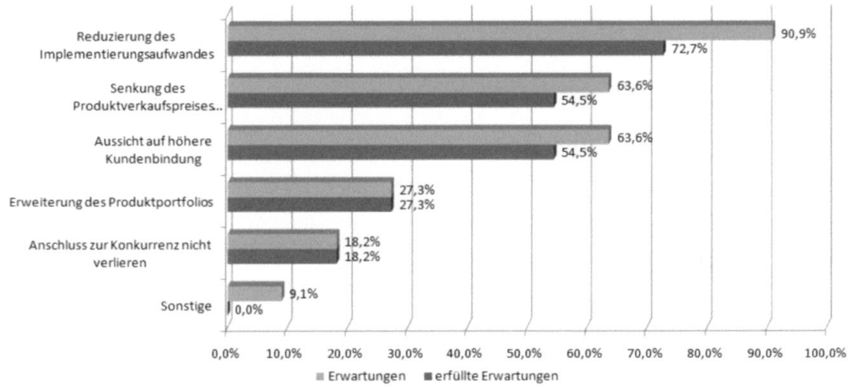

Abbildung 28: Erwartungen - zuvor Individualsoftware

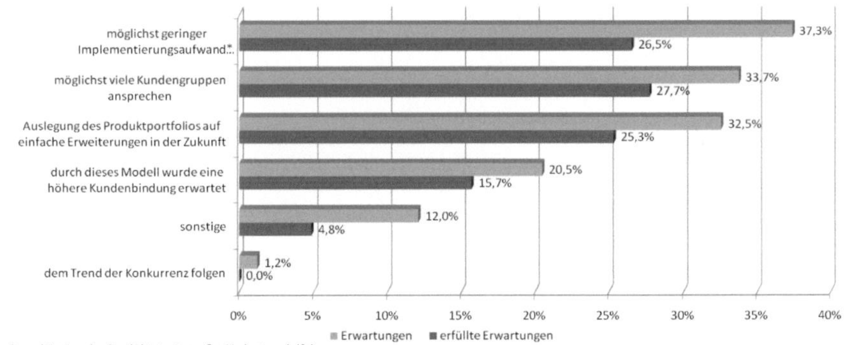

Abbildung 29: Erwartungen – seit Anfang konfigurierbar

Bei den Unternehmen, welche von Anfang an ihre Software veränderbar gestaltet haben (Abbildung 29), zeigt sich, dass in 23% der Fälle die Erwartung, den Implementierungsaufwand zu verringern, nicht erfüllt wurde. Ob dies daran liegt, dass der Implementierungsaufwand de facto nicht stark verringert wurde oder ob die Unternehmen ihre Erwartungen in die neue Entwicklungstechnik unrealistisch hoch gesetzt hatten, kann anhand der vorliegenden Daten nicht beantwortet werden und muss in zukünftigen Studien geklärt werden. Aber auch die *Auslegung des Produkt-*

portfolios auf einfache Erweiterbarkeit und die *Erwartung höherer Kundenbindung* wurden in vielen Fällen nicht erfüllt.

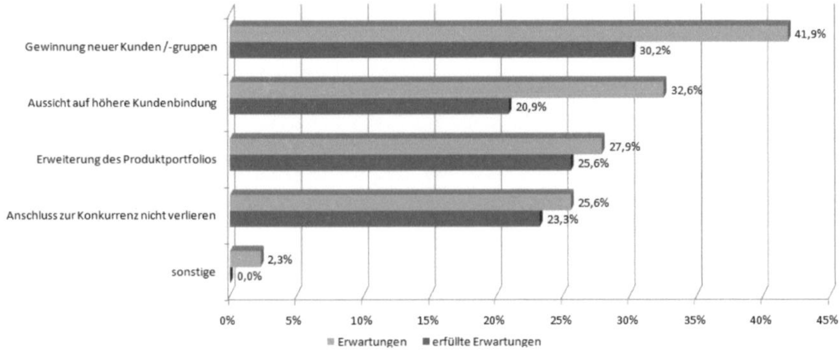

Abbildung 30: Erwartungen - zuvor Standardsoftware

Bei den Teilnehmern, deren Software ursprünglich Standardsoftware war (Abbildung 30) fällt auf, dass die Erwartungen *Gewinnung neuer Kunden* (in 72% der Fälle erfüllt) und *Aussicht auf höhere Kundenbindung* (in 64% der Fälle erfüllt) zwar oftmals erwartet, nicht aber im selben Umfang erfüllt wurden.

3.3.4 Wettbewerbsbedingungen

Um die Einschätzungen der Teilnehmer bzgl. der Wettbewerbsbedingungen abzufragen, wurden ihnen in Anlehnung an die Literatur zu Mass Customization verschiedene Aussagen vorgegeben und sie gebeten, ihre Zustimmung zu diesen Aussagen anzugeben. Hierfür wurden Likertskalen mit fünf Antwortmöglichkeiten plus zusätzlicher Ausweichkategorie verwendet. In der Literatur ist umstritten, wie viele Kategorien zu verwenden sind und ob eine gerade oder eine ungerade Anzahl von Antwortmöglichkeiten zu bevorzugen ist. Im Rahmen dieser Studie wurde eine ungerade Anzahl verwendet, um den Teilnehmern eine neutrale Antwortmöglichkeit („unentschieden") zur Verfügung zu stellen. Da zu befürchten war, dass die Teilnehmer wenig Zeit für das Ausfüllen des Fragebogens zur Verfügung hatten, wurde entschieden, fünf und nicht etwa sieben oder neun Antwortmöglichkeiten zu verwenden.[490] Durch die Ausweichkategorie konnte zudem eine Verzerrung durch Nichtwissen ausgeschlossen werden, da hier die Ausweichkategorie ausgewählt werden konnte.[491]

---

[490] Da die Studie explorativen Charakters ist und keine multivariate Analyse durchgeführt werden sollte, erscheint diese Anzahl Antwortmöglichkeiten angemessen.

[491] All dies folgt den Empfehlungen bei Stier (1999), S. 66ff.

Die erste dieser Fragen („Wie sehr halten Sie die unten genannten Faktoren in Bezug auf die von Ihrem Unternehmen entwickelte Software für wettbewerbsentscheidend?") zielt darauf ab, die Bedeutung verschiedener Faktoren für den Markterfolg der Software, die das Unternehmen verkauft, zu ermitteln. Dabei zeigt sich in beiden Gruppen (Abbildung 31 bzw. Abbildung 32), dass die „Passgenauigkeit der Lösung für die Bedürfnisse des Kunden" mit einigem Abstand an erster Stelle und der Preis an letzter Stelle steht. Ebenso fällt auf, dass die ERP-Anbieter allen Faktoren eine höhere Bedeutung zuweisen als die Produktmanager.

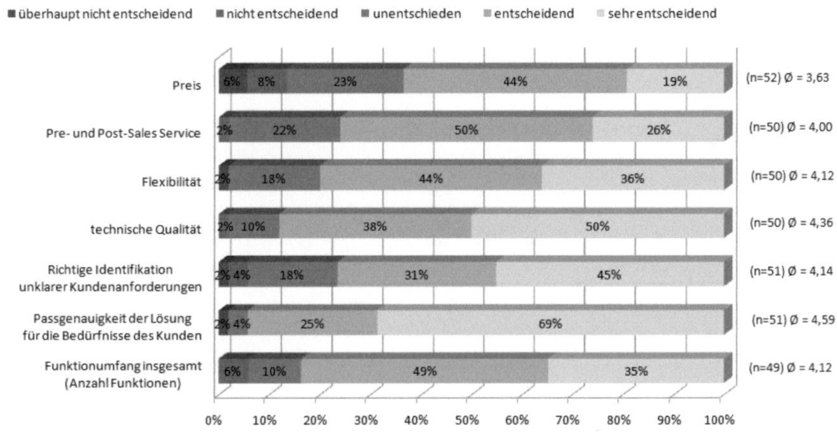

Abbildung 31: Bedeutung für den Markterfolg – Produktmanager

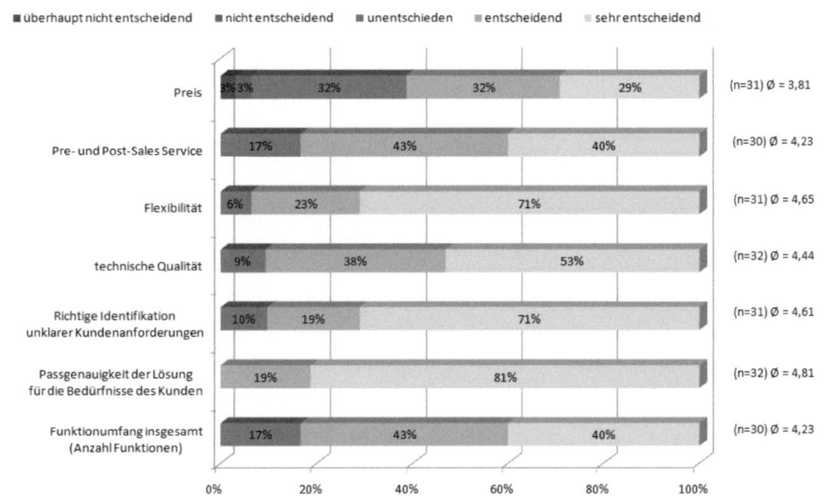

Abbildung 32: Bedeutung für den Markterfolg - ERP-Anbieter

Eine weitere Frage zielt auf die *Zunahme der Marktturbulenz* ab. In seinem Klassiker zu Mass Customization erläutert Pine[492] ausführlich die Bedeutung der Marktturbulenz für die Beurteilung, wie geeignet die Massenfertigung in einer Branche noch ist und nennt dreizehn Faktoren, welche die Marktturbulenz operationalisieren. Da manche Faktoren für Software nicht direkt anwendbar sind wurden hier nur vier Faktoren abgefragt.[493]

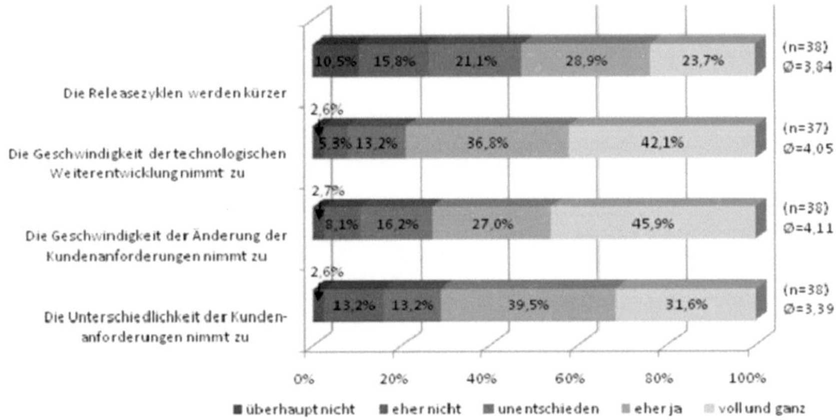

Abbildung 33: Anstieg der Marktturbulenz-Indikatoren – Produktmanager

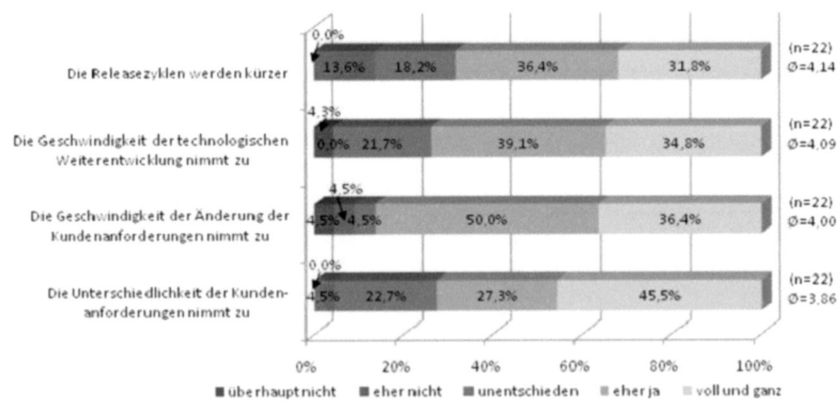

Abbildung 34: Anstieg der Marktturbulenz-Indikatoren - ERP-Anbieter

[492] vgl. Pine (1993)

[493] durch den Aufbau des Fragebogens bedingt, wurde diese Frage nur denjenigen Teilnehmern gestellt, die angaben, ihre Software sei in irgendeiner Art und Weise konfigurierbar. Wie bereits gezeigt, sind damit 90% der Produktmanager und 97% der ERP-Anbieter abgedeckt.

Die Antworten (Abbildung 33 und Abbildung 34) zeigen für jeden Faktor eine deutliche Zustimmung für die Aussage, dass die Marktturbulenz zunimmt. Dabei beurteilen die Produktmanager und die ERP-Anbieter die Lage im Detail unterschiedlich: aus Sicht der Produktmanager ist die Verkürzung der Releasezyklen nicht so sehr relevant, dafür die Geschwindigkeit der technologischen Weiterentwicklung. Für die ERP-Anbieter ist vor allem die Zunahme der Unterschiedlichkeit der Kundenanforderungen von Bedeutung, wobei hier alle vier Faktoren relativ nahe beisammen liegen (Abbildung 35).

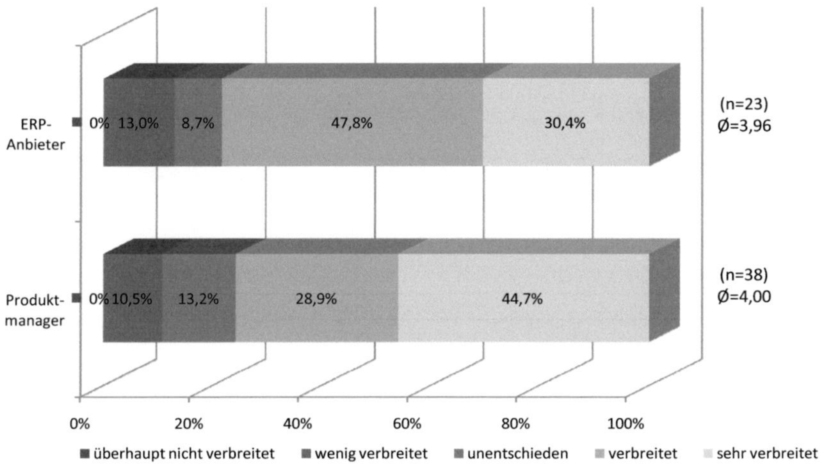

Abbildung 35: Verbreitung konfigurierbarer Software in 5 Jahren

3.3.5 Bedarf an verbesserten Ansätzen

Während wenig Literatur zu den Auswirkungen der Anwendung der individualisierten Massenfertigung für Softwareprodukte auf strategisches Management, Marketing, Vertrieb, Service und Support existiert, beziehen sich verschiedene aktuelle softwaretechnische Ansätze auf die Verwaltung von Varianten oder den möglichst unkomplizierten Austausch von Softwarebausteinen.[494] Folglich könnte argumentiert werden, dass die Umsetzung der Mass Customization für Softwareprodukte im Bereich der Produktentwicklung kein offenes Problem darstellt. Folglich wurden die Teilnehmer gefragt, ob sie zusätzliche softwaretechnische Ansätze für nötig halten.

494 Vgl. Helferich et al. (2007a), S. 22ff. für eine Auflistung aktueller Ansätze sowie kurze Erläuterungen.

Dabei zeigt sich, dass die Gruppe der Produktmanager (Abbildung 36) verbesserte Ansätze zur Verkürzung der time to market für sehr wichtig hält, verbesserte Ansätze zur Steigerung der „technischen Qualität" (im Sinne der ISO 9126) sowie zur Steigerung der „relativen" Qualität (Software löst das Problem des Kunden), aber auch Verbesserte Ansätze zur Kostensenkung in der Entwicklung werden als wichtig angesehen. Bei der Gruppe der ERP-Anbieter (Abbildung 37) scheint dieser Bedarf geringer auszufallen, lediglich verbesserte Ansätze zur Steigerung der „relativen" und „technischen" Qualität scheinen hier dringend zu sein, wobei hier – anders als bei den Produktmanagern – die relative Qualität noch stärker unterstützt werden muss.

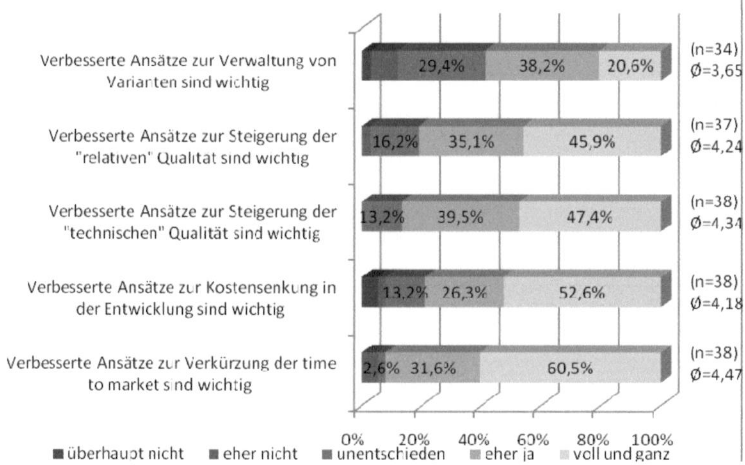

Abbildung 36: Notwendigkeit neuer Ansätze (Produktmanager)

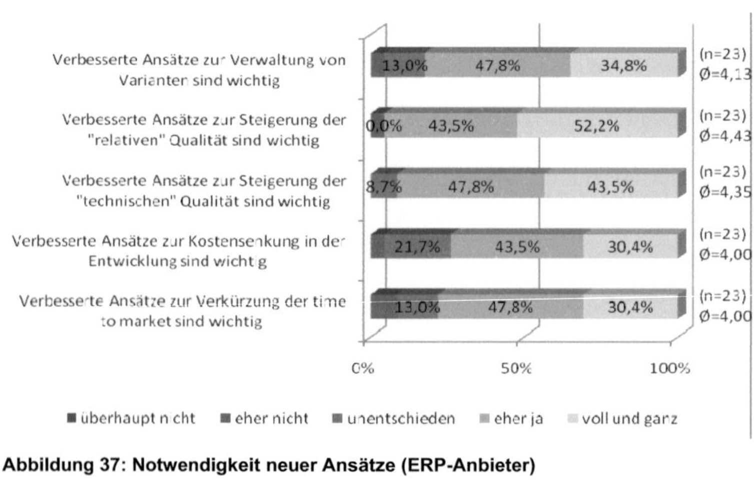

Abbildung 37: Notwendigkeit neuer Ansätze (ERP-Anbieter)

3.3.6 Zusammenfassung der Ergebnisse der Studie

Ziel der Studie war es, zu untersuchen,

- Inwiefern die Wettbewerbssituation deutscher Softwareunternehmen heute mit der produzierender Unternehmen in den 1990er Jahren vergleichbar,
- In welchem Maße die Erstellung von Varianten von Softwareprodukten verbreitet ist sowie welche Probleme in diesem Zusammenhang auftreten, und
- Wie es um die Unterstützung des Variantenmanagements durch aktuelle softwaretechnische Ansätze bestellt ist.

Verbreitung variantenreicher Software

90% der Produktmanager und 98% der ERP-Anbieter bieten Software an, die in unterschiedlichem Maße an Kundenbedürfnisse angepasst und als variantenreich bezeichnet werden kann. Jeweils über die Hälfte davon haben die Software von Anfang an konfigurierbar ausgelegt. Nahezu keiner der Teilnehmer geht davon aus, dass das Ausmaß der Anpassbarkeit zurückgeht. Insbesondere bei den Anbietern von Software, die sich aktuell durch eine mittlere Anpassbarkeit auszeichnet, gehen viele von einem weiteren Anstieg der Anpassbarkeit aus. Die Erwartungen an die anpassbare Software wurden allerdings in vielen Fällen nicht oder nicht komplett erfüllt, d.h. die erwarteten Wettbewerbsvorteile wurden nicht erreicht. Dies lässt auf die Notwendigkeit einer verbesserten methodischen Unterstützung schließen.

Einschätzung der Wettbewerbssituation

Zusammenfassend lässt sich sagen, dass die Teilnehmer der Studie die Marktturbulenz hoch einschätzen, ebenso die Bedeutung der verschiedenen Wettbewerbsfaktoren (hier vor allem der Passgenauigkeit der Lösung). Zusätzlich erwarten sie, dass kundenorientierte Softwarekonfiguration in fünf Jahren sehr verbreitet (und damit noch stärker als heute) sein wird.

Folglich ist die Frage nach einer Vergleichbarkeit der Wettbewerbssituation zu bejahen, was eine Mass Customization-Strategie für Hersteller von Softwareprodukten sinnvoll erscheinen lässt.[495] Ebenso ist die praktische Relevanz des in dieser Arbeit bearbeiteten Themas als hoch einzuschätzen.

---

[495] Hier ist allerdings die Einschränkung zu machen, dass der Preis von den Teilnehmern an der Umfrage als weniger wettbewerbsentscheidend angesehen wird. Andererseits ist bei Softwareprodukten eine kostenorientierte Preisfestsetzung weniger sinnvoll, wird aber auch selten verwendet, vgl. z.B. Buxmann et al. (2008a), S. 110 oder Cusumano (2004). Begründen lässt sich das v.a. damit,

Unterstützung durch aktuelle softwaretechnische Ansätze

Obwohl zahlreiche aktuell in der softwaretechnischen Forschung diskutierten Ansätze eine Mass Customization-Strategie unterstützen könnten, besteht nach Ansicht der Teilnehmer weiterer Forschungsbedarf, insbesondere an verbesserten Ansätzen zur Steigerung der technischen wie relativen Qualität sowie zur Verkürzung der time to market (v.a. aus Sicht der Gruppe der Produktmanager).[496]

Folglich ist es angebracht, zu versuchen, das wettbewerbsstrategische Konzept der Mass Customization auf Softwareprodukte zu übertragen, was in Kapitel 4 getan wird. Empfehlenswert scheint es zudem, Anbieter durch zusätzliche Methoden zur Steigerung relativer wie technischer Qualität und zur Senkung der time to market zu unterstützen. Eine modular aufgebaute Methode, die einen Beitrag hierzu leistet, wird in Kapitel 5 beschrieben.

dass die eigentliche „Produktion“, also die Vervielfältigung, nahezu kostenlos ist und die Kosten für ursprüngliche Entwicklung nahezu unabhängig von der Anzahl abgesetzter Kopien. Eine Ausnahme stellen Individualsoftware-Entwicklungsprojekte dar, hier kann eine Preisgestaltung „cost plus“ sehr wohl Sinn machen, aber auch hier wird der Hersteller versuchen, Preisvorteile durch Wiederverwertung nicht 1:1 an den Kunden weiterzugeben.

[496] Zusammenfassend lässt sich sagen, dass die Teilnehmer viele der aktuellen Ansätze kennen und auch zahlreiche davon nutzen. Ebenso lassen die Ergebnisse auf eine recht hohe Zufriedenheit mit den verwendeten Ansätzen schließen, dies schließt einen Bedarf an zusätzlichen Ansätzen nicht aus, vgl. hierzu Helferich et al. (2007a), S. 26ff.

4 Übertragung des Konzepts der Mass Customization auf Softwareprodukte

Nachdem – wie in Kapitel 3 geschildert – die generelle Übertragbarkeit des Konzepts der Mass Customization auf Softwareprodukte bejaht werden kann und auch ein Bedarf hierfür in der Praxis vorhanden scheint, soll im Folgenden erläutert werden, welche Auswirkungen diese Übertragung auf Softwareunternehmen hat. Nachdem die in Kapitel 0 erläuterten Charakteristika von Software als Produkt sowie der Softwarebranche dazu führen, dass die effiziente Planung einer Softwareproduktplattform als Umsetzung der Software Mass Customization ein bedeutsames und unzureichend gelöstes Problem darstellt, werden in Kapitel 4.5 Anforderungen an eine Methode zur effizienten Planung einer kundenorientierten Softwareproduktplattform und der auf ihr basierenden Softwareprodukte aufgestellt. Daran anschließend wird in Kapitel 5 eine derartige Methode beschrieben.

4.1 Wettbewerbsstrategische Überlegungen für Softwareunternehmen

4.1.1 Unternehmensstrategische Optionen

Wie in Kapitel 2.3.2 dargelegt, ist Mass Customization nicht einfach nur ein Produktionskonzept oder eine neuartige Konzeption zur Kundenansprache, sondern stellt ein wettbewerbsstrategisches Konzept dar. Als solches soll sie Unternehmen dabei unterstützen, durch geeignete Prozesse, insbesondere in den Bereichen Produktion und Marketing, Wettbewerbsvorteile gegenüber seinen Wettbewerbern aufzubauen und zu erhalten.[497] Zentrale These dieser Arbeit ist es, dass die Einführung von Mass Customization auch bei Softwareprodukten zu einem derartigen Wettbewerbsvorteil führen kann.[498] Um diese These genauer untersuchen zu können, werden im Folgenden zuerst die beiden „klassischen“ Perspektiven auf die Frage, wie Wettbewerbsvorteile erzielt werden können, vorgestellt und ihre Eignung zu Analyse des strategischen Verhaltens von Softwareunternehmen beurteilt. Daran anschließend wer-

---

[497] Wie Simon ausführt, sind insbesondere Wettbewerbsvorteile, die strukturell oder systembedingt sind, zudem ideale Angriffspunkte beim Versuch, ein etabliertes Unternehmen mit einem neuen Produkt anzugreifen, vgl. Simon (1988), S. 476f.

[498] Wie in Kapitel 2.3.2 bereits erläutert, kann Mass Customization als wettbewerbsstrategisches Konzept eingeordnet werden. Zu einer ähnlichen Folgerung kommen Autoren, die sich mit der systematischen Wiederverwendung in der Softwareentwicklung beschäftigen, vgl. beispielsweise Pomberger et al. (2000), S. 243.

den ausgewählte neuere Ansätze präsentiert, welche insbesondere die Gewinnung von Wettbewerbsvorteilen unter Umweltbedingungen wie sie in der Softwarebranche vorliegen zum Ziel haben.

4.1.1.1 Market-based View

Der Market-based View geht von einer gegebenen Markt- bzw. Branchenstruktur aus, an die sich ein Unternehmen entsprechend anpassen muss, um erfolgreich zu agieren. Dabei basiert diese Perspektive auf dem industrieökonomischen Structure-Conduct-Performance-Paradigma, das auf Mason und Bain zurückgeht. Nach dem Structure-Conduct-Performance-Paradigma bestimmt die Marktstruktur (Structure) das strategische Verhalten (conduct) der Marktteilnehmer; das Verhalten wiederum bestimmt die Leistung (Performance).[499]

Hierauf aufbauend entwickelte Porter sein Modell, welches zum dominierenden Strategiemodell der 1980er Jahre wurde. Er geht davon aus, dass die Branchenstruktur insb. die sog Five Forces, namentlich

- die Verhandlungsmacht von Kunden
- die Verhandlungsmacht von Lieferanten
- die Stärke der Bedrohung durch Substitutionsprodukte bzw. –dienstleistungen
- Neueinsteiger in den Markt
- die Intensität der Konkurrenz unter den bestehenden Anbietern[500]

die Wettbewerbsintensität und damit auch die durchschnittliche Profitabilität in einer Branche bestimmt. Ausgehend von einer gründlichen Analyse dieser Branchenstruktur und wahrscheinlicher Reaktionsmuster der Wettbewerber kann ein Unternehmen seine Strategie dahingehend gestalten, dass es besonders attraktive Möglichkeiten nutzt und sich gegen mögliche Gefahren schützt.[501] Anders formuliert: Porter erweitert die industrieökonomischen Modelle dahingehend, dass er den Entscheidungen der Manager größere Bedeutung zubilligt,[502] infolgedessen determiniert die Qualität der Anpassung des Unternehmens an die Branchenstruktur seinen Erfolg relativ zum Rest der Branche. Wichtiges Kennzeichen der Branchenstruktur sind zudem Eintrittsbarrieren, die Wettbewerber daran hindern, in die Branche einzutreten,

[499] Vgl. Mason (1939) und Bain (1956)
[500] Vgl. Porter (2008), S. 35ff.
[501] Vgl. Hungenberg (2008), S. 62
[502] Vgl. Hungenberg (2008), S. 62

sowie Mobilitätsbarrieren, die Wettbewerber innerhalb der Branche daran hindern, die erfolgreiche Strategie eines Wettbewerbers zu imitieren.[503]

Die dem Unternehmen offen stehenden strategischen Optionen lassen sich nach Porter auf die generischen Strategien umfassende Kostenführerschaft und Differenzierung zurückführen.[504] Hinzu kommt noch die Option der Fokussierung, also der Konzentration auf eine oder mehrere Marktnischen (vgl. Abbildung 38).

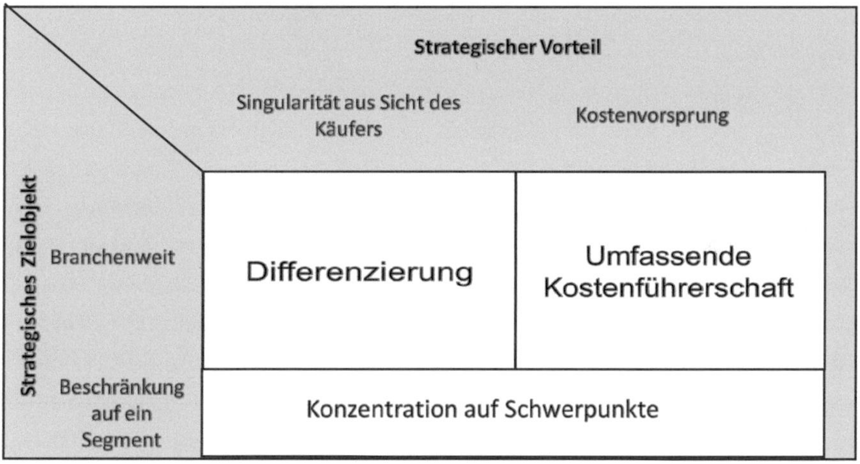

Abbildung 38: die generischen Wettbewerbsstrategien[505]

Dabei verfolgt die Strategie der umfassenden Kostenführerschaft das Ziel, der kostengünstigste Anbieter der Branche zu werden (und dabei ein qualitativ vergleichbares Produkt anzubieten). Um dies zu erreichen, ist es in der Regel notwendig, viele Branchensegmente abzudecken, um Economies of Scale zu erreichen. Die so erzielten Kostenvorteile können entweder durch niedrigere Preise an die Kunden weitergegeben werden oder zu einer höheren Rendite als die der Wettbewerber führen. Üblicherweise beschränken sich Kostenführer auf Standardprodukte ohne besondere Zusatzfeatures und sehen effiziente Prozesse als wichtigsten Stellhebel an.[506] Sowohl Innovationen als auch Qualitätssteigerungen werden eher zurückhaltend angegangen, um die Kostenführerschaft nicht zu gefährden. Zudem bedient man den Massenmarkt, muss den Kunden also kein außergewöhnliches Produkt bieten. Hier zeigen sich auch bereits die Risiken und Nachteile der Kostenführerschaft: die Kon-

[503] Vgl. Haertsch (2000), S. 66f.
[504] Vgl. Porter (2008), S.71ff.
[505] Quelle: Porter (2008), S. 77
[506] Vgl. Grant und Nippa (2006), S. 312

zentration auf Kostenvorteile kann zu einer tendenziellen Innovationsfeindlichkeit, mangelnder Flexibilität und Anpassungsbereitschaft an veränderte Marktbedürfnisse führen, zudem kann die Kostenführerschaft durch technologische Fortschritte obsolet werden.[507]

Die Strategie der Differenzierung hingegen zielt auf die branchenweite Einmaligkeit der eigenen Produkte oder Dienstleistungen ab. Hierzu wählt das Unternehmen ein oder mehrere Merkmale aus, die von vielen Käufern als wichtig erachtet werden und versucht diese Bedürfnisse in einer einzigartigen Form zu befriedigen (ohne dabei aber die Kosten aus den Augen zu lassen, auch wenn sie anders als bei der Kostenführerschaft nicht im Vordergrund stehen).[508] Diese Merkmale können beispielsweise in der verwendeten Technologie, besonderem Design, einem exklusiven Markenimage, angebotenen begleitenden Dienstleistungen oder besonderen Vertriebsstrukturen bestehen.[509] Daher kann es in einer Branche auch mehrere erfolgreiche Differenzierungsstrategien geben, während es in der Regel nur einen Kostenführer gibt. Aufgrund der erreichten Differenzierung ist der Anbieter dann in der Lage, einen Preisaufschlag für sein Produkt zu verlangen.[510] Wird aber die Kostenkontrolle vernachlässigt und der relative Nutzenvorteil im Vergleich zum Preisaufschlag zu gering, wandern die Kunden zu günstigeren Anbietern ab.[511] Zudem sind Differenzierungsvorteile oftmals nur von temporärer Natur, so dass eine ständige Anpassung an die veränderten Wettbewerbsbedingungen notwendig ist.[512]

Die dritte Alternative besteht in der Fokussierung. Hierbei wird – anders als bei den beiden anderen Strategien – nicht der komplette Markt abgedeckt, sondern nur eine Nische, die sich bspw. durch ein bestimmtes Kundensegment oder eine bestimmte Region definiert.[513] Dabei wird davon ausgegangen, dass ein dermaßen fokussierter Anbieter sein Angebot effizienter auf die spezifischen Bedürfnisse der Kunden dieser Nische ausrichten kann als ein breiter aufgestellter Wettbewerber.[514] Innerhalb dieses Segments wird eine Kostenführerschafts- oder Differenzierungsstrategie angestrebt.

---

507 Vgl. Welge und Al-Laham (2008), S. 524
508 Vgl. Welge und Al-Laham (2008), S. 524 oder Grant und Nippa (2006), S. 311ff.
509 Vgl. z.B. Porter (2008), S. 74 oder Welge und Al-Laham (2008), S. 524
510 Vgl. Porter (2008), S. 75
511 Vgl. Welge und Al-Laham (2008), S. 527 oder Grant und Nippa (2006), S. 313
512 Vgl. Welge und Al-Laham (2008),, S. 528
513 Welge und al-Laham nennen hier die folgenden Nischen: Regionalnische, Zielgruppennische, Produktnische, Brandingnische, Geschwindigkeitsnische, Innovationsnische, Kooperationsnische, Marktaufspaltung sowie Konternische, vgl. Welge und Al-Laham (2008), S. 529ff.
514 Vgl. Welge und Al-Laham (2008), S. 528

Porter betont hierbei, dass ein Unternehmen nicht mehr als eine dieser Strategien verfolgen sollte, da es sonst „stuck in the middle", also zwischen allen Stühlen, sei. Grund hierfür sei, dass ein Unternehmen keine gleichzeitig kostengünstige und einzigartige Produktpalette anbieten könne.[515]
Zur Begründung formuliert Porter die folgenden drei Hypothesen:[516]

- **Konvexitätshypothese:**

  Porter geht von einem konvexen Zusammenhang zwischen Marktanteil und Erfolg aus, bei dem die Kostenführerschaft von einem hohen Marktanteil abhängt. Ohne diesen seien die größenbedingten Kostenvorteile nicht möglich, während die Differenzierungsstrategie wie auch die Fokussierungsstrategie mit einem kleinen Marktanteil einher geht (da sie nach Porter häufig mit einem exklusiven Ruf verbunden ist). Folglich sind beide Strategien unvereinbar.

- **Konsistenzhypothese:**

  die Umsetzung der Strategien der Kostenführerschaft einerseits bzw. der Differenzierung andererseits erfordert nach Porter widersprüchliche Maßnahmen. So sei die Differenzierung meist mit zusätzlichen Kosten verbunden bzw. könne durch Verzicht auf Differenzierung das Kostenniveau weiter gesenkt werden.

- **Konzentrationshypothese:**

  um eine der generischen Strategien erfolgreich zu verfolgen, müsse ein Unternehmen komplett auf den angestrebten Wettbewerbsvorteil abgestimmt werden, d.h. alle Funktionalstrategien, die Ressourcen, Prozesse und Strukturen des Unternehmens müssen entweder auf Kostenführerschaft oder auf Differenzierung (oder eben Fokussierung) ausgerichtet werden.

Diese Argumentation ist in der Literatur umstritten: zahlreiche Autoren argumentieren, aufgrund neuer technischer Möglichkeiten (verstärkter Einsatz von IuK-Technik, z.B. im Computer-integrated Manufacturing – CIM) sowie betriebswirtschaftlicher Konzepte wie TQM, Kaizen oder Mass Customization seien Kostenführerschaft und Differenzierung nicht mehr zwangsweise unvereinbar.[517] Auch empirisch lässt sich begründen, dass die Unvereinbarkeit nicht als uneingeschränkt gültig anzusehen ist: zum einen lassen sich leicht Beispiele von Branchen finden, in denen der Kosten-

---

[515] Vgl. Porter (2008), S. 79ff. oder spezifisch für die Softwarebranche Lippold (1998), S. 260
[516] Vgl. Fleck (1995), S. 13f., Simon (1988), oder Welge und Al-Laham (2008), S. 533ff.
[517] Vgl. beispielsweise Zahn (1995), S. 356, Schuh (2005a), S. 92 oder Corsten (1995), S. 346ff.

führer einen eher unbedeutenden Wettbewerber (und eben nicht den Marktführer) darstellt, wie z.B. Ölraffinerien (Kostenführer: unabhängige Raffinerien, Marktführer: Exxon Mobil, Shell, etc.) oder Autovermietungen (Kostenführer: Rent-a-Wreck, Marktführer: Hertz, Avis, Alamo).[518] Zum anderen kamen verschiedene Studien zum Ergebnis, dass sog. hybride Strategien durchaus Erfolg bringen können.[519] Im Detail können sequentielle und simultane hybride Strategien unterschieden werden, hierbei sind sequentielle hybride Strategien dadurch gekennzeichnet, dass die Strategien der Kostenführerschaft und der Differenzierung nacheinander bzw. abwechselnd verfolgt werden, während die simultanen hybriden Strategien von einer gleichzeitigen Verfolgung beider Optionen ausgehen.[520]

In neueren Publikationen betont Porter, dass die strategische Position eines Unternehmens **einzigartig** und schwer zu imitieren sein solle, was durch eng integrierte und aufeinander abgestimmte Schritte in der Wertkette sowie geeignete IT-Unterstützung (nicht aber rein durch Standardsoftware, da diese einfach von Wettbewerbern übernommen werden könne) zu erzielen sei.[521] Die generischen Strategien und insbesondere die Unvereinbarkeitshypothese werden in dieser Form nicht mehr genannt, auch wenn er mit **operational effectiveness** und **strategic positioning** die charakteristischen Hebel für die generischen Strategien weiterhin betont.

Als Kritik zur Market-based View wird zum einen die Vernachlässigung unternehmensinterner Faktoren genannt, aus dieser Kritik entstand die nachfolgend beschriebene Resource-based View. Zum anderen wird kritisiert, dass die Branchenstruktur als unveränderlich betrachtet wird.[522] Vor allem in der heutigen Zeit sei dies so nicht mehr gegeben, die Branchenstruktur müsse vielmehr als variabel angesehen werden.[523] Dies kann für die Softwarebranche nur unterstrichen werden, alleine Microsoft Windows kann mehrfach als Beispiel für die Auflösung traditioneller Branchengrenzen genannt werden. Im Laufe der Jahre wurden immer mehr Funktionen in das Betriebssystem integriert, für die ursprünglich ein Markt bestand, so z.B. Festplattenkomprimierung, Virenscanner und Firewalls, nicht zu vergessen die

[518] Grant und Nippa (2006), S. 312

[519] Vgl. die Übersichten bei Fleck (1995)S. 32 und Piller (2006a), S.186

[520] Vgl. z.B. Fleck (1995), Corsten (1998), S. 110ff., Welge und Al-Laham (2008), S. 535, Abdelkafi (2008), S. 10ff. und Piller (2006a), S. 185ff.

[521] Vgl. Porter (1996), S. 74 und Porter (2001), S. 70ff.

[522] Vgl. zur Kritik an Porter z.B. Welge und Al-Laham (2008), S.82f. oder Hungenberg (2008), S.108f., der treffend formuliert, es sei „primär für langsam wachselnde Oligopolmärkte geschaffen worden“ und Märkte mit hoher Dynamik schwer analysiert werden können, da sowohl ihre Grenzen als auch ihre Strukturmerkmale schnellem Wandel unterliegen.

[523] Vgl. Tilebein (2005), S.14 und die dort angegebene Literatur

enge Bindung von Internet Explorer und Media Player an das Betriebssystem, die sogar Gegenstand kartellrechtlicher Verfahren waren.[524] Zudem wird die wichtige Marktkomponente der Komplementoren nicht berücksichtigt,[525] was aber in Weiterentwicklungen des Market-based View behoben wird, vgl. Kapitel 4.1.1.4 und 4.1.1.5. Daher kann auch festgehalten werden, dass Porters Framework zwar kritisiert wird, aber eher verbessert und ergänzt wird als dass es durch andere Ansätze komplett ersetzt würde.[526]

4.1.1.2 Resource-based View

Zwar geht der Resource-based View bereits auf Penrose zurück,[527] besondere Aufmerksamkeit aber erlangte er in den 1990er Jahren als Antwort auf die Kritik am Market-based View.[528] Im Unterschied zu diesem ist der Resource-based View intern orientiert und nimmt die spezifische Ressourcenausstattung eines Unternehmens in den Fokus, die zum Ausgangspunkt für Produkt- und Marktstrategien werden. Dabei geht der Resource-based View im Unterschied zum Market-based View davon aus, dass die Ressourcen nicht gleichmäßig unter den Unternehmen verteilt sind, sondern diese Ungleichverteilung als Quelle für Wettbewerbsvorteile genutzt werden kann. Ist der Market-based View vor allem durch Porter geprägt worden, so hatten vor allem Prahalad/Hamel und später Collis/Montgomery großen Einfluss auf den Resource-based View. [529] Unter Ressourcen werden hierbei einerseits alle materiellen und immateriellen Vermögenswerte (wie bspw. Patente, Handelsmarken und Unternehmensimage des Unternehmens), andererseits aber auch komplexere individuelle und organisatorische Fähigkeiten (auch als Kompetenzen bezeichnet) verstanden.[530] Dabei verstehen Prahalad und Hamel unter Kernkompetenzen solche Fähigkeiten eines Unternehmens, die folgende drei Bedingungen erfüllen:[531]

- sie ermöglichen den Zugang zu einem weiten Spektrum an Märkten,
- sie leisten einen deutlichen Beitrag zu den vom Kunden wahrgenommenen Vorteilen des Produkts und

---

[524] Vgl. Gawer und Cusumano (2002), S. 137ff. oder Evans et al. (2006), S. 309ff.
[525] Vgl. Grant und Nippa (2006), S. 142ff.
[526] Porter selbst hat sich hierzu insofern zu Wort gemeldet, als dass er detailliert beschrieben hat, warum das Internet zwar einen großen Einfluss auf viele Märkte hat, die strategische Analyse der fünf Faktoren aber eher an Wichtigkeit gewinnt, vgl. Porter (2001)
[527] Vgl. Penrose (1959)
[528] Vgl. z.B. . Grant und Nippa (2006), S. 140ff. oder Hungenberg (2008), S. 63
[529] Vgl. Prahalad und Hamel (1990) und Collis und Montgomery (1998)
[530] Vgl. Hungenberg (2008), S. 63 oder Zahn (1995), S. 359
[531] vgl. Prahalad und Hamel (1990)

- sie sind nur schwer von den Wettbewerbern imitierbar.

Wie Tilebein vermerkt, müssen sie zudem dauerhaft sein, d.h. über einen längeren Zeitraum zur Nutzenstiftung befähigen, ebenso müssen sie knapp, nicht allen Wettbewerbern verfügbar und nicht durch andere Ressourcen substituierbar sein, gleichzeitig aber innerhalb des eigenen Unternehmens transferierbar sein.[532]
Auch der Resource-based View bietet nur begrenzt Unterstützung für Softwareunternehmen. Einerseits sind immaterielle Vermögensgegenstände und spezifische Fähigkeiten in der Softwarebranche wichtige Faktoren, hier seien beispielhaft Softwarepatente, spezialisiertes Wissen über Anwendungsgebiete der Software seitens der Mitarbeiter sowie in der Software abgebildete Geschäftsprozesse der Kunden oder spezifische Algorithmen (z.B. im Bereich der DNA-Analyse und –Sequenzierung oder Renderingalgorithmen für Computerspiele) genannt. Andererseits stellt auch der Resource-based View im Kern eine statische Betrachtung dar und kann als solcher in turbulentem Wettbewerbsumfeld nur eingeschränkt Orientierung geben. Zudem sind Pfadabhängigkeiten durch die in der Vergangenheit getätigten Investitionen in den Aufbau der Ressourcen, welche den Handlungsspielraum des Unternehmens einengen und damit zu einer Bedrohung werden können, nicht direkt thematisiert. Gerade in Branchen mit sehr schnellem technischem Fortschritt können spezifisches Wissen und spezifische Fähigkeiten, die auf der Anwendung einer bestimmten Technologie (z.B. Entwicklung in einer bestimmten Programmiersprache oder Entwicklung systemnaher Software für eine bestimmte Hardwareplattform) beruhen, sehr schnell nutzlos werden.

4.1.1.3 Dynamische Ansätze

Zwar widersprechen sich Market-based und Resource-based View auf den ersten Blick, in der Literatur wird aber mehrheitlich die Auffassung vertreten, dass beide eigentlich komplementär sind.[533] Insbesondere unter sich rasch ändernden Bedingungen sei es wichtig, nicht nur Marktstrukturen oder ausschließlich intern vorhandene Ressourcen zu betrachten, sondern beide integriert zu analysieren und als veränderliche Faktoren zu berücksichtigen.[534] Folglich ist das Ziel der integrierten Betrachtung nicht mehr die Erreichung eines unveränderlichen Optimalzustands,

[532] Vgl. Tilebein (2005), S.15
[533] Vgl. Hungenberg (2008), S. 66., oder Zahn und Schön (2003), S. 169
[534] Vgl. Tilebein (2005), S. 16

sondern vielmehr das Unternehmen dazu zu bringen, dass es sich kontinuierlich an seine Umgebung anpasst und soweit als möglich diese auch selbst beeinflusst.[535] Hierbei lassen sich trotz der integrierten Sichtweise noch Ansätze, die eine eher marktgerichtete Perspektive einnehmen und solche, die eine eher intern orientierte Perspektive einnehmen, unterscheiden. Unter den marktgerichteten sind v.a. folgende zu nennen:[536]

- Nalebuff/Brandenburger mit der Betrachtung von Wertnetzen (value nets), in denen Partner gleichzeitig Konkurrenten und Partner sind, also in „Koopkurrenz“ stehen,[537]
- Abell mit der Unterscheidung in today-for-today- sowie today-for-tomorrow-Strategien,[538]
- Beinhocker mit der Betrachtung von Strategiebündeln, die ein Spektrum alternativer Entwicklungspfade der Umwelt und des Unternehmens berücksichtigen,[539]
- das Delta-Modell von Hax und Wilde[540] sowie
- verschiedene Veröffentlichungen, die sich Unternehmensnetzwerken und deren wettbewerbsstrategischen Implikationen widmen.[541] Wie Reiß und Beck ausführen, kann hierbei sowohl innerhalb eines Netzwerks als auch zwischen Netzwerken Wettbewerb entstehen.[542]

Charakterisierend für diese Ansätze ist, dass sie die Gestaltung interorganisationaler Beziehungen über das reine Konkurrenzverhalten hinaus analysieren, sowie alternative Zukunftsszenarien analysieren und versuchen, aktiv die Marktstruktur zu beeinflussen. Auch wenn eine detaillierte Betrachtung all dieser Ansätze an dieser Stelle zu weit gehen würde, so sollen Nalebuff/Brandenburgers Modell der Koopkurrenz (Kapitel 4.1.1.4) sowie das Delta-Modell nach Hax und Wilde (4.1.1.5) erläutert werden, da beide spezifische Charakteristika der Softwarebranche in besonderem Maße berücksichtigen.

---

[535] Vgl. z.B. Zahn und Schön (2003), S. 167 oder Sanchez (1995)
[536] Vgl. Tilebein (2005), S. 16ff.
[537] Vgl. Brandenburger und Nalebuff (1995) oder Brandenburger und Nalebuff (1996)
[538] Vgl.Abell (1999)
[539] Vgl. Beinhocker (1999)
[540] Vgl. Hax und Wilde (1999)
[541] Vgl. z.B. Child und Faulkner (1998), Reiß und Beck (2000) oder Bieger und Rüegg-Stürm (2002), S. 21ff. sowie Corsten (2008).
[542] Vgl. Reiß und Beck (2000), S. 319f.

Neben diesen marktorientierten Ansätzen sind noch die intern orientierten Ansätze zu nennen:[543]

- Ghemawat und del Sol's flexible commitments, welche die Pfadabhängigkeit im Aufbau von Ressourcen verringern sollen,[544]
- das auf Argyris und Schön zurückgehende Konzept des organisationalen Lernens, welches die Bedeutung von Lernprozessen zur Steigerung und Erhaltung von Wandlungsfähigkeit betont,[545]
- die dynamic capabilities nach Teece und Pisano[546] und
- verschiedene Ansätze, welche die Gestaltung dynamischer intraorganisationaler Strukturen thematisieren.[547]

Allerdings können auch diese Ansätze dahingehend kritisiert werden, dass sie die sich wechselseitig beeinflussende Weiterentwicklung von Marktstruktur und internen Ressourcen nur unzureichend betrachten. Hier schaffen nach Tilebein der Knowledge-based View und eine dynamische Betrachtung der dynamic capabilities, nach der auch die dynamic capabilities selbst einer Veränderung unterliegen, Abhilfe.[548]

Somit kann als Zwischenfazit festgehalten werden, dass es eine Vielzahl an aktuellen Ansätzen gibt, die sich mit der Schaffung nachhaltiger Wettbewerbsvorteile beschäftigen. Dabei werden sowohl externe als auch interne Faktoren analysiert und auch Empfehlungen für ihre Gestaltung gegeben, folglich also sowohl die Marktstruktur als auch die Ausstattung des Unternehmens mit Ressourcen und Kompetenzen berücksichtigt. Beide Perspektiven sind für Softwareunternehmen, die eine Mass Customization-Strategie verfolgen wollen, wichtig. Mass Customization zielt primär auf die Produkt-Markt-Position des Unternehmens ab, erfordert aber andererseits den Aufbau von Learning Relationships mit dem Kunden, so dass eine derartige integrierte Betrachtung vonnöten ist. Da weite Teile der Softwarebranche durch eine hohe Bedeutung der Kooperation mit anderen Unternehmen sowie ein turbulentes Wettbewerbsumfeld gekennzeichnet sind, ist eine statische Betrachtung nicht ausreichend, stattdessen neben der integrierten Betrachtung von interner wie externer Perspektive auch eine Modellierung dynamischer Zeitabläufe notwendig.

[543] Vgl. Tilebein (2005), S. 21 ff.
[544] Vgl. Ghemawat und del Sol (1998)
[545] Vgl.z.B. Argyris und Schön (1978)
[546] Vgl. Teece und Pisano (1994) und Teece et al. (1997)
[547] Vgl. z.B. Picot et al. (2003), Kaluza und Blecker (2000) oder Picot und Reichwald (1994)
[548] Vgl. Tilebein (2005), S. 25ff.

4.1.1.4 Das „co-opetition model" von Brandenburger/Nalebuff

Wie in der Beschreibung des Market-based View erläutert, sind Anbieter substitutiver Produkte und Dienstleistungen eine der fünf Wettbewerbskräfte im Modell Porters. Diese begrenzen die in einer Branche erzielbaren Gewinne, da die Kunden auf die Substitute ausweichen können, falls die Produkte der Branche zu teuer werden. Die ökonomische Theorie kennt neben Gütern, die einander substituieren können allerdings noch eine andere Art von Beziehung zwischen zwei unterschiedlichen Gütern: **Komplementarität**. Zwei komplementäre Güter ergänzen einander und steigern damit jeweils den Wert des anderen Gutes, so z.B. Videospielkonsolen und für eine Konsole entwickelte Videospiele: weder das Spiel noch die Konsole sind für sich alleine besonders wertvoll, erst gemeinsam bieten sie einen Wert für den Kunden.[549]
Das co-opetition model von Brandenburger und Nalebuff erweitert das Portersche Analyseraster um die Betrachtung komplementärer Beziehungen, diese können dabei sowohl auf der Seite der Kunden als auch auf Seite der Lieferanten auftreten, vgl. Abbildung 39.[550]

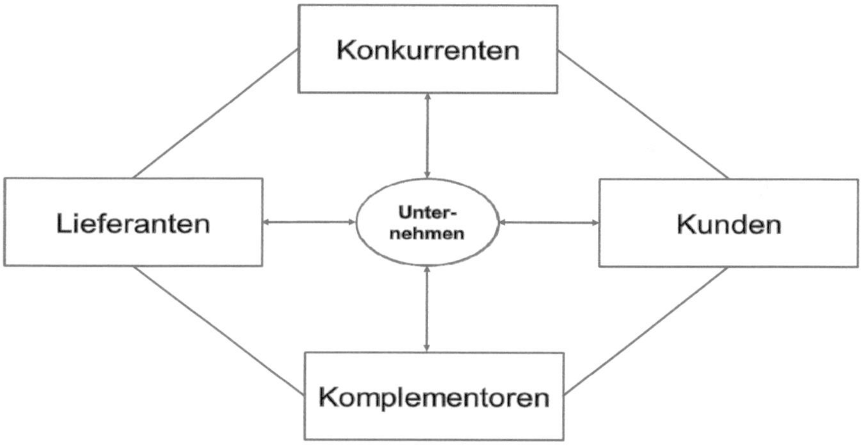

Abbildung 39: Das Wertnetz[551]

Der besondere Verdienst Brandenburger/Nalebuffs ist aber, herausgearbeitet zu haben, auf welche drei Möglichkeiten die Beziehungen zwischen zwei Unternehmen ausgestaltet sein können: [552]

[549] Vgl. für diesen Absatz Hungenberg (2008), S.110ff. oder Grant und Nippa (2006), S. 142f.
[550] Vgl. Brandenburger und Nalebuff (1995) und Brandenburger und Nalebuff (1996)
[551] Quelle: Brandenburger und Nalebuff (1996), S. 17

- rein konkurrierend: dies ist der klassische Fall zweier Wettbewerber, für Software sind hier beispielsweise die Produkte Norton Antivirus und Mc Afee VirusScan zu nennen,
- rein komplementär: hier gelten Intel und Microsoft als klassisches Beispiel, da einerseits Intel vom erhöhten Ressourcenbedarf neuer Softwarepakete wie Microsoft Windows und Microsoft Office profitiert, wenn die Kunden hierfür neue PCs (mit Prozessoren von Intel) benötigen, andererseits Microsoft vom erhöhten Leistungsvermögen neuer Prozessoren profitiert, da dieses Voraussetzung ist, damit die Kunden neue und ressourcenhungrige Software richtig nutzen können,[553]
- konkurrierend und komplementär zugleich: es ist auch möglich, dass zwei Unternehmen gleichzeitig miteinander auf einem Geschäftsfeld kooperieren und auf einem anderen konkurrieren, [554] beispielsweise SAP und Oracle, die auf dem Markt für ERP-Systeme erbitterte Konkurrenten sind, während gleichzeitig Oracle der Anbieter eines der wichtigsten Datenbankmanagementsysteme ist, um das ERP-System von SAP zu betreiben (alleine schon aufgrund des Marktanteils, den Oracle auf dem Markt für Datenbankmanagementsysteme hat).[555]

Die Betrachtung der vier Marktteilnehmer (Kunden, Lieferanten, Komplementoren, Wettbewerber) ergibt das jeweilige Wertenetz („value net"), in welches das Unternehmen eingebunden ist. Das Verständnis dieses Wertenetzes erlaubt es dem Unternehmen, das Verhalten der Marktteilnehmer besser zu verstehen und Chancen zu nutzen, die sich durch komplementäre Beziehungen eventuell bieten.[556]

Insbesondere die Verteilung der durch die Komplementarität entstehenden Produzentenrenten bei komplementären Gütern ist hierbei interessant, so war beispielsweise Nintendo im Markt für Spielekonsolen in der Lage, diese Renten zu einem Großteil abzuschöpfen, während dies IBM im Markt für IBM-kompatible PCs nicht gelang (vgl. auch Kapitel 3.1.3).[557]

[552] Vgl. Brandenburger und Nalebuff (1996), S. 12ff. und 28ff.
[553] Diese Beziehung ist heute ebenso gültig wie 1996, als Brandenburger/Nalebuff auf sie hinwiesen, vgl. Brandenburger und Nalebuff (1996), S.12
[554] Vgl. Beck (1998)
[555] Vgl. Hoch et al. (2000), S. 187
[556] Vgl. Brandenburger und Nalebuff (1996), S. 16ff. oder Hungenberg (2008), S. 112f.
[557] Vgl. Grant und Nippa (2006), S. 143f.

Ähnliche Modelle wie Brandenburger/Nalebuff stammen auch von Wade, Hagel, Moore und Gomes-Casseres.[558] Diese gehen noch stärker auf die Bildung von Partnernetzwerken und die sich dabei herausbildenden Rollen (führendes Unternehmen vs. Anbieter von auf der Plattform aufbauenden Komplementärgütern) ein,[559] berücksichtigen aber das Nebeneinander von Konkurrenz und Kooperation nur unzureichend.[560] Da die Kooperation die Konkurrenz nicht komplett ablöst, sondern lediglich ergänzt, erscheint dieses Nebeneinander auch in der Softwarebranche aber durchaus betrachtenswert.[561]

4.1.1.5 Das Delta-Modell nach Hax und Wilde

Das Delta-Modell von Hax und Wilde ist dem Modell von Brandenburger und Nalebuff insofern nicht unähnlich, als dass beide den marktorientierten Ansätzen zuzuordnen sind sowie Produktplattformen und Netzeffekte berücksichtigen.[562] Dabei bestreiten Hax und Wilde die interne Logik der Strategien Kostenführung und Differenzierung nicht, vielmehr argumentieren sie, dass es neben dieser Option (die sie zusammenfassend als **bestes Produkt** bezeichnen) noch zwei andere Optionen gibt, an denen sich Unternehmen orientieren können.[563] Microsoft und MCI WorldCom seien schöne Beispiele für Unternehmen, die ihre strategische Wettbewerbsposition nicht primär über Kostenführerschaft oder Differenzierung definieren. Und tatsächlich würden wenige argumentieren, Microsoft stelle die besten oder innovativsten Produkte her, vielmehr hatte Microsoft lange Zeit eher ein Image als Anbieter recht fehlerbehafteter Produkte.[564] Auch lässt sich argumentieren, Konkurrenten wie z.B. Netscape oder Apple hätten Marktanteile gegen Microsoft verloren, obwohl sie das bessere und innovativere Produkt anboten.[565] Hax und Wilde argumentieren, Microsoft

---

558 Vgl. Wade (1995), Hagel (1996) Moore (1996) Gomes-Casseres (1999) Gomes-Casseres (1994) Gomes-Casseres und Leonard (1997) bzw. Vergleich und Bewertung bei Müller (1999), S. 102 ff.

559 Vgl. auch die Behandlung des Themas der Produktplattformen und Partnernetze in Kapitel 3.1.3

560 Vgl. Müller (1999), S. 107 und 109ff., der aus all diesen Modellen ein eigenes Modell synthetisiert, welches aus seiner Sicht alle Aspekte einer Partnerstrategie für die Softwarebranche beinhaltet.

561 Für die vorliegende Arbeit sind die Beziehungen zwischen verschiedenen Anbietern im Allgemeinen und die Prozesse innerhalb derartiger Partnernetze im Besonderen allerdings nur insofern von Interesse, als dass Anbieter diese Beziehungen in der Auswahl der zu bedienenden Produkt-Markt-Kombination berücksichtigen müssen. Die in Kapitel entwickelte Methode zur Produkt(plattform)definition kann sowohl zur Definition des Gesamtsystems als auch einzelner Teile verwendet werden, die Frage, wer diesen Teil erbringt, wird nicht betrachtet.

562 Vgl. Hax und Wilde (1999)

563 Hax und Wilde ordnen sowohl die Kostenführer als auch die Differenzierer der Option best product zu, da in beiden Fällen der Wettbewerb über die product economics definiert sei, vgl. Hax und Wilde (1999), S. 11ff.

564 Vgl. Herzwurm (2000), S. 2

565 vgl. Cusumano und Yoffie (1998), S. 144 und 321ff., Gawer und Cusumano (2008), S. 29 oder Shapiro und Varian (1999), S. 289ff.

nutze die Position des **System lock-in** und damit die zweite Option ihres Modells hervorragend aus.[566] MCI WorldCom indes, der amerikanische Telekommunikationskonzern, der eine beeindruckende Wachstums- und Erfolgsstory vorweisen konnte, verdankt laut Hax und Wilde seinen Erfolg nicht überlegen differenzierten Produkten oder besonders günstigen Kostenstrukturen. Vielmehr sei MCI WorldCom herausragend darin, durch die geschickte Kombination zahlreicher Produkte, die einzeln gesehen eher standardisiert als differenziert sind, ein Gesamtangebot zu schaffen, das den Kunden ein Rundumangebot im Bereich Telekommunikation bietet.[567] Diese dritte Option bezeichnen Hax und Wilde als **Kundenlösungen**.

Die Option **bestes Produkt** kennzeichnet sich hierbei durch die konsequente Ausrichtung auf das Produkt, entweder in Form einer Kostenführerschaft oder in Form einer Differenzierung im Porterschen Sinne, aus. Der Kunde wird über das Produkt selbst ans Unternehmen gebunden, Hax und Wilde empfehlen hierzu rasche Markteinführungen/Produktwechsel, als erster mit einem neuen Produkt oder neuartigen Feature am Markt zu sein, und nach Möglichkeit ein sog. **dominant design** zu etablieren.[568] Die Option **Kundenlösungen** zeichnet sich dadurch aus, dass der Anbieter versucht, eine Lösung für einen möglichst großen Teil der Probleme des Kunden anzubieten.[569] Hierzu wird er versuchen, eng mit den Kunden zusammenzuarbeiten, um sehr kundenorientiert ein Bündel aus Produkten und Dienstleistungen anzubieten, Standardprodukte eng an den einzelnen Kunden anzupassen und so einen möglichst großen **customer share** (nicht unbedingt aber einen großen Marktanteil für eines der Produkte, wie er in der Option bestes Produkt angestrebt wird) zu erreichen. Hieraus folgt idealerweise eine enge Kundenbindung, die für den Kunden zu einem lock-in führt. Die Option **System lock-in** schließlich zeichnet sich dadurch aus, dass das Unternehmen eine Plattform entwickelt und etabliert, auf deren Basis es selbst, aber eben auch eine möglich große Anzahl weiterer Anbieter, komple-

---

[566] Vgl. Hax und Wilde (1999), S. 11f.
[567] Vgl. Hax und Wilde (1999), S. 12
[568] Vgl. Hax und Wilde (1999), S. 13. In der innovationsökonomischen Literatur wird der Prozess, der sich an eine radikale Innovation anschließt, in eine Phase vor und eine Phase nach der Etablierung eines dominant designs unterteilt, vgl. Utterback und Abernathy (1975). Dabei konkurrieren die Wettbewerber in der ersten Phase mit durchaus unterschiedlichen Produktentwürfen, die teilweise auf unterschiedlichen Technologien aufbauen. Zu einem bestimmten Zeitpunkt stellt sich einer dieser Entwürfe als technisch überlegen oder im Markt besonders erfolgreich heraus, so dass zahlreiche Wettbewerber diesen übernehmen. Teece (1986), S. 288 nennt das T-Modell von Ford und die IBM 360 als Beispiele für dominant designs. Um diese Position zu erreichen, muss das dominant design die wichtigsten Anforderungen einer großen Anzahl von Kunden erfüllen, vgl. Suarez und Utterback (1992), S. 2 oder Teece (1986), S. 288. Die Auswirkungen von dominant designs auf den Markterfolg von Innovatoren und Imitatoren scheinen komplex und von verschiedenen Faktoren abhängig zu sein, vgl. Suarez und Utterback (1992), Teece (1986) oder Grant und Nippa (2006), S. 430ff.
[569] Vgl. im Folgenden Hax und Wilde (1999), S. 13 und 15f.

mentäre Produkte und Dienstleistungen anbieten.[570] Hax und Wilde empfehlen hier eine Mischung aus einer offenen und erweiterbaren Produktarchitektur und proprietären Standards sowie aktivem Partnermanagement (das unter Umständen die Partner exklusiv an das eigene Netz bindet).[571]

Diese drei Optionen lassen sich in begrenztem Umfang auch kombinieren, wie die in Abbildung 40 eingezeichneten Beispiele bekannter US-amerikanischer Unternehmen zeigen. Ähnlich wie Porter argumentieren Hax und Wilde aber, dass unterschiedliche Zielgrößen, Prioritäten etc. zu Konflikten führen, wenn kein klarer Schwerpunkt auf einer der drei Optionen besteht. Wie Schwandner ausführt, verfolgen reale Softwareunternehmen aber oftmals eine Strategie, die durchaus als Mischform bezeichnet werden kann: so kann man die Strategie der SAP primär der Option System lock-in zuordnen, die intensive Zusammenarbeit mit Pilotkunden zeigt aber auch Anzeichen der Kundenlösungen und dass sie das beste Produkt anbieten, würde SAP sicher auch für sich reklamieren.[572]

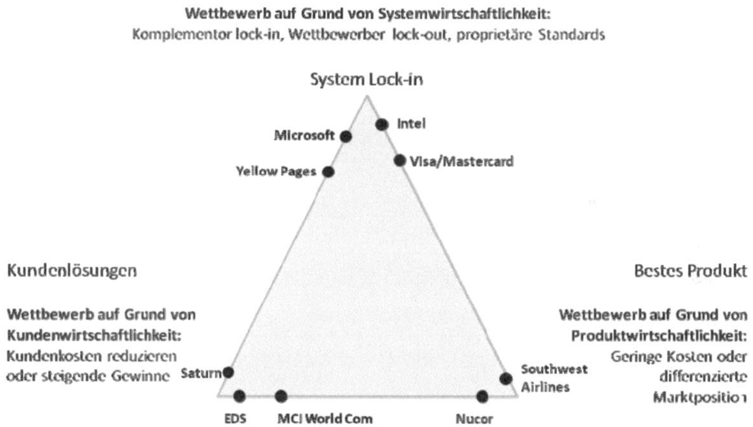

Abbildung 40: Strategische Optionen im Delta-Modell[573]

Nichtsdestotrotz ist das Delta-Modell aufgrund der Berücksichtigung der drei Optionen sehr gut geeignet, um Strategien von Softwareunternehmen zu analysieren und soll im weiteren Verlauf dieser Arbeit als Analyseraster genutzt werden. Dabei soll

[570] Vgl. Hax und Wilde (1999), S. 13, hierfür wird teilweise auch der Begriff Business Ecosystems, Netzwerke oder Product Platforms (je nachdem ob die Anbieter oder die Produkte im Kern der Betrachtung stehen), verwendet, siehe auch Kapitel 3.1.3.

[571] Vgl. Hax und Wilde (1999), S. 16f

[572] vgl. Schwandner (2002), S. 222

[573] Quelle: Synthese aus Abb. 1 und Abb. 3 aus Hax und Wilde (1999).

die interne Perspektive, also die Betrachtung der eigenen Ressourcen, insbesondere auch in dynamischer Betrachtung, nicht vernachlässigt werden.

Bevor aufbauend auf den strategischen Überlegungen die Spannbreite möglicher Geschäftsmodelle für Softwareunternehmen aufgezeigt wird, soll zuerst noch ein weiteres klassisches Strategiekonzept, in dessen Fokus der strategische Umgang mit technologischen Neuerungen steht, präsentiert werden. Dies ist notwendig, da der rasche technologische Wandel kennzeichnend für die Softwarebranche ist (wie in Kapitel 3.2 dargestellt) und der Umgang mit diesem Wandel eine hohe strategische Bedeutung für Softwareunternehmen hat.

Tabelle 11: Abgrenzung der Strategieoptionen nach Hax und Wilde[574]

Abgrenzungskriterien	System lock-in	Bestes Produkt	Kundenlösung
Strategische Maxime	Gewinnung der besten Partner und Sicherung von Kompatibilitäts- und Netzwerkvorteilen für Kunden	Dominantes Design entwickeln und First-Mover-Vorteile anstreben	Optimale Anpassung an Kundenbedürfnisse und Vertrauensbasis aufbauen
Zentrale Erfolgsmessgröße	Anteil der Komplementär-anbieter	(Klassischer) Produktmarktanteil	Anteil am relevanten Budget von Zielkunden
Wichtigste Partner	Komplementäre	Distributoren	Produktführer oder Systemführer
„Unique Selling Point“	Systemnutzen und gegebenenfalls Preisnachlässe	(Objektive) Überlegenheit des eigenen Produkts	Höchster Kundennutzen bezüglich der Gesamtheit der Bedürfnisse

4.1.1.6 Adaptionsstrategien nach Miles und Snow

Die sog. Adaptionsstrategien von Miles und Snow befassen sich vor allem mit dem **adaptive cycle**, der aus ihrer Sicht durchlaufen werden muss, um ein Unternehmen optimal an seine Umwelt anzupassen, aber gegebenenfalls auch die Umwelt (soweit beeinflussbar) im Sinne des Unternehmens zu verändern.[575] Dieser Zyklus besteht aus folgenden Schritten:

- eine passende Produkt-Markt-Kombination zu wählen (sog. entrepreneurial problem),
- zweckmäßige produktions- und vertriebstechnische Technologien zu wählen (sog. engineering problem) und

---

[574] Schwandner (2002), S. 222

[575] vgl. Miles et al. (1978)

- Organisationsstruktur und Prozess anzupassen, aber auch geeignete Felder für Innovationen zu identifizieren (sog. administrative problem).

Trotz seines Alters scheint der Ansatz sehr gut geeignet, um das Wettbewerbsverhalten auch in der Softwarebranche zu charakterisieren, wie sich auch an den von ihnen identifizierten drei Typen mit jeweils aufeinander abgestimmten Konfigurationen aus Umwelt, Strategie, Technologie sowie Organisation (aufbau- und ablauforganisatorisch) zeigt:

- **Defender**:
  diese agieren eher defensiv, beschränken sich auf ausgewählte Segmente einer Branche und beschränken sich auf die (graduelle) Weiterentwicklung bereits beherrschter Technologien in relativ stabilen Märkten. Dabei sind sie durch stark ausgeprägte Kostenorientierung und kontinuierlicher Verbesserung ihrer Effizienz geprägt, aber nicht identisch mit Porters Kostenführer: Defender sind in ihrem Zielmarkt spezialisiert und besitzen die Kompetenz zum Angebot differenzierter Produkte, wodurch sie Wettbewerber abzuschrecken versuchen.[576]
- **Prospector**:
  verkörpern den Gegenpol zum Defender, agieren in dynamischem Umfeld, und sind ständig auf der Suche nach neuen Produktideen und Vermarktungsmöglichkeiten. Hierzu wird aktives Technologiemanagement betrieben und werden oftmals mehrere alternative innovative Technologien ausprobiert. Ziel der Prospectors ist es, die Spielregeln des Markts zu verändern und den Wettbewerb so für sie günstig zu gestalten.[577]
- **Analyzer**:
  kann man als Mittelposition auf dem Kontinuum zwischen Defender und Prospector interpretieren, d.h. sie gehen proaktiver und risikobereiter als die Defender vor, scheuen aber das Risiko des first movers und zielen eher darauf ab, diesem schnell nachzufolgen und dabei von seinen Erfahrungen zu profitieren. Dazu halten sie Ausschau nach neuen Produkten und marktseitigen Möglichkeiten. Gleichzeitig aber pflegen sie wie die Defender bereits etablierte Technologien und Kundenbeziehungen.[578]

[576] Vgl. Miles et al. (1978), S. 31ff. und Schwandner (2002) , S. 210
[577] Vgl. Miles et al. (1978) S. 49ff.
[578] Vgl. ebenda, S. 68ff.

Zusätzlich haben Miles und Snow noch den Typ des **Reactors** identifiziert, sehen diesen allerdings nicht als stabil (im Sinne von langfristig am Market lebensfähig) an, da dieser es nicht schafft, eine passende Konfiguration aus Strategie, Technologie sowie Organisation zu finden, um auf Veränderungen der Umwelt zu reagieren.[579]

4.1.2 Geschäftsmodelle für Softwareunternehmen

Ein wichtiges Konzept, wie insbesondere in Branchen mit einer hohen Veränderungsrate die Wettbewerbsstrategie eines Unternehmens definiert und beschrieben werden kann, ist das Geschäftsmodell. Dieses stellt keinen Ersatz für eine Strategie dar, sondern im Gegenteil eine Fortentwicklung und Konkretisierung derselben, wenn ein Unternehmen sein Geschäftsmodell unter Berücksichtigung der Elemente Produkt-/Marktkombination, Durchführung und Konfiguration von Aktivitäten der Wertschöpfung sowie Ertragsmechanismen definiert. Hierbei stellt der Geschäftsmodellansatz nach Hamel einen ausgereiften Ansatz dar, der auch die Wettbewerbssituation in der Softwarebranche berücksichtigt.[580] Abbildung 41 zeigt die Bausteine eines Geschäftsmodells nach Hamel.

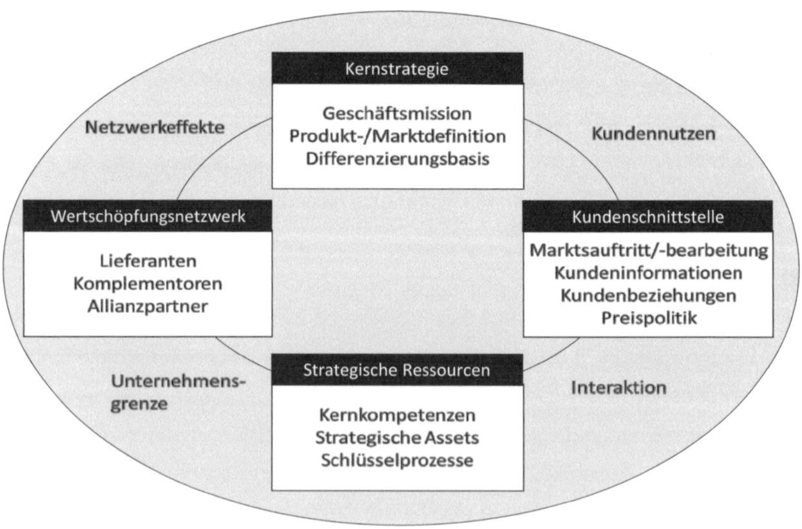

Abbildung 41: Bausteine eines Geschäftsmodells[581]

---

579 Vgl. ebenda, S. 81ff.

580 Vgl. Zahn (2003), S. 16. Für den Begriff Geschäftsmodell existieren zahlreiche Definitionen, beispielsweise die von Bieger et al. verglichenen Definitionen, vgl. Bieger et al. (2002), S. 36ff.

581 Quelle: Zahn (2003), S. 17

Der Ansatz umfasst die folgenden vier Kernbausteine: [582]

- die **Kernstrategie** spiegelt die Mission des Unternehmens bzw. Geschäftsbereichs wider, definiert die Produkt-Markt-Kombination(en), in denen das Unternehmen tätig sein will und auf denen das Unternehmen im Vergleich zu seinen Wettbewerbern einzigartig sein will
- die **strategischen Ressourcen** subsumieren die internen Quellen für Wettbewerbsvorteile wie Kernkompetenzen, strategische Assets (z.B. Marken und Patente) und Schlüsselprozesse des Unternehmens
- die **Kundenschnittstelle** legt fest, wie Marktauftritt und –bearbeitung, Kundenbeziehungen sowie Informations- und Preispolitik ausgestaltet werden
- das **Wertschöpfungsnetzwerk**, das die Kooperation mit Lieferanten, Komplementoren und Allianzpartnern beschreibt.

Verbunden werden diese Bausteine durch Verbindungselemente, die zum Ausdruck bringen, wie[583]

- die strategischen Ressourcen zur Strategieunterstützung genutzt werden können (**Konfiguration**)
- Kundenbedürfnisse befriedigt werden sollen (**Kundennutzen***)*
- wie die kundenbezogenen Prozesse ausgestaltet sind und durch IT unterstützt werden (**Interaktion**)
- wie Zusatznutzen durch das Wertschöpfungsnetzwerk geschaffen werden soll (**Netzwerkeffekte***)*
- was das Unternehmen selbst erledigt und welchen Teil der Wertschöpfung es seinen Partnern überlässt (**Unternehmensgrenze***).*

Zahn weist in diesem Zusammenhang darauf hin, dass die Chance auf Schaffung eines nachhaltigen Wettbewerbsvorteils höher ist, wenn eine Geschäftsmodellinnovation an mehreren Stellen ansetzt und die Bausteine und Brückenelemente eng miteinander integriert sind. Dies stelle Nachahmer vor größere Probleme als die isolierte Veränderung eines einzelnen Bausteins oder Brückenelements.[584]

Bei genauerer Betrachtung berücksichtigt dieser Ansatz sowohl die Schule des Market-based View (v.a. im Baustein Kernstrategie) als auch die Schule des Resource-based View (v.a. im Baustein strategische Ressourcen), bezieht aber auch

[582] Vgl. Hamel (2001), S. 88ff. sowie Zahn (2003), S. 16ff.
[583] Vgl. Hamel (2001), S. 89ff. sowie Zahn (2003), S. 16ff.
[584] Vgl. Zahn (2003), S. 18

Komplementoren und Netzwerkeffekte ein, die z.B. in den Modellen von Nalebuff/Brandenburger oder Hax/Wilde behandelt werden. Zusätzlich wird die Brücke zum Marketing geschlagen, welches in sich rasch verändernden Käufermärkten von besonderer Bedeutung ist, wie in Kapitel 4.2 dargestellt wird.

Da dieser Ansatz branchenübergreifende Gültigkeit für sich reklamiert, benötigt er eine weitere Spezifizierung, um auf Softwareunternehmen anwendbar zu sein. Hierfür werden im Folgenden die von Herzwurm und Pietsch identifizierten idealtypischen Geschäftsmodelle für Softwareunternehmen Projektgeschäft, Lizenzgeschäft, Lizenz plus Service und IT-Systemservicegeschäft verwendet.[585]

4.1.2.1 Projektgeschäft

In den meisten Veröffentlichungen zur Softwareentwicklung, insb. auch bei den allermeisten Vorgehensmodellen zur Softwareentwicklung, wird zumindest implizit von der Entwicklung von Software innerhalb eines Projekts und für einen bestimmten (und bekannten) Kunden ausgegangen. Das zugehörige Geschäftsmodell bezeichnen Herzwurm und Pietsch als **Projektgeschäft**. Kennzeichnend für dieses Geschäftsmodell ist, dass das Ergebnis im Rahmen eines Projektes entwickelt wird und somit eigentlich nicht das Produkt, sondern die Entwicklung als Dienstleistung mit den Teilschritten von der Analyse bis zur Einführung beim Kunden vermarktet wird. Herzwurm und Pietsch unterscheiden zwei miteinander verknüpfte, aber konzeptionell unabhängige Geschäftsmodelle im Projektgeschäft: Projektbegründung und Projektdurchführung. Dabei beschäftigt sich die **Projektbegründung** mit der Akquisition (inkl. Vertrieb, Durchführung von Vorstudien und Vertragsverhandlungen), während die **Projektdurchführung** das Management der Entwicklungsprojekte ab dem Zeitpunkt der Auftragserteilung umfasst. Dieser Unterscheidung wird im Folgenden nicht gefolgt, da im Rahmen dieser Arbeit die Effekte der auf mehrere Unternehmen verteilten Entwicklung und Vermarktung nicht betrachtet werden sollen.[586]

Dass dieses Geschäftsmodell besondere Ansprüche an die Interaktion mit dem Kunden stellt ist offensichtlich, da der realisierte Nutzen stark davon abhängt, inwiefern das Unternehmen eine Lösung für das Problem des Kunden bereitstellen kann. Folglich ist die Interaktion mit dem Kunden von großer Bedeutung, so dass die Mitarbeiter nicht nur eine hohe technische Kompetenz, sondern vor allem auch Sozialkompetenz

---

[585] Vgl. im Folgenden Herzwurm und Pietsch (2008) sowie Pietsch (2006)

[586] Zudem betonen Herzwurm und Pietsch selbst: „Diese und alle folgenden Wertschöpfungsketten dienen der Veranschaulichung der Veranschaulichung des Geschäftsmodells und nicht als deskriptives oder gar normatives Modell. Sie sind vielmehr als Arbeitshypothesen für die Diskussion in Forschung und Praxis zu verstehen.", vgl. Herzwurm und Pietsch (2008), S. 35.

aufweisen sollten. Komplementoren sind in diesem Geschäftsmodell vor allem dann wichtig, wenn ein Unternehmen sich auf Projektbegründung oder Projektdurchführung beschränkt (z.B. falls die Programmierung im Sinne eines Offshore-Outsourcing an Dritte vergeben wird). Selbst Komplementoren sind Unternehmen dort, wo sie auf einer Systemplattform eines oder mehrerer Dritter aufbauen, beispielsweise wenn das Geschäftsmodell in der Entwicklung individueller Zusatzlösungen für SAP ERP besteht.

4.1.2.2 Lizenzgeschäft

Das **Lizenzgeschäft** zielt dagegen auf den Massenmarkt ab und hat die Entwicklung von Software zum Ziel, die als Massenprodukt verkauft wird.[587] Beispiele hierfür sind Computerspiele, Textverarbeitungsprogramme oder Virenscanner. Voraussetzung hierfür ist allerdings, dass das Produkt auf seine wesentlichen Eigenschaften reduziert werden kann. Alternativ muss es so flexibel ausgestaltet sein, dass es vom Kunden für seine spezifischen Anforderungen angepasst werden kann. Bei Textverarbeitungen oder auch einfacheren Buchhaltungssystemen kann der Nutzer selbst seinen Briefkopf einbinden, ohne auf Unterstützung durch den Anbieter der Software angewiesen zu sein.[588]

Aufgrund der sehr niedrigen Grenzkosten ist das Geschäftsmodell des Lizenzgeschäfts sehr verlockend, da die Gewinnspanne sehr hoch sein kann.[589] Wie Herzwurm und Pietsch betonen, ist die Anzahl der Anbieter, die hierin Erfolg haben, durchaus beschränkt, was u.a. an den Netzeffekten liegt (oftmals liegt ein „winner takes it all"-Markt vor), aber auch an den hohen Entwicklungskosten für ein Standardprodukt (initial und für jedes neue Release). Zusätzlich kann es sein, dass ein Unternehmen mit dominanter Stellung in einem bestimmten Markt angrenzende Märkte angreift, indem es die entsprechenden Funktionen seinem Standardprodukt hinzufügt und kostenlos oder sehr günstig anbietet. Hierdurch werden der oder die angrenzenden Märkte komplett unprofitabel gemacht, wie z.B. an Microsoft und den Beispielen Internet Explorer und Windows Media Player zu sehen ist.[590] Im Lizenzgeschäft stellt die Finanzierung durch Risikokapitalgeber und/oder einen

---

[587] Daher wird diese Art von Software teilweise auch als Massensoftware bezeichnet, vgl. Baaken und Launen (1993), S. 11ff.

[588] Dies entspricht der in Kapitel 2.3.4 besprochenen Soft Customization und stellt für Software nichts Besonderes dar.

[589] Vgl. Cusumano (2004), S. 33ff.

[590] Hier zeigt sich die Gefahr durch Substitution wie von Porter in seinem five forces-Modell beschrieben, wenn auch in leicht abgewandelter Form, vgl. Kapitel 4.1.1.1. Für das Beispiel Microsoft vgl. Gawer und Cusumano (2002), S. 137ff.

Börsengang ein wichtiges Instrument dar, da die Entwicklungskosten sehr hoch sein können und erst durch eine hohe bis sehr hohe Anzahl verkaufter Lizenzen wieder hereingeholt werden, was wiederum eine große und hochqualifizierte Marketing- und Vertriebsmannschaft erfordert.[591]

In Anlehnung an Porters Modell der Wertschöpfungsketten unterscheiden Herzwurm und Pietsch zwei Geschäftsmodelle mit jeweils unterschiedlichen Wertschöpfungsketten im Lizenzgeschäft: **IT-Standardproduktentwicklung** einerseits und **IT-Standardproduktvermarktung** und **-pflege** andererseits. In der Praxis scheint es allerdings eine durchaus häufige Vorgehensweise zu sein, dass ein Standardprodukt ursprünglich im Rahmen als Individualsoftware entwickelt wurde und anschließend verallgemeinert wird.[592] Dies ist allerdings mit deutlichem Aufwand verbunden: Herzwurm und Pietsch betonen, dass hierzu ein zusätzliches Projekt vonnöten ist, das sowohl ein fachliches als auch ein technisches Reengineering umfasst.[593]

Diese Geschäftsmodelle, vor allem die Produktvermarktung, basieren stark auf Netzwerkeffekten sowie der Wahl einer entsprechenden Produkt-Markt-Kombination, die möglichst nicht bereits von einem sehr dominanten Unternehmen besetzt wird. Alternativ kann ein Unternehmen sich als Komplementor für ein dominantes Produkt positionieren und hoffen, dass das dominante Unternehmen das eigene Unternehmen kauft oder das Produkt bzw. die dahinter stehende Technologie lizensiert.[594]

4.1.2.3 Lizenz plus Service

In vielen Fällen ist es nicht möglich oder sinnvoll, ein Softwareprodukt in komplett standardisierter Form auf einem Massenmarkt anzubieten oder es dergestalt flexibel zu gestalten, dass der Kunde es selbst für seine Zwecke anpassen kann. Unter diesen Umständen bietet sich das Geschäftsmodell **Lizenz plus Service** an. Zusätzlich zur Nutzungslizenz für die Software werden hier noch ergänzende Anpassungs-

[591] Vgl. Cusumano (2004), S. 48 und 273ff.

[592] Die Idee der Firmengründer der SAP bestand gerade darin, die wiederkehrende Arbeit in Projekten bei IBM unter dem Dach einer neuen, eigenen Firma in eine Standardsoftware zu gießen und diese lediglich noch projektspezifisch anzupassen. Nicht zuletzt aufgrund der angespannten Finanzen des neu gegründeten Unternehmens wurde die Standardsoftware aber im Rahmen einzelner Projekte mit Pilotkunden entwickelt, diese Methode ist das Unternehmen bis heute mehr oder weniger treu geblieben. Eine schöne Historie der Gründung und der Anfangsjahre der SAP findet sich bei Meissner (1997), S. 15ff. und 34ff., während Wolf et al. (2008), S. 160ff. aktueller, aber kürzer hierauf sowie auf Veränderungen in der Einbindung von Partnern eingeht.

[593] Vgl. Herzwurm und Pietsch (2008), S. 35

[594] Cusumano und Gawer beschreiben die Taktik, kleinere Wettbewerber mit besonders innovativern das eigene Produkt gut ergänzenden Produkten, aufzukaufen am Beispiel Cisco, vgl. Gawer und Cusumano (2002), S. 162ff., Cusumano und Yoffie beschreiben dies am Beispiel Netscape, vgl. Cusumano und Yoffie (1998), S. 33ff.

dienstleistungen angeboten.[595] Wie Herzwurm und Pietsch betonen, sollte für eine ausreichende Standardisierung der Dienstleistungen das zugrundeliegende und anzupassende Softwareprodukt eine gewisse Reife aufweisen und das Unternehmen bereits Erfahrungen hinsichtlich der Anpassung aufweisen, um nicht in eine gefährliche strategische Mittellage (ähnlich Porters „stuck in the middle“) zu geraten.[596] Hierbei seien die Verlässlichkeit der Abschätzung des Anpassungsaufwandes sowie die Flexibilität, Kompatibilität und Stabilität der Plattform erfolgskritisch, da sonst die Kosten nicht mehr gedeckt sind. Dies geht je nach Vertragsform zu Lasten des Auftragnehmers oder Auftraggebers, führt aber in beiden Fällen zu Unzufriedenheit. Demzufolge sind in diesem Geschäftsmodell sowohl die Faktoren, die im Lizenzgeschäft wichtig sind, als auch diejenigen Faktoren, die im Projektgeschäft besonders beachtet werden müssen, von Bedeutung.

4.1.2.4 IT-Systemservice-Geschäft

Das IT-Systemservice-Geschäft steht nicht im Fokus dieser Arbeit und wird hier nur der Vollständigkeit halber aufgeführt. Dieses Geschäftsmodell beinhaltet die Bereitstellung von IT-Services durch externe Dienstleister (welche die Dienste wiederum extern erbringen oder durch das ehemals unternehmensinterne Rechenzentrum, welches durch Outsourcing an den Dienstleister überging). Konzepte wie Application Service Providing (ASP), Software-as-a-Service (SaaS), On-demand-Anwendungen oder Rent-to-own fallen ebenfalls unter dieses Geschäftsmodell. Im Folgenden wird es aber nicht weiter betrachtet, da die Konzeption und Entwicklung individualisierter Software im Fokus der Arbeit steht, nicht aber der Betrieb derartiger Software.

4.1.2.5 Idealtypische IT-Geschäftsmodelle und Software Mass Customization

Bereits auf den ersten Blick zeigt sich eine konzeptionelle Nähe von Software Mass Customization und dem Geschäftsmodell Lizenz plus Service; da die Services normal nicht voll standardisiert sind, liegt hier in der Regel eine Form der Soft Customization vor. Aber auch für die drei anderen Geschäftsmodelle ist die individualisierte Massenfertigung zusätzlich von großem Interesse, wie die folgenden Beispiele zeigen:

---

[595] Insbesondere bei Unternehmenssoftware ist die Möglichkeit zur Anpassung an unterschiedliche organisatorische Rahmenbedinungen durch Parametrisierung – also ohne Änderung des Quellcodes – weit verbreitet und wird oft auch als Customizing bezeichnet, vgl. Gronau (2001), S. 14.

[596] Vgl. Herzwurm und Pietsch (2008), S. 36, ähnlich auch Lippold (1998), S. 258ff.

- Ein Anbieter von Standardsoftware, der sich im Lizenzgeschäft wiederfindet, kann diese in verschiedenen standardisierten Versionen verkaufen, wie dies Microsoft beispielsweise mit Windows Vista tut, von dem es zahlreiche verschiedene - Editionen genannte - Versionen gibt.[597] Durch Einstellungsoptionen bei der Installation und während des Betriebs der Software, die der Nutzer selbst vornehmen kann, wird eine weitergehende Individualisierung im Sinne der Soft Customization ermöglicht.[598]
- Ein im Projektgeschäft tätiges Softwareunternehmen, das sich auf eine bestimmte Art von Software spezialisiert hat, kann einen gemeinsamen Kern identifizieren, der mehr oder weniger unverändert allen oder vielen seiner Projekte zugrunde liegen kann.[599]
- Ein Anbieter von IT-Systemservices, welcher seine eigene Anwendung entwickelt und betreibt sowie Kunden zugänglich macht, kann durch Anwendung der individualisierten Massenfertigung einfach individualisierte Versionen seiner Anwendung anbieten. In der Literatur werden die mangelnden Economies of Scale aufgrund mangelnder Standardisierung als ein Problem des ASP bezeichnet werden.[600] Gleichzeitig wird mangelnde Individualisierbarkeit als Hinderungsgrund für den Einsatz von SaaS in manchen Bereichen genannt wird. [601] Demzufolge könnte diesem Geschäftsmodell durch die Anwendung der individualisierten Massenfertigung zum Durchbruch verholfen werden.

Berücksichtigt man weiterhin die Möglichkeiten, die sich durch den Einsatz von Softwareproduktplattformen und Komplementoren ergeben, so lassen sich diese Möglichkeiten folgendermaßen weiter unterscheiden: der Anbieter der Plattform kann sich für jedes der drei Geschäftsmodelle Lizenzgeschäft, Projektgeschäft und Lizenz plus Service entscheiden, ebenso der Komplementär. Bekannte Beispiele für eine derartige Vorgehensweise finden sich im Umfeld der bereits erwähnten ERP-Software:

[597] Im einzelnen sind dies Windows Vista Starter, Windows Vista Home Basic, Windows Vista Home Premium, Windows Vista Business, Windows Vista Enterprise und Windows Vista Ultimate. Diese sind bis auf Vista Starter sowohl als 32bit- als auch als 64bit-Version erhältlich, zusätzlich existieren noch die „N-Editionen“, bei denen der Windows Media Player nicht gebündelt ist, was auf ein Kartellrechtsverfahren zwischen Microsoft und der EU-Wettbewerbskommission zurückzuführen ist), vgl. Microsoft GmbH (2009).

[598] Vgl. hierzu auch die Fallstudie aus dem Bereich Infrastruktursoftware für den Rechenzentrumsbetrieb in Kapitel 6.2.

[599] Vgl. hierzu auch die Fallstudien aus dem Bereich Unternehmensportale im Entwicklungsbereich in den Kapiteln 6.1.und 6.3.

[600] Vgl. Herzwurm und Pietsch (2008), S. 40 oder Hess et al. (2008), S. 149

[601] Vgl. Hess et al. (2008), S. 153ff.

SAP beschränkt sich bei seinem SAP ERP größtenteils darauf, die Plattform anzubieten und Lizenzen hierfür zu verkaufen. Die Individualisierung wird den Komplementoren überlassen. Während sich Microsoft mit seinen Produkten MS Dynamics AX bzw. MS Dynamics NAV allerdings komplett hierauf beschränkt, tritt SAP zusätzlich als Anbieter von Individualisierungsleistungen auf. Damit verfolgt SAP auch das Geschäftsmodell Lizenz plus Service. Damit steht SAP in Koopkurrenz zu Beratungs-unternehmen wie Accenture oder IBM Global Business Services, deren SAP ERP-Einführungs- und Customizingaktivitäten dem Projektgeschäft zugeordnet werden können.[602] Interessanterweise vertreibt SAP neben seinem ERP-Kernsystem noch Branchenlösungen, die als optionale und variable Bestandteile der erweiterten Plattform angesehen werden können, während Microsoft dies seinen Komplementären überlässt.[603] Da diese Branchenlösungen ebenfalls projektspezifisch angepasst werden, verfolgen die Komplementäre von Microsoft Dynamics das Geschäftsmodell Lizenz plus Service. Gleiches gilt für SAPs Komplementäre, unabhängig davon, ob sie eine Branchenlösung oder das Basissystem anpassen.

4.2 Marketing für Softwareunternehmen

4.2.1 Marketingstrategische Optionen

Im Sinne einer kohärent ausgerichteten Umsetzung der Unternehmensstrategie müssen im Anschluss an die Festlegung von Unternehmensstrategie, Wettbewerbsstrategie und Geschäftsmodell entsprechende Zielvorgaben für die einzelnen Funktionsbereiche gemacht werden.[604] Dabei kommt dem Marketing eine besondere Stellung unter den Funktionsbereichen zu, so dass auch vom Marketing als dualem Führungskonzept gesprochen wird: Marketing ist einerseits eine Funktion in der Wertschöpfungskette, andererseits ist aufgrund des Märktewandels das gesamte Unternehmen am Markt bzw. den Kundenbedürfnissen zu orientieren um den nachhaltigen Unternehmenserfolg zu sichern.[605] Oder wie Zahn formuliert: „Wettbewerbserfolg in der Gegenwart äußert sich immer in Überlegenheit auf der Produkt-Markt-

---

[602] Da die Projekte ohne SAP ERP nicht denk- und durchführbar sind, könnte man sie auch Lizenz plus Service zuordnen, da die Basissoftware aber von SAP und eben nicht von den Beratungsunternehmen entwickelt wird, kann hier maximal von arbeitsteiligem Lizenz plus Service gesprochen werden.

[603] Diese Aussagen gelten in dieser Form nur für das Kernprodukt der SAP, den SAP ERP genannten Nachfolger des Systems R/3. Der Vertrieb für die Mittelstandslösungen Business One und All-in-One gleicht eher dem von Microsoft Dynamics.

[604] Vgl. Welge und Al-Laham (2008), S. 555ff., Steinmann et al. (2005), S. 171

[605] vgl. z.B. Homburg und Krohmer (2007), S. 438f., Becker (2006), S. 2f.,oder Meffert et al. (2008), S. 13.

Ebene."[606] Nach Homburg und Krohmer kann die exponierte Stellung des Marketings auf Gutenberg zurückgeführt werden, der im „Ausgleichsgesetz der Planung" darlegte, dass derjenige Funktionalbereich, der den Engpass darstellt, bei der Planung Priorität vor den anderen Funktionsbereichen haben sollte.[607] Wie in Kapitel 3.1.3 gezeigt, können auch die Märkte für Software in der Regel als Käufermärkte bezeichnet werden, so dass diese konsequente Ausrichtung an den Kundenbedürfnissen auch hier notwendig ist.[608] Zahlreiche Studien zu Kundenorientierung und Kundenbindung in verschiedenen Branchen, auch in der Softwarebranche, stützen diese Aussage.[609] Gleichzeitig wird bis in die jüngere Zeit betont, dass Marketing-Kultur und Marketing-Verständnis zumindest in der deutschen Softwarebranche im Vergleich zu anderen Branchen schwach ausgeprägt sind.[610]

Infolgedessen wird im Folgenden darauf eingegangen, welche Auswirkungen die Anwendung der individualisierten Massenfertigung auf das Marketing für Softwareprodukte hat. Dazu werden in hierarchischer Ordnung die Ebenen der Marketingziele, der Marketingstrategien[611] und des Marketingmix behandelt.[612]

4.2.1.1 Konzeptionspyramide und Marketingziele

Während Strategien den Weg beschreiben, um ein Ziel zu erreichen, beschreibt das Ziel, was erreicht werden soll.[613] Daher sind der Marketingstrategie nicht nur die Unternehmens- und die Wettbewerbsstrategie vorangestellt, sondern auch die Marketingziele (die sich ihrerseits wiederum aus den Unternehmenszielen sowie den Zielen für das Geschäftsfeld ableiten). Wie Abbildung 42 verdeutlicht, leitet sich aus der Marketingstrategie wiederum die Ausgestaltung des Marketingmix ab. Die folgende Definition des Begriffs **Marketingziele** verdeutlicht ihren Zweck: „Die Marketingziele kennzeichnen die dem Marketingbereich gesetzten Imperative (Vorzugszustände), die durch den Einsatz der Marketinginstrumente erreicht werden sollen."[614]

---

606 Zahn et al. (2003), S. 265
607 Vgl. Homburg und Krohmer (2007), S. 438
608 Vgl. Wolle (2005), S. 3 oder Bittner (1994), S. 10
609 Vgl. bspw. Herzwurm (2000), S. 140ff. und die dort genannten Studien sowie Moll et al. (2004)
610 Vgl. Lippold (1998), S. 3f. oder Wolle (2005), S. 3 und S. 9f.
611 In der Literatur zum strategischen Management wird der Begriff der Funktionalstrategie (und damit auch der Marketingstrategie) abgelehnt, da es konstituierendes Merkmal von Strategien sei, dass sie funktionsübergreifenden Charakter haben, vgl. Welge und Al-Laham (2008), S. 555ff., Steinmann et al. (2005), S. 171. Nicht zuletzt aufgrund des dualen Charakters des Marketings soll im Folgenden trotzdem die Rede von Marketingstrategien sein.
612 Vgl. auch Wolle (2005), S. 109
613 Bea et al. definieren den Begriff des Ziels wie folgt: „Ziele stellen Aussagen über erwünschte Zustände dar, die als Ergebnisse von Entscheidungen eintreten sollen.", Bea et al. (2004), S. 316
614 Meffert et al. (2008), S. 246

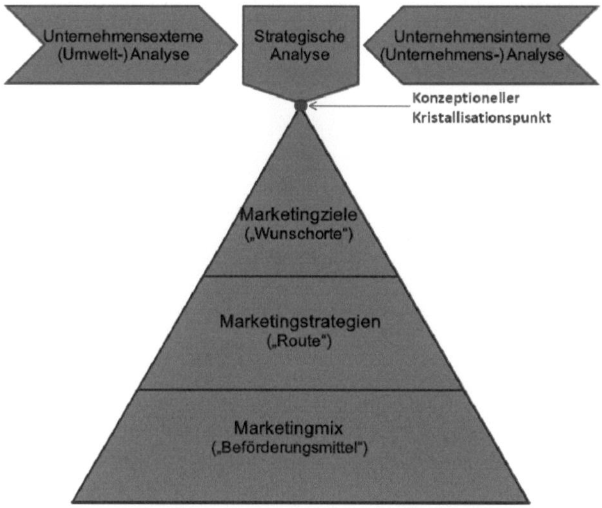

Abbildung 42: Konzeptionspyramide und Strategische Analyse[615]

4.2.1.2 Marketingstrategien

Zur Erreichung der gewählten Marketingziele ist es vonnöten, die Marketingstrategie auf den folgenden – auf Becker zurückgehenden – aufeinander aufbauenden materiell-inhaltlichen Ebenen auszuarbeiten:[616]

- Marktfeldstrategien
- Marktstimulierungsstrategien
- Marktparzellierungsstrategien
- Marktarealstrategien

Dabei legen **Marktfeldstrategien** die strategische Stoßrichtung des Unternehmens bezüglich der möglichen Produkt/Markt-Kombinationen (Marktfelder) fest, während **Marktstimulierungsstrategien** die Art und Weise der Einwirkung auf den Markt bestimmen. **Marktparzellierungsstrategien** wiederum grenzen die geplante Art bzw. den geplanten Grad der Differenzierung der Marktbearbeitung ab. **Marktarealstrategien** schließlich dienen zur Definition des Markt- bzw. Absatzraumes.[617] Tabelle 12

[615] Quelle: Herzwurm und Pietsch (2008), S. 112; vgl. auch Meffert et al. (2008), S. 20, Abb. 1-8, Becker (2006), S. 4, Abb. 3, S. 93, Abb. 59 und Lippold (1998), S. 91ff.

[616] Andere Autoren strukturieren die Entscheidungstatbestände abweichend, ohne aber grundlagend andere Entscheidungstatbestände zu behandeln, vgl. Meffert et al. (2008), S. 282ff., Kotler et al. (2007), S. 353ff. oder Homburg und Krohmer (2007), S. 507ff.

[617] Vgl. Becker (2006), S. 147

zeigt das mehrdimensionale strategische Grundraster, das im Folgenden genauer erläutert werden soll.

Tabelle 12: Marketing-Strategisches Grundraster[618]

Strategieebene	Art der strategischen Festlegung	Optionen
1. Marktfeldstrategien	Fixierung der Produkt-Markt-Kombination(en)	Marktdurchdringungsstrategie Marktentwicklungsstrategie Produktentwicklungsstrategie Diversifikationsstrategie
2. Marktstimulierungs-strategien	Bestimmung der Art und Weise der Marktbeeinflussung	Präferenzstrategie, Preis-Mengen-Strategie
3. Marktparzellierungs-strategien	Festlegung von Art bzw. Grad der Differenzierung der Marktbeeinflussung	Massenmarktstrategie, Marktsegmentierungsstrategie
4. Marktarealstrategien	Bestimmung des Markt- bzw. Absatzraumes	Teilnationale und nationale Strategien, übernationale Strategien

4.2.1.2.1 Marktfeldstrategien

Im Rahmen der **Marktfeldstrategien** werden grundlegende Entscheidungen über die Zielmärkte und Produkte getroffen, dabei kann eine Matrix mit den Dimensionen Märkte (gegenwärtig – neu) und Produkte (gegenwärtig – neu) aufgespannt werden, die sog. Ansoff-Matrix (vgl. Abbildung 43). Hierbei kennzeichnet die **Marktdurchdringung** die Strategie, auf dem bestehenden Markt mit bereits eingeführten Produkten den Marktanteil innerhalb des bestehenden Marktvolumens auszubauen, aber auch das Marktvolumen an sich zu steigern. Im Rahmen der **Marktentwicklung** wird versucht, mit bestehenden Produkten in neue Märkte (neue Marktsegmente oder geographische Regionen) einzudringen. Quasi das Gegenteil hiervon stellt die Strategie der **Produktentwicklung** dar. Hier wird versucht, neue Produkte für einen bereits bedienten Markt zu entwickeln. Während sich die Marktentwicklung für Unternehmen mit Stärken in der Beherrschung bestimmter Technologien empfiehlt, ist die Produktentwicklung für Unternehmen vorteilhaft, die sich durch ihr Verständnis der Bedürfnisse ihrer Kunden auszeichnen. Wie in der Abbildung dargestellt, ist die **Diversifikation** die riskanteste Strategie: hier wird versucht, mit einem neuen Produkt in einen bislang nicht bedienten Markt einzusteigen. Unter bestimmten Voraussetzungen ist diese Strategie allerdings auch diejenige mit den größten Chancen. Plattformbasierte Software Mass Customization ist für jede der Marktfeldstrategien geeignet, bietet offensichtlich aber vor allem im Bereich der Produktentwicklung und

618 Quelle: Becker (2006), S. 148

Diversifikation großes Potenzial, da eine große Anzahl von Produkten mit relativ geringem Aufwand angeboten werden kann. Dies ist bei den Wettbewerbern, die keine Mass Customization betreiben, nicht in diesem Maße der Fall.

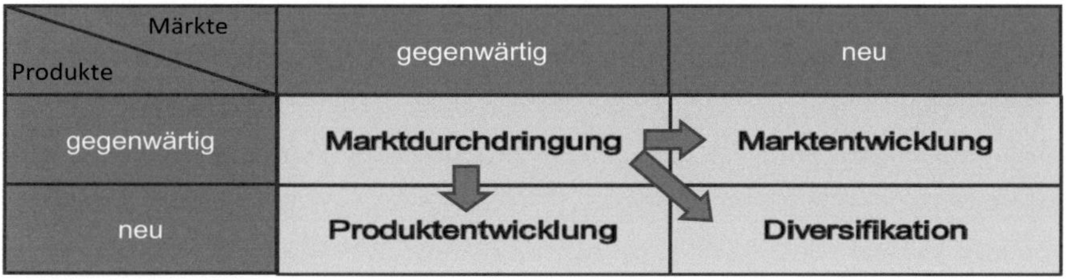

Abbildung 43: Ansoff-Matrix[619]

4.2.1.2.2 Marktstimulierungsstrategien

Aufbauend auf die Entscheidung hinsichtlich des Marktfeldes gilt es zu entscheiden, wie sich die eigenen Produkte von denen der Wettbewerber unterscheiden sollen: über den Preis oder über besondere Eigenschaften (z.B. Leistung, Image oder Design). Analysen auf Konsumgütermärkten haben ergeben, dass sich mindestens drei Schichten unterscheiden lassen, wie auch in Abbildung 44 dargestellt.

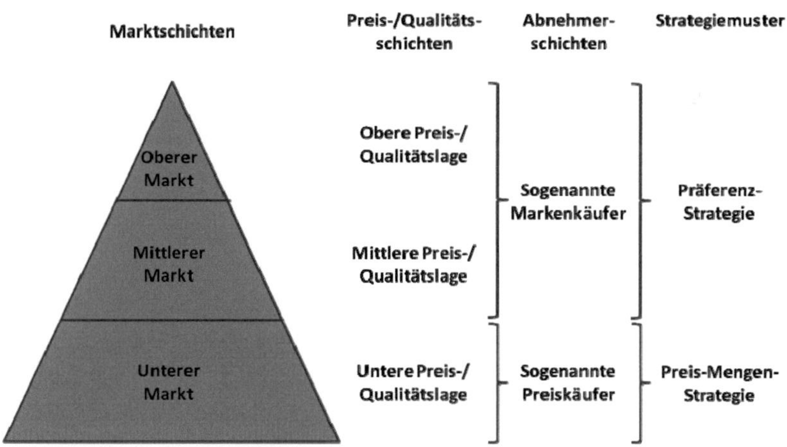

Abbildung 44: Schichten und Stimulierungsstrategien[620]

Unabhängig von der genauen Anzahl der Schichten zeichnen sich die unteren Schichten durch ein hohes Preisbewusstsein der Kunden aus, so dass hier eine Preis-Mengen-Strategie verfolgt werden sollte. Damit diese erfolgreich sein kann,

---

[619] Quelle: Meffert et al. (2008), S. 261

[620] Quelle: Becker (2006), S. 181

sind in der Regel hohe Absatzmengen (Economies of Scale) oder Synergien mit verwandten Produkten des eigenen Hauses (Economies of Scope) notwendig. Nichtsdestotrotz gibt es hier keine Garantie auf eine auskömmliche Gewinnmarge, da Wettbewerber noch günstigere Kosten erreichen könnten. Im Gegensatz hierzu beruht die Präferenzstrategie darauf, sich durch besondere Produktmerkmale, Qualitätseigenschaften, Firmen-/Markenimage oder persönliche Beziehungen vom Markt abzusetzen. D.h. das Ziel besteht in einer Differenzierung gegenüber dem Wettbewerb. Infolgedessen sind die Produkte von Firmen, die eine Präferenzstrategie verfolgen, individueller und in der Regel hochpreisiger als die Produkte von Unternehmen, die eine Preis-Mengen-Strategie verfolgen. Offensichtlich stehen beide Strategien in engem Zusammenhang mit den Wettbewerbsstrategien nach Porter, die Preis-Mengen-Strategie z.B. ist die logische Folge der Kostenführerschaft als Wettbewerbsstrategie, wobei der Kostenführer nicht unbedingt auch als Preisführer auftreten muss. Andererseits kann er – wenn er dieses Ziel verfolgt – von den Wettbewerbern kaum unterboten werden. Für die Präferenzstrategie wiederum ist der Aufbau einer starken Marke von großer Bedeutung. An dieser Stelle soll (wieder einmal) darauf hingewiesen werden, dass Mass Customization nicht automatisch einen Wechsel in eine höhere Preislage zur Folge hat, aber aufgrund des generierten Zusatznutzens durch den höheren „fit" mit den Wünschen des Kunden ein verhältnismäßig hoher Preis erzielt werden kann. Für Software als immaterielles und erklärungsbedürftiges Produkt ist allerdings der Aufbau von Vertrauen besonders wichtig,[621] so dass der Aufbau einer Marke sehr vorteilhaft ist.

4.2.1.2.3 Marktparzellierungsstrategien

Im Rahmen der Marktparzellierung entscheidet sich das Unternehmen, welche Teilmärkte des Zielmarktes bedient werden sollen, d.h. wer die Zielgruppen für die eigenen Produkte sind. Dabei reicht das Spektrum von Massenmarketing (undifferenziertes Marketing) bis zur vollständigen Segmentierung,[622] bei der jeder Kunde individuell behandelt wird.[623] Wie im Kontext der veränderten Marktfaktoren und der Variantenfertigung bereits behandelt, kann ein Unternehmen mit zunehmender Anzahl ähnlicher Produkte den Markt besser bedienen. In vielen Märkten unterscheiden sich die Kundenwünsche allerdings in einem Maße, das die Konzentration

---

[621] Vgl. Zarnekow (2007), S. 76

[622] An dieser Stelle kann nur sehr eingeschränkt auf das Thema Marktsegmentierung eingegangen werden, für eine vertiefende Behandlung vgl. z.B. Meffert et al. (2008), S. 182ff.

[623] Sog. segments of one, vgl. Peppers und Rogers (1997)

auf eines oder mehrere Segmente erfordert, da ansonsten ein stärker spezialisierter Wettbewerber Vorteile hat.[624]

Dabei lassen sich folgende vor allem im Bereich der Konsumgüter angewandte grundsätzliche Segmentierungsansätze unterscheiden:[625]

- die soziodemografische Segmentierung, bei der nach demografischen oder sozio-ökonomischen Kriterien wie z.B. Alter, Geschlecht, Einkommensklasse oder Beruf bzw. Firmensitz oder Umsatz bei Firmenkunden segmentiert wird,
- die geographische Segmentierung, bei der Kontinente, Regionen, PLZ-Gebiete, Sprachgebiete, Ortsgröße, Lieferdistanzen o.ä. als Segmentierungskriterien verwendet werden,
- die psychografische Segmentierung, die Kriterien wie Lebensstilen, Persönlichkeitsmerkmalen oder Einstellungen zur Segmentbildung nutzt,
- die verhaltensorientierte Segmentierung. Hier wird das tatsächlichen Verhalten der Kunden, z.B. anhand der Preissensitivität, zur Segmentierung genutzt,
- die nutzenorientierte Segmentierung, bei der Kunden, deren Nutzenstruktur bzgl. des Produkts sehr ähnlich ist, zu einem Segment zusammengefasst werden.

Für Software mit Industriegutcharakter schlägt Bittner vor, die groben Segmentierungskriterien Technologien, Funktionen und Abnehmergruppen zu verwenden. Dabei versteht er unter Technologien die Hardware- und Softwareplattform, die unterstützt wird, also z.B. PCs mit Microsoft Windows XP (oder Vista) und Oracle-Datenbank ab Release 11. Unter Funktionen wiederum versteht er eine grobe Beschreibung der vom Softwareprodukt abgedeckten Funktionalität, während unter Abnehmergruppen z.B. die angesprochenen Branchen subsumiert werden können.[626]

---

[624] Diese Vorteile lassen sich aus der Sicht des Komplexitätsmanagements leicht begründen: eine bestimmte Anzahl an Produkten führt zu einer bestimmten Komplexität des Produktprogramms und der Unternehmensprozesse. Diese lässt sich durch Maßnahmen der Komplexitätsbeherrschung beeinflussen, aber nur in begrenztem Maße. Bei gleicher Anzahl Produkte im gesamten Produktprogramm (und damit ceteris paribus gleicher Komplexität des Produktprogramms und der Unternehmenspozesse) kann ein stärker fokussierter Anbieter im selben Marktsegment mehr Produkte anbieten als ein weniger fokussierter Anbieter und folglich die Kundenanforderungen besser erfüllen. Folglich wird er ceteris paribus am Markt erfolgreicher auftreten.

[625] Vgl. Homburg und Krohmer (2009), S. 133ff., ähnlich z.B. auch Meffert et al. (2008), die allerdings die nutzenorientierte Segmentierung als Sonderfall der psychografischen Segmentierung einordnen.

[626] Vgl. zu diesem Absatz Bittner (1994), S. 54. Ähnlich auch Lippold, der vertikale Märkte (Branchen), horizontale Märkte (Funktionen), räumliche Märkte (Regionen), Betriebsgröße und Technologie unterscheidet und damit die Anwender stärker untergliedert, vgl. Lippold (1998), S. 111ff.

Bei der Entscheidung für eine Art der Segmentierung sind die folgenden Anforderungen an Kriterien zur Segmentierung zu berücksichtigen: Kaufverhaltensrelevanz, Messbarkeit, Erreichbarkeit, Handlungsfähigkeit, Wirtschaftlichkeit und zeitliche Stabilität.[627] Aus diesen Anforderungen sollen im Folgenden die Anforderungen Kaufverhaltensrelevanz und Erreichbarkeit herausgegriffen werden, da sie zum einen oftmals tendenziell miteinander unvereinbar sind und ihnen zum anderen teilweise ein zentraler Charakter zugeschrieben wird.[628] Die Kaufverhaltensrelevanz bezieht sich dabei auf den Grad, zu dem eine bestimmte Ausprägung des Kriteriums das Kaufverhalten prognostiziert. Die Erreichbarkeit hingegen drückt aus, wie gut die anhand eines Kriteriums gebildeten Segmente durch kommunikations- und distributionspolitische Maßnahmen zielgenau (also ohne Streuungsverluste) erreicht werden können. Ein Beispiel soll dies verdeutlichen: ließe sich eine hohe Korrelation zwischen Augenfarbe und der Entscheidung für ein bestimmtes Textverarbeitungsprogramm feststellen, so läge zwar eine hohe Kaufverhaltensrelevanz des Kriteriums Augenfarbe vor. Unterschiedliche Werbung für Blauäugige und Braunäugige allerdings dürfte schwierig werden, somit läge also eine geringe Erreichbarkeit vor.[629]

In der Praxis werden oftmals Segmentierungskriterien verschiedener Kategorien miteinander kombiniert. Für (Software) Mass Customization bietet es sich offensichtlich an, die nutzenorientierte Segmentierung als wichtigen Faktor einer derartigen Kombination zu verwenden, da die Differenzierung gegenüber dem Wettbewerb aufgrund eines höheren Produktnutzens im Fokus der individualisierten Massenfertigung steht.[630] Aber auch die Ausrichtung auf besonders innovative und daher einem innovativen Konzept wie der Software Mass Customization außerordentlich aufgeschlossene Kunden ist zu überlegen. Zudem können diese als Lead User fungieren, die gewisse Anforderungen stellen, bevor sie von der breiten Masse der Kunden gestellt werden und damit die Weiterentwicklung des Produkts deutlich voranbringen.[631] Sind diese Kunden dazu noch weithin dafür bekannt, wegweisende Innovationen zuerst einzuführen oder kann ihnen aus anderem Grund ein Multiplikatoreffekt zugeschrieben werden, so ist dieser Ansatz besonders vielversprechend.[632]

---

[627] Vgl. Meffert et al. (2008), S. 190f. und die dort angegebene Literatur.
[628] Vgl. Homburg und Krohmer (2009), S. 136
[629] Im Vertrieb jedoch könnte das Verkaufspersonal geschult werden, gemäß der Augenfarbe des Kunden ein bestimmtes Programm zu empfehlen, Probleme bestehen hier u.a. bei Onlinevertrieb.
[630] Vgl. Kapitel 5.3.2.2 für die Beschreibung der nutzenorientierten Segmentierung im Rahmen der in dieser Arbeit entwickelten Methode.
[631] Vgl. von Hippel (1986) und Kapitel 2.3.5
[632] Vgl. Herzwurm (2000), S. 241

Allerdings darf bei der Segmentierung der Kunden in der (Software) Mass Customization nicht vergessen werden, dass es gerade Ziel der Mass Customization ist, jeden Kunden individuell zu behandeln, d.h. persönlich und aufgrund des über ihn im Unternehmen vorhandenen Wissens anzusprechen, dieses gegebenenfalls mit externen Daten zu ergänzen und ihm das bestmögliche Produkt sowie produktbegleitende Dienstleistungen anzubieten.[633]

4.2.1.2.4 Marktarealstrategien

Als letzte marketingstrategische Entscheidung muss über den Markt- bzw. Absatzraum entschieden werden, hier sind nationale bzw. teilnationale (**Domestic Marketing**) und übernationale (**International Marketing**) Strategien möglich. Wichtig ist hierbei allerdings, dass im gewählten Marktareal die angepeilten Marktsegmente für die geplanten Produkte ausreichend groß sind und das Produkt entsprechend an das Zielland angepasst wird: der unveränderte Export bestehender Produkte ist in vielen Branchen zum Scheitern verurteilt.[634] Andererseits gilt Software als relativ leicht internationalisierbar, da sie sowohl leicht anpassbar ist als auch über das Internet vertrieben werden kann. Hinsichtlich der Anpassung wird Software in den meisten Fällen in die Sprache der angestrebten Zielländer übersetzt sowie evtl. an gesetzliche Vorgaben angepasst werden müssen.[635] Ganz so einfach ist die Internationalisierung allerdings nur im Lizenzgeschäft, Lizenz plus Service sowie Projektgeschäft erfordern zwingend Mitarbeiter vor Ort, die den Kundenkontakt herstellen. Eingeschränkt gilt dies auch für das IT-Systemservicegeschäft, bei dem Vertriebsmitarbeiter vor Ort vonnöten sind, während der Betrieb der Systeme (also die eigentliche Leistungserstellung) zentralisiert werden kann. Auch die Internationalisierung wird durch die plattformbasierte Bauweise vereinfacht, wenn die Architektur so gewählt ist, dass landesspezifische Änderungen möglichst wenige Module betreffen.[636]

---

[633] Vgl. Reiß und Koser (2004), S. 286, Hildebrand (1997), S. 27 oder Piller (1998b), S. 105

[634] Zwar beruht die Globalisierung zum Teil auch auf einer Homogenisierung der Nachfrage über Landes- und Kontinentalgrenzen hinweg, zumindest für komplexere Produkte unterscheiden sich die Kundenwünsche im Detail teilweise aber deutlich, oder zumindest können durch die länderspezifische Anpassung zusätzliche Kunden gewonnen oder höhere Preise verlangt werden. Zudem bilden sich in bestimmten Branchen Schlüsselländer heraus, in denen aufgrund einer hohen Konzentration anspruchsvoller Kunden oder besonders intensivem Wettbewerb (oder einer Kombination aus beiden) eine besonders hohe Innovationsgeschwindigkeit vorherrscht. Vgl. zu diesen Themen Jahncke (2008), S 37ff.

[635] Vgl. Hansen und Neumann (2005),S. 535 sowie Neumann und Srinivasan (2009), S. 19ff. und Jahncke (2008), S. 157.

[636] Allerdings erhöht die Unterstützung verschiedener Sprachen sowie landesspezifischer Funktionen die Komplexität des Produkts wie der Entwicklungs- und Wartungs-, aber auch der Supportprozesse deutlich, dieser Effekt kann durch die Plattformbauweise nur gemildert werden.

4.2.2 Marketingtaktisch-operative Optionen

Basierend auf den entwickelten Marketingzielen und –strategien wird anschließend eine taktisch-operative Marketingplanung vorgenommen. Im Bereich dieser marketingtaktisch-operativen Optionen sind der Einsatz und die Ausgestaltung der Instrumentalbereiche des Marketings angesiedelt.[637] Klassischerweise werden die vier Instrumentalbereiche Product, Price, Place und Promotion (oftmals als 4P abgekürzt) unterschieden, aus dem Bereich des Dienstleistungsmarketings stammt die Erweiterung der 4Ps um Physical Facilities, Personnel und Process Management. Da Software wie beschrieben teilweise Dienstleistungscharakter zugeschrieben werden muss, müssen alle 7Ps in der Analyse berücksichtigt werden.

Der sog. **Marketingmix** wiederum kann als „zielorientierte, strategieadäquate Kombination der taktisch-operativen Marketinginstrumente (‚Beförderungsmittel') aufgefasst werden"[638] und umfasst somit die Instrumentalbereiche und damit die Marketinginstrumente. Die konkrete Ausgestaltung des Marketingmix stellt einen komplexen und für jedes Unternehmen bzw. jeden Geschäftsbereich individuell durchzuführenden Prozess dar, bei dem eine Reihe von Instrumenten kombiniert eingesetzt werden. Zudem müssen bei dieser Ausgestaltung sowohl die übergeordneten Marketingziele und -strategien als auch finanzielle, zeitliche und ressourcenbezogene Rahmenbedingungen berücksichtigt werden müssen.[639] Dabei ist Reiß und Koser Recht zu geben, dass sich Mass Customization nicht nur auf den Instrumentalbereich Product auswirkt, sondern ebenso eine Individualisierung der anderen Instrumentalbereiche zur Folge haben muss.[640]

4.2.2.1 Product – Produkt- und Programmpolitik

Von den Instrumentalbereichen ist die **Produkt- und Programmpolitik** (Product) wahrscheinlich der wichtigste. Immerhin ist das Erfolgspotenzial des Unternehmens „vor allem von den Gütern abhängig, die es anbietet".[641] Zudem benötigen Maßnahmen, die das Produkt betreffen in der Regel eine lange Vorlaufzeit, während insbe-

---

[637] An dieser Stelle wird bewusst zwischen Instrumentalbereichen und Instrumenten unterschieden: Marketinginstrumente sind die „konkreten (‚seh-, hör-, riech-, schmeck-, fühl-, und/ oder greifbaren') Aktionsinstrumente (Parameter), mit denen am Markt agiert und auch reagiert werden kann", Becker (2006), S. 487f.. Demgegenüber sind die Instrumentalbereiche Aktionsfelder, die mit unterschiedlichen Marketinginstrumenten bearbeitet werden können.

[638] Becker (2006), S. 485

[639] Vgl. Herzwurm und Pietsch (2008), S. 114f.

[640] Vgl. Reiß und Koser (2003) oder Reiß und Koser (2004)

[641] Gutenberg (1984), S. 528.

sondere preispolitische Maßnahmen schnell implementiert werden können.[642] Andererseits können letztere auch schnell von Wettbewerbern gekontert werden.[643] Im Rahmen der Produkt- und Programmpolitik werden unter **Produkt** nicht nur materielle Produkte verstanden, sondern auch immaterielle Produkte wie Software oder auch Dienstleistungen.[644] Zur Produkt- und Programmpolitik gehört neben dem Produkt auch das **Produktprogramm**, das alle produktbezogenen Tätigkeiten am Markt umfasst.

4.2.2.1.1 Produktpolitik

Aber zuerst soll die **Produktpolitik** näher beleuchtet werden. Diese kann wiederum in die Produktpolitik im engeren Sinne und in die Produktpolititik im weiteren Sinne unterschieden werden.[645] Dabei umfasst die Produktpolitik im engeren Sinn den Produktkern und das Produktdesign, die Produktpolitik im weiteren Sinn zusätzlich die Verpackung und die Markierung.[646]

Dabei ist der **Produktkern** für die problemlösende Funktionsleistung (auch als technisch-funktionale Leistung bezeichnet) verantwortlich. Hierbei sind neben der eigentlichen Funktionalität noch Qualität, Wirtschaftlichkeit, Benutzerfreundlichkeit, Sicherheit, Umweltverträglichkeit oder bei materiellen Produkten auch Material, Farbe usw. von Bedeutung. Das **Produktdesign** wiederum ist für die formal-ästhetische Leistung zuständig, welche Zusatznutzen stiften kann und insbesondere für die Differenzierung ein wichtiges Instrument darstellen kann.

---

[642] Vgl. Mayer (1993), S. 18

[643] Vgl. Gutenberg (1984), S. 524

[644] Hierzu unterscheidet die moderne Marketinglehre drei grundsätzliche Produktbegriffe: den substanziellen, den erweiterten und den generischen Produktbegriff, vgl Homburg und Krohmer (2007), S. 561ff. Dabei werden substanzielle Produkte durch ihre physisch-technische Beschaffenheit bestimmt. Software als immaterielles Gut fällt hierunter nur, wenn die Software an ein physisches Medium gebunden ist, wie z.B. das Betriebssystem für ein Handy oder eine CD/DVD mit Kopierschutz. Eng mit dem substanziellen Produktbegriff verbunden ist das Lizenzgeschäft, bei welchem das Recht auf Nutzung einer Software, die sog. Lizenz, im Vordergrund steht. Der erweiterte Produktbegriff umfasst materielle Produkte inklusive substanzbezogener Dienstleistungen. Hierunter ergänzende Dienstleistungen wie Systemanalyse, Schulungen, Systemeinführung und Support. Herzwurm und Pietsch erläutern dies wie folgt: „Bei einem Produkt im Sinne des erweiterten Produktbegriffes ist die Dienstleistung erforderlich, „um die gewünschte Substanz des materiellen Produktes zu realisieren - bezogen auf IT-Produkte: Eine Dienstleistung ist erforderlich, damit die Software(-Lizenz) sinnvoll angewendet werden kann." (Herzwurm und Pietsch (2008), S. 31f.) und nennen das Beispiel Customizing als Dienstleistung, um ein ERP-System in einem Unternehmen produktiv anwenden zu können. Beim generischen Produktbegriff schließlich wird das komplette Eigenschafts- und Leistungsbündel, die ein Unternehmen am Markt anbietet, betrachtet. Ein Beispiel hierfür sind Systemintegratoren und große Beratungsunternehmen, die für einen speziellen Zielmarkt standardisierte Dienstleistungen anbieten, wie bspw. Outsourcingvorhaben, die als generisches Projekt mit Kompetenzanforderungen, Aufgaben- und Ergebnistypen definiert werden., vgl. Herzwurm und Pietsch (2008), S. 31ff..

[645] Vgl. z.B. Becker (2006), S.506

[646] Vgl. z.B. Becker (2006), S.492ff.

Hinsichtlich der **Produktpolitik i.e.S.** spielt die Immaterialität von Software eine große Rolle: einerseits lassen sich Qualität etc. nicht auf dieselbe Art und Weise messen wie bei materiellen Produkten, andererseits bezieht sich das Produktdesign rein auf die Benutzeroberfläche sowie das Design von Schulungsunterlagen, Webseiten mit Produktinformationen, etc. Zudem spielt für die Zufriedenheit des Kunden nicht nur die Software selbst, sondern ihr Zusammenspiel mit Hardware und Infrastruktur eine wichtige Rolle: ob die Antwortzeit auf Benutzereingaben zu lange ist, weil die Software schlecht geschrieben, der Prozessor zu langsam oder das Netzwerk überlastet ist, ist aus Sicht des Anwenders zweitrangig.

Die **Verpackung** als Bestandteil der **Produktpolitik i.w.S.** kann unterschiedliche Aufgaben wahrnehmen: So kann sie bspw. dem Schutz der Umwelt oder des Inhalts, also des eigentlichen Produktes, bei Transport oder Lagerung dienen, Informationsträger für den Kunden sein (Inhaltsangabe, Gebrauchshinweise etc.) oder werbe- und imagebildende Aufgaben erfüllen (z. B. durch markentypischen Auftritt). Für Software ist die Verpackung von geringerer Bedeutung, lediglich im Lizenz-geschäft, beispielsweise bei Computerspielen, kann diese von großer Bedeutung sein.

Die **Markierung** als weiterer Bestandteil der Produktpolitik i.w.S. bezeichnet die Entscheidung über die Zuordnung zu einer bestehenden oder die Schaffung einer neuen Marke.[647] Eine Marke umfasst zum einen den Namen des Produktes, der gesetzlich geschützt werden kann (auch in Form eines Logos und dergleichen), aber auch Merkmalsbeschreibungen wie Herkunftshinweise (Länder oder Regionen), Gütesiegel, Zertifikate, Testergebnisse usw.. Auch wenn Marken für Präferenzstrategien von besonderer Bedeutung sind, so existieren sie für unterschiedliche Schichten von Märkten: von Gattungsmarken über Handelsmarken bis hin zu Luxusmarken. Zudem können unterschiedliche Markentypen unterschieden werden: die Einzelmarke für ein einzelnes Produkt und die Dachmarke, die ganze Markenfamilien mit mehreren Einzelmarken subsumieren kann. Der Aufbau einer Marke kann sich für Software als immaterielles und erklärungsbedürftiges Gut sehr vorteilhaft auswirken, sowohl für Softwareprodukte als auch für Individualsoftware (wobei im zweiten Fall eher der Name des Unternehmens als Marke eingesetzt wird). Dieser Gedanke wird im Rahmen der Kommunikationspolitik vertiefend dargestellt. Gerade in der Software Mass Customization ist die Frage, welche Produkte unter welcher Marke zusammengefasst werden, von Interesse.[648]

[647] Vgl. für diesen Absatz Becker (2006), S. 501ff. oder Homburg und Krohmer (2009), S. 179ff.
[648] Vgl. Helferich et al. (2006c), 238ff. oder Schmid et al. (2007) S. 686ff.

4.2.2.1.2 Programmpolitik

Sehr nahe an der Frage, welche Produkte unter welcher Marke zusammengefasst werden, befindet sich die Frage, wie sich **Produktions-** und **Absatzprogramm** zueinander verhalten. Zwar können sich Produktions- und Absatzprogramm entsprechen, es sind aber auch die Fälle denkbar, dass das Produktionsprogramm größer als das Absatzprogramm ist oder dass das Produktionsprogramm kleiner als das Absatzprogramm ist.[649] Während im ersten Fall Teile der Produktion als Bestandteile in andere Produkte des Unternehmens einfließen und nicht eigenständig am Markt angeboten werden, werden im zweiten Fall manche der Produkte, die das Unternehmen am Markt anbietet, zugekauft und nicht selbst hergestellt. Insgesamt ist die Programmpolitik eine Stufe höher als die Produktpolitik angesiedelt, da hier festgelegt wird, welche Produkte in welchen Kombinationen und Ausführungen angeboten werden sollen.[650] Dabei müssen Entscheidungen hinsichtlich der **Programmbreite**, also der Anzahl der offerierten Produktarten und der **Programmtiefe**, also der Anzahl der Ausführungen eines Produktes, getroffen werden.[651] Hierzu sind im Zeitverlauf folgende Entscheidungen zu treffen:[652]

- **Produktinnovation**: Es werden Produkte angeboten, die für das Unternehmen oder den Zielmarkt neuartig sind.
- **Produktvariation** (Produktpflege): Einzelne Merkmale eines bereits am Markt angebotenen Produktes werden modifiziert und somit das bestehende Produkt ersetzt, wobei jedoch die grundlegenden Funktionen erhalten bleiben. Veränderungen können bspw. das Design oder zusätzliche Services betreffen.
- **Produktdifferenzierung**: Bestehende Produkte werden um zusätzliche Varianten erweitert, z. B. mit Anpassungen für den Export aufgrund von Gesetzen, anderen Kundenbedürfnissen usw..
- **Produktelimination**: Produkte werden aus dem Produktportfolio entfernt und vom Markt genommen. Die Elimination von erfolglosen Neueinführungen oder anderen Produkten mit niedrigem Potenzial setzt Unternehmensressourcen für andere Vorhaben frei, z. B. für veränderte Kundenbedürfnisse oder gesetzliche Auflagen wie dem Umweltschutz.

[649] Vgl. Becker (2006), S. 510 sowie spezifisch für die Software Mass Customization: Helferich et al. (2006c), S. 240ff. Schmid et al. (2007), S.687
[650] Vgl. Becker (2006), S. 507ff.oder Meffert et al. (2008), S. 401
[651] Diese klassischen Parameter sind auch im Softwaremarketing gültig, vgl. Wolle (2005), S. 129
[652] Vgl. Meffert et al. (2008), S. 401-468, Kotler et al. (2007), S. 499-508 oder Homburg und Krohmer (2007), S. 615-627

Die Entscheidungen über die Programmbreite und -tiefe und damit auch über Produktinnovation, -variation, -differenzierung und/oder -elimination sind in Abhängigkeit von der gewählten Strategie zu treffen: das Produktprogramm eines Kostenführers wird in der Regel weniger breit und tief sein als das eines Differenzierers, während der Nischenanbieter sein Programm vor allem in der Breite einschränken wird.[653] In der Software Mass Customization wird ein Unternehmen, das ursprünglich aus dem Lizenzgeschäft kommt, evtl. weniger Varianten und damit ein kleineres Produktprogramm anbieten als ein Unternehmen, das aus dem Projektgeschäft kommt und die existierenden Projekte Schritt für Schritt auf eine gemeinsame technische Plattform ziehen muss. Nicht vergessen werden sollte in diesem Zusammenhang auch, dass das eigentliche Produktprogramm durch Dienstleistungen ergänzt werden kann. Diese Möglichkeit wird in Kapitel 4.4 erläutert.

4.2.2.2 Price – Preis-, Konditionen- und Absatzpolitik

Die Preispolitik umfasst alle Entscheidungen im Zusammenhang mit dem vom Kunden zu entrichtenden Entgelt (Preis).[654] Da auch Bedingungen bspw. für die Zahlung oder Lieferung betrachtet werden, wird auch der Begriff der **Kontrahierungspolitik** verwendet.[655]

4.2.2.2.1 Preispolitik

Die Marketinglehre geht bei der **Preisfestsetzung** davon aus, dass der Kunde nicht nur den Preis betrachtet, sondern diesen mit der ihm dafür angebotenen Leistung, die bei ihm nutzenstiftend wirkt, vergleicht. Folglich ist das Preis-Leistungsverhältnis bzw. der Nettonutzen (die Differenz aus dem Nutzen und dem Preis für ein Produkt) die eigentlich relevante Größe.[656] Ein Produkt (oder eine Dienstleistung) wird gekauft, wenn der Nettonutzen in der Regel positiv und höher als jener der Wettbewerbsprodukte ist und dem Kunden die entsprechenden finanziellen Mittel zur Verfügung stehen. Um den Nettonutzen des eigenen Angebots zu erhöhen und damit die eigene Wettbewerbsposition zu verbessern, haben Unternehmen zwei Optionen:[657]

---

[653] Vgl. Becker (2006), S. 160

[654] Vgl. Homburg und Krohmer (2009), S. 186

[655] Vgl. Herzwurm und Pietsch (2008), S. 118

[656] Aus diesem Grund ist in der Marketingliteratur auch die Meinung, anstatt die vier Instrumentalbereiche Product, Price, Place und Promotion zu trennen, sollten Product und Price gemeinsam betrachtet werden, da beide quasi untrennbar zueinander gehören, vgl. Becker (2006), S.478ff. und die dort genannte Literatur. Da in dieser Arbeit primär der Kundennutzen, der durch ein Produkt geschaffen wird und nur sekundär der Preis betrachtet werden soll, wird dieser Ansicht an dieser Stelle nicht gefolgt und somit Product und Price getrennt betrachtet.

[657] Vgl. Becker (2006), S. 513

- Erhöhung des vom Kunden wahrgenommenen Nutzens vorzunehmen (sog. **Leistungsvorteil-Ansatz**: höhere Leistung zum selben Preis), dieser Ansatz wird bei Verfolgung einer Präferenzstrategie gewählt.
- Senkung des vom Kunden wahrgenommenen Preises vorzunehmen (sog. **Preisvorteil-Ansatz**: gleiche Leistung zum niedrigeren Preis), dieser Ansatz wird bei Verfolgung einer Preis-Mengen-Strategie gewählt.

Hierbei kann die Bestimmung des optimalen Angebotspreises prinzipiell aus eher theoretischer Sicht nach mikroökonomischen Prinzipien oder aus eher praxisbezogenen Gesichtspunkten nach kosten-, nachfrage- oder konkurrenzorientierten Prinzipien erfolgen.[658] Für Softwareprodukte ist aufgrund der erwähnten Grenzkosten nahe Null eine Orientierung an den Kosten nicht sinnvoll, stattdessen ist eine nachfrage- bzw. wertorientierte Preissetzung zu empfehlen: „cost-based pricing just doesn't work [...]. You must price your information goods according to consumer value, not according to your production cost".[659] Für die Entwicklung von Individualsoftware oder die Anpassung von Standardsoftware gilt dies allerdings nur eingeschränkt, da hier die variablen Kosten eben nicht nahe Null sind.[660]

Unabhängig davon können Strategiekonzepte für die Preispolitik in statische und dynamische Konzepte unterschieden werden. Zu den statischen Konzepten, die zeitpunktbezogene Informationen verwenden, gehören u.a. die Prämien- und Promotionspreispolitik, die Preisdifferenzierungsstrategien sowie Aggregationsstrategien.[661] Während bei der **Prämienpreispolitik** ein hoher Preis (einhergehend mit hoher Produktqualität und einem herausragenden Image bezüglich der Qualität) festgelegt wird, werden bei der **Promotionspreispolitik** niedrige Preise verlangt (die mit einem günstigen Preis-Leistungsverhältnis und nicht mit billigen Produkten mit niedriger Qualität einhergehen).

Bei den **Preisdifferenzierungsstrategien**[662] werden „prinzipiell gleiche Produkte verschiedenen Nachfragern zu unterschiedlichen Preisen angeboten".[663] Gerade für digitale Produkte können diese als sehr gut geeignet angesehen werden. Beispiels-

---

[658] Vgl. z.B. Becker (2006), S. 516, Kotler et al. (2007), S. 520ff. oder Homburg und Krohmer (2009), S. 191ff. und S. 203ff.
[659] Shapiro und Varian (1999), S. 3
[660] Vgl. hierzu auch Buxmann et al. (2008a), S. 110f.. Eine kostenorientierte Preisgestaltung für die Entwicklung von Individualsoftware wird sich an Aufwandsschätzungsmodellen die Cocomo (vgl. Boehm (2000)) oder Function Points (vgl. Poensgen und Bock (2005)) orientieren, vgl. hierzu Buxmann et al. (2008a), S. 127ff..
[661] Vgl. Herzwurm und Pietsch (2008), S. 118f. und Buxmann et al. (2008a), S. 111
[662] Buxmann et al. (2008a), S.112ff.
[663] Buxmann et al. (2008a), S.112

weise kann eine stark reduzierte Version eines Standardsoftwarepakets zu einem sehr niedrigen Preis angeboten werden, mit der eine Kundengruppe mit sehr niedriger Zahlungsbereitschaft bedient wird, die ansonsten das Produkt nicht kaufen würde. Da die variablen Kosten nahezu Null sind, wirft diese Version trotzdem noch einen positiven Deckungsbeitrag ab. Auch kann für individualisierte Softwareprodukte der Preis nach Absatzkanal differenziert werden: der Download übers Internet kann billiger angeboten werden als der Versand einer Schachtel mit CD/DVD und Handbuch per Post, während der Preis bei Kauf im Fachhandel über oder unter dem Preis bei Postversand liegen kann. Allerdings ist vorab zu klären, inwiefern eine derartige Differenzierung durchsetzbar ist.[664]

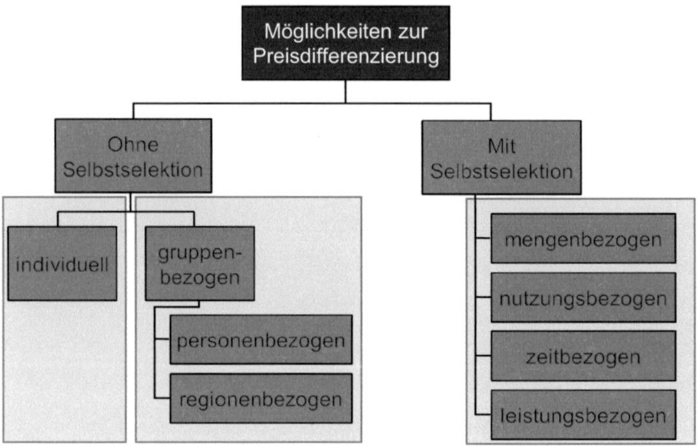

Abbildung 45: Möglichkeiten zur Preisdifferenzierung[665]

Insgesamt lassen die Preisdifferenzierungsstrategien sich – wie in Abbildung 45 gezeigt - in solche mit und ohne Selbstselektion unterscheiden, wobei Selbstselektion bedeutet, dass der Kunde selbst aus verschiedenen Versionen wählen kann. Bei den Strategien **ohne Selbstselektion** hat der Kunde diese Wahl nicht, stattdessen wird vom Anbieter entweder ein individueller Preis für jeden Kunden festgesetzt (der aus Anbietersicht idealer Weise gleich der maximalen Zahlungsbereitschaft entspricht) oder aber die Kunden personen- oder regionenbezogen in Gruppen eingeteilt.[666]

[664] Vgl. Reiß und Koser (2003), S. 66
[665] Quelle: Skiera (1999), S. 140
[666] Beispielsweise sind hier vergünstigte, aber voll funktionsfähige Lizenzen für Schüler oder Studenten zu nennen, vgl. Bittner (1994), S. 100f.

Bei der **Preisdifferenzierung mit Selbstselektion** wird das Produkt in verschiedenen Varianten zu unterschiedlichen Preisen angeboten, der Kunde ordnet sich durch seine Wahl der Variante selbst der entsprechenden Kundengruppe zu.[667] Hierbei ist Buxmann u.a. zuzustimmen, dass zwei wesentlichen Fragen aus Anbietersicht in der anzubietenden Anzahl an Varianten einerseits und in der Gestaltung der angebotenen Varianten andererseits bestehen. Hinsichtlich der **Gestaltung der Varianten** ist der Schwerpunkt dahingehend zu setzen, dass Kunden mit einer hohen Zahlungsbereitschaft die für sie vorgesehene Variante wählen und nicht eine günstigere Variante erwerben.[668] Beispiele für eine mengenbezogene Preisdifferenzierung sind Rabatte auf Lizenzkosten bei der Abnahme einer großen Anzahl von Lizenzen.[669] Aber auch die nutzungsbezogene Preisdifferenzierung („pay per use") wird in den letzten Jahren im Zusammenhang mit Application Service Providing (ASP), Software-as-a-Service (SaaS), On-demand-Anwendungen oder Rent-to-own viel diskutiert.[670] Eine zeitbezogene Differenzierung liegt beispielsweise bei Börsenkursen vor, die mit Zeitverzögerung kostenlos bereitgestellt werden, in Echtzeit allerdings kostenpflichtig sind. Eine leistungsbezogene Differenzierung liegt vor, wenn sich die Versionen beispielsweise hinsichtlich Leistungsumfang (Funktionsumfang), Leistungsfähigkeit oder Zusatzleistungen wie Support unterscheiden.[671]

Zu den **Aggregationsstrategien** zählen die Bündelung von Produkten einerseits und die Aggregation von Kunden andererseits.[672] Wie Buxmann et al. darlegen, sind Strategien der Bündelung von Produkten insbesondere bei Produkten mit geringen Grenzkosten vorteilhaft, bei Software kommt hier noch hinzu, dass Bündelung dazu dienen kann, die für ein Produkt erreichten Netzeffekte auf ein gebündeltes Produkt zu übertragen.[673] Im Detail können dabei Preisbündelung und Produktbündelung sowie unbundling, pure bundling sowie mixed bundling unterschieden werden.[674] Die

---

[667] Vgl. Skiera (1999), S. 142

[668] Vgl. Buxmann et al. (2008a), S. 114

[669] Vgl. Kittlaus et al. (2004), S. 83ff.

[670] Vgl. z.B. Buxmann et al. (2008a), S. 8ff. oder PriceWaterhouseCoopers (2007)

[671] Vgl. Skiera (2000), S. 105ff.

[672] Vgl. Buxmann et al. (2008a), S. 116

[673] Vgl. Buxmann et al. (2008b), S. 82, die hier das Beispiel des Internet Explorers nennen, der dank der Bündelung mit Windows als marktdominierendem Betriebssystem schnell selbst eine marktbeherrschende Stellung erreichte.

[674] Vgl. Buxmann et al. (2008a), S. 116ff.. Während bei der Produktbündelung die gebündelten Produkte integriert werden, um für den Kunden Mehrwert zu schaffen (wie z.B. bei Microsoft Office, wo der Datenaustausch zwischen den einzelnen Programmen vereinfacht ist und die gemeinsame Bedienungsführung die Einarbeitung erleichtert), werden bei der Preisbündelung ansonsten unverbundene als Bündel verkauft. Mixed, pure und unbundling bezeichnen die Fälle, in denen die Produkte

Aggregation von Kunden ist ebenfalls bei niedrigen Grenzkosten vorteilhaft. Hier werden allerdings nicht die Produkte, sondern die Kunden gebündelt, ein Beispiel hierfür sind Campus-Lizenzen für Universitäten, bei denen jeder Universitätsangehörige ein Softwarepaket verwenden darf.[675] Neben den statischen existieren auch **dynamische** Strategiekonzepte, die eine mehrperiodische Betrachtung vornehmen wie bspw.:[676]

- Penetrations- und Skimmingpreispolitik:[677]
  die **Penetrationspreispolitik** zielt darauf ab, im Rahmen der Einführung neuer Produkte durch niedrige Preise die Diffusion des Produkts im Markt zu erreichen und so unter Umständen Markteintrittsbarrieren aufzubauen. Gerade im Bereich des B2C-eCommerce ist diese Strategie weitverbreitet: zahlreiche Unternehmen bieten einen kostenlosen Service an, zu dem oftmals eine erweiterte, kostenpflichtige Alternative angeboten wird.[678] Die **Skimmingpreispolitik** hingegen zielt darauf ab, durch einen hohen Preis die hohe Zahlungsbereitschaft einer kleineren Anzahl Kunden abzuschöpfen, bevor der Preis sukzessive gesenkt wird und das Produkt auch für die breite Masse interessant wird. Das Apple iPhone kann hier als Beispiel genannt werden.[679]
- Eng hiermit verwandt ist die **lebenszyklusabhängige Preispolitik**:
  bei dieser wird das Konzept des Produktlebenszyklus zugrunde gelegt, so dass der Preis der Produkte am Ende ihres Lebenszyklus deutlich gesenkt wird. Hierbei ist allerdings auch das Verhalten des Wettbewerbs zu beachten. Gerade bei Computerhardware oder Kommunikationselektronik ist diese Preispolitik aufgrund des rasanten technischen Fortschritts sehr häufig.
- **Follow-the-Free-Strategie**:
  hierbei wird ein Produkt verschenkt, damit es sich schnell am Markt durchsetzt und einen Lock-in erzeugt. Der Gewinn wird dann durch kostenpflichtige Komplementärprodukte oder Premiumversionen erzielt.[680]

---

ausschließlich als Bündel (pure bundling), sowohl gebündelt als auch separat (mixed bundling) oder ausschließlich separat (unbundling) angeboten werden, vgl. Buxmann et al. (2008a), S. 116f

[675] Vgl. Buxmann et al. (2008a), S. 121f.

[676] Vgl. Herzwurm und Pietsch (2008), S. 119f.

[677] Homburg und Krohmer (2009), S. 187f.

[678] Dies ist beispielsweise bei Anbietern von Email-Accounts wie web.de oder gmx, bei denen der kostenlose Zugang gewisse Einschränkungen bzgl. der Größe des Postfachs, der Dauer des Vorhaltens von Emails oder der Größe von Anhängen bestehen, die bei der kostenpflichtigen Variante nicht bestehen. Ähnlich arbeiten aber auch manche Anbieter im Bereich des Social Webs/Web 2.0, z.B. Xing.

[679] Vgl. Herzwurm und Pietsch (2008), S. 119

[680] Adobe verfolgte diese Strategie mit dem Acrobat Reader zum Lesen von pdf-Dokumenten und dem kostenpflichtigen Acrobat zum Erzeugen der Dokumente Vgl. Buxmann et al. (2008b), S. 82f.

- **Yield Management**:
  dieses wird vorrangig bei Dienstleistungen eingesetzt um durch eine Steuerung der Preise und Mengen die Nachfrage zu glätten und die Erträge zu maximieren.[681] So können für eine Leistung je nach Zeit bzw. Auslastung unterschiedliche Preise festgesetzt werden, was in der Touristikbranche weit verbreitet ist, bspw. bei Flügen, Zimmerpreisen oder Preisen für Skipässe. Insbesondere im Bereich der Bereitstellung von IT-Services kann dieses Konzept gut angewandt werden, es könnte mit zunehmender Akzeptanz von SaaS an Bedeutung zunehmen.
- **Dynamische, nicht- lineare Preispolitik**:
  hier setzt sich der Preis aus einer nutzungsunabhängigen Komponente (oftmals feste Grundgebühren pro Periode) und einer nutzungsabhängigen Komponente zusammen. In zahlreichen Mobilfunktarifen, aber auch manchen Wartungsverträgen in der Softwarebranche wird eine dynamische, nicht-lineare Preispolitik verwendet.

All diese Strategien sind für die Preisfestsetzung in der Software Mass Customization geeignet, insbesondere eine Preisdifferenzierung bietet sich aufgrund der individualisierten Produkte an. Auch wenn theoretisch eine Vielzahl der Strategien kombiniert angewendet werden kann, so erscheint es ratsam, die Systeme nicht zu komplex zu gestalten.[682] Auch weil bestehende Kunden es so gewöhnt sind, ist vor allem für Anbieter, die bislang im Lizenzgeschäft oder Lizenz plus Service tätig waren, eine Preisliste mit klar kommunizierten Preisen für jedes Standardmodul sowie Stundensätzen für Schulungs-, Beratungs- und Entwicklungsaufwände, anzuraten.[683] Inwiefern von diesen Preisen abgewichen werden kann, ist Bestandteil der Konditionen- und Absatzpolitik.

4.2.2.2.2 Konditionen- und Absatzpolitik

Neben der Preispolitik müssen noch die Konditionen- und die Absatzpolitik betrachtet werden. Dabei beinhaltet die **Konditionenpolitik** Maßnahmen bezüglich der Bedin-

---

[681] Vgl. Reiß und Koser (2003), S. 66

[682] Vgl. Buxmann et al. (2008b), S. 86, die auch darauf hinweisen, dass insb. in Märkten, in denen sich die Kunden über die Preise austauschen, Differenzierung schnell für Verärgerung sorgen kann.

[683] Dabei können zu den Lizenzpreisen, die in der Regel beim Kauf fällig werden, noch zeitraumbezogene Gebühren für Wartung fällig werden, die oftmals bei 15-20% des Lizenzpreises (pro Jahr) liegen, vgl. Bittner (1994), S. 102ff.

gungen für Zahlung und Lieferung, Absatzkredite sowie Rabatte.[684] Buxmann et al. empfehlen, Kunden nur im Gegenzug für Gegenleistungen bessere Konditionen einzuräumen, beispielsweise bei der Abnahme großer Mengen, früheren Zahlungsterminen oder sogar Vorauszahlungen.[685]

Zur **Absatzpolitik** zählen zum einen die Absatzkreditpolitik und zum anderen die Vereinbarung spezieller Lieferungs- und Zahlungsbedingungen.[686] Dabei werden Kredite gewährt bzw. vermittelt, um kaufinteressierten Kunden die Finanzierung zu ermöglichen. Auch Leasing wird zur Absatzkreditpolitik gezählt.[687] Zu den Lieferungs- und Zahlungsbedingungen gehören Regelungen zur Lieferung (z. B. Gefahrenübergang), Sanktionen bei Lieferverzug, Garantiebedingungen, Bedingungen zur Zahlung (bspw. Währung, in der gezahlt werden muss) oder Mindestabnahmemengen. Während im Projektgeschäft Abnahmekriterien hierbei von großer Bedeutung sind, spielen im Geschäftsmodell IT-Systemservice die Service Level Agreements eine große Rolle. Hier zieht die Nichterreichung der vereinbarten Service Level in der Regel eine Konventionalstrafe nach sich.

Buxmann et al. empfehlen ein abgestimmtes dreistufiges Verfahren, in dem zuerst die Preisstrategie festgelegt wird, dann die Preissetzung und anschließend die Preisdurchsetzung erfolgt.[688] Letztere umfasst im Detail die Definition des Preis- und Konditionensystems, die interne und externe Preisdurchsetzung sowie das Preiscontrolling. Als erfolgskritisch sehen sie hierbei die Verteilung der Aufgaben auf verschiedene Rollen an. So sei normalerweise das Controlling für das Preiscontrolling und der Vertrieb für die Preisdurchsetzung zuständig.[689]

4.2.2.3 Place – Distribution und Absatz

Die **Distributionspolitik** (Place) bezieht sich auf „die Gesamtheit aller Entscheidungen und Handlungen, welche die Verteilung (engl.: distribution) von materiellen und/oder immateriellen Leistungen vom Hersteller zum Endkäufer und damit von der

[684] Vgl. zu Rabatten z.B. Becker (2006), S. 524f. oder Meffert et al. (2008), S. 595f. Buxmann et al. vergleichen die sehr umfangreichen und oftmals durchaus verhandelbaren Preislisten von Anbietern von Standardsoftware, die dem Investitionsgütermarketing zuzurechnen ist, mit einer individuellen Preisdifferenzierung, deren Ergebnis von den Verhandlungen zwischen Anbieter und Kunde abhängt, vgl. Buxmann et al. (2008a), S. 113, obwohl sie klassischerweise eher der Konditionenpolitik zugeordnet würden.

[685] Vgl. Buxmann et al. (2008b), S. 88

[686] Vgl. im Folgenden Herzwurm und Pietsch (2008), S. 120 oder Wolle (2005), S. 143

[687] Zum Thema Softwareleasing vgl. Bittner (1994), S. 136

[688] Vgl. Buxmann et al. (2008b), S. 83ff.

[689] Vgl. Buxmann et al. (2008b), S. 89

Produktion zur Konsumtion bzw. gewerblichen Verwendung betreffen“.[690] Nach moderner Lesart umfasst sie auch die Re- bzw. Retrodistribution, also die Abwicklung des Rücktransports, bspw. für Reparaturen oder Recycling. Ziel des Absatzes ist es, die erstellten Produkte dem Nachfrager am Ort und zum Zeitpunkt des Bedarfs in der ausreichenden Menge zur Verfügung zu stellen, also Umsatz zu generieren.[691] Liegen die anderen Instrumentalbereiche größtenteils in der Hand des Marketings (eine wichtige Ausnahme stellt die Preisdurchsetzung im Instrumentalbereich Price dar), so liegt die Distributionspolitik in der Verantwortung des Vertriebs, da dieser für den eigentlichen Verkauf der Produkte und Dienstleistungen eines Unternehmens zuständig ist.[692] Somit sind Vertriebsmitarbeiter regelmäßig in direktem Kontakt mit den Kunden (Endkunden oder Handel), während das Marketing stark konzeptionell tätig ist, aber z.B. im Rahmen der Marktforschung auch Kundenkontakt hat. Bezogen auf Software argumentieren Herzwurm und Pietsch, diese strikte Trennung von Marketing und Vertrieb sei im Massenproduktgeschäft üblich und gewollt. Bei erklärungsbedürftigen Softwareprodukten oder Dienstleistungen, die in bestehende Prozesse und IT-Landschaften integriert und dabei angepasst werden müssen, sei es dagegen sinnvoller, Entwicklung, Vertrieb und Marketing stärker zu integrieren und hier klare Schnittstellen zu definieren.[693]

Insbesondere im Massenprodukt-geschäft und ganz allgemein im Konsumgütergeschäft ist die Einschaltung Unternehmensexterner im Vertrieb sehr häufig. Diese können in Absatzhelfer und Absatzmittler unterschieden werden.[694] Dabei haben **Absatzhelfer** wie Speditionen (im Falle der elektronischen Distribution können hier Internetprovider genannt werden) eine rein unterstützende Funktion, während **Absatzmittler** (z.B. Groß- oder Einzelhändler) stärker involviert sind und selbst distributionspolitische Instrumente einsetzen.

Die Distributionspolitik lässt sich in die akquisitorische und die physische Distribution weiter unterscheiden. Die **akquisitorische Distribution** umfasst die mit dem Verkauf der Leistungen befassten Instrumente der Absatzwegepolitik und der Absatzorganisation.[695] Die **physische Distribution** beschäftigt sich mit der Absatzlogistik, also

[690] Meffert et al. (2008), S. 562
[691] Vgl. Wolle (2005), S. 133
[692] Vgl. Kotler et al. (2007), S. 32
[693] Vgl. Herzwurm und Pietsch (2008), S. 110
[694] Meffert et al. (2008), S. 562
[695] Vgl. Becker (2006), S. 527

der Warenverteilung. Da Software oftmals elektronisch (i.d.R. über das Internet)[696] oder auf dem vergleichsweise einfach transportierbaren Medium CD bzw. DVD ausgeliefert wird,[697] ist die physische Distribution für Software von verhältnismäßig geringer Bedeutung.[698]

Wie der Name schon sagt, beschäftigt sich die **Absatzwegepolitik** mit der Gestaltung der Absatzwege (synonym: Absatzkanal) des Produkts. Hierbei kann zwischen direkten und indirekten Absatzwegen unterschieden werden, wobei beide Absatzwegearten auch kombiniert werden können.[699] Ebenso können mehrere Ausgestaltungen einer Absatzwegeart genutzt werden.[700] Dabei bezeichnet direkter Absatz Wege, bei denen nur Absatzorgane des eigenen Unternehmens genutzt werden, während man unter indirektem Absatzweg solche Wege versteht, bei denen rechtlich selbstständige Absatzorgane genutzt werden. Dabei können mehrere Stufen selbstständiger Absatzorgane zwischen den Endkunden und das eigene Unternehmen geschaltet werden, bspw. Groß- und Einzelhändler. Hinsichtlich der Entscheidung für einen oder mehrere Absatzwege müssen die Charakteristika des Unternehmens und seiner Produkte (z.B. Erklärungsbedürftigkeit) sowie des Marktes (z.B. Absatzwege der Wettbewerber) beachtet und die Vor- und Nachteile der jeweiligen Absatzwege abgewogen werden.[701]

Ein bedeutender Vorteil des direkten Absatzwegs ist die direkte Kommunikation mit den Kunden. Dem steht allerdings der hohe organisatorische und finanzielle Aufwand zur Bereitstellung des direkten Absatzweges gegenüber. Die Abdeckung großer Gebiete, insb. auch im Ausland, ist als Vorteil des indirekten Absatzweges zu sehen. Dafür sind die Kommunikation mit den Endkunden sowie die Beschaffung von Informationen über Kundenwünsche, lokale Aktionen der Wettbewerber etc. schwieriger. Das Internet, das als direkter oder indirekter Absatzweg genutzt werden kann, ist für Software als digitales Gut sehr gut geeignet, hier kann der Absatzweg weltweit zu

[696] Vgl. hierzu und zu den strategischen Implikationen des Vertriebs via Internet Evans und Webster (2007), S. 50.

[697] Im Vergleich zu Tiefkühlkost, Obst, atomaren Brennstäben oder Kreuzfahrtschiffen sind sowohl CDs als auch DVDs einfach zu transportieren, da sie verhältnismäßig klein, leicht und robust sind.

[698] Vgl. Bittner (1994), S. 172ff. für eine allerdings etwas veraltete Übersicht möglicher Vertriebswege für Standardanwendungssoftware in Deutschland

[699] Kotler et al. (2007), S. 849ff.

[700] Dabei kann die Verwendung mehrerer Absatzwege zu einer Konkurrenz zwischen den verschiedenen Wegen führen, was negative Auswirkungen auf den Gesamtabsatz haben kann, vgl. zu Chancen und Risiken der Mehrkanalstrategie Meffert et al. (2008), S. 580.

[701] Vgl. zu den Vor- und Nachteilen sowie Einflussfaktoren auf die Entscheidung bzgl. der Einschaltung von Zwischenhändlern z.B. Becker (2006), S. 529ff. Kotler et al. (2007), S. 850f., Homburg und Krohmer (2009), S. 249ff. oder auch die Literatur zum Industriegütermarketing wie bspw. Kleinaltenkamp (2006) oder Backhaus und Voeth (2007), S. 274ff.

geringen Kosten eröffnet werden. Insbesondere für kleinere Unternehmen im Massenproduktgeschäft ist es dabei von Vorteil, seine Produkte (auch) über große E-Commerce-Anbieter wie amazon anzubieten.

Aufgaben der **Absatzorganisation** als zweitem Teilbereich der akquisitorischen Distribution sind die Ausgestaltung des Kundenkontaktes, die Organisationsstruktur sowie die Führung und Weiterbildung der personellen Ressourcen. Ebenfalls zum Bereich der Absatzorganisation gehören Pre-Sales-Aktivitäten (bspw. Beratung, Finanzierungsvermittlung) und der After-Sales-Service (bspw. Wartung, Hotlines bei Problemen oder allgemein die Aufrechterhaltung des Kundenkontaktes).

Im Vergleich zur Konsumgüterbranche sind insbesondere die Möglichkeiten der Organisation des indirekten Vertriebs deutlich unterschiedlich. Konzepte wie Fabrikverkäufe, Vertragshändler oder Franchising[702] werden für Softwareprodukte in dieser Form sehr selten bis gar nicht angewandt. Vorherrschend sind der nicht-exklusive Vertrieb im stationären oder elektronischen (Fach-)Einzelhandel im Lizenzgeschäft, der Vertrieb durch nicht-exklusive Verträge mit Systemhäusern, Unternehmensberatungen und Systemintegratoren im Geschäftsmodell Lizenz plus Service sowie der Direktvertrieb durch eigenes Vertriebspersonal im Projektgeschäft.[703] Für IT-Systemserviceanbieter sind all diese Formen gebräuchlich, hier scheinen der Grad der Erklärungsbedürftigkeit und das finanzielle Gesamtvolumen des Auftrags eine wichtige Rolle zu spielen, welche Form gewählt wird: vom einfachen Webhosting, das im Webshop des Anbieters direkt gekauft wird bis zum komplexen Vertrieb mit Erstellung einer individuellen Vorstudie durch einen Absatzmittler oder Vertriebsmitarbeiter des Anbieters ist alles denkbar.[704]

Gerade bei der Distribution scheinen allgemeine Aussagen zum Marketing von Softwareprodukten sehr schwierig, da sich die Kaufprozesse für z.B. ein Computerspiel, ein ERP-System oder eine Individualsoftwareentwicklung für die Überwachung komplexer Produktionsprozesse in der Chemiebranche sehr stark unterscheiden. Für die Software Mass Customization scheint dies nur etwas einfacher zu sein: um die angestrebte Learning Relationship aufzubauen, aber auch aufgrund des erklärungsbedürftigen Charakters und der Komplexität der Softwareprodukte ist ein Konfigurationsprozess vonnöten, der in manchen Fällen durch den Kunden selbst mittels eines

---

[702] Vgl. beispielsweise die ausführliche Darstellung der Optionen bei Meffert et al. (2008), S. 569ff.

[703] Vgl. Versteegen (2003), S. 247 sowie Lippold (1998), S. 200ff.

[704] Auch hier zeigt sich, dass Softwaremarketing teilweise deutlich mehr Ähnlichkeit mit dem Industriegütermarketing als dem Konsumgütermarketing aufweist. Vgl. zur Bedeutung von Beratung und Konfiguration im Anlagen- oder Systemgeschäft Kleinaltenkamp (2006), S. 325.

Konfigurators, in vielen Fällen aber nur durch intensiven Dialog mit Beratungspersonal durchgeführt werden kann.

Aufgabe der **Absatzlogistik** ist, den Kunden „die richtigen Produkte in der richtigen Menge, zur richtigen Zeit, in der richtigen Qualität am richtigen Ort“[705] zur Verfügung zu stellen.[706] Für materielle Produkte ist es wichtig,

- Lagerhaltungssystem (Optimierung des Lagerbestands, Nutzung von Konzepten wie Just-in-time/-sequence oder Kanban),
- Lagerhaussystem (Anzahl, Größe und regionale Verteilung von Warenhäusern und Produktionsstandorten),
- Verpackungssystem (z. B. Eignung für Produktschutz, Ermöglichung eines günstigen Transports durch Stapelbarkeit),
- Transportsystem (Wahl eines geeigneten Transportmittels etc.) sowie
- Auftragsabwicklungssystem (Informationsfluss zwischen Anbieter und Nachfragern usw.)

zu koppeln. Hierbei werden heutzutage oftmals Logistikdienstleister eingesetzt, die sich auf die Optimierung von Absatzlogistiksystemen spezialisiert haben.[707]

Für Software kann die Absatzlogistik bei ausschließlicher Nutzung des Internets, aber auch im Projektgeschäft, wenn die Leistung vor Ort beim Kunden erbracht wird, als in dieser Form unerheblich erachtet werden.[708] Stattdessen ist bei Softwareprodukten allgemein und für die Software Mass Customization im Besonderen die Nachverfolgbarkeit, welche Produktkonfiguration ein bestimmter Kunde genau einsetzt, von großer Bedeutung.[709] Dabei ist die leichte Änderbarkeit von Software auch nach der Auslieferung Chance und Risiko zugleich: einerseits erlaubt sie die relativ einfache Verbesserung von Fehlern (inkl. der automatisierten Verteilung der verbesserten Software in Form sogenannter Bugfixes oder Patches), andererseits kann bei mangelnder Prozesskontrolle im Bereich Konfigurations- und Änderungs-

705 Becker (2006), S. 556

706 Vgl. auch Kotler et al. (2007), S. 940ff. oder Wolle (2005), S. 140

707 Vgl. hierzu – insb. auch vor dem Hintergrund der individualisierten Massenfertigung - z.B. Reiß und Koser (2004), S. 306.

708 Vgl. Herzwurm und Pietsch (2008), S. 123. Damit fällt einer der großen Vorteile der individualisierten Massenfertigung, nämlich die Senkung der Lagerbestände aufgrund der Umstellung auf build-to-order oder assemble-to-order, weg. Andererseits kann auch einer der größeren Nachteile im Vergleich zu Standardprodukten, nämlich die Wartezeit zwischen Bestellung und Lieferung wegfallen, wenn das Produkt sich rein der Selbstindividualisierung bedient oder die Konfiguration während des Bestellprozesses direkt (also ohne zeitaufwendige Testprozesse) das Ergebnis liefert. Im Vergleich zu einer reinen Individualsoftwareentwicklung wiederum verringert die Verwendung von Standardbauteilen die Wartezeit.

709 Vgl. Kapitel 4.4

management schnell das Problem auftreten, dass nicht klar ist, welcher Kunde welchen Releasestand des Produkts einsetzt und welche optionalen oder individuellen Module er einsetzt. Aber auch Möglichkeiten zur Selbstindividualisierung können hier zu Problemen führen, bspw. wenn die Benutzeroberfläche vom Anwender personalisiert wird und dieser später die Kundenhotline anruft und bestimmte Bedienungselemente nicht mehr findet. Hierauf und auf das Thema produktbegleitende Dienstleistungen wird in Kapitel 4.4 ausführlicher eingegangen.

Dafür soll an dieser Stelle auf die Problematik der Raubkopien eingegangen werden, da Raubkopien als eine Form illegaler Distribution angesehen werden können, die nur aufgrund der einfachen und verlustlosen Kopierbarkeit möglich ist.[710] Offensichtlich reicht es nicht aus, dass Raubkopien illegal sind,[711] stattdessen müssen sich Softwareunternehmen Gedanken machen, wie sie dem Problem auf andere Art und Weise beikommen. Waren früher Hardwarelösungen in Form sog. Dongles vor allem bei hochpreisiger Standardsoftware weit verbreitet, so scheint eine Kombination aus zwangsweiser Onlineregistrierung der Lizenzen und Kontrolle der Lizenznummer beim Versuch, Updates zu beziehen heute weit verbreitet. Besonders gefährdet durch Raubkopien ist Massensoftware, während im Projektgeschäft oder bei Lizenz plus Service aufgrund der kundenindividuellen Anteile eine Anwendung durch Andere eher nur innerhalb desselben Unternehmens (z.B. Nutzung der ERP-Software durch 150 Nutzer anstatt der lizensierten 100 Nutzer) möglich ist und selbst diese durch Mengenbeschränkungen beim Zugriff auf Serverkomponenten verhindert werden kann. Für individualisierte Softwareprodukte scheint das Problem Raubkopie ebenfalls von geringer Bedeutung zu sein, da einerseits die kundenindividuellen Anteile auch hier die Anwendung durch Andere erschweren und andererseits die kundenindividuellen Anteile die Nachverfolgbarkeit, wer die Quelle der Raubkopie ist, deutlich erleichtern.

Schwieriger scheint es dagegen, das Unternehmen, seine Produkte und ihre Vorteile gegenüber dem Wettbewerb bekannt zu machen. Dies ist Aufgabe der im Folgenden behandelten Kommunikationspolitik.

---

[710] Dabei ist es aus rechtlicher Sicht zweitrangig, ob die Kopien gewerbsmäßig, im großen Stil oder „nur“ im Bekanntenkreis weitergegeben werden, vgl. Wolle (2005), S. 235

[711] Vgl. Rao und Klein (1994), S. 33

4.2.2.4 Promotion – Kommunikationspolitik

Aufgabe der Kommunikationspolitik (Promotion) ist es, das Produkt bzw. die Leistung und/ oder das Unternehmen als Ganzes bei den relevanten Ziel- bzw. Anspruchsgruppen bekannt zu machen. Gerade bei Software als erklärungsbedürftigem Gut ist es wichtig,[712] dem Kunden möglichst einfach und anschaulich nahezubringen, was die Software für ihn leisten kann: „Entscheidend für den Erfolg im Markt ist nicht, ob ein Wettbewerbsvorteil auf der technisch-objektiven Ebene existiert, sondern ob er vom Kunden subjektiv wahrgenommen wird. Nur subjektiv-wahrgenommene Wettbewerbsvorteile zählen.“[713]

Hierbei kann in die direkte, einstufige Kommunikation, bei welcher der Empfänger direkt angesprochen wird, und die indirekte, mehrstufige Kommunikation, bei der wietere Elemente (z.B. Multiplikatoren) zwischengeschaltet werden, unterschieden werden.[714]

Folgende Instrumente der Kommunikationspolitik sind von Bedeutung:[715]

- Werbung:

  Ziel des Einsatzes von **Werbung** ist es, das Verhalten der Konsumenten mit Hilfe von Kommunikationsmitteln den Unternehmens- und Marketingzielen entsprechend zu beeinflussen.[716] Die Auswahl der geeigneten Kommunikationsmittel (Funk und Fernsehen, Zeitungen, Internet etc.) ist hierbei stark von der Zielgruppe abhängig.[717]

- Verkaufsförderung:[718]

  Die **Verkaufsförderung** wird auch als Sales Promotion bezeichnet und soll direkt auf den Verkauf der Produkte bzw. Leistungen wirken. Hierbei können Verbraucherpromotions (bspw. Gutscheine, Gewinnspiele, Präsentationen am Point of Sale, Warenproben), Verkäuferpromotions (z. B. Schulungen, Verkaufshandbücher, Prämiensysteme) sowie Händlerpromotions (bspw. Werbekostenzuschüsse) unterschieden werden. Für Software sind hier insbesondere

---

[712] Dies ist nicht nur bei Software der Fall, Schuh et al. nennen das Beispiel des „als erfahrungsintensiv geltende zentrale Bedienelement (i-Drive)“ des 7er BMW, für das die Kunden eine bis zu zweistündige Schulung bekamen, um seinen vollen Funktionsumfang kennenzulernen, vgl. Schuh (2005a), S. 81.

[713] Simon (1988), S. 474

[714] Vgl. Herzwurm und Pietsch (2008), S. 124 oder Lippold (1998), S. 178

[715] Vgl. Wolle (2005), S. 145ff. oder Lippold (1998), S. 179ff.

[716] Gerade das Thema Werbung ist überaus komplex und kann hier leider nur am Rande angerissen werden, für eine vertiefende Betrachtung vgl. Pepels (2001).

[717] Vgl. Wolle (2005), S. 148f.

[718] Vgl. Kotler et al. (2007), S. 758ff.

kostenlose Demoversionen zu nennen, die auf Diskette/CD/DVD auf Veranstaltungen verteilt, per Post verschickt oder Zeitschriften beigelegt oder im Internet zum Download angeboten werden.[719] Für individualisierte Softwareprodukte ist es allerdings schwierig, die Vorteile der Individualisierung gegenüber einem Standardprodukt zu demonstrieren, bevor der Kunde den Konfigurationsprozess durchlaufen hat.

- Öffentlichkeitsarbeit:[720]

  Öffentlichkeitsarbeit (auch als Public Relations oder Public Relation Management bezeichnet) soll in der Öffentlichkeit Vertrauen für das Unternehmen gewinnen bzw. aufrechterhalten und diese über das Unternehmen informieren. Bekannte Maßnahmen sind Pressekonferenzen, Betriebsbesichtigungen oder Seminare. Kotler et al. verweisen auf die sehr hohen Ausgaben (20 Mio. US-Dollar), die Microsoft anlässlich der Einführung von Windows 95 in Kauf nahm, um auf den anstehenden Verkaufsstart hinzuweisen. U.a. wurde das Empire State Building mit Scheinwerfern bestrahlt und die London Times einen Tag kostenlos verteilt. Der Erfolg ließ nicht auf sich warten: tausende standen vor den Geschäften, als Windows 95 „endlich" in den Läden war und alleine in der ersten Woche wurde in den USA über eine Million Kopien verkauft.[721]

- Direktmarketing:

  Ziel des **Direktmarketings** ist es, direkt und möglichst individuell mit dem Kunden zu kommunizieren. Hierdurch soll die Kundenbeziehung gepflegt und die Kundenbindung gesteigert werden. Als Erfolgsfaktor gilt heutzutage, den Adressaten möglichst zielgenau auf sie zugeschnittene Informationen zukommen zu lassen, wozu allerdings umfangreiche Informationen über die Adressaten selbst vonnöten sind.[722] Die Realität im Direktmarketing besteht v.a. im Konsumgütermarketing zu oft aus standardisierten Briefen an unspezifische Empfängergruppen oder niedrig qualifizierten Kräften in Call Centern und führt zu Ablehnung bei zahlreichen Adressaten.[723] Hier können die Learning Relationships der Mass Customization weiterhelfen: wenn die allg. Informationen zum Kunden, die Informationen aus dem Konfigurationsprozess sowie Daten über alle Kontakte mit diesem Kunden (z.B. Anrufe bei der Service-Hotline, installier-

[719] Vgl. Bittner (1994), S. 189 oder Wolle (2005), S. 60f.
[720] Vgl. Kotler et al. (2007), S. 774ff. oder spezifisch für Softwareunternehmen Lippold (1998), S. 173ff.
[721] Vgl. Kotler et al. (2007), S. 776
[722] Vgl. Kotler et al. (2007), S. 960ff.
[723] Vgl. Piller (1998b), S. 103f.

te Upgrades oder Teilnahmen an User Group-Treffen) in einem echten CRM erfasst sind, kann der Kunde wirklich individuell und direkt angesprochen werden. Aber auch für „Noch nicht-Kunden“ bestehen Möglichkeiten der direkten Ansprache, beispielsweise durch das Tracking des Verhaltens von Nutzern auf der Unternehmenshomepage oder die Platzierung von Anzeigen neben den Ergebnissen zu Anfragen bei Suchmaschinen, die zum Produkt sehr gut passen.[724] Amazon gilt als hervorragendes Beispiel für die Nutzung derartiger Informationen: bestehenden Kunden werden beispielsweise Artikel empfohlen, die basierend auf ihren bisherigen Käufen interessant für sie sein könnten. Aber auch der Hinweis auf jeder Produktseite, wofür sich Kunden, die an diesem Produkt interessiert waren, auch interessiert haben, helfen auch potenziellen Kunden.

- Sponsoring:

  Durch **Sponsoring** werden Dritte gezielt gefördert, um bspw. die Sympathie, die für eine gesponserte Person aufgebracht wird, auf das Unternehmen zu übertragen oder um auf einer Veranstaltung exklusiv Werbemaßnahmen durchführen zu dürfen. Neben einer Erhöhung des Bekanntheitsgrads des Unternehmens oder einer Marke des Unternehmens ist die Pflege des Unternehmensimages ebenso ein häufiges Ziel wie die Kontaktpflege zu Geschäftspartnern, aber auch die Erhöhung der Mitarbeitermotivation.[725] Verschiedene große Softwareunternehmen bedienen sich ausgiebig dieses Instruments: Oracle sponsert ein Segelboot beim America's Cup, SAP und Oracle sponsern Formel1-Teams, SAP engagiert sich bei der TSG 1899 Hoffenheim und Microsoft unterstützt verschiedene Projekte, die insbesondere Schüler im Umgang mit Computern und dem Internet „fit“ machen.[726]

- Event-Marketing:

  Als **Event-Marketing** bezeichnet man die Veranstaltung von Ereignissen mit besonderem Erlebniswert wie aufwendige Präsentationen neuer Produkte vor Händlern.[727] Für Softwareprodukte gut geeignet scheinen ganztägige Veranstaltungen mit moderater Teilnehmergebühr und methodischen oder fachlichen

[724] Google, die weltweit führende Suchmaschine macht einen großen Teil seines Umsatzes auf diese Art und Weise, vgl. Gawer und Cusumano (2008), S. 30

[725] Vgl. Kotler et al. (2007) S. 785ff.

[726] Vgl. BMW ORACLE Racing (2009), BMW Sauber F! Team (2009), Vodafone McLaren Mercedes (2009), TSG 1899 Hoffenheim (2009), Schlaumaeuse (2009), Microsoft Deutschland GmbH (2009) sowie Initiative IT-Fitness (2009).

[727] Vgl. Kotler et al. (2007), S. 785ff.

Inhalten unter Einbindung unabhängiger Experten (Hochschullehrer, Analysten oder Praktiker).[728] Aber auch Roadshows und Anwenderkonferenzen sind verbreitet. Dabei versteht man unter Roadshows kurze Veranstaltungen, die in rascher Abfolge in einer Reihe von Städten zum selben Thema stattfinden und den Charakter von Produktpräsentationen, Tutorials oder Seminaren haben.[729] Anwenderkonferenzen (oft auch als User Group Meetings bezeichnet) werden veranstaltet, um die bestehenden Kunden zu informieren und ihnen den Austausch zu ermöglichen.[730] Neben Vorträgen zu den aktuellen Neuigkeiten im Produkt oder den verwandten Produkten wird oft die mittelfristige Produktplanung vorgestellt oder Erfolgsbeispiele aus aktuellen Projekten durch den jeweiligen Kunden vorgestellt. Durch Anwenderkonferenzen soll einerseits die Kundenbindung gesteigert werden, andererseits versucht werden, die Kunden zum kostenpflichtigen Releasewechsel oder Kauf von zusätzlichen Produkten oder optionalen Modulen des Produkts zu animieren.[731] Gerade in der Software Mass Customization können diese Konferenzen dazu dienen, sich zu versichern, inwiefern die mittelfristige Produktplanung die Bedürfnisse des Kunden trifft. Beispielsweise kann ausgelotet werden, inwiefern eine kundenspezifische Erweiterung als optionales Modul ins Angebotsprogramm aufgenommen werden soll.[732]

- Messen und Ausstellungen:

  Messen und **Ausstellungen** dienen zur direkten Ansprache von Kunden oder Geschäftspartnern, je nachdem ob es sich um eine Fach- oder Konsumentenmesse handelt. Ziel von Messeauftritten ist die Anbahnung und Pflege von Geschäftsbeziehungen ebenso wie die Vermittlung von Informationen über (neue) Produkte und Dienstleistungen, aber auch die Darstellung der Kompetenz eines Unternehmens. Auch wenn die Cebit in Hannover und die Systems in München in den letzten Jahren von einem deutlichen Rückgang der Aussteller- und Besucherzahlen geprägt waren, so scheinen Messen weiterhin von

[728] Vgl. Versteegen (2003), S. 213
[729] Vgl. Wolle (2005), S. 151
[730] Vgl. Lippold (1998), S. 239ff. und Baaken und Launen (1993), S. 168f.
[731] Vgl. Wolle (2005), S. 151
[732] Beispielsweise spielen die Anwenderkonferenzen beim Projektpartner in Fallstudie B eine große Rolle in der Produktplanung, hier werden regelmäßig Wünsche gesammelt und mögliche Umsetzungen diskutiert, vgl. Kapitel 6.2.

Bedeutung zu sein, evtl. liegt nur ein Trend weg von sehr großen „Breitbandmessen“ hin zu spezifischeren Veranstaltungen vor.[733]

- Multimedia-Kommunikation:

  Multimedia-Kommunikation bezeichnet die Kommunikation mittels elektronischer Medien unter Nutzung einer Mischung aus Bild, Ton, Text, etc. Neben dem Internet als wichtigstem Medium der Multimedia-Kommunikation werden aber auch CD-ROMs oder DVDs mit entsprechenden Inhalten oder Kioskterminals, die z.B. auf Messen stehen, genutzt. Im Internet werden neben der unternehmenseigenen Internetseite auch spezielle Seiten mit Informationen zu einzelnen Produkten, Emails, Foren und Communities sowie Werbebanner auf Webseiten anderer Anbieter zur Multimedia-Kommunikation genutzt.

Aufgrund der Immaterialität von Software ist der Aufbau von Vertrauen in die eigenen Produkte bzw. Dienstleistungen und Kompetenzen für Softwareunternehmen besonders wichtig.[734] Daher ist die Kommunikationspolitik von großer Bedeutung, die Ausgestaltung der Instrumente ist allerdings stark davon abhängig, ob das Unternehmen eher im Produktgeschäft oder im Projektgeschäft tätig ist. Im ersten Fall wird man eher die Produkte bewerben und versuchen, eine oder mehrere Marken aufzubauen, im zweiten Fall wird man eher die Bekanntheit und das Vertrauen in die Kompetenz des Unternehmens steigern wollen.[735] Zudem kommt es darauf an, ob eher Konsumenten oder Unternehmen die Zielgruppe darstellen: im ersten Fall wird Sponsoring eher eine Rolle spielen, im zweiten Fall werden Messen für Fachpublikum, Roadshows u.a. von großer Bedeutung sein. Besonders gut geeignet zur Schaffung von Vertrauen sind Referenzkunden, die man für Pressemeldungen, eine Rubrik Referenzen auf der Unternehmenswebseite, mehrseitige Berichte zu Referenzprojekten mit Kunden oder gar zu Referenzbesuchen nutzen kann.[736]

Für Software Mass Customization ist auf jeden Fall wichtig, den Informationskreislauf geschlossen zu halten, d.h. die Kunden zu identifizieren und möglichst viele Informationen über sie, ihre Anforderungen und Probleme sowie die von ihnen eingesetzten Produkte zu erfahren, aber auch in der Kundenansprache zu nutzen. D.h.

---

[733] Vgl. Wolle (2005), S. 151f. sowie z.B. HORIZONT (2009), Lehrstuhl für Wirtschaftsinformatik und Electronic Government (2009) oder HIS-Tagung (2009). Versteegen argumentiert in diesem Zusammenhang, insbesondere Dienstleistungsanbieter (v.a. Projektgeschäft, aber auch Lizenz plus Service und IT-Systemservice) würden dazu tendieren, sich auf mehreren kleineren und fachlich fokussierten Kongressen zu präsentieren anstatt sich auf einen Großauftritt auf einer Messe zu konzentrieren, vgl. Versteegen (2003), S. 213.

[734] Vgl. Zarnekow (2007), S. 76f.

[735] Vgl. Lippold (1998), S. 147

[736] Vgl. Lippold (1998), S. 221 und 242ff. sowie Baaken und Launen (1993), S. 170.

insbesondere im Direktmarketing, auf Fachmessen und auf den Webseiten des Unternehmens sollte die Ansprache personalisiert werden.[737] Zusätzlich kann versucht werden, potentielle Kunden anhand bestimmter Kriterien einer Gruppe bestehender Kunden zuzuordnen und die Ansprache entsprechend zuzuschneiden.

Hierzu, aber auch zur Erfolgsmessung von Kommunikationsmaßnahmen (z.B. durch web-log-Mining), kann die Verbindung einer intensiven Nutzung des Internets als Vertriebs- und Kommunikationskanal und einer sorgfältigen Auswertung der Informationen über jeden einzelnen Kunden im Sinne eines analytischen CRM Hilfe leisten und damit zur Intensivierung der Learning Relationship mit den Kunden beitragen.[738]

4.1.1.1 Personnel, Physical Evidence und Process Management – Die Erweiterung auf 7Ps

In der Marketingliteratur existiert keine Übereinstimmung darüber, inwiefern die klassischen vier Instrumentalbereiche Product, Price, Place und Promotion auch auf das Marketing von Dienstleistungen übertragbar sind.[739] Nicht zuletzt aufgrund der spezifischen Charakteristika von Dienstleistungen (vgl. Kapitel 3.1.1) wird an dieser Stelle der Ansicht gefolgt, die zusätzlichen Instrumentalbereiche Personnel, Physical Evidence und Process Management seien im Dienstleistungsmarketing sinnvoll und notwendig.[740] Da Software teilweise Dienstleistungscharakter beizumessen ist, aber auch da Dienstleistungsbestandteile im Sinne einer Soft Customization zur Individualisierung genutzt werden können, sind diese Instrumentalbereiche auch für die Software Mass Customization relevant.

---

[737] Die meisten Kunden sind aufgeschlossener gegenüber Werbung, die auf ihre speziellen Bedürfnsse und Interessen zugeschnitten ist, vgl. z.B. Reiß und Koser (2004), S. 292

[738] Vgl. Reiß und Koser (2004), S. 291ff.

[739] Teilweise wird in der Ltieratur argumentiert, dass die zusätzlichen Instrumentalbereiche auch unter die bestehenden subsumiert werden können. Zudem sei diese Definition des Marketingmix für Dienstleistungen zu weit gefasst, da mit der klassischen Definition und Sicht des Marketings hauptsächlich das Verhalten externer Kunden beeinflusst werden soll, insb. aber die Instrumentalbereiche Personnel und Process Management weit hierüber hinausgehen. Aufgrund der Bedeutung des externen Faktors, der schwierigen Messung der Dienstleistungsqualität und der hohen Bedeutung geschulten Personals für eine gleichbleibende Dienstleistungsqualität wird hier allerdings die Meinung vertreten, diese zusätzlichen Instrumentalbereiche seien notwendig und sinnvoll. Vgl. zu dieser Diskussion Meffert und Bruhn (2008), S. 355.

[740] Die drei zus. Instrumentalbereiche gehen auf Magrath (1986) zurück. Meffert und Bruhn berücksichtigen unter Verweis auf die besonderen Charakteristika von Dienstleistungen Personal als einzigen zusätzlichen Instrumentalbereich, allerdings nicht ohne zu betonen, dass der Instrumentalbereich selbstverständlich nur Teilbereiche modernen Personalmanagements umfasst und dieses nicht ergänzen, sondern auf Schwerpunkte für Dienstleistungsunternehmen hinweisen soll, vgl. Meffert und Bruhn (2008), S. 356.

Hierbei umfasst **Process Management** (Prozesspolitik) das Management von Qualität und Verfügbarkeit der zu erbringenden Leistungen. Somit stellt die Leistungserstellung den Betrachtungsgegenstand dar, d.h. Organisation und Planung von Prozessschritten werden unter Berücksichtigung des Einsatzes von Mitarbeitern und Sachmitteln sowie der Integration des externen Faktors betrachtet.[741] Im Bereich der Softwareentwicklung besteht umfangreiche Literatur zum Thema des prozessorientierten Qualitätsmanagements, die hier durchaus anschlussfähig ist.[742]

Der Instrumentalbereich **Personnel** bzw. Personalpolitik befasst sich mit der konsequenten Kundenorientierung des Personals, da die Dienstleistungsqualität in hohem Maße von den Mitarbeitern abhängt, die die Dienstleistung für den Kunden erbringen.[743] Somit sind Fähigkeiten, Haltung, Verhalten und Denkweise der Mitarbeiter (nicht nur derer mit direktem Kundenkontakt) wichtige Stellgrößen, die mittels personalpolitischer und kommunikationspolitischer Maßnahmen beeinflusst werden sollen. Zu den personalpolitischen Instrumenten zählen hierbei Personalbeschaffung, Personaleinsatz und -entwicklung, sowie Entgelt- und Anreizpolitik. Die kommunikationspolitischen Instrumente wiederum sollen die Identifikation mit dem Unternehmen und den Informationsstand der Mitarbeiter erhöhen, sowie ihr Verhalten und ihre Einstellungen lenken. In der Softwarebranche als wissensintensiver Branche ist die Bedeutung hochqualifizierten und motivierten Personals lang bekannt, hieran ändert sich auch durch die Software Mass Customization nichts.

Aufgrund des immateriellen Charakters von Software fehlen dem Kunden Kriterien zur Begutachtung, die er von physischen Produkten her gewohnt ist. Hierauf bezieht sich der Instrumentalbereich **Physical Evidence**. Dieser hat die vertrauensbildende Gestaltung von Bestandteilen der Gesamtlösung aus Sicht des Kunden zum Ziel. Zu dieser gehören die Gestaltung von Handbüchern oder Datenträgern sowie deren Verpackung, der Benutzeroberfläche des Systems, aber auch die Gestaltung von Kommunikationsinstrumenten wie der Unternehmenswebseite oder Produktbroschüren, nicht zuletzt aber auch das Auftreten von Mitarbeitern des Unternehmens.[744] Da bereits die Literatur zu Mass Customization in der produzierenden Industrie auf die Bedeutung vertrauensbildender Maßnahmen hinweist (da das individualisierte Produkt erst nach Abschluss der Fertigung – und damit nach dem Kauf –

[741] Vgl. Herzwurm und Pietsch (2008), S: 128
[742] Vgl. z.B. Mellis et al. (1998), Wallmüller (2007), Köhler (2006)
[743] Vgl. für diesen Absatz Meffert und Bruhn (2008), S. 356ff.
[744] vgl. hierzu Kotler und Keller (2006), S. 450ff.

begutachtet werden kann),[745] kann die Bedeutung derselben nur betont werden. Die Beschreibung möglicher Maßnahmen erfolgte bereits im Rahmen des Instrumentalbereichs Kommunikation.[746]

4.3 Produktentwicklung in der Software Mass Customization

4.3.1 Grundlagen

Während in der produzierenden Industrie die Trennung in Forschung und Entwicklung[747] einerseits und Produktion/Fertigung andererseits selbstverständlich ist, existiert sie im Bereich der Softwarebranche in dieser Form nicht. Aufgrund des immateriellen Charakters von Software fallen Produktentwicklung und Fertigung von Software zusammen, gleichzeitig trägt die Entwicklung eines Softwareprodukts Züge der Entwicklung eines Prototyps.[748] Diese stellt gleichzeitig die Produktion des ersten Exemplars des Produkts dar, alle weiteren Exemplare können durch die fast risikolose Erstellung einer (verlustfreien) Kopie erzeugt werden.[749] Zudem bedingt die geringe Unternehmensgröße der allermeisten Softwareunternehmen, dass diese keine separate Forschungs- und Entwicklungsabteilung sowie nur in sehr eingeschränktem Maße (Grundlagen-)Forschung betreiben. So gaben im Rahmen der Studie *Analyse und Evaluation der Softwareentwicklung in Deutschland* aus dem Jahr 2000 nur 22% der Unternehmen in Primär- und Sekundärbranchen an,

---

[745] Vgl. z.B. Reichwald und Piller (2006), S. 242.

[746] Vgl. Kapitel 4.2.2.4

[747] Im Detail können hier Grundlagenforschung, Technologieentwicklung, Vorentwicklung sowie Produkt- und Prozessentwicklung unterschieden werden, die sich (in der genannten Reihenfolge) durch eine zunehmende Problem- und Anwendungsorientierung sowie steigende Produkt- und Marktnähe auszeichnen, aber nicht komplett überschneidungsfrei sind, vgl. Burr (2004), S. 28-32. Andere Autoren verwenden die Begriffe Grundlagenforschung, angewandte Forschung, experimentelle Entwicklung und konstruktive Entwicklung, die in ähnlicher Art und Weise durch eine zunehmende Problem und Anwendungsorientierung gekennzeichnet sind, vgl. z.B. Bürgel et al. (1996), S. 9ff..

[748] An dieser Stelle muss kurz auf Unterschiede in den Verständnissen des Begriffs Prototyp eingegangen werden: In den klassischen Ingenieursdisziplinen wie Maschinenbau oder Elektrotechnik versteht man unter einem Prototypen ein erstes „Muster einer großen Serie von Produkten" (Balzert (2008), S. 538), ein Software-Prototyp ist dagegen „nicht nur eine Simulation des Zielproduktes", sondern zeigt „ausgewählte Eigenschaften des Zielproduktes im praktischen Einsatz" (ebenda). Die Erstellung eines Software-Prototyps gilt als optionaler Bestandteil der Softwareentwicklung, vgl. Balzert (2008), S. 537ff.. Dagegen kann das Ergebnis jeder Softwareentwicklung als Prototyp im Sinne der klassischen Ingenieursdisziplinen verstanden werden.

[749] Vgl. Herzwurm (2000), S. 40ff., der ebenso argumentiert. Scheer hingegen argumentiert aus der Erfahrung seines ARIS Toolsets, dass Forschungsprototypen aus verschiedenen Gründen nicht als Produkt verkauft werden können, vgl. Scheer (2009), S. 88f.. Dem ist sicherlich zuzustimmen, allerdings ist ein im universitären Umfeld erstellter Forschungsprototyp explizit als solcher und eben nicht als zu vermarktendes Produkt entwickelt. Vgl. zum Thema Prototypen und Prototyping als Vorgehensmodell oder Schritt im Softwareentwicklungsprozess auch Floyd (1984), Berblinger (1988) oder Kemper (1998), S. 273ff.

(Software-)Forschung zu betreiben, was allerdings wohl auch an einem eher akademischen Verständnis des Begriffs Forschung seitens der Unternehmen lag: „[i]n der Tat ist die von vielen Unternehmen durchgeführte ‚Vorentwicklung' nichts anderes als angewandte industrielle Forschung."[750] Folglich erscheint eine Unterscheidung in Grundlagenforschung, Technologiemanagement sowie Produktentwicklung angebracht.[751] Hierbei wird die Produktion der Produktentwicklung zugeschlagen.[752]

Dabei steht außer bei den ganz großen Anbietern neben der Produktentwicklung das Technologiemanagement im Vordergrund. Hier wird untersucht, welche Plattformen (Hardware, Betriebssysteme, Datenbanken, Klassenbibliotheken o.ä.), Programmiersprachen und softwaretechnischen Ansätze (z.B. Web Services, Komponenten- oder Objektorientierung) zur Anwendung kommen sollen, ob geeignete Unterstützungsprogramme (z.B. Entwicklungsumgebungen, Tools für den Softwaretest) am Markt erworben können oder selbst entwickelt werden müssen, etc. Ebenso müssen technologische Entwicklungen auf Seiten der Kunden im Blick behalten werden, so z.B. können neue Technologien wie RFID-Tags zu Prozessänderungen in Unternehmen führen, die in der Unternehmenssoftware abgebildet werden müssen. Hierzu sind kundenorientierte Instrumente wie die Integration von Lead Usern, Anwenderkonferenzen, Expertengespräche und Anwenderbefragungen ebenso geeignet wie Messen und internationale Kongresse, Datenbank- und Patentrecherchen sowie Kontakte mit Hochschulen und Forschungseinrichtungen.[753]

Ebenfalls dem Umfeld des Technologiemanagements zuzuordnen ist Open Innovation im Verständnis Chesbroughs, dessen Definition von Open Innovation sich nicht primär auf den Kunden als Co-Innovator bezieht. Stattdessen versteht er unter Open Innovation sowohl die verstärkte Nutzung eigener Erfindungen durch andere Unternehmen als auch die Nutzung fremder Erfindungen im eigenen Unternehmen (im Rahmen gegenseitiger Lizenzierung, strategischer Allianzen oder durch Lizenzzahlungen).[754] In diesem Zusammenhang sind Partnernetze und Ecosystems von

---

[750] GfK-Marktforschung et al. (2000), S. 11

[751] Vgl. Balzert (2008), S. 175ff. Jahncke merkt hierzu an, dass die Unterscheidung zwischen Anwendungsforschung/Technologiemanagement und der eigentlichen Softwareentwicklung schwierig ist, da die Nutzbarmachung neuer Technologien und die Nutzung derselben in der Produktentwicklung Hand in Hand gehen, vgl. Jahncke (2008), S. 104.

[752] Vgl. Herzwurm (2000), S. 35ff. oder Wolf et al. (2008)

[753] Vgl. Lippold (1998), S. 83; Roth et al. (1993a); S. 118 und Bittner (1994), S. 42ff.

[754] Vgl. Chesbrough (2003b) sowie Chesbrough (2003a)

potenziell großer Bedeutung.[755] Aber auch die Kundenintegration in den Prozess der Softwareentwicklung gilt als wichtiger Erfolgsfaktor.[756]

4.3.2 Modularisierung und Wiederverwendung

Ähnlich wie in der Entwicklung und Produktion materieller Güter ist auch in der Softwareentwicklung die mehrfache Verwendung standardisierter Module vorteilhaft. Da Software wie in Kapitel 3.1.1 erläutert nicht produziert, sondern durch kopieren vervielfältigt wird, ist die Wiederverwendung sogar noch attraktiver als für materielle Produkte. Diese Erkenntnis ist alles andere als neu, schon in den ersten Veröffentlichungen zu Software Engineering ab Ende der 1960er Jahre werden Modularisierung und darauf aufbauend Wiederverwendung als wichtiges Ziel genannt.[757] Dabei ist Wiederverwendung aber nicht als Selbstzweck zu verstehen, sondern als Mittel, um die folgenden Ziele zu erreichen:[758]

1. Die Entwicklungskosten sinken, da ein Teil der Entwicklungsarbeit eingespart wird,
2. Die Entwicklungszeit (und damit die time-to-market) wird verkürzt, d.h. die Produkte können schneller verkauft werden,
3. Die Qualität der entwickelten Software ist höher, da die wiederverwendeten Teile ausgereifter und weniger fehlerbehaftet sind,
4. Wartung und Weiterentwicklung sind einfacher und billiger, da eine mehrfach verwendete Komponente nur einmal geändert werden muss,
5. In den mehrfach verwendeten Teilen werden Fehler schneller entdeckt, da sie von einer größeren Anzahl Nutzer verwendet werden,
6. Die Schätzung der Entwicklungskosten wird vereinfacht, da die Schätzgenauigkeit für Anpassung und Integration (der wiederverwendeten Teile) höher ist als für Neuentwicklung.

Daher erscheint es auch nicht verwunderlich, dass seitdem zahlreiche Programmierkonzepte und Entwicklungstechniken entwickelt wurden, deren explizites Ziel die Unterstützung der Wiederverwendung ist. Abbildung 46 zeigt diese auf einem Zeitstrahl.

---

[755] Vgl. Kapitel 3.1.3
[756] Vgl. die in Herzwurm (2000), S. 131ff. genannten Studien sowie Hoch et al. (2000), S: 110ff. oder Kirchmann und Warschburger (2004).
[757] Vgl. z.B. McIlroy (1969), Parnas (1972) oder Parnas (1976).
[758] vgl. Herzwurm und Pietsch (2008), S. 198

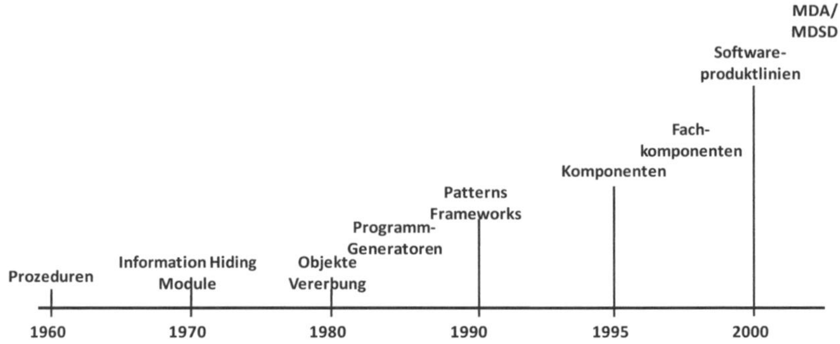

Abbildung 46: Entwicklungstechniken der Wiederverwendung[759]

Trotz dieser Vielzahl an Ansätzen und den unbestreitbaren technischen Fortschritten scheint der Grad der Wiederverwendung in der Praxis nach wie vor hinter den Erwartungen zurückzubleiben, weswegen in der Literatur verschiedentlich argumentiert wird, organisatorische und kulturelle Faktoren seien stärker zu berücksichtigen. Folgende Punkte werden in diesem Zusammenhang genannt:[760]

- Mangelndes Wissensmanagement: es existiert kein systematisches Wissensmanagement, welches Know-how-Transfer innerhalb der softwareentwickelnden Organisation fördert, insbesondere mangelt es an Kommunikation zwischen Entwicklungsprojekten und Dokumentation wiederverwendbarer Assets,[761] so dass Wiederverwendungsmöglichkeiten nicht ausgeschöpft werden,
- Geheimniskrämerei: Mitarbeiter sind nicht bereit, ihr Wissen detailliert weiterzugeben, sei es aus Angst, dass Fehler aufgedeckt werden oder um die eigene Stellung zu sichern,
- „Not invented here"-Syndrom: hiermit wird ein Mangel an Bereitschaft bezeichnet, Code der nicht selbst entwickelt wurde, einzusetzen. Begründet werden kann dies einerseits damit, dass Entwickler lieber selbst von Grund auf entwickeln als Bestehendes anzupassen, andererseits mit fehlendem Vertrauen in den fremd entwickelten Code,

---

[759] Quelle: Herzwurm und Pietsch (2008), S. 199

[760] Vgl. Department of Defense Software Reuse Initiative (1996), Kriha und Scheffold (1998), Williamson (1997a) und Williamson (1997b)

[761] Unter dem Begriff der Assets wird nicht nur Quellcode bzw. compilierte Elemente, sondern auch Elemente der Anforderungspezifikation, Analyse- und Entwurfsmodelle, Testfälle und Dokumentation verstanden, wobei der Begriff Asset selbst eine Analogie aus dem Rechnungswesen darstellt. Im Rechnungswesen versteht man unter einem Asset einen Wertgegenstand, vgl. Böckle et al. (2004a), Clements und Northrop (2002), Pohl et al. (2005), oder Bayer et al. (1999).

- Unzureichende Unterstützung durch das Management: in Übereinstimmung mit der Literatur zu Erfolgsfaktoren in Veränderungsprojekten und im Projektmanagement im Allgemeinen wird auch für die Einführung der Wiederverwendung in Softwareunternehmen gefordert, dass das Topmanagement ein deutliches Commitment für die Wiederverwendung zeigen muss,[762]
- Nicht auf Wiederverwendung ausgerichtete Anreizsysteme: die Entwicklung wieder verwendbarer Software ist im ersten Moment deutlich aufwendiger, so dass dysfunktionale Effekte bei der Prämierung der Entwicklung möglichst vieler Lines of Code oder der Verwendung ähnlicher Kennzahlen entstehen,
- Es werden unzureichende Ressourcen für die Wiederverwendung bereitgestellt: Wiederverwendung geschieht nicht „von alleine", sondern muss aktiv gemanagt werden. Hierfür müssen ausreichende (Personal-)Ressourcen bereitgestellt werden, aber auch Projektpläne ausreichend Zeit vorsehen,
- Unsystematische Einführung der Wiederverwendung: ad hoc-Wiederverwendung, die auf kleinere Bereiche des Unternehmens beschränkt ist und bei der nur Code als wieder verwendbar angesehen wird, führt dazu, dass nur ein Bruchteil des möglichen Nutzens realisiert wird,[763]
- Kurzfristorientierung: der Nutzen der Wiederverwendung ist vor allem im mittel- bis langfristigen Bereich anzusiedeln, so dass bei ausgeprägter Kurzfristorientierung die Wiederverwendung als nicht vorteilhaft beurteilt werden wird,
- Halbherziges Vorgehen: wird Wiederverwendung unsystematisch eingeführt, fehlt das Commitment des Management und sind die Mitarbeiter nicht ausreichend von den Vorteilen der Wiederverwendung überzeugt, so ist unwahrscheinlich, dass Wiederverwendung erfolgreich eingeführt wird.

Eine der fortgeschrittensten Techniken der Wiederverwendung, die sich einerseits auf die Wiederverwendung innerhalb einer Familie verwandter Systeme beschränkt und andererseits auch organisatorische und strategische Aspekte ausreichend berücksichtigt, ist die Produktlinienentwicklung. Durch diese Charakteristika verspricht die Produktlinienentwicklung, die oben genannten Probleme zu lösen oder zumindest zu lindern. Zudem stellen Softwareproduktlinien – wie im Folgenden gezeigt wird –

---

[762] Vgl. z.B. Doppler und Lauterburg (2008), S. 180-183 für die Bedeutung der Unterstützung durch das Management in Veränderungsprojekten. Vgl. auch Corsten et al. (2008), S. 41ff. zum Thema Erfolgsfaktoren im Projektmanagement, die sich auch ausführlich über die Schwierigkeiten bei der Ermittlung dieser Erfolgsfaktoren äußern, aber auf S.45 auch Support durch das Top Management nennen.

[763] Dieser Punkt wird in der Literatur zu Softwareproduktlinien ausführlich betont, siehe Kapitel 4.3.3.

eine Möglichkeit dar, wie Softwareproduktplattformen und plattformbasierte Softwareprodukte entwickelt werden können.[764]

4.3.3 Softwareproduktlinien

Aus der Sicht der Softwareentwicklung liegt die Besonderheit von Softwareproduktlinien darin, dass verschiedene Produkte einer Domäne (also eines Problem- bzw. Anwendungsbereichs, z. B. Betriebssysteme für Mobiltelefone oder Software zur Unterstützung des Vertriebsaußendiensts) als Familie und nicht mehr als einzelne Produkte betrachtet werden. So definiert das Software Engineering Institute Softwareproduktlinien als „set of software-intensive systems sharing a common, managed set of features that satisfy the specific needs of a particular market segment or mission and that are developed from a common set of core assets in a prescribed way".[765] Streng genommen muss man die Begriffe Produktlinie und Produktfamilie unterscheiden. Der Begriff der **Produktlinie** kommt aus dem Marketing und bezeichnet eine Gruppe von Produkten, die einen bestimmten Markt abdecken, und sich dabei in Ihren Merkmalen aus der Sicht des Kunden unterscheiden. Der Begriff der **Produktfamilie** hingegen bezieht sich auf den inneren Aufbau der Produkte und wird verwendet, wenn die einzelnen Produkte aus einer gemeinsamen Basis an Bauteilen konfiguriert werden.[766] Für Software hat sich allerdings der Begriff Softwareproduktlinie (oder Software-Produktlinie) durchgesetzt und bezieht sich in der Regel sowohl auf die Marketingsicht als auch auf den inneren Aufbau der Produkte (vgl. auch o. g. Definition). Auch wenn dies nicht unproblematisch ist,[767] wird im Folgenden dieser Konvention gefolgt und der Begriff Produktlinie verwendet, auch wenn Produktfamilie genauer wäre.

Bestandteile einer Softwareproduktlinie sind die Produktlinienarchitektur und die einzelnen Produkte, die zu der Produktlinie gehören. Dabei beschreibt die Produktlinienarchitektur die einzelnen Produkte, deren gemeinsame Komponenten und – zumindest in Umrissen – die Unterschiede zwischen den Produkten der Familie.[768] Diese Unterschiede werden als Variabilität bezeichnet und drücken sich darin aus,

[764] An dieser Stelle soll ausdrücklich betont werden, dass Softwareproduktlinien nur eine Möglichkeit sind und andere Möglichkeiten denkbar sind bzw. bereits existieren. Da das Konzept der Softwareproduktlinie allerdings auf verschiedenste Arten softwaretechnisch realisiert werden kann, können. auch Alternativen wie z.B. Service-orientierte Architekturen auf Basis von Web Services als Softwareproduktlinie entwickelt werden, vgl. z.B. Helferich et al. (2007b) oder Cohen und Krut (2008).

[765] Clements und Northrop (2002), S. 5

[766] Vgl. Czarnecki und Eisenecker (2000), S. 36 oder auch Kapitel 2.2.4

[767] Vgl. Helferich et al. (2006c) und Helferich et al. (2006d)

[768] Vgl. Bosch (2000), S. 11

dass verschiedene Produkte einer Softwareproduktlinie unterschiedliche Anforderungen erfüllen und daher unterschiedliche Komponenten (oder dieselben Komponenten anders konfiguriert) verwenden.

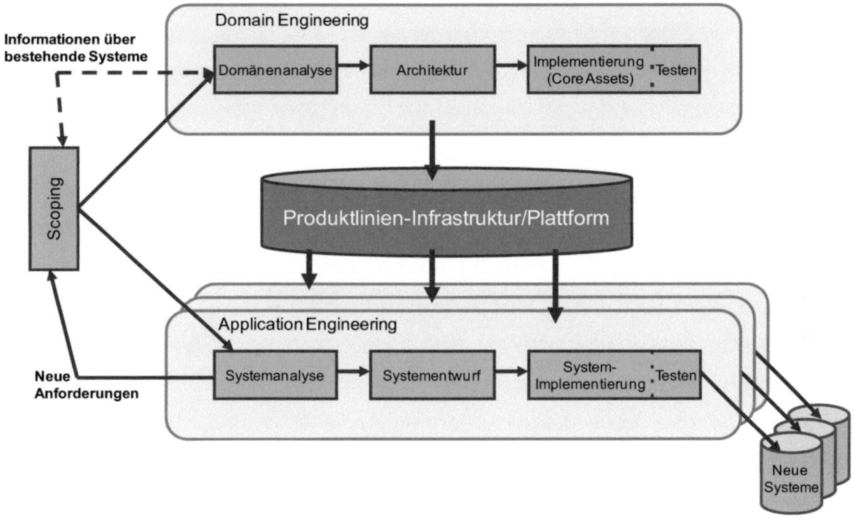

Abbildung 47: Ablauf der Produktlinienentwicklung

Das Konzept der Softwareproduktlinien unterstützt die Wiederverwendung von Komponenten: die gemeinsame **Produktlinienarchitektur** ist explizit auf Wiederverwendung ausgelegt und die einzelne Komponente muss nicht vor Verwendung noch auf ihre Eignung für diese Verwendung untersucht werden.[769] Dies ist gleichzeitig der wichtigste Unterschied zu anderen Konzepten der Wiederverwendung von Programmteilen oder Komponenten: die Mehrfachverwendung ist bereits im Voraus vergleichsweise detailliert geplant, beschränkt sich gleichzeitig aber auf die Verwendung innerhalb der Produktlinie. Zusätzlich sollen nicht nur die Komponenten, sondern auch alle anderen Artefakte der Softwareerstellung, wie UML-Diagramme oder Testfälle wieder verwendet werden. Durch die explizite Planung und Beschränkung des Wiederverwendungskontexts und die damit verbundene Vermeidung von Komplexität verspricht man sich, einen hohen Grad an Wiederverwendung zu erreichen.

Es bestehen verschiedene Vorgehensmodelle für den Produktlinien-Entwicklungsprozess.[770] Allen gemeinsam ist, dass sich der Produktlinien-Entwicklungsprozess

---

[769] Bosch (2000), S. 161ff.

[770] Vgl. z.B. Bayer et al. (1999), Weiss und Lai (1999), Pohl et al. (2005)

analog zur Struktur einer Produktlinie gestaltet (siehe auch Abbildung 47). So wie diese aus Produktlinienarchitektur und den Mitgliedern der Produktlinie besteht, so besteht auch der Entwicklungsprozess aus dem Prozess der Entwicklung der Produktlinienarchitektur und dem Prozess der Entwicklung der Mitglieder der Produktlinie. Dabei wird der Entwicklungsprozess der Produktlinienarchitektur als **Domain Engineering** und der Entwicklungsprozess der Produktlinienmitglieder als **Application Engineering** bezeichnet. Domain und Application Engineering vorgeschaltet sind eine grobe Wirtschaftlichkeitsanalyse und das sogenannte **Scoping**.[771] Ein wichtiger Teilaspekt des Scopings ist die Unterscheidung in gemeinsame Anforderungen an alle Produkte und variable Anforderungen. Variable Anforderungen werden nicht an alle Produkte einer Produktlinie im selben Ausmaß gestellt.

In den letzten gut zehn Jahren sind zahlreiche Veröffentlichungen, zum Thema Softwareproduktlinien und Produktlinienentwicklung erschienen.[772] Auch wenn Aspekte des strategischen Managements und der Organisation der Produktlinienentwicklung aufgegriffen wurden, befasst sich die überwiegende Mehrzahl der Veröffentlichungen mit technischen Aspekten des Themas. Ebenso wurde trotz einer Vielzahl an Erfolgsbeispielen wenig über Anwendungsbeispiele im Bereich der Anwendungssysteme berichtet, in aller Regel stammen die Erfolgsbeispiele aus dem Bereich der eingebetteten Software.[773] Nicht zuletzt fällt auf, dass wie wenigsten Autoren dem Bereich der Wirtschaftsinformatik (oder der Information Systems) zugerechnet werden können.[774]

Auf den Ansatz der Produktlinienentwicklung wird in Kapitel 5.4 näher eingegangen, da dieser als Beispiel für die Integration der Ergebnisse der in Kapitel 5 entwickelten Methode in den Gesamtprozess der kundenorientierten Entwicklung modularer Softwareproduktplattformen dient.

---

[771] Vgl. z.B. Bosch (2000), S. 192ff.

[772] Vgl. z.B. die Bücher von Böckle et al. (2004a), Clements und Northrop (2002), Käkölä und Duenas (2006) oder Linden et al. (2007), Tagungsbände wie Obbink und Pohl (2005) oder Cohen und Krut (2008) und nicht zuletzt Dissertationen wie Schmid (2003) oder Muthig (2002), um jeweils nur ein paar Beispiele zu nennen.

[773] Vgl. beispielsweise die Beispiele in Linden et al. (2007) oder Software Engineering Institute at Carnegie Mellon University (...), die fast ausschließlich eingebettete Systeme behandeln. Als Gegenbeispiel sei z.B. Leßner (2006) genannt.

[774] Zu den wenigen Ausnahmen zählen Ebert und Smouts (2003), die einen kurzen Überblick geben, Meister (2006) und Meister und Appelrath (2007), der eine Methode zur inkrementellen Adoption der Produktlinienentwicklung für kleine Softwareunternehmen entwickelt hat und Pankratius, der die Produktlinienentwicklung auf die Entwicklung von Produktlinien jeglicher Art digitaler Güter übertragen hat, vgl. Pankratius (2007).

4.4 Produktbegleitende Dienstleistungen in der Software Mass Customization

In sehr vielen Fällen ist aus Sicht des Kunden die Leistung des eigentlichen Softwareprodukts nicht alleine ausschlaggebend hinsichtlich Kundenzufriedenheit oder –unzufriedenheit, sondern spielen Dienstleistungsbestandteile der Gesamtlösung wie beispielsweise Schulungen, Hotlines oder Wartungs- und Weiterentwicklungsverträge eine wichtige Rolle.[775] Diese sollen im Folgenden analog zur Situation materieller Produkte als **produktbegleitende Dienstleistungen** bezeichnet werden.[776] Die Bedeutung produkt-begleitender Dienstleistungen ist in der individualisierten Massenfertigung von Softwareprodukten eher noch höher einzuschätzen als für „normale" Softwareprodukte.[777] Betrachtet man die in Kapitel 2.3.4 erläuterten Konzeptionen der Mass Customization, lässt sich leicht erkennen, dass die drei der **Soft Customization** zuzuordnenden Konzeptionen Selbstindividualisierung, individuelle Endfertigung im Handel/Vertrieb und Serviceindividualisierung allesamt großes Potenzial zur Erhöhung des Kundennutzens bieten. So ist die Möglichkeit zur **Selbstindividualisierung** (z.B. durch Einpflegen des eigenen Firmenbriefkopfs in einem Warenwirtschaftssystem oder Anlegen eines eigenen Charakters in einem Computerspiel) bei nahezu allen Softwareprodukten vorhanden. Aber auch das Customizing als softwarespezifische Abwandlung der Konzeption der **individuellen Endfertigung im Handel/Vertrieb** ist z.B. bei ERP-Systemen sehr verbreitet. Die **Serviceindividualisierung**, also die Ergänzung von Standardprodukten um individuelle sekundäre Dienstleistungen, schließlich kann ebenfalls bei annähernd jedem individualisierten Softwareprodukt unterstützend angewandt werden. Beispielsweise kann eine Registrierung des Produkts über eine Webseite, auf der anschließend personalisierte Informationen bereitgestellt werden, oder auf der Kunden über Online-Communities (unter Unterstützung durch Mitarbeiter des Unternehmens) miteinander Informationen austauschen, eine wichtige Hilfe für den

---

[775] Vgl. Lippold (1998), S. 157f.

[776] Backhaus und Voeth argumentieren, unter dem Begriff produktbegleitende Dienstleistungen könnten „immaterielle Leistungen verstanden werden, die Anbieter von Sach- und Dienstleistungen ihren industriellen Nachfragern zusätzlich zur originären Leistung mit dem Ziel anbieten, den Absatz der Kernleistung zu fördern." (Backhaus und Voeth (2007) S: 260). Ähnlich auch Becker (2006), S. 510 und Kotler et al. (2007), S 573ff., die Begrenzung auf industrielle Nachfrager wird dort allerdings nicht verwendet und erscheint gerade auch bei Software nicht notwendig oder sinnvoll.

[777] Dabei sind die produktbegleitenden Dienstleistungen bereits bei „normalen" Softwareprodukten in der Regel individualisiert, wie Herzwurm und Pietsch feststellen: „Es ist für IT-Produkte typisch, dass nicht nur deren Auslieferungen unterschiedlich konfiguriert sind, sondern auch die zugehörigen Dienstleistungen" (Herzwurm und Pietsch (2008), S: 209).

Kunden darstellen und seine Zufriedenheit mit seinem individualisierten Softwareprodukt deutlich steigern.[778]

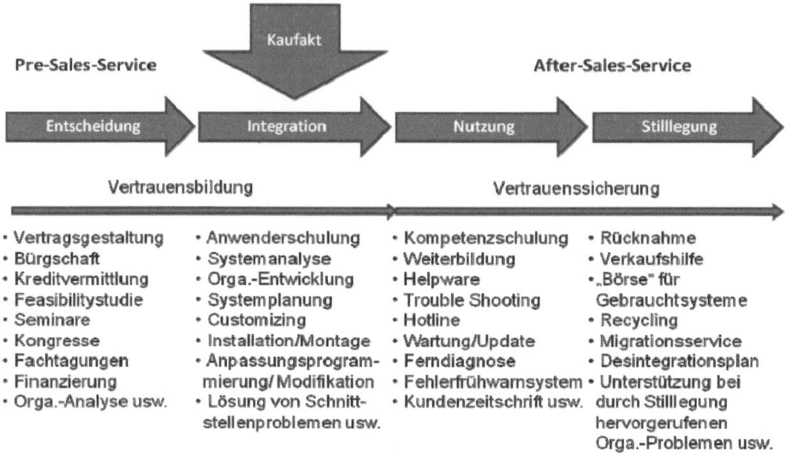

Abbildung 48: Arten von Kundendienst- bzw. Serviceleistungen

Ebenfalls möglich ist die Erbringung primärer IT-Dienstleistungen im Sinne einer individualisierten Massenfertigung. Dies steht allerdings nicht im Fokus dieser Arbeit, hier kann auf die vorhandene Literatur verwiesen werden.[779] Entwicklung und Erbringung individualisierter primärer IT-Dienstleistungen sowie aller möglichen produktbegleitenden Dienstleistungen (vgl. Abbildung 48[780]) in ihrer Gesamtheit zu besprechen, würde den Rahmen dieser Arbeit sprengen, stattdessen soll kurz auf die Bedeutung des Prozessmanagements für die Sicherstellung einer hohen Qualität der Dienstleistungen wie der aus Softwareprodukt und begleitenden Dienstleistungen bestehenden Gesamtlösung eingegangen werden. Zusätzlich wird auf die wichtigen und im Rahmen der individualisierten Massenfertigung von Softwareprodukten sehr komplexen Dienstleistungen des Supports sowie der Dokumentation eingegangen werden.

[778] Vgl. Reiß und Koser (2003), S. 65

[779] vgl. hierzu die Arbeiten von Böhmann und Krcmar, z.B. Böhmann (2004), Böhmann et al. (2005) und Böhmann und Krcmar (2005). Vgl. in diesem Zusammenhang auch Burr (2002), S. 162ff. zu den Chancen und Risiken modularer Dienstleistungsarchitekturen.

[780] Becker weist darauf hin, dass Serviceleistungen insb. bei Gebrauchsgütern (sowohl Konsum- als auch Industriegüter) von Bedeutung sind, vgl. Becker (2006), S. 510. Zum Thema techn. Kundendienst besteht eine umfangreiche Literatur vgl. z.B. Engelhardt (1977), S. 29f., Pepels (2009), S. 469ff., Benz und Scheiffele (2001) oder Borgmeier (2002).

Aufgrund des immateriellen Charakters von Dienstleistungen und der Einbindung des externen Faktors stellen Qualitäts- und Prozessmanagement überaus wichtige Aspekte im Management von Dienstleistungen dar.[781] Insbesondere die gleichmäßige Erbringung der Dienstleistungen unabhängig davon, welche Mitarbeiter des Unternehmens an der Erbringung beteiligt sind, ist von großer Bedeutung.[782] Während die Bedeutung des Prozessmanagements und des prozessorientierten Qualitätsmanagements für die Softwareentwicklung schon Anfang bis Mitte der neunziger Jahre des zwanzigsten Jahrhunderts erkannt wurde,[783] hat dieses Thema seit ca. dem Jahr 2000 auch für die Bereitstellung von IT-Services Aufmerksamkeit gefunden.[784] Hier hat sich im Umfeld insbesondere von ITIL (IT Infrastructure Library), aber auch ISO 20.000 und CoBIT (Control Objectives for Information and Related Technology) mit dem **IT-Servicemanagement** eine eigene Disziplin in der Praxis etabliert.[785]

Dabei stellt ITIL einen De-facto-Standard für das IT-Servicemanagement dar, der in den 80er Jahren von der britischen Regierung initiiert wurde, um auf der Grundlage von bewährten Praktiken in der Industrie ein Konzept für den zweckmäßigen und wirtschaftlichen Einsatz der IT in Ministerien und anderen Organisationen der britischen Regierung zu definieren.[786] ITIL kann als „herstellerunabhängige Sammlung von Best Practices für die Gestaltung der Managementprozesse eines IT-Dienstleisters“[787] interpretiert werden und zeichnet sich durch die durchgängige Betonung von Kunden- und Serviceorientierung im IT-Servicemanagement aus.[788] ISO 20.000 bzw. genauer gesagt ISO/IEC 20.000 ist der offizielle Standard, der allerdings von ITIL maßgeblich geprägt ist.[789] CoBIT wiederum wurde ursprünglich für den Einsatz bei Wirtschaftsprüfern zum Zwecke der Auditierung von IT-Prozessen entwickelt, findet inzwischen aber breite Anwendung im Bereich der IT Governance.[790] Aufgrund

---

[781] vgl. Bruhn (2008), S. 3ff. insb. auch die empirischen Befunde auf S.14ff.; ebenso Corsten und Gössinger (2007), S. 274

[782] vgl. Bruhn (2008), S.308ff.

[783] Vgl. z.B. Mellis et al. (1998), Stelzer (1998), Herzwurm et al. (1997). Das CMM als Vorgänger des CMMI wurde sogar ab 1986 entwickelt, vgl. Mellis et al. (1998), S. 96.

[784] Beispielsweise konstatieren Herzwurm und Pietsch: „IT-Services und insbesondere der IT-Support sind wesentliche Bestandteile von IT-Produkten, ja gelegentlich sogar ein Differenzierungsmerkmal im Wettbewerb.“, Herzwurm und Pietsch (2008), S. 206. Vgl. auch Buchsein et al. (2008), S. 147ff.

[785] Vgl. Herzwurm und Pietsch (2008), S. 206

[786] Vgl. Herzwurm und Pietsch (2008), S. 212

[787] Zarnekow (2007), S. 122

[788] Vgl. für eine ausführliche Darstellung von ITIL z.B. Olbrich (2008), Schiefer und Schitterer (2008), Stych und Zeppenfeld (2008) oder Buchsein et al. (2008).

[789] Vgl. Buchsein et al. (2008), S. 97ff. oder Schiefer und Schitterer (2008), S. 257ff.

[790] Vgl. Buchsein et al. (2008), S. 103f.

dieser unterschiedlichen Ausrichtung sind CoBIT und ITIL nicht deckungsgleich, nach Ansicht von Experten aber gut miteinander vereinbar und kombinierbar.[791]

Für die vorliegende Arbeit interessant ist vor allem ITIL und hier vor allem der Teil, der sich mit dem Thema Service Support beschäftigt: dieser ist in der seit 2007 gültigen Version 3 von ITIL in das Buch **Service Operation** integriert, während er in ITIL V2 noch ein eigenständiges Buch darstellte.[792] Im Rahmen des Service Support wird propagiert, ein sog. **Service Desk** müsse als Single Point of Contact, also erster und einziger Kontakt für die Anwender bei Anfragen fungieren.[793] ITIL fordert, sämtliche Unterstützungsanfragen, also Störungsmeldungen einerseits und Service- und Informationsanliegen andererseits müssen über den Service Desk abgewickelt werden.[794] Zudem stellt der Service Desk die Schnittstelle zu den Aktivitäten **Change Management** und **Configuration Management** dar. Die Aktivitäten bzgl. Störungsmeldungen werden in Incident Management und Problem Management unterschieden. Dabei hat das **Incident Management** die Aufgabe, die Verfügbarkeit der Services aufrecht zu erhalten und im Störungsfall für schnellstmögliche Abhilfe zu schaffen.[795] Hier dient der Service Desk in der Regel als first Level Support, der kompliziertere Fälle an den second oder third Level Support weiterreicht, weiterhin aber Ansprechpartner und Koordinator aus Sicht des Kunden bleibt.[796] Während das Incident Management somit rein reaktiven Charakters ist, repräsentiert das **Problem Management** den proaktiven Part: hier werden die einzelnen Störungsfälle analysiert und versucht, zugrunde liegende Ursachen zu identifizieren, zu beseitigen und ggf. Anleitungen zur Lösung oder Umgehung des Problems zu erstellen, auf die das Incident Management dann zugreifen kann.[797]

Unterstützenden Charakter für Incident und Problem Management haben die Prozesse Configuration Management, Change Management und Release Management. Anders als im Software Engineering umfasst **Configuration Management** im Rahmen von ITIL die Erfassung der Konfiguration von Softwaresystemen, Servern, Netzwerkinfrastruktur und den PCs oder Laptops von Endbenutzern, da all diese Be-

[791] Vgl. Buchsein et al. (2008), S. 111. für eine ausführliche Beschreibung von CoBIT vgl. z.B. Olbrich (2008), S. 200ff. oder Buchsein et al. (2008), S. 103ff.
[792] Vgl. Stych und Zeppenfeld (2008), S. 28
[793] Vgl. Stych und Zeppenfeld (2008), S. 41f.
[794] Vgl. Zarnekow (2007), S. 253ff.
[795] Vgl. Olbrich (2008), S. 32
[796] Vgl. Zarnekow (2007), S. 254
[797] Vgl. Buchsein et al. (2008), S. 40 oder Olbrich (2008), S. 42

standteile die Quelle von Problemen sein können.[798] Das **Change Management** beschäftigt sich auch hier damit, alle Änderungsvorhaben zu prüfen, zu genehmigen (oder mit Begründung abzulehnen) sowie die ordnungsgemäße Durchführung der Änderungen zu organisieren, zu überwachen und zu dokumentieren. Es hat hierzu die Auswirkungen geplanter Änderungen auf das Gesamtsystem zu analysieren,[799] was in der Software Mass Customization aufgrund der Vielzahl möglicher Kombinationen eine erhebliche Herausforderung darstellt. Das **Release Management** schließlich ist für die operative Umsetzung der vom Change Management genehmigten Änderungen zuständig.[800]

Zwar kann ein Unternehmen, welches das Konzept der Software Mass Customization verfolgt, nicht die Konfiguration der Netzwerkinfrastruktur o.ä. seiner Kunden erfassen,[801] die genaue Konfiguration der eigenen Software, die beim Kunden läuft, ist in der Software Mass Customization aber aufgrund der Vielzahl möglicher Konfigurationen und individueller Anpassungen von besonderem Interesse.[802] Ähnliches gilt für Change und Release Management: zwar können Updates und Bug Fixes über das Internet verteilt werden, zuvor sollte aber sehr sorgfältig überprüft worden sein, ob vorgenommene Änderungen nicht mit manchen der bei Kunden im Einsatz befindlichen Konfigurationen unverträglich sind, d.h. neue Fehler verursachen.

Zwar ist ITIL primär als Leitfaden für die Organisation einer internen IT-Abteilung oder eines Betreibers der IT seiner Kunden gedacht, dennoch können Anbieter von Software die Organisation ihres Kundensupports ITIL-konform ausrichten. Dabei bietet es sich an, diesen im Sinne eines ganzheitlichen Customer Relationship Managements (CRM) aufzustellen. Dazu müssen die Informationen aus dem Service Desk und die Informationen aus dem Vertrieb in ein gemeinsames System übernommen und miteinander in Zusammenhang gebracht werden: so kann der Vertrieb wichtige Informationen über die an den Kunden ausgelieferte Konfiguration liefern. Diese Information erleichtert dem Service Desk die Beantwortung von Anfragen seitens des Kunden, da Fehler so schneller eingegrenzt werden können. Gleichzeitig kann der

[798] Vgl. Olbrich (2008), S. 70ff. oder Stych und Zeppenfeld (2008), S. 62ff.. Zum Verständnis des Konfigurationsmanagements im Software Engineering vgl. beispielsweise Ludewig und Lichter (2007), S. 517ff. oder Versteegen und Weischedel (2003).

[799] Vgl. Olbrich (2008), S. 42

[800] Vgl. Stych und Zeppenfeld (2008), S. 79.

[801] Genau genommen kann das Unternehmen sich zumindest die Daten zur Hardwarekonfiguration von Servern und Endgeräten, auf denen seine Software läuft, beschaffen, wenn die Software diese automatisiert ermittelt und dem Unternehmen verschlüsselt zuschickt (z.B. im Rahmen einer automatisierten Fehlerbehandlung, wie sie z.B. Windows XP beim Absturz von Programmen vornimmt: hier werden Benutzer gefragt, ob sie Daten zum Fehler an Microsoft senden wollen).

[802] Vgl. Frühauf et al. (2002), S. 105

Service Desk den Vertrieb unterstützen, wenn der Vertrieb alle Incidents zu einem Kunden einsehen und auf dieser Basis beispielsweise dem Kunden zum Releasewechsel oder zu zusätzlichen Schulungen raten kann. Weiterhin kann das CRM dann als Ausgangspunkt für das „Vorschlagswesen" dienen, so dass alle Produktideen, die an verschiedenen Stellen im Unternehmen anfallen, gesammelt werden können.[803] So können neben Service Desk und Vertrieb auch Berater, Schulungs- und Messepersonal oder Entwickler mit Kundenkontakt wichtigen Input liefern, der gesammelt und in den Wartungs- und Weiterentwicklungsprozess eingespeist wird.

Für den Service Desk wie für das CRM allgemein wichtig ist zudem die Multichannelunterstützung, also die Zusammenführung der Daten aus den versch. Kanälen (Telefon, Email, etc.) sowie die Möglichkeit, diese Daten gemeinsam auszuwerten.[804] Auf dieser Basis kann der Customer Lifetime Value bestimmt und zur Steuerung der Kunden in die entsprechenden Kanäle genutzt werden.[805]

Ein weiterer sehr wichtiger und im Rahmen der Software Mass Customization besonders komplexer Dienstleistungsbestandteil bei Software ist die Dokumentation.[806] Diese umfasst die Benutzerdokumentation, die Entwicklerdokumentation und die Verfahrensdokumentation. Während Erstere den Kunden bei Installation, Betrieb und Nutzung unterstützen soll, unterstützt die Entwicklerdokumentation vor allem die Wartung und Weiterentwicklung des Softwareprodukts.[807] Die Verfahrensdokumentation wiederum dient der Dokumentation des Entwicklungsprozesses und hierbei vor allem der Qualitätssicherung sowie in Streitfällen zum Nachweis, dass das Softwareunternehmen seinen Pflichten zur sorgfältigen Vorgehensweise nachgekommen ist. In der Praxis wird die Dokumentation allerdings oftmals nachlässig behandelt, obwohl insb. die Benutzerdokumentation einen deutlichen Einfluss auf die Kundenzufriedenheit hat: sie wird zumeist nur dann herangezogen, wenn ein Problem auftritt. Hilft sie dem Benutzer (oder Administrator als Sonderfall des Benutzers) dann weiter, hilft sie, Frustration zu vermeiden.[808] Tut sie dies nicht, muss die telefonische Hotline als „last line of defense" in die Bresche springen.

[803] Vgl. Bittner (1994), S. 36ff.
[804] vgl. Reiß und Koser (2004), S. 302f.
[805] vgl. Reiß und Koser (2003), S. 66 oder Reiß und Koser (2004), S. 302f.
[806] Vgl. zu diesem Absatz Wolle (2005), S. 47ff. sowie Hahn (1993)
[807] Diese ist in Partnernetzen noch wichtiger, da die Entwickler der Komplementärprodukte ebenfalls ausführliche Informationen benötigen, aber nicht zum selben Unternehmen gehören und damit sowohl schwieriger den Entwickler kontaktieren können als auch nur eingeschränkt vom Unternehmen kontrolliert werden können.
[808] Vgl. Wolle (2005), S. 51

Gerade bei einer großen Zahl an Varianten ist die Erstellung und Aktualisierung sowie Verteilung der jeweils richtigen Dokumentation zu jedem ausgelieferten Produkt eine Herausforderung, hier kann aber durch modularen Aufbau und Verwendung standardisierter Module der Dokumentation Abhilfe geschaffen werden.[809]
Während das klassische gedruckte Benutzerhandbuch eher an Bedeutung verliert, nimmt die Bedeutung der multimedialen Onlinehilfe (mit dem Produkt ausgeliefert oder in Form zusätzlicher Materialien wie z.B. kurzer Videos mit Anleitungen im Internet) beständig zu.[810] Wie Roth et al. betonen, kann gute Benutzerdokumentation nicht nur vor dem Kauf Vertrauen aufbauen (z.B. wenn potenzielle Kunden schon vor dem Kauf FAQs, Kundenforen oder Benutzerhandbücher als pdf einsehen können), sondern auch das Produkthaftungsrisiko des Herstellers senken und sogar einen Wettbewerbsvorteil darstellen.[811]

4.5 Anforderungen an eine Methode zur Planung modularisierter Softwareproduktplattformen und plattformbasierter Softwareprodukte

Basierend auf den in den in den Kapiteln 2 bis 4 erläuterten Grundlagen sind folgende Anforderungen an die zu entwickelnde Methode zu stellen:

- Die Kunden müssen eng in die Planung der Plattform wie der plattformbasierten Produkte eingebunden werden:
  Die Literatur zu Mass Customization und insb. Open Innovation, aber auch Studien zu Erfolgsfaktoren der Softwareentwicklung betonen die Wichtigkeit der Einbindung der Kunden in den Entwicklungsprozess, v.a. in den frühen Phasen.[812] Neben der Nutzung der Kreativität und des Wissens der Kunden ist in der individualisierten Massenfertigung die Reduktion von Unsicherheit seitens des Kunden ob des zu erwartenden Ergebnisses von großer Bedeutung. Ebenso scheint so am ehesten sichergestellt zu sein, dass die Anforderungen und Bedürfnisse der Kunden korrekt diagnostiziert und berücksichtigt werden.
- Unternehmensinternes Wissen über Bedürfnisse der Kunden sowie Erfahrungen der Kunden mit den aktuellen Produkten des Unternehmens müssen im Prozess berücksichtigt werden:

[809] Bspw. betonen die Proponenten des Konzepts der Softwareproduktlinien, dass Wiederverwendung sich auch auf Artefakte des Designs oder Benutzerhandbücher beziehen soll, vgl. Kapitel 4.3.3
[810] Vgl. Wolle (2005), S. 83
[811] Vgl. Roth et al. (1993b), S. 196ff
[812] Vgl. die Kapitel 2.3, 2.3.5 und 4.3.1.

Insbesondere kundennahe Bereiche des Unternehmens wie Vertrieb oder Service & Support besitzen oftmals Wissen über noch nicht erfüllte Kundenanforderungen, Schwachstellen aktueller Produkte sowie Stärken von Produkten der Wettbewerber.[813]

- Der Kundennutzen muss als Hauptentscheidungskriterium dienen:
  Nachdem die individualisierte Massenfertigung die Differenzierung über die Passgenauigkeit auf die Bedürfnisse des Kundens und damit über einen im Vergleich zu standardisierten Wettbewerbsprodukten höheren Kundennutzen bzw. niedrigere Preise als vergleichbare maßgefertigte Produkte/Individualsoftware anstrebt,[814] wird der Kundennutzen als wichtigstes Kriterium bei Entscheidungen über Charakteristika der Plattform und der einzelnen Produkte verwendet. Folglich ist eine Fokussierung und Ausrichtung auf ein gemeinsames Ziel möglich.
- Die Anzahl an Bausteinen und Produkten muss begrenzt werden:
  Um die angestrebte Kostenposition, die deutlich unter der von Wettbewerbern, die Individualsoftware anbieten, liegen sollte, zu erreichen, ist es notwendig, die Anzahl der angebotenen Produkte und Module nicht ausufern zu lassen. Wichtiger Unterschied zwischen der Maßfertigung und der Mass Customization, vor allem bei Verfolgung der Mass Customization-Konzeption der baukastenbasierten Modularisierung mit begleitender Selbstindividualisierung ist es, dass bei Verfolgung einer Mass Customization-Strategie der Lösungsraum bewusst beschränkt wird, um Komplexitätskosten zu vermeiden.[815] Zwar besteht bei Software kein Kopierrisiko und auch keine Gefahr hoher Lagerkosten, die Entwicklung von Komponenten, für die kein Kunde bereit ist zu bezahlen, ist trotzdem zu vermeiden.
- Architekturentscheidungen müssen ermöglicht werden:
  Anders als bei physischen Produkten geben die Werkstoffe bei Software keine sinnvolle Produktstruktur vor, sodass die Entscheidung über die Plattformarchitektur sich an anderen Kriterien orientieren muss.[816] Je nach gewählter Architektur der Softwareproduktplattform sind manche Änderungen leicht möglich, andere hingegen nur mit großem Aufwand, folglich müssen wichtige Produkte und Module möglichst ohne Änderungen an der Architektur möglich

[813] Vgl. die Kapitel 2.3.5, 4.2.2.1, 4.2.2.3 und 4.4.
[814] Vgl. die Kapitel 2.3.3.1, 2.3.4 und 4.2.1.2.3.
[815] Vgl. die Kapitel 2.1.2.2.2, 2.2 und 2.3.4.
[816] Vgl. Kapitel 3.1.1

sein.[817] Zudem müssen soweit möglich auch Optionen auf wahrscheinliche zukünftige Produkte und Bausteine offen gelassen werden, ohne dabei in die im Bereich der Softwarewiederverwendung häufige Falle zu geraten, Bausteine zu generisch zu entwickeln.[818]

- Wettbewerbsstrategie und aktuelles Produktportfolio des Unternehmens müssen berücksichtigt werden:
  Je nachdem, wie das Unternehmen sich aufgrund strategischer Analysen (aus market-based wie resource-based view) bzgl. seiner Adoptionsstrategie, seiner Position im Delta-Modell (Systemführerschaft, Produktführerschaft oder Kundenlösung) und seiner Position in bestehenden oder noch zu schaffenden Partnernetzen aufstellen will, wird die Verfolgung der individualisierten Massenfertigung unterschiedlich ausgestaltet sein. [819] Insbesondere der Transitionspfad zwischen der aktuellen Position und dem aktuellen Produktportfolio einerseits und der zukünftigen Softwareproduktplattform andererseits wird unterschiedlich ausfallen.
- Ergebnisse der Methode müssen soweit möglich technologieunabhängig sein:
  Aufgrund des raschen technischen Fortschritts muss sichergestellt sein, dass das Wissen über Anforderungen und Bedürfnisse der Kunden möglichst vom Wissen über mögliche technische Realisierungen gekapselt ist und einzelne Module bei Vorliegen einer verbesserten Technik zur Realisierung einfach ausgetauscht werden können.[820]
- Die Zweiteilung des Entwicklungsprozesses in Plattform und Produkte muss sich - unter Berücksichtigung wechselseitigen Feedbacks - in der Methode widerspiegeln:
  Die Literatur zu Softwarewiederverwendung unterscheidet in der Regel zwischen der Entwicklung „for reuse“ und der Entwicklung „with reuse“. Aber auch die Literatur zur Entwicklung physischer Produkte kennt diese Unterscheidung in Entwicklung der Plattform und Entwicklung der plattformbasierten Produkte.[821] Diese Trennung muss unterstützt werden.

---

[817] Vgl. Kapitel 4.3.3
[818] Vgl. Kapitel 4.3.2
[819] Vgl. die Kapitel 3.1.2, 3.1.3, 3.2, 4.1.1 und 4.1.2.
[820] Vgl. die Kapitel 2.2.4, 2.2.5, 3.1.3 und 3.2.
[821] Vgl. die Kapitel 2.2.5, 2.3.4 und 4.3.3.

- Die Ergebnisse der Methode müssen als Input für die weitere Entwicklung der Softwareproduktplattform und der plattformbasierten Produkte verwendbar sein:
  Nach Anwendung der Methode ist der Entwicklungsprozess bei weitem nicht abgeschlossen, es steht lediglich eine Grobspezifikation bereit, die in den weiteren Schritten der Feinspezifikation, der Architekturentwurfs etc. weiterverwendet werden können muss.[822]
- Die Ergebnisse der Methode müssen auch anderen kundennahen Bereichen des Unternehmens wie Marketing, Vertrieb sowie Service und Support Anhaltspunkte für ihre Arbeit geben:
  Da Softwareunternehmen in jedem Fall ein komplexes Gesamtprodukt vertreiben, das aus der Software sowie begleitenden Dienstleistungen besteht, müssen diese Dienstleistungen kundenorientiert auf die Softwareproduktplattform abgestimmt werden.[823] Zudem haben Marketing und Vertrieb eine wichtige Aufgabe darin, die Stärken der eigenen Plattform und ihre Vorteile gegenüber Wettbewerbsprodukten zu kommunizieren.[824] Hierfür können die Ergebnisse der Methode wichtigen Input liefern.
- Die Methode und ihre Ergebnisse müssen geeignet sein, um bei aktuellen und potenziellen Kunden Vertrauen in die Leistungsfähigkeit des Anbieters zu schaffen:
  Wie in der Entwicklung kundenindividueller Güter sowie der meisten Dienstleistungen ist auch in der Mass Customization (sowohl für materielle Güter als auch für Software) die Schaffung von Vertrauen in das Leistungsvermögen des Anbieters von großer Bedeutung, da der Kunde das Ergebnis nicht vorab begutachten kann.[825]

In Kapitel 5 wird eine Methode, welche diese Anforderungen erfüllen soll, beschrieben, bevor in Kapitel 6 gezeigt wird, wie sie gemäß des in Kapitel 1.3.2 dargestellten Design Science-Ansatzes in Fallstudien angewandt, evaluiert und verbessert wurde. Dabei wird in Kapitel 6.4 auch analysiert, inwiefern die o.g. Anforderungen an die Methode erfüllt sind.

---

[822] Vgl. Kapitel 4.3.3.
[823] Vgl. die Kapitel 2.3.4, 3.1.3 und 4.4
[824] Vgl. Kapitel 4.2.2
[825] Vgl. hierzu allgemein Meffert et al. (2008), S: 39ff. und S. 129, Meffert und Bruhn (2008), S: 56ff. und softwarespezifisch Jahncke (2008), S. 110 und Hoch et al. (2000), S. 162.

5 Planung von Softwareproduktplattformen und davon abgeleiteten kundenindividuellen Softwareprodukten mittels QFD-PPP

5.1 Überblick und Einführung

Im Folgenden wird eine Erweiterung der Methode Quality Function Deployment (QFD) präsentiert, mit der die kundenorientierte Planung von Softwareproduktplattformen und plattformbasierten Softwareprodukten und damit die Einführung des Konzepts der individualisierten Massenfertigung für Softwareprodukte unterstützt wird. Diese Methode wird anschließend in Kapitel 0 evaluiert und iterativ weiterentwickelt.

Diese Methode wird als QFD-PPP (Quality Function Deployment-Product Portfolio Planning) bezeichnet, da sie auf QFD basiert und die Planung des plattformbasierten Produktportfolios zum Ziel hat. QFD-PPP ist aufgrund der Komplexität der Aufgabe, die zu lösen sie entwickelt wurde, modular aufgebaut und bedient sich ihrerseits zahlreicher Methoden, Verfahren und Instrumente.[826] Neben QFD basiert QFD-PPP einem von Herzwurm entwickelten Instrumentarium zur kundenorientierten Softwareproduktentwicklung, welchem er den Namen **Software Customer Value Management** (kurz: SCVM) gegeben hat.[827] Da dieses Instrumentarium nicht explizit die Erstellung von variantenreichen, plattformbasierten Softwareprodukten zum Ziel hat, wird es im Rahmen dieser Arbeit an den notwendigen Stellen weiterentwickelt.

QFD-PPP besteht aus vier Modulen, die je nach Ausgangslage und strategischen Zielsetzungen des Unternehmens in unterschiedlicher Reihenfolge durchlaufen und unterschiedlich ausgestaltet werden können:

- Projektplanung
- Customer Value Analysis (CVA)
- Customer Solution Planning (CSP)
- Customer Satisfaction Survey (CSS).

---

[826] Nach Schmitz lassen sich Prinzipien („allgemeingültiger Grundsatz des Denkens und Handelns"), Methoden („Gesamtheit aller Vorschriften zur Bewältigung einer Klasse von Problemen"), Verfahren („vollständig determinierte Methode, die keine weitere Differenzierung bei der Bewältigung spezieller Probleme zuläßt") und Werkzeuge („ganz oder teilweise automatisierte Verfahren") unterscheiden, vgl. Schmitz (1982), S. 72-73. Diese werden im Folgenden als Instrumente bzw. Grundbausteine bezeichnet.

[827] Vgl. im Folgenden Herzwurm (2000), S. 198ff.

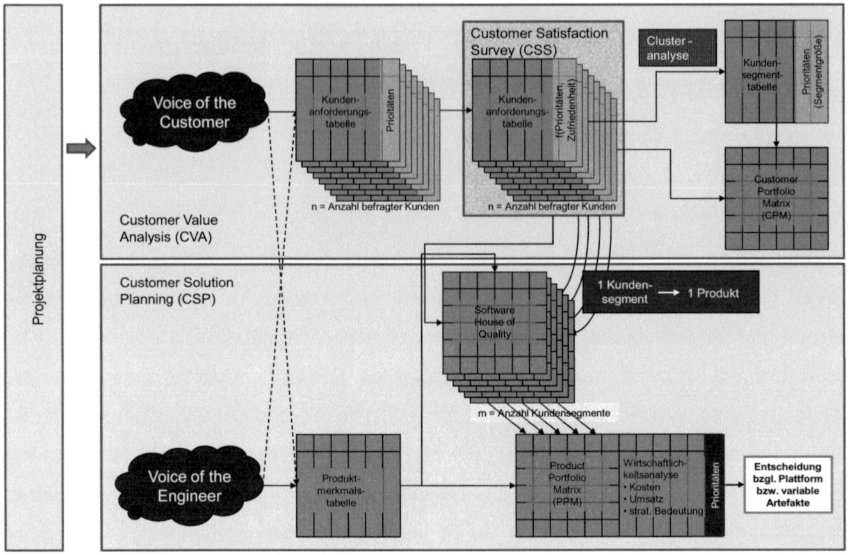

Abbildung 49: Überblick über den Prozess des QFD-PPP

Abbildung 49 zeigt den Prozess im Überblick. Im Rahmen der Projektplanung wird das Projekt initialisiert, es werden also Festlegungen bzgl. der Inhalte und Ziele sowie Ressourcen des Projekts getroffen. Die **Customer Value Analysis** (CVA) dient dazu, die Anforderungen der Kunden zu erheben, zu strukturieren und zu gewichten. Dazu werden sowohl bestehende als auch potenzielle Kunden nach ihren Anforderungen an das Produkt befragt. Die Aussagen der Kunden werden dann intensiv analysiert und bei Unklarkeiten Rücksprache mit den Kunden gehalten. Anschließend werden alle Kundenanforderungen gesammelt, gruppiert und in eine hierarchische Form gebracht. Danach werden die Kunden gebeten, alle Anforderungen zu gewichten. Mittels Clusteranalyseverfahren können die Kunden anhand der von ihnen vergebenen Gewichte dann in natürliche Kundensegmente eingeteilt werden. Wichtig aus der Sicht der individualisierten Massenfertigung ist hierbei, a) die exakten Anforderungsgewichte zu jedem Kunden zu speichern und b) nur solche Kunden zusammenzufassen, deren Anforderungen sehr ähnlich sind – im Zweifelsfall besteht ein Segment aus genau einem Kunden.[828] Die verschiedenen Segmente und ihre

[828] Vgl. Kapitel 2.3.1

Anforderungen werden in der sog. **Customer Portfolio Matrix** (CPM) einander gegenübergestellt.

Das nächste Modul, das sog. **Customer Solution Planning** (CSP) dient dazu, auf konzeptioneller Ebene die passenden Lösungsbausteine zu definieren, aus denen sich die Plattform und die individualisierten Produkte ableiten lassen. Dazu machen die Entwickler anhand der Vorschläge für mögliche Produktfunktionen und Qualitätsmerkmale, die in Zusammenarbeit mit Kundenvertretern dahingehend analysiert werden, inwiefern sie zur Erfüllung der Kundenanforderungen beitragen. Da die Anforderungen der verschiedenen Kundensegmente sich unterscheiden, sind die Produkte für diese Segmente nicht identisch. Um allerdings dem Konzept der individualisierten Massenfertigung auf Basis einer Produktplattform Genüge tragen zu können, müssen diese Produkte zu einem signifikanten Teil aus Gleichteilen bestehen.[829] Diesbezügliche Entscheidungen werden im CSP dadurch unterstützt, dass die möglichen Produkte in der sog. **Product Portfolio Matrix** (PPM) einander gegenübergestellt werden. Diese kann genutzt werden, um anhand der erwarteten Umsätze und Kosten pro Produkt zu entscheiden, welche Module in welchen Ausprägungen in welchen Produkten eingesetzt werden. Beispielsweise kann es vorteilhaft sein, die Erwartungen eines Kundensegments zu übertreffen, wenn dadurch kein höherwertiges Produkt zu stark kannibalisiert wird und gleichzeitig in größerem Umfang Variabilitätskosten eingespart werden können. Aber auch Informationen über die Produkte der Wettbewerber sowie die Kundenzufriedenheit mit bereits existierenden eigenen Produkten fließen in diese Entscheidungen mit ein.

Eben diese Informationen zur Kundenzufriedenheit werden im Rahmen der **Customer Satisfaction Survey** (CSS) eingeholt, um in der nächsten Ausbaustufe bzw. dem nächsten Release der Softwareproduktplattform sowie der auf ihr basierenden Produkte diese Informationen zu nutzen.

Zum Zwecke einer einfachen Verständlichkeit werden im Folgenden zuerst die von QFD-PPP verwendeten Grundbausteine und anschließend die Module, welche die Grundbausteine verwenden, vorgestellt. Da sich QFD-PPP am durch SCVM vorgegebenen Rahmen orientiert, werden zuerst die aus SCVM übernommenen Grundbausteine kurz vorgestellt, bevor zusätzliche, aufgrund der erweiterten Aufgabenstellung von QFD-PPP notwendige Grundbausteine ausführlicher dargestellt werden.

[829] Vgl. Kapitel 2.3.4

5.2 *Grundbausteine des QFD-PPP*

Als Grundbausteine einer Methode, die Softwareunternehmen dabei unterstützt, eine modulare kundenorientierte Plattform und auf dieser Basis effizient abzuleitende individualisierte Produkte zu planen, bieten sich Instrumente verschiedenster Quellen an. Insbesondere aus dem Bereich der frühen Phasen der Softwareentwicklung, aber auch aus dem Produktmanagement, dem prozessorientierten Qualitätsmanagement sowie dem Bereich der Kosten- und Investitionsrechnungsverfahren können Instrumente übernommen werden. Ebenso sind sämtliche Instrumente, die im Zusammenhang mit Mass Customization oder Plattformbauweisen bereits verwendet wurden, Kandidaten für die Übernahme. Die genannten Bereiche ausführlich zu erläutern, all ihre spezifischen Instrumente aufzuzählen und zu analysieren würde den Rahmen dieser Arbeit sprengen. Daher werden im Folgenden lediglich diejenigen Instrumente beschrieben, die nach aktuellem Stand als Bausteine in die Methode QFD-PPP übernommen wurden.[830] Für diese Auflistung wird allerdings keine Vollständigkeit reklamiert, im Gegenteil stellt die durch den modularen Aufbau geschaffene Möglichkeit, flexibel Bausteine auszutauschen, einen Pluspunkt des QFD-PPP dar.

Aufgrund der Nähe zu SCVM nach Herzwurm können zahlreiche dort verwendete Instrumente verwendet werden. Diese müssen aber ergänzt werden, um die Spezifika des Einsatzes zur Planung modularer kundenorientierter Softwareproduktplattformen und auf dieser Basis effizient abzuleitender individualisierter Produkte unterstützen zu können.

5.2.1 Aus SCVM übernommene Grundbausteine

5.2.1.1 Konstruktive Bausteine

Zu den konstruktiven Bausteinen, die aus SCVM übernommen wurden, gehören Techniken des Requirements Engineerings, Erhebungstechniken, Kreativitätstechniken, sowie die sieben Management- und Planungstechniken.

Die **Requirements Engnineering-Techniken** lassen sich in informale, semi-formale und formale Techniken unterscheiden. Davon werden in SCVM wie in QFD-PPP primär informale und semi-formale Techniken genutzt, da diese im Dialog mit den Kunden besonders hilfreich sind.

[830] Für detailliertere Darstellungen muss auf die entsprechende Literatur verwiesen werden, beispielsweise Horváth (2009), Perridon und Steiner (2009), Pohl (2008), Ludewig und Lichter (2007) sowie Herzwurm (2000), S. 200ff.

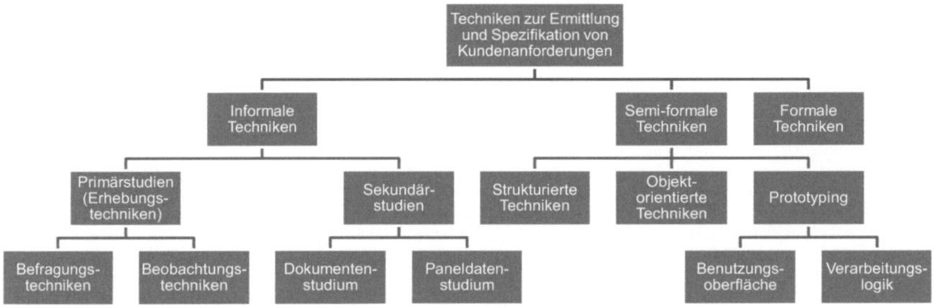

Abbildung 50: Systematik der Techniken des Requirements Engineering[831]

Nahe verwandt und auch bereits in Abbildung 50 mit aufgeführt sind die **Erhebungstechniken**, die ursprünglich aus der empirischen Sozialforschung kommen. Dabei lassen sich in einer groben Unterscheidung Beobachtungs- und Befragungstechniken unterscheiden. Je nach Fragestellung, Anspruch auf Repräsentativität und Anzahl der möglichen Teilnehmer kann eine Befragung eher großzahlig mittels Fragebogen oder mit einer eingeschränkten Anzahl Teilnehmer als teil-standardisiertes Interview stattfinden.[832] Im Rahmen des QFD-PPP intensiv genutzt werden moderierte Gruppeninterviews unter Einsatz der Metaplantechnik, insb. bei der Ermittlung von Anforderungen und Produktcharakteristika und der Gewinnung der Korrelationen. Insbesondere bei der Ermittlung der Anforderungen und Produktcharakteristika im Rahmen der moderierten Gruppeninterviews kommen auch **Kreativitätstechniken** wie Brainstorming, Brainwriting oder Kartentechnik zum Einsatz.

Die erste Quelle zu den **sieben Management- und Planungstechniken** ist ein in den später 1970ern erschienenes Buch der Japanese Union of Scientists and Engineers mit dem Titel „The Seven New Tools".[833] Diese Techniken dienen allesamt der Problemlösung und Entscheidungsfindung auf konzeptueller Basis. Zu ihnen zählen:[834]

- Affinitätsdiagramm
- Baum- bzw. Hierarchiediagramm
- Matrixdiagramm und seine Erweiterung zur Priorisierungsmatrix
- Relationendiagramm

[831] Quelle: Herzwurm (2000), S. 205
[832] Vgl. zu Vor- und Nachteilen von Fragebogen vs. Interviews und verschiedenen Interviewformen z.B. Stier (1999), S. 171ff.
[833] Vgl. die englische Übersetzung des Buchs: Mizuno (1988)
[834] Cohen (1995), S. 46f.

- Problem-Entscheidungs-Plan
- Portfoliodiagramm
- Netzplan.

Die ersten drei werden im Rahmen von QFD genutzt und sind daher auch in SCVM und QFD-PPP von Bedeutung, für eine Beschreibung der anderen Techniken sei auf die Literatur verwiesen.[835] Das **Affinitätsdiagramm** dient dazu, einer unstrukturierten Sammlung von Informationen eine Struktur in Form einer sich ggf. über mehrere Ebenen erstreckenden Hierarchie zu geben.[836] Die Informationen können z.B. die in einem Brainstorming während einer Teamsitzung im Rahmen des QFD-PPP-Prozesses gesammelten möglichen Produktcharakteristika sein. Die Hierarchie wird dadurch gebildet, dass thematisch zusammengehörige Informationen gruppiert und verwandte Gruppen zu einer Einheit der nächsthöheren Ebene zusammengefasst werden.[837]

Aus einem Affinitätsdiagramm kann ein **Baum-** oder **Hierarchiediagramm** erstellt werden, indem die gebildete Hierarchie top-down darauf untersucht wird, ob die Zuordnungen zu den Elementen in der Hierarchie korrekt und ob jede „Überschrift" durch die ihr direkt zugeordneten Elemente komplett erfasst ist. Dabei können Aussagen auch zwei Gruppen zugeordnet werden. Ist dies an mindestens einer Stelle des Diagramms der Fall, spricht man nicht mehr von einem Baum- sondern von einem Hierarchiediagramm.

Das **Matrixdiagramm** sowie seine Erweiterung zur **Priorisierungsmatrix** werden auch als Herzstück von QFD bezeichnet.[838] Sie unterscheiden sich voneinander dadurch, dass im Matrixdiagramm beliebige Zusammenhänge dargestellt werden, während diesen Zusammenhängen in der Priorisierungsmatrix eine Stärke, Korrelation genannt, zugewiesen wird. Beide sind rechteckig und weisen eine bestimmte Anzahl Reihen und Spalten auf. Die Reihen repräsentieren eine Art von Informationen (z.B. Kundenanforderungen), die Spalten eine andere Art von Informationen (z.B. Produktcharakteristika) und die Zelle mit den Koordinaten x,y enthält die Repräsentation des Zusammenhangs zwischen der Information in Zeile x und der Information in Spalte y. Vorteil der Priorisierungsmatrix ist es, dass durch Ermittlung der Korrelationsstärken und eine einfache rechnerische Verknüpfung aus dem gewichteten Input in den

---

[835] Vgl. z.B. Zollondz (2001), S: 775ff. und dort angegebene Quellen

[836] Vgl. zur Beschreibung der Techniken Cohen (1995), S. 46ff.

[837] Cohen betont an dieser Stelle den Wert intuitiven Vorgehens bei der Bildung der Hierarchie, da dieses bislang nicht entdeckte Zusammenhänge zutage bringen könne, vgl. Cohen (1995), S. 49.

[838] Vgl. Cohen (1995), S. 57 oder Herzwurm (2000), S. 209

Zeilen eine Gewichtung des Outputs in den Spalten ermittelt werden kann. Dies soll an einem Beispiel (Abbildung 51) einer Matrix mit n = 4 Zeilen und m = 3 Spalten verdeutlicht werden. Die Zeilen enthalten die Informationen x_i (i = 1,...,n) und die Spalten die Informationen y_j (j = 1,...,m). Das absolute Gewicht des Outputs y_j ergibt sich aus der Spaltensumme der Multiplikationen der einzelnen Korrelationswerte w_{ij} mit den zugehörigen Zeilengewichten der Inputs x_i:

$$\text{Absolutes Gewicht }(y_j) = \sum_{i=1}^{n} \text{Relatives Gewicht }(x_i) * w_{ij}$$

Folglich beträgt das absolutes Gewicht von y_1 3,4 (= 0,4×1+0,3×9+0,2×0+0,1×3). Das relative Gewicht der y_j ergibt sich aus der Division der einzelnen absoluten Gewichte durch die Summe aller absoluten Gewichte:

$$\text{Relatives Gewicht }(y_j) = \frac{\text{Absolutes Gewicht }(y_j)}{\sum_{j=1}^{m} \text{Absolutes Gewicht }(y_j)}$$

Das relative Gewicht von y_1 im Beispiel beträgt somit 0,32 (= 3,4÷10,6).

	y_1	y_2	y_3	Relatives Gewicht
x_1	w_{11}= 1	w_{12}= 9	w_{13}= 3	0,4
x_2	w_{21}= 9	w_{22}= 0	w_{23}= 1	0,3
x_3	w_{31}= 0	w_{32}= 3	w_{33}= 3	0,2
x_4	w_{41}= 3	w_{42}= 0	w_{43}= 9	0,1
Absolutes Gewicht	3,4	4,2	3,0	Σ 10,6
Relatives Gewicht	0,32	0,4	0,28	Σ 1

Abbildung 51: Beispiel einer Priorisierungsmatrix[839]

5.2.1.2 Analytische Bausteine

Die analytischen Bausteine lassen sich in auswertende Bausteine einerseits und prüfende Bausteine andererseits unterscheiden.[840] Zu den auswertenden Instrumenten

[839] Quelle: Herzwurm et al. (1997), S. 42

zählen die im Folgenden kurz beschriebenen Gewichtungs- und Priorisierungstechniken sowie das aufgrund seiner besonderen Bedeutung in Kapitel 5.2.1.3 separat beschriebene QFD. Zu den prüfenden Instrumenten gehören Kundenzufriedenheitsmessungen und das Benchmarking.

Die **Gewichtungs- und Priorisierungstechniken** werden innerhalb QFD-PPP eingesetzt, um die Wichtigkeit verschiedener Faktoren, z.B. Kundenanforderungen oder Bewertungsmerkmalen für Kundenzufriedenheitsmessungen zu bestimmen. Sie dienen dazu, die Bedeutung bspw. der Kundenanforderungen auf einer Verhältnisskala abzubilden und somit vergleichbar zu machen.[841]

Herzwurm nennt folgende Techniken, die hier neben der bereits geschilderten Priorisierungsmatrix zum Einsatz kommen können:[842]

- Direkte Vergabe von Gewichten
- Paarweiser Vergleich
- Analytic Hierarchy Process
- Conjoint Analyse.

Aus entscheidungstheoretischer Sicht sind all diese Techniken problembehaftet.[843] Anspruch der Techniken ist allerdings auch nicht, entscheidungstheoretische oder mathematische Korrektheit, sondern vielmehr, Konsens unter einer Gruppe von Entscheidungsträgern herzustellen und damit zu systematisch herbeigeführten, dokumentierten und nachvollziehbaren Entscheidungen zu kommen.[844]

Während die bisher genannten Bausteine allesamt die kundenorientierte Gestaltung der Softwareproduktplattform und der auf dieser basierenden Produkte unterstützen, dienen **Kundenzufriedenheitsmessungen** dazu, zu überprüfen, inwiefern das Ergebnis – oder andere Produkte, z.B. die der Wettbewerber oder eigene Produkte, die nicht auf Basis einer Produktplattform entwickelt wurden – den Anforderungen und Wünschen der Kunden wirklich gerecht wird. Dabei lassen sich zahlreiche Ansätze zur Kundenzufriedenheitsmessung unterscheiden (vgl. die Systematik in Abbildung 52). Die objektiven Techniken versuchen, die Kundenzufriedenheit indirekt zu messen, indem objektiv messbare Indikatoren erhoben werden, die eine hohe Korrelation mit der Kundenzufriedenheit aufweisen (sollen).[845] Problematisch hierbei ist al-

[840] Vgl. Herzwurm (2000), S. 210ff.
[841] Vgl. Herzwurm (2000), S. 211
[842] Vgl. ebenda, S. 211ff.
[843] Vgl. ebenda, S. 213
[844] Vgl. ebenda, S. 213f. und Eisenführ und Weber (1994), insb. S. 115-139 und 297-323.
[845] Vgl. Beutin (2008), S: 126ff.

lerdings der Nachweis der Korrelation, zudem können Kennzahlen wie Umsatz oder Wiederkaufsrate auch durch andere Gründe als Kundenzufriedenheit beeinflusst werden.[846] Im Gegensatz dazu messen die subjektiven Techniken die Kundenzufriedenheit direkt, indem Ereignisse analysiert, Kunden beobachtet oder befragt werden, riskieren aber eine Verzerrung durch persönliche Wahrnehmungen der Befragten.

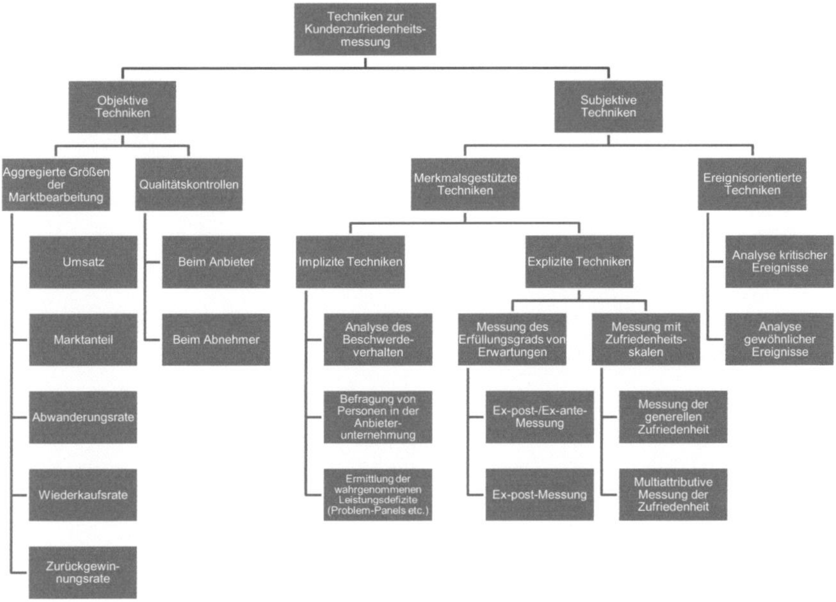

Abbildung 52: Systematik der Techniken zur Kundenzufriedenheitsmessung[847]

An dieser Stelle wird der Auffassung von Herzwurm gefolgt, dass die im Rahmen der Produkt- und Produktplattformplanung ermittelten Kundenanforderungen sehr gut geeignet sind, um im Rahmen einer Kundenzufriedenheitsmessung als Bewertungsmerkmale verwendet zu werden.[848] Auch ist Herzwurm zuzustimmen, dass die Critical Incident Technique verwendet werden kann, um eher explorativ vorzugehen.[849] Nicht geteilt wird dagegen seine Meinung, dass bei der Beurteilung von Konkurrenzprodukten und von eigenen Produkten, die nicht unter Zuhilfenahme von

[846] Vgl. zum Zusammenhang zwischen Kundenbindung und Kundenzufriedenheit Homburg et al. (1999) oder Stotko (2002), S. 7, der zwischen „Loyalisten" und „Gefangenen" unterscheidet: beide sind durch eine hohe Bindung an das Unternehmen gekennzeichnet, während Erstere aber zufrieden und daher loyal sind, sind Zweitere unzufrieden, aber aufgrund eines lock-ins trotzdem gebunden („gefesselt").
[847] Quelle: Herzwurm (2000), S. 231
[848] Vgl. Herzwurm (2000), S. 222
[849] Vgl. Herzwurm (2000), S. 223

SCVM oder QFD-PPP entwickelt wurden, zwangsweise die Critical Incident Technique zum Einsatz kommen sollte. Wie auch in Fallstudie 2 (Kapitel 6.2) gezeigt, sind Kunden durchaus in der Lage, ihre Zufriedenheit mit diesem Produkt anhand der im Rahmen der Produkt- und Produktplattformplanung ermittelten Kundenanforderungen anzugeben. Dazu müssen sie allerdings aktuell ein Produkt eines Wettbewerbers oder ein Produkt, das als Basis für die geplante Plattform dienen soll, verwenden. Wird eine Kundenzufriedenheitsmessung (Modul Customer Satisfaction Survey) allerdings ohne vorherige Produkt- und Produktplattformplanung (Modul Customer Solution Planning) durchgeführt, so ist die Critical Incident Technique sehr gut geeignet.

Verwandt mit der Messung der Kundenzufriedenheit mit Produkten der Wettbewerber ist das **Benchmarking**: „Benchmarking ist ein kontinuierlicher Prozess, bei dem Produkte, Dienstleistungen und insbesondere Prozesse und Methoden betrieblicher Funktionen über mehrere Unternehmen hinweg verglichen werden. Dabei sollen die Unterschiede, zu anderen Unternehmen offengelegt, die Ursachen für die Unterschiede und Möglichkeiten zur Verbesserung aufgezeigt sowie wettbewerbsorientierte Zielvorgaben ermittelt werden. Der Vergleich findet dabei mit Unternehmen statt, welche die zu untersuchende Methode oder den Prozess hervorragend beherrschen".[850] Da für QFD-PPP aktuell kein Modul zur Prozessverbesserung besteht,[851] wird im Rahmen des QFD-PPP lediglich das Benchmarking mit führenden Produkten angewandt, wobei hier in manchen Bereichen, z.B. bei der Usability auch Produkte untersucht werden können, die nicht mit der geplanten Plattform im Wettbewerb stehen.

5.2.1.3 Quality Function Deployment (QFD)

Quality Function Deployment (QFD) wurde in Japan entwickelt und ursprünglich im Schiffsbau eingesetzt.[852] In den letzten 30 Jahren wurde QFD aber auch in einer Vielzahl anderer Branchen, unter anderem bei Finanzdienstleistern, Krankenhäusern und in der Softwarebranche erfolgreich eingesetzt.[853] Kerngedanke des QFD ist die Umsetzung von Kundenbedürfnissen in Produkt- und Prozessanforderungen. Dabei

---

[850] Horváth und Herter (1992), S. 5

[851] Wie bereits erwähnt, liegt das Thema Prozessverbesserung außerhalb des Fokus dieser Arbeit, es wäre aber denkbar, ähnlich zu Prozess-SCVM eine Variante des QFP-PPP mit dem Ziel der Prozessverbesserung zu entwickeln und dann auch die Prozesse zu benchmarken.

[852] Vgl. Akao (1990), S. 3 und Cohen (1995), S. 2 oder Saatweber (2007), S. 29ff.

[853] Einen sehr guten Überblick über die Einsatzmöglichkeiten von QFD geben Chan und Wu anhand der Auswertung von 650 Publikationen zu QFD, vgl. Chan und Wu (2002).

ist QFD zwar eher eine informelle Methode, nichtsdestotrotz führt die korrekte Anwendung von QFD zu einem sehr strukturierten und systematischen Vorgehen unter enger Einbindung des Kunden.

Dabei stellt QFD Kundenanforderungen in den Mittelpunkt aller Bemühungen: ein Produkt soll **ausschließlich die vom Kunden gewünschten** und nicht alle technisch möglichen Merkmalen aufweisen („fitness for use"). Folglich sollen alle Aktivitäten in der Leistungserstellung zumindest mittelbar auf die Anforderungen der Kunden zurückführbar sein, ohne dabei den Wettbewerb zu ignorieren.[854] Zudem soll in jeder Entwicklungsphase der größte Aufwand auf die Verrichtung derjenigen Aufgaben verwendet werden, welche den höchsten Anteil an der Erhöhung des Kundennutzens und an der Befriedigung der Kundenbedürfnisse haben.[855]

Das bekannteste Instrument des QFD ist eine erweiterte Priorisierungsmatrix, die unter dem Namen **House of Quality** (HoQ) bekannt geworden ist.[856] Bekannt gemacht haben das HoQ vor allem die frühen amerikanischen Anwender, die in ihm ein Werkzeug für die interdisziplinäre Planung und Kommunikation sehen, welches Personen mit unterschiedlichen Interessen und Verantwortlichkeiten hilft, gemeinsam fundierte Entwurfsentscheidungen zutreffen und Entwicklungsprioritäten zu setzen. Dabei setzt QFD auf eine strikte Trennung zwischen Kundenanforderungen und Produktcharakteristika: während die Kundenanforderungen lösungsneutral beschreiben, was ein Produkt leisten soll, beschreiben die Produktcharakteristika, wie das Produkt diese Anforderungen erfüllt. Dies ist vorteilhaft, da Bedürfnisse viel stabiler als technische Möglichkeiten zur Realisierung und auch die aktuellen Erwartungen an die Bedürfniserfüllung sind.[857] In der Regel können die Bedürfnisse aus technischen Gründen nicht komplett erfüllt werden und selbst dort wo sie erfüllt werden könnten, ist dies aus ökonomischen, ökologischen oder sozialen Gründen oftmals in der Realität nicht möglich.[858] Hieraus folgern Boutellier et al., gefragt sei „Nicht Maximierung der Anspruchserfüllung, sondern ‚bezahlbare Qualität'."[859]

Aufgrund der Herkunft aus der Fertigungsindustrie entsprechen bei QFD die Produktcharakteristika ursprünglich messbaren Qualitätsmerkmalen. Aufgrund der Immate-

---

854 Vgl. Herzwurm (2000), S. 223

855 Vgl. Herzwurm et al. (2000a), S. 2

856 Vgl. Cohen (1995), S. 296

857 Vgl. Boutellier et al. (1997b), S. 52

858 Boutellier et al. nennen das Bedürfnis von Geschäftsleuten, innerhalb weniger Stunden in ferne Kontinente reisen zu können, das trotz eigentlich vorhandener technischer Möglichkeit (Überschallflugtechnik) ökologisch wie ökonomisch schwer vertretbar ist, vgl. Boutellier et al. (1997b), S. 52f.

859 Boutellier et al. (1997b), S. 53

rialität von Software muss bei Software in Qualitätsmerkmale und Produktfunktionen (Features) unterschieden werden, so dass zwei unterschiedliche Matrizen entstehen: das Software-HoQ und das klassische HoQ. Dabei werden im Software-HoQ die Kundenanforderungen den (möglichen) Produktfunktionen gegenübergestellt, während im klassischen HoQ die Kundenanforderungen zu Merkmalen der Softwarequalität in Verbindung gesetzt werden.

Das HoQ (bzw. für Software das klassische HoQ und das Software-HoQ) stellt die Matrix dar, in der die Kundenanforderungen detailliert analysiert und in die Sprache der Entwickler übersetzt werden. Dazu werden die Beziehungen zwischen den systematisierten und priorisierten Kundenanforderungen und den von den Entwicklern vorgesehenen Produktcharakteristika analysiert, was zur Identifikation von Entwicklungsschwerpunkten führt. Die Bildung derartiger Schwerpunkte stimmt auch mit den Empfehlungen aus Sicht des strategischen Managements überein: „Wichtigkeit eines Parameters aus Kundensicht und relative Leistung des Unternehmens bei diesem Parameter sollten aufeinander abgestimmt werden“.[860]

Das HoQ ist zwar die wichtigste und am häufigsten eingesetzte Matrix, die in QFD eingesetzt wird, QFD besteht aber aus mehr als nur dem HoQ: je nach Einsatzzweck können die unterschiedlichsten Matrizen gebildet und miteinander in Beziehung gesetzt werden. Da es bei fast allen Anwendungen von QFD die Grundlage für die weitere Vorgehensweise darstellt, kann man es aber als Kern des QFD bezeichnen.[861]

Wie in Abbildung 53 dargestellt, besteht das HoQ prinzipiell aus sechs verschiedenen Räumen, die auch unter den Bezeichnungen *Was, Wie, Was zu Wie, Warum, Wie zu Wie* und *Wie viel* bekannt sind.[862] Wie bereits erwähnt, werden den priorisierten Anforderungen (Was) die Möglichkeiten zur Anforderungserfüllung (Wie) gegenübergestellt. Zudem werden im HoQ Gründe für die Anforderungen (Warum) aufgeführt, Abhängigkeiten der Lösungsmerkmale untereinander analysiert (Wie zu Wie) und konkrete Entwicklungsvorgaben gesetzt (Wie viel).[863]

[860] Simon (1988), S. 471
[861] Vgl. Herzwurm (2000), S. 217
[862] Vgl. Herzwurm (2000), S. 216 oder Saatweber (2007), S. 67ff.
[863] Diese generischen Namen passen allerdings nicht zu den ursprünglichen Inhalten des HoQ, denn die Kundenanforderungen stehen mehr für die Gründe, warum etwas gefordert wird, die Produktcharakteristika stehen eher für das, was konkret gefordert wird. Vgl. Zultner (1992), S. 306 und Zultner (1990), S. 140.

Abbildung 53: Schematische Darstellung des House of Quality[864]

Wie ebenfalls bereits erwähnt, können viele verschiedene Matrizen gebildet werden: der Ansatz nach Akao, dem Erfinder von QFD, kennt bis zu 150 unterschiedliche Matrizen und Tabellen in einem weiträumigen Matrizengeflecht.[865] King hat diesen ganzheitlichen Ansatz zur Produktentwicklung vereinfacht und zugleich Pughs Methoden zur Selektierung neuer innovativer Konzepte hinzugefügt, wodurch er zu 30 Matrizen und Tabellen gelangte.[866] Diese hat er in der sog. „Matrix der Matrizen" organisiert und später auf 17 Matrizen herunter gebrochen. Das eigentlich spannende an der Verwendung mehrerer Matrizen ist das sog. **Deployment**: die Möglichkeit, sie miteinander zu verknüpfen. Dabei werden Matrizen hintereinander geschaltet, so dass das in den Spalten stehende priorisierte Ergebnis einer Matrix zum in den Zeilen stehenden priorisierten Input der folgenden Matrix wird. Diese werden dann zu weiteren Informationen, die in den Spalten der neuen Matrix stehen, in Beziehung gesetzt, wodurch diese zu priorisiertem Output werden, der als Input der nächsten Matrix dienen kann, usw.. Somit können die priorisierten Informationen durchgängig durch den ganzen Entwicklungsprozess transportiert werden.

[864] Quelle: Cohen (1995), S. 12
[865] Vgl. Akao (1990), S. 17 und 26f.
[866] Vgl. Cohen (1995), S. 315 oder Saatweber (2007), S. 58ff.

Das sog. **4-Phasen-Modell** ist das wohl bekannteste Beispiel für eine derartige Verknüpfung.[867] Der Name rührt von den vier hintereinandergeschalteten Matrizen her, welche den vier Phasen Produkt-, Komponenten-, Prozess- und Produktionsplanung entsprechen (siehe Abbildung 54). Die erste Matrix ist das klassische HoQ, hier werden also priorisierte Kundenanforderungen in messbare Qualitätsmerkmale umgesetzt. Die wichtigsten dieser Qualitätsmerkmale werden in der zweiten Matrix mit den Eigenschaften möglicher Produktkomponenten korreliert. Diese wiederum werden in der dritten Matrix den zentralen Prozessparametern gegenübergestellt, bevor diese in der vierten Matrix mit konkreten Produktionsplänen und -mitteln in Verbindung gebracht werden.

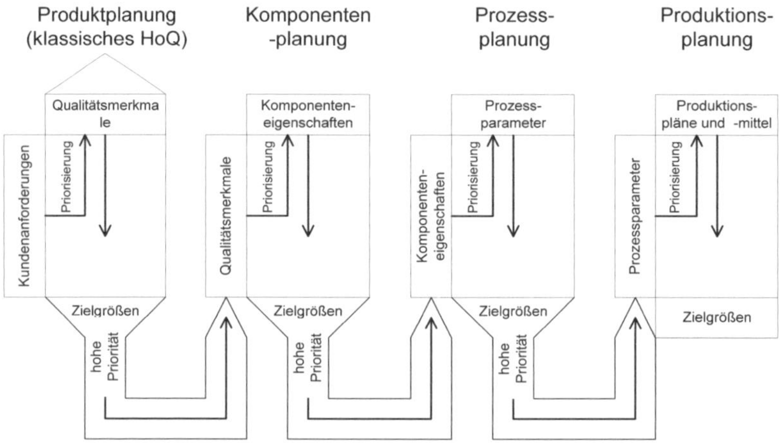

Abbildung 54: Quality Deployment nach dem 4-Phasen-Modell[868]

Zahlreiche Studien attestieren QFD eine positive Wirkung auf Kundenorientierung, Kundenzufriedenheit und Unternehmenserfolg.[869] Allerdings sollte in diesem Zusammenhang erwähnt werden, dass QFD seine volle Wirkung nur in der Kombination mit weiteren Techniken und Methoden wie z.B. den in Kapitel 5.2.1.1 und 5.2.1.2 bereits beschriebenen Bausteinen entfaltet.

Die Kombination mit anderen Methoden und Techniken ist auch für die Anwendung von QFD für Software im Allgemeinen und für die individualisierte Massenfertigung

[867] Vgl. im Folgenden Hauser und Clausing (1988) oder Cohen (1995), S. 310ff.

[868] Quelle: Herzwurm (2000), S. 219

[869] Vgl. z.B. Rommel (1995), Specht und Schmelzer (1992) oder Haag (1992). Interessant ist in diesem Zusammenhang auch die Untersuchung von Cristiano et al., die keine statistisch relevante Erfolgswirkung bestimmter QFD-Tools und –Methoden feststellen konnten. Ihrer Meinung nach bestätigt dies eher noch die Philosophie hinter QFD und lässt darauf schließen, dass die richtige Anwendung der verschiedenen QFD-Tools und –Methoden in verschiedenen Kontexten noch ein Problem darstellt, vgl Cristiano et al. (2001), S. 93.

von Software im Besonderen von großer Bedeutung. Zudem muss QFD entsprechend angepasst werden. Im Folgenden wird daher zuerst illustriert, wie QFD für die Verwendung im Bereich Software angepasst werden muss, bevor der Zusammenhang zwischen QFD und Mass Customization bzw. Open Innovation herausgestellt wird. Anschließend werden dann Anknüpfungspunkte für die Entwicklung einer Variante von QFD zur Planung modularer Produktplattformen und auf dieser basierender Produkte beschrieben, bevor mit QFD-PPP (Quality Function Deployment – Product Portfolio Planning) eine derartige Variante und Weiterentwicklung der Methode QFD präsentiert wird.

Die besonderen Charakteristika des Gutes Software und seiner Entwicklung, die in den Kapiteln 3.1 und 4.3 erläutert wurden und in die Anforderungen in Kapitel 4.5 eingeflossen sind, müssen auch bei der Anwendung von QFD berücksichtigt werden.[870] Roth und Wimmer betonen in diesem Zusammenhang, dass Kundenorientierung aufgrund der besonderen Umstände in der Softwareentwicklung nicht einfach zu erzielen ist: „Mehr als viele andere technologische Güter müssen Softwarelösungen auf sehr komplexe Anwendungszusammenhänge und organisationale Strukturen hin sowie vor dem Hintergrund sehr spezifischer sachlogischer, systemanalytischer Zwänge und Gestaltungsoptionen konzipiert werden. Kreativität und Visionen sind daher gerade bei der Entwicklung von Software ein wichtiges Element, und es wird sich hier häufig um technologieinduzierte anstelle bedarfsinduzierter Innovationen handeln“.[871]

Trotzdem ist QFD sehr wohl geeignet, Kundenorientierung in der Softwareentwicklung voranzubringen, wenn geeignete Anpassungen an der Methode vorgenommen werden. Die Unterscheidung in Qualitätsmerkmale und Produktfunktionen (Features) wurde bereits angesprochen und liegt in der Immaterialität von Software begründet.[872] Oder wie Zultner ausdrückt: “Software [...] is valued not for what it is, but for what it does”.[873] Zudem führt die Tatsache, dass die Fertigung von Software im Grunde genommen einen Vervielfältigungsprozess darstellt dazu, dass den frühen

---

[870] Vgl. Herzwurm et al. (2000a), S. 27ff. oder Cohen (1995), S. 330ff.
[871] Roth et al. (1993a), S. 116
[872] Die Literatur aus dem Bereich Requirements Engineering kennt die Unterscheidung in funktionale und nichtfunktionale Anforderungen (vgl. Pohl (2008), S. 16, der allerdings die nichtfunktionalen Anforderungen weiter unterteilt in unterspezifizierte funktionale Anforderungen und Qualitätsanforderungen. Dabei versteht er unter unterspezifizierten funktionalen Anforderungen unzureichend spezifizierte Anforderungen, die bei genauerer Betrachtung in eine oder mehrere funktionale und evtl. zusätzlich Qualitätsanforderungen überführt werden können. Im Rahmen dieser Arbeit sind Qualitätsanforderungen gemeint, wenn von nichtfunktionalen Anforderungen die Rede ist).
[873] Zultner (1994), S. 149

Phasen der Entwicklung, insbesondere der Bestimmung der Anforderungen und der Gestaltung der Systemarchitektur besondere Aufmerksamkeit zukommen muss. Daher lässt sich argumentieren, dass QFD vor allem zur Identifikation von Schwerpunkten, die in der Entwicklung gesetzt werden müssen, genutzt werden sollte.[874] Diese lassen sich anhand des klassischen HoQ und des Software-HoQ aus den priorisierten Anforderungen ermitteln. Anders gesagt: bei der Anwendung von QFD für Software steht die priorisierende und fokussierende Wirkung von QFD gegenüber der Vollständigkeit und der Bildung langer Matrixketten im Vordergrund.

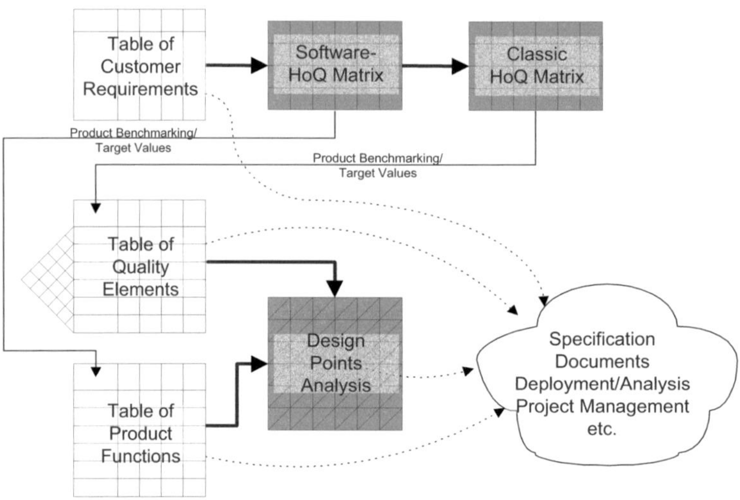

Abbildung 55: PriFo Software QFD nach Herzwurm und Schockert[875]

Abbildung 55 zeigt den Ablauf des PriFo (**pri**orisiert und **fo**kussiert) QFD-Modells nach Herzwurm und Schockert im Überblick.[876] Basierend auf den systematisch geordneten und priorisierten Kundenanforderungen werden sowohl das klassische HoQ als auch das Software-HoQ ausgefüllt. Die priorisierten Qualitätsmerkmale aus dem klassischen HoQ und die priorisierten Produktfunktionen, zu denen jeweils konkrete Entwicklungsvorgaben gemacht werden, stellen zum einen an sich schon Ergebnisse dar. Zum anderen können sie aber auch noch miteinander verknüpft werden, um in der sog. **Design Points-Analyse** Zusammenhänge zwischen einzelnen Qualitätsmerkmalen und einzelnen Produktfunktionen zu analysieren und den Fokus auf kri-

[874] Vgl. Herzwurm et al. (2000a), S. 35
[875] Quelle: Herzwurm et al. (1997), S. 87
[876] Vgl. im Folgenden Herzwurm et al. (2000a)

tische Zusammenhänge zu lenken. Zusätzlich wird bei den Qualitätsmerkmalen überprüft, wie diese zueinander in Beziehung stehen: insbesondere Widersprüche zwischen geplanten Ausprägungen (z.B. kurze Antwortzeiten und geringer Speicherverbrauch bei Datenbanken) führen zu weitergehenden Analysen. Sowohl die Design Point-Analyse als auch die Tabellen mit den Kundenanforderungen, den Qualitätsmerkmalen und den Produktfunktionen können im weiteren Produktverlauf verwendet werden, um den Aufwand geeignet zu steuern. Beispielsweise können sie direkt in Spezifikationsdokumenten verwendet oder zur Projektplanung und -steuerung genutzt werden.

PriFo QFD wurde unter anderem für die Entwicklung des in SAP R/3 integrierten Kalender- und Terminplanungsmoduls verwendet.[877] Eine Weiterentwicklung des PriFo QFD mit dem Namen Continuous QFD, die stark auf Templates und iterative Entwicklung setzt, wurde zur Entwicklung von Electronic und Mobile Business-Informationssystemen entwickelt und eingesetzt.[878]

In vielen Unternehmen, aber auch in der Innovationsmanagement-Literatur wird QFD heute als prototypische Methode gesehen, um eine hohe Kundenorientierung als übergeordneten Erfolgsfaktor im Innovationsmanagement zu verwirklichen.[879] Auch kann QFD als eine Methode zur Kundenintegration in den Wertschöpfungsprozess gesehen, also der Open Innovation zugerechnet werden.[880] Folglich erscheint QFD durchaus geeignet, um als Ausgangspunkt für die Entwicklung einer Methode zur Planung von modularen Softwareproduktplattformen und plattformbasierten Softwareprodukten zu dienen. Zwar ist dem Autor kein Beispiel für eine derartige Anwendung von QFD bekannt, es existieren aber einige Beispiele, die als Anknüpfungspunkte für eine entsprechende Erweiterung von QFD dienen können. Diese werden im Folgenden präsentiert.

Cohen beschreibt die Nutzung von QFD für die strategische Produktplanung.[881] Dabei schildert er zum einen, wie QFD genutzt werden kann, um Produkte zu priorisieren und zum anderen, wie ein „Master House of Quality“ für eine Familie von Produkten verwendet werden kann, indem das Master-HoQ einmal gebildet und bei der Entwicklung der einzelnen Produkte dann die relevanten Auszüge (Anforderungen

---

[877] Vgl. Herzwurm et al. (2000a), S. 129ff.
[878] Vgl. Herzwurm et al. (2000b), Herzwurm et al. (2000a), S. 123ff.
[879] Vgl. Reichwald und Piller (2006), S. 110ff. oder Wildemann (1999)
[880] Reichwald und Piller ordnen QFD der zweiten von drei Stufen der Kundenintegration in den Innovationsprozess ein, die sie als „design with customers“ bezeichnen), vgl. Reichwald und Piller (2005), S. 60
[881] Vgl. Cohen (1995), S. 322ff.

und Lösungen) verwendet und ihnen auf die bekannte Art und Weise Gewichte zugeordnet werden. Nicht erwähnt wird allerdings in diesem Zusammenhang, ob die Produkte in einem der beiden Szenarien auf einer gemeinsamen technischen Basis aufbauen. Daher muss davon ausgegangen werden, dass dies nicht der Fall ist.

Hoffmann und Berger erweitern das HoQ indem sie pro Produktfunktion nicht nur einen konkreten Zielwert, sondern drei Zielwerte verwenden.[882] Dabei steht je ein Zielwert für die High End-, die Low End- und die mittlere Variante des geplanten Produkts. Zudem wird durch Pfeile neben den Zielwerten angegeben, in welche Richtung sich dieser bei der nächsten Produktgeneration entwickeln soll. Auch fügen sie Informationen über Kostensenkungspotenziale und Wettbewerbsprodukte bei. Nachteilig an ihrem Ansatz ist, dass er bei einer größeren Anzahl von Produkten unübersichtlich wird. Auch wird nicht klar, wie sie zwischen den Kundenanforderungen verschiedener Kunden unterscheiden oder wie sie zwischen verschiedenen Kundengruppen unterscheiden.

Cheng et al. verwenden QFD, um ein neues Produkt von einer bestehenden Plattform abzuleiten, aber auch um eine neue Plattform zu entwickeln.[883] Ebenso nutzen sie QFD, um gemeinsame von variablen Modulen zu unterscheiden. Ihr Ansatz basiert vor allem auf einer Überprüfung, ob ein bestimmtes Feature Teil der gemeinsamen Plattform ist oder nicht. Außerdem fordern sie eine enge Zusammenarbeit zwischen Marketing, Verkauf und Entwicklung. Zwar betont dieser Ansatz die Wichtigkeit des Quervergleichs von Kundenanforderungen und technischen Möglichkeiten und Ideen. Die Kundenanforderungen werden jedoch durch Marketing und Vertrieb gefiltert, da die eigentlichen Kunden nicht am eigentlichen Prozess teilnehmen. Zudem scheint die Identifikation der angepeilten Kundensegmente auf der Basis herkömmlicher Segmentierungsansätze vom Marketing vorgenommen zu werden.

Hunt und Walker beschäftigen sich mit dem sogenannten "fuzzy front-end of strategy", also der Frage, wie eine nachhaltige Position am Markt erreicht werden kann und in welchen Märkten das Unternehmen tätig sein soll.[884] Hierbei verwenden sie QFD um ein tiefgreifendes Verständnis des Marktes zu bekommen, strategische Ziele (entsprechen Kundenanforderungen) und Prognosemetriken (entsprechen Produktfunktionen) zu erhalten. Zusätzlich setzen sie QFD ein, um die von ihnen als „natural segments" bezeichneten Kundensegmente zu identifizieren. Hierunter ver-

[882] Vgl. im Folgenden Hoffmann und Berger (2000)
[883] Vgl. im Folgenden Cheng et al. (2002)
[884] Vgl. im Folgenden Hunt und Walker (2003)

stehen sie Kundensegmente, welche dieselben strategischen Ziele verfolgen und von denen man annehmen kann, dass sie dieselben Produkte oder Dienstleistungen präferieren. Insbesondere die Identifikation der natürlichen Kundensegmente ist hierbei von Interesse, diese erfolgt mittels statistischer Clusteringverfahren. Zusätzlich verwenden sie *Ulwicks* **opportunity algorithm**, um diejenigen strategischen Ziele herauszubekommen, die gleichzeitig durch eine hohe Bedeutung für die Kunden und durch eine niedrige aktuelle Kundenzufriedenheit gekennzeichnet sind. Das Unternehmen kann sich dann positionieren, indem es diese Ziele und die Wettbewerbspositionen der Wettbewerber in Betracht zieht. Da dieser Ansatz auf die strategische Produktpositionierung abzielt, ist der Bezug zur Identifikation gemeinsamer und variabler Module schwach ausgeprägt.

Fujita et al. erweitern QFD mit einer Varietätstabelle (variety table), in der die Produktfunktionen hinsichtlich der Erwartungen der Kunden an high-end-, low-end- und Mittelklasseversionen einer Produktfamilie näher analysiert werden (sie verwenden Kühlschränke für den japanischen Markt als Beispiel).[885] Dabei unterscheiden sich die Gewichte der Kundenanforderungen für die unterschiedlichen Produktvarianten, während die Korrelationen zwischen den Kundenanforderungen und den Produktfunktionen für alle Varianten gleich sind. Produktfunktionen, die aufgrund der unterschiedlichen Gewichte der Kundenanforderungen deutlich unterschiedliche Gewichte für die verschiedenen Varianten aufweisen, werden als variabel identifiziert. Beispielsweise könnte eine Produktfunktion für das High-end-Modell eine hohe Gewichtung, für Mittelklassemodell und Low-end-Modell aber nur eine niedrige Gewichtung aufweisen. Zusätzlich präsentieren Fujuta et al. eine einfache Möglichkeit, eine Kosten-Nutzen-Analyse durchzuführen. Allerdings vereinfachen sie das Problem der Produktportfoliodefinition, indem sie die Anzahl der Produktvarianten/Modelle festlegen und dann für jedes Modell die Ausprägungen der Produktfunktionen gemäß der Gewichte definieren. Während diese Vereinfachung den Zielen dieser Arbeit widerspricht, ist die Überlegung, dass das Gewicht einer Kundenanforderung für jedes Kundensegment unterschiedlich sein kann, von Bedeutung für die Entwicklung der gesuchten Methode.

Folgende Ideen und Prinzipien aus den präsentierten Anwendungen von QFD gingen in die Konstruktion von QFD-PPP ein:

[885] Vgl. im Folgenden Fujita et al. (2003)

- Die Gewichtung der Kundenanforderungen kann von Kunde zu Kunde unterschiedlich sein und sollte daher auch so erfasst und weiterverwendet werden.
- Kunden mit gleichen oder sehr ähnlichen Kundenanforderungen und deren Gewichte können zu „natürlichen“ Kundensegmenten zusammengefasst werden. Diese können beispielsweise mittels Clusteringverfahren identifiziert werden.
- Da die Korrelationen zwischen Kundenanforderungen und Produktfunktionen bzw. Kundenanforderungen und Qualitätsmerkmalen von dem den Kundenanforderungen zugeschriebenen Gewicht unabhängig sind, lassen sich ein Master-Software-House of Quality und ein Master-classic-House of Quality erstellen.
- Neben der reinen Gewichtung von Kundenanforderungen sind die Zufriedenheit der Kunden mit der Erfüllung der Kundenanforderungen durch das aktuelle Produkt sowie die Leistung von Wettbewerbsprodukten zu berücksichtigen.
- Produktfunktionen (aber auch Qualitätsmerkmale), die für unterschiedliche Kundensegmente deutlich unterschiedliche Bedeutung haben, sind tendenziell eher nicht Teil der gemeinsamen Plattform, sondern produktspezifische Merkmale.
- Prinzipiell sollte für jedes Kundensegment ein eigenes Produkt angeboten werden, das auf der gemeinsamen Plattform aufbaut.

Anders als die Anforderungen an die Methode, die in Kapitel 4.5 formuliert wurden, sind diese Ideen und Prinzipien eng an die Verwendung von QFD geknüpft und können nicht ohne weiteres als allgemeingültig für Methoden zur Planung von Softwareproduktplattformen und plattformbasierten Softwareprodukten angesehen werden.

5.2.2 Zusätzliche Grundbausteine

5.2.2.1 Clusteranalyse

Die Clusteranalyse dient zur Ermittlung der Kundensegmente und damit auch der Produkte anhand der genannten Kundenanforderungen und deren Gewichte. Oder wie Green et al. formulieren: „the idea of cluster-based segmentation was to let the data speak for themselves in terms of finding groups of consumers who share similar needs, attitudes, trade-offs, or benefits“.[886]

Ziel der Clusteranalyse ist es, Objekte (in diesem Fall Kunden) so zu Gruppen (Clustern) zusammenzufassen, dass die Objekte in einer Gruppe möglichst ähnlich,

[886] Green et al. (2001), S. S61

die Gruppen untereinander dagegen möglichst unterschiedlich sind. [887] Um die Ergebnisse einer Clusteranalyse zu überprüfen, kann eine Diskriminanzanalyse durchgeführt werden. Hierbei wird untersucht, inwiefern bestimmte Variablen zur Unterscheidung der identifizierten Cluster beitragen bzw. diese erklären. [888]

Die Clusteranalyse erfolgt mittels der folgenden drei Schritte: [889]

1. Bestimmung der Ähnlichkeiten
   Für alle Objekte wird der Abstand bzw. die Ähnlichkeit zwischen zwei Objekten gemessen
2. Auswahl des Fusionierungsalgorithmus
   Aus der Vielzahl möglicher Algorithmen wird einer ausgesucht, Anschließend werden ausgehend von der Maximalanzahl an Clustern (je Cluster ein Objekt) gemäß des gewählten Algorithmus Objekte zu Clustern zusammengefasst, so dass eine Baumstruktur an Clustern entsteht.
3. Bestimmung der Clusteranzahl
   Da in der Regel weder die Maximalzahl an Clustern noch ein einzelner Cluster die „beste" Lösung darstellt, wird mittels Hilfsanalysen überprüft, welches die „beste" Anzahl Cluster ist.

Für eine ausführliche Beschreibung der Clusteranalyse muss an dieser Stelle allerdings auf die Literatur verwiesen werden. [890] Derartige Ansätze werden auch auf Webseiten wie amazon genutzt, um den Kunden Empfehlungen zu Produkten, die sie vielleicht auch interessieren könnten, zu geben. Dazu werden die Produkte, die ein Kunde sich anschaut oder kauft, kontinuierlich ausgewertet und das entstehende Profil mit dem anderer Kunden verglichen (sog. collaborative filtering and pattern matching). Je größer die Menge an Daten (Personen wie Daten zum Verhalten der einzelnen Personen), desto besser werden diese Empfehlungen. [891]

5.2.2.2 Kundenzufriedenheitsbedeutung und Opportunity Algorithm

Zwar bietet die Analyse der Kundenanforderungen bereits wichtigen Input darüber, welche Kundenanforderungen besonders von Bedeutung und daher für den Erfolg einer Produktplattform sowie der auf ihr basierenden Produkte entscheidend sind. In vielen Fällen bestehen aber bereits eigene Produkte oder Produkte von Wettbewer-

---

[887] Vgl. Weltevreden (2007), S. 17
[888] Vgl. ebenda, S. 13
[889] Vgl. ebenda, S. 392 oder ähnlich Atteslander und Cromm (2008), S. 42ff., die allerdings die Aufbereitung der Daten als vorgeschaltete Stufe mit aufführen.
[890] Vgl. Weltevreden (2007), S. 451-500 und 551-556 oder Wildemann/Kersten (2000), S. 322-349
[891] Vgl. Reiß und Koser (2004), S. 293

bern, welche einige dieser Kundenanforderungen bereits gut oder sehr gut erfüllen. Unter diesen Umständen ist es wichtig, zusätzlich die Zufriedenheit der Kunden mit der Erfüllung ihrer Anforderungen durch aktuelle Produkte zu erfragen und diese mit in die Betrachtung einzubeziehen. Besonders entscheidend sind unter diesen Umständen nämlich Kundenanforderungen mit einem hohen Gewicht und einer niedrigen Zufriedenheit. Folgende einfache Formeln überführen diesen Zusammenhang in eine Kennzahl:

- die Kundenanforderungsbedeutung nach Herzwurm et al:[892]
  pro Merkmal i , Gewicht W_i und Zufriedenheit Z_i
  $$\textit{Kundenanforderungsbedeutung (i)} = \frac{W_i}{Z_i}$$
- der Opportunity Index nach Ulwick:[893]
  pro Merkmal i , Gewicht W_i und Zufriedenheit Z_i
  $$\textit{Opportunity(i)} = W_i + (W_i - Z_i)$$

Dabei hat der Opportunity Index den Vorteil, bei bislang überhaupt nicht erfüllten Kundenanforderungen nicht eine Division durch Null zu erzeugen.[894]

5.2.2.3 Conjoint Analyse

Einer der wichtigsten Gründe für die Einführung plattformbasierter Entwicklung ist die Erwartung, so den Umsatz steigern zu können und ein geringeres Kostenniveau zu erreichen als bei herkömmlicher Entwicklung der Produkte. Während Verfahren zur Ermittlung des Kostenniveaus in Kapitel 5.2.2.5 behandelt werden, wird im Folgenden mit der Conjoint Analyse eine Methode behandelt, welche alleine oder in Verbindung mit Target Costing (vgl. Kapitel 5.2.2.4) Informationen liefert, die bei der Preisgestaltung und damit auch der Steigerung des Umsatzes von Hilfe sind.

Dem Thema **Preisfindung** und **-gestaltung** wurden signifikante Anstrengungen im Bereich der Forschung zum Marketing gewidmet, teilweise auch schon mit Fokus auf Software.[895] Wegen der zusätzlichen Kosten, die jedes zusätzliche Produkt verursacht, aber auch aufgrund von Kannibalisierungseffekten, wird auch bei Verfolgung des Konzepts der individualisierten Massenfertigung ein Anbieter nicht alle mög-

---

[892] Vgl. Herzwurm et al. (2000a), S. 69. Streng genommen, ist diese kein neuer Baustein, da sie bereits im SCVM verwendet wird (vgl. Herzwurm (2000), S. 254), eine integrierte Betrachtung beider Kennzahlen erscheint allerdings angebracht.

[893] Vgl. Ulwick (2002), S. 96f.

[894] Diese kann durch eine Skala, bei der eine überhaupt nicht erfüllte Kundenanforderung eben nicht mit 0, sondern z.B. mit 1 kodiert wird, auch vermieden werden

[895] Vgl. auch Kapitel 4.2.2.2

lichen Kombinationen anbieten (können), sondern sich auf eine Teilmenge davon beschränken (müssen).

Die Bestimmung der optimalen Anzahl an Produkten und der jeweiligen Produktcharakteristika unter Berücksichtigung des Preises, möglicher Kannibalisierungseffekte, dem Timing der Markteinführung und Reaktionen der Wettbewerber stellt die Marketingforschung vor eine nahezu unlösbare Herausforderung.[896] Da die Anzahl möglicher Kombinationen von Produktcharakteristika exponentiell mit der Anzahl Produktcharakteristika mit Wahlmöglichkeiten wächst, ist die Verwendung von Heuristiken angebracht.[897] Im Verlauf der letzten dreißig Jahre hat die Marketingforschung zahlreiche heuristische Modelle zur Lösung dieses Problems entwickelt, die entweder auf MDS (multi-dimensional scaling) oder der Conjoint Analyse beruhen.[898] Während die MDS-basierten Modelle komplette Produkte vergleichen, indem der Wert berechnet wird, den ihnen (potenzielle) Kunden beimessen, können mit Hilfe der Conjoint Analyse auch der Wert einer Komponente oder eines Features bestimmt werden. Zudem dominieren Modelle auf der Basis der Conjoint Analyse auch die Diskussion dieser Fragen im Bereich von Produktlinien, so dass im Folgenden lediglich diese Modelle weiter betrachtet werden.

Vereinfacht gesagt wird die Conjoint Analyse im Rahmen der Marktforschung dazu eingesetzt, um zu untersuchen, welchen Wert Kunden einzelnen Produktcharakteristika eines bestimmten Produktes oder einer bestimmten Dienstleistung beimessen.[899]

Dabei fokussiert die Conjoint Analyse auf die Bestimmung der Präferenzen der Kunden für bestimmte Ausprägungen der Produktcharakteristika und den Wert, den die Kunden bereit sind, für eine bestimmte Kombination von Produktcharakteristika zu bezahlen.

In der Literatur werden vier verschiedene Techniken unterschieden, die zur Datengewinnung eingesetzt werden können:[900]

- **Full profile techniques**:

[896] Vgl. Steiner und Hruschka (2005)

[897] Vgl. z.B. Kohli und Sukumar (1990), Li und Azarm (2002) oder Steiner und Hruschka (2005) für eine detailliertere Begründung und Anwendungsbeispiele für Heuristiken zur Lösung dieses Problems.

[898] Vgl. Green und Krieger (1985), Green und Srinivasan (1978) Dobson und Kalish (1993), Li und Azarm (2002), Moorthy (1984) oderKohli und Sukumar (1990).

[899] Für eine ausführliche Beschreibung der Durchführung einer Conjoint Analyse vgl. beispielsweise Backhaus et al. (2003), S. 543-604

[900] Vgl. Green et al. (2001), S. S58f. oder Green und Srinivasan (1990), S. 8ff.

Bei den full profile techniques werden den Kunden alle Produkte und eine komplette Auflistung ihrer Produktcharakteristika präsentiert und die Kunden gebeten, diesen einen Wert (üblicherweise zwischen 0 und 100) für die Wahrscheinlichkeit, dass sie dieses Produkt kaufen würden, zuzuweisen.

- **Compositional techniques** (auch: self-explicated preference-data collection): hier werden die Kunden gebeten, zuerst den möglichen Ausprägungen der Produktcharakteristika einen Wert (üblicherweise zwischen 0 und 100) und anschließend jedem Produktcharakteristikum eine Wichtigkeit zuzuweisen.
- **Hybrid techniques**: diese bestehen aus einer vorgeschalteten self-explicated evaluation und einer anschließenden Bewertung einer Teilmenge der Produkte mit kompletter Liste der Produktcharakteristika.
- **Adaptive Conjoint Analyse**: diese stellt eine bestimmte Variante der hybrid techniques dar, die von dem Unternehmen Sawtooth Software entwickelt wurde.[901] Hier besteht der zweite Schritt darin, dass die Kunden nur partielle Listen der Produktcharakteristika zu sehen bekommen und jeweils zwischen zwei dieser partiellen Profile wählen müssen.

Ein kleines Beispiel soll diese Vorgehensweise verdeutlichen: (potenziellen) Kunden werden Profile von Mobiltelefonen präsentiert, die sich in Produktcharakteristika wie Preis, Bildschirmgröße, Batterielaufzeit (Sprechzeit und Stand-by-Zeit) unterscheiden. Werden diese Produktcharakteristika variiert und den Kunden bewusst zusammengestellte Teilmengen der Gesamtzahl möglicher Produktvarianten präsentiert, so lässt sich beispielsweise der Wert ermitteln, der einem Bildschirm mit 5cm Diagonale zugemessen wird. Allerdings steigt die Anzahl möglicher Varianten, die Kunden zum Vergleich vorgesetzt werden können mit der Anzahl der Produktcharakteristika und ihrer Ausprägungen exponentiell an. Folglich ist es notwendig, die Anzahl im Prozess berücksichtigter Kombinationen einzuschränken.[902]

Liegen vor der Durchführung der Conjoint Analyse bereits Informationen zur Wichtigkeit verschiedener Anforderungen und zum Grad der Unterstützung dieser Anforderungen durch bestimmte Produktcharakteristika vor, können diese Informationen zur Auswahl der Profile genutzt werden.[903] Gleichzeitig kann die Conjoint-Analyse er-

[901] Vgl. Johnson (1987)
[902] Vgl. Green et al. (2001), S. S57f.
[903] Gustafsson kombiniert zu diesem Zwecke QFD mit Conjoint Analysen, vgl. Gustafsson (1996)

mitteln, für welche Produktcharakteristika eine sehr geringe Zahlungsbereitschaft besteht, auch wenn sie eigentlich Wert für den Kunden schaffen.

Insbesondere bei Dienstleistungen und Vertrauensgütern lässt sich an der Conjoint Analyse kritisieren, dass die dort vorliegende Unsicherheit über die Ausprägungen der Produktcharakteristika zu „erheblichen Verzerrungen bei der Ermittlung von Gesamtnutzenwerten für alternative Angebote und somit bei der Prognose von Wahlanteilen und der Schätzung von Responsefunktionen“[904] führen kann.[905] Ebenso kann kritisiert werden, dass selbst in fortgeschrittenen Modellen aufgrund der kombinatorischen Explosion sehr restriktive Einschränkungen getroffen werden, z.B. geringe Anzahl der Produktvarianten, Gleichverteilung der Größe der Kundensegmente sowie die Nicht-Berücksichtigung von Reaktionen der Wettbewerber.[906]

5.2.2.4 Target Costing

Während die Preisgestaltung insbesondere aus Sicht der Kostenrechnung herkömmlicherweise mittels „cost plus“-Verfahren, also durch Ermittlung der Kosten und Addition eines Aufschlags für die Gewinnmarge erfolgt, geht Target Costing den umgekehrten Weg.[907] Ausgehend davon, was der Markt zu zahlen bereit ist, wird der sog. **Target Profit** subtrahiert, um die **Allowable Costs**, also die erlaubten Kosten zu ermitteln.[908] Liegen die prognostizierten Kosten, die sog. **Drifting Costs** über den Allowable Costs, müssen frühzeitig Maßnahmen eingeleitet werden, um Kosten einzusparen. Daher lässt sich mit Recht festhalten, dass bei Einsatz des Target Costings „Kostenstrukturen frühzeitig mit Hinblick auf die Marktstrukturen“[909] gestaltet werden.

Zu Bestimmung des Preises, den die Kunden für ein Produkt mit bestimmten Produktcharakteristika zu zahlen bereit sind, wird oftmals die Conjoint Analyse verwendet.[910] Diese lässt allerdings in vielen Fällen die Frage offen, wie die Kosten auf ein Niveau gebracht werden können, mit dem der Anbieter in der Lage ist, diesen Preis auch profitabel anbieten zu können.

---

[904] Nitschke und Völckner (2006), S. 742

[905] Vgl. Nitschke und Völckner (2006) für die Beschreibung des Problems, seiner Ursachen und eines Vorschlags zur Korrektur der Verzerrung.

[906] Vgl. Steiner und Hruschka (2000)

[907] Vgl. Horváth (2009), S. 479ff.

[908] Vgl. Cooper und Slagmulder (1999), S. 23

[909] Horváth (1993), S. 4

[910] Vgl. Seidenschwarz (1993), S. 199ff.

Um zu erkennen, wo genau Kosteneinsparungen besonders wichtig sind, werden die Drifting Costs auf die Komponenten des Produktes verteilt und der Bedeutung der Komponenten für das Produkt gegenübergestellt.[911] Dies ist in Abbildung 56 grafisch dargestellt. Eingefärbt dargestellt ist die sog. Zielkostenzone. Alle Komponenten, deren Koordinaten innerhalb dieser Zone liegen, zeichnen sich durch ein akzeptables Verhältnis aus Allowable und Drifting Costs aus. Bei Komponenten, die links oberhalb der Zone liegen, müssen Kosteneinsparungspotenziale gesucht werden. Bei Komponenten dagegen, die rechts unterhalb der Zone liegen, sind die erwarteten unter den erlaubten Kosten, so dass man hier aus den Optionen Qualitätsverbesserungen, Preissenkungen oder Erhöhung der Gewinnmarge wählen kann.

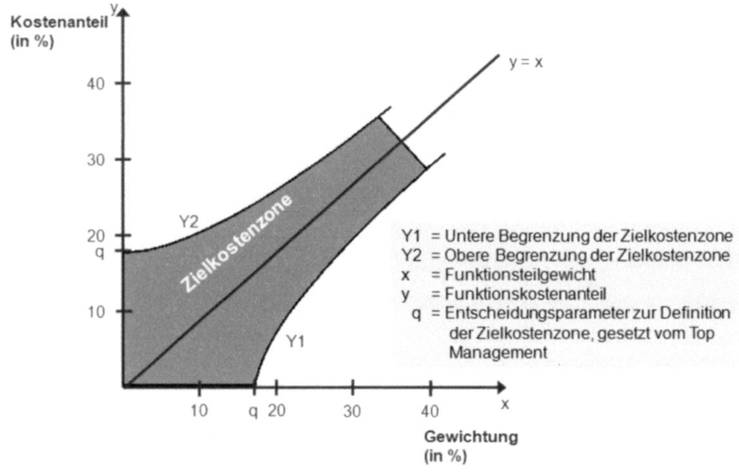

Abbildung 56: Zielkostenkontrolldiagramm[912]

Target Costing kann gut mit QFD kombiniert werden, wie von Herzwurm und Pietsch[913] sowie detailliert von Gustafsson[914] beschrieben. Ebenso wurde Target Costing schon erfolgreich in der Softwareentwicklung[915] und im Zusammenhang mit einer Plattformstrategie angewendet.[916]

---

[911] Vgl. im Folgenden z.B. Horváth / Seidenschwarz (1992) oder Herzwurm / Pietsch (2008), S. 296ff.
[912] Quelle: Horváth und Seidenschwarz (1992), S. 147
[913] Vgl. Herzwurm und Pietsch (2008), S. 298ff.
[914] Vgl. Gustafsson (1996)
[915] Vgl. Baumöl (1999) oder Seidenschwarz (1993), S. 129ff.
[916] Vgl. Seidenschwarz (2008), S. 622ff.

5.2.2.5 Kostenrechnungs- und Investitionsrechnungsverfahren

Während Conjoint Analyse und Target Costing (zur Bestimmung der Preise der verschiedenen Produkte bzw. einzelner Module) sowie Clusteranalyse (zur Schätzung der Größe der natürlichen Kundensegmente) Input bzgl. des zu erwartenden Umsatzes liefern, ist es Aufgabe der Kostenrechnungs- und Investitionsrechnungsverfahren, ähnliches für die anfallenden Kosten zu erledigen. Neben den klassischen Verfahren in diesem Bereich[917] existiert für die Softwareentwicklung eine ganze Reihe von Verfahren zur Schätzung des Entwicklungsaufwands. Die traditionellen Verfahren zur Schätzung des Entwicklungsaufwands gehen allerdings von der Neu- oder Weiterentwicklung eines einzelnen Systems aus[918] und sind daher nicht für die Betrachtung der Entwicklung einer Softwareproduktplattform und auf dieser aufbauender Produkte geeignet. Allerdings wurden in den letzten Jahren auch eine Reihe von Verfahren für die wiederverwendungsorientierte Softwareentwicklung oder die Entwicklung von Softwareproduktlinien konzipiert.[919] Diese können recht einfach für die Betrachtung der Entwicklung einer Softwareproduktplattform und auf dieser aufbauender Produkte verwendet werden und decken ein breites Spektrum ab. Manche der Modelle wurden für die Verwendung im Kontext der Entwicklung von Softwareproduktlinien entworfen,[920] andere haben den Vorteil, wohl etabliert zu sein und daher eine breite Wissensbasis zur unternehmens- und projektspezifischen Anpassung zu bieten.[921] Wieder andere Modelle zielen auf ein spezifisches Problem ab[922] und manche schließlich stellen eher ein generisches Framework dar, in das die anderen Methoden als Bausteine integriert werden können.[923] Alle folgen sie jedoch derselben Grundidee: die Summe der Kosten der Entwicklung der Produktlinieninfrastruktur einerseits und der Kosten der Entwicklung der einzelnen Mitglieder der Produktlinie andererseits werden geschätzt und mit den Kosten verglichen, die bei unabhängiger Entwicklung der Produkte entstehen würden. Ist Ersteres billiger, spart die Entwicklung der Produktlinie Geld und sollte daher durchgeführt werden, ansonsten ist die unabhängige Entwicklung zu bevorzugen. Hierbei bleiben allerdings wichtige Vorteile der Produktlinienentwicklung unberücksichtigt wie die Möglichkeit, schnell

---

[917] Vgl. Horváth (2009), Dellmann (1993) oder Seelbach (2006), S.345ff.
[918] Vgl. Boehm (2000), Poensgen und Bock (2005) oder Dowie (2009), S. 38-43.
[919] Vgl. Boehm et al. (2004), Böckle et al. (2004b), Clements et al. (2005) oder Poulin (1997a)
[920] Vgl. Boehm et al. (2004), Clements et al. (2005), Böckle et al. (2004b), Schmid (2002a) oder Peterson (2004)
[921] Vgl. Boehm (2000)
[922] Vgl. Poulin (1997a)
[923] Vgl. Clements et al. (2005)

neue Produkte auf den Markt zu bringen. Daher besteht weiterer Forschungsbedarf, wie im Folgenden noch beschrieben wird.

Es scheint in der Natur der Sache bedingt, dass zu einer derart frühen Phase der Entwicklung einer Softwareproduktplattform größere Unsicherheiten bzgl. verschiedener Faktoren bestehen, die für eine exakte Berechnung der optimalen Anzahl Produkte und Bausteine sowie der optimalen Reihenfolge ihrer Entwicklung und des perfekten Timings des jeweiligen Markteintritts nötig wären.[924] Daher wird an dieser Stelle nicht versucht, ein ausgefeiltes Rechenmodell zu entwickeln, welches möglichst genaue Ergebnisse liefert,[925] sondern aufzuzeigen, welche Faktoren zu berücksichtigen sind. Das Framework von Clements et al. (SIMPLE - Structured Intuitive Model of Product Line Economics genannt) berücksichtigt alle relevanten Kostenblöcke und ist einfach und verständlich. Es bietet gleichzeitig die Möglichkeit, verschiedene Formeln für die Berechnung der einzelnen Kostenblöcke zu verwenden. Ebenso können diese durch Experten geschätzt werden.[926]

SIMPLE beinhaltet vier Kostenblöcke:[927]

- $C_{org}()$ repräsentiert die Kosten, die durch die Anpassung der Organisation an die Entwicklung plattformbasierter Softwareprodukte entstehen. Hierunter fallen Kosten der Reorganisation, Prozessverbesserungen, Schulungen etc.
- $C_{cab}()$ repräsentiert die Kosten der Entwicklung der gemeinsamen Plattform, beinhaltet also unter anderem die Kosten der Anforderungsanalyse, der Architekturdefinition, des Aufsetzens eines Testplans, sowie der Erstellung der Dokumentation (z.B. Gleichteile der Benutzerhandbücher)
- $C_{unique}()$ repräsentiert die Kosten der Entwicklung der kundenindividuellen Teile, hier sind alle Artefakte (Assets) und nicht nur Programmcode berücksichtigt
- $C_{reuse}()$ repräsentiert die Kosten der Anpassung der Plattform im Rahmen der Ableitung eines individualisierten Produktes (wiederum Kosten aller Artefakte)

In Summe ergeben sich die Kosten der Plattformentwicklung als:[928]

$$C_{org}() + C_{cab}() + \sum_{i=1}^{n}(C_{unique}(product_i) + C_{reuse}(product_i))$$

---

924 nicht zu Unrecht spricht man davon, jede unternehmerische Entscheidung sei eine Entscheidung unter Unsicherheit, vgl. Agthe (1963), S. 89ff.

925 Die Entwicklung eines derartigen Modells würde den Rahmen dieser Arbeit sprengen, zudem erscheint es aufgrund der genannten Unsicherheiten unklar, inwiefern es überhaupt möglich ist, ein entsprechendes Modell zu entwickeln. Auf jeden Fall besteht hier weiterer Forschungsbedarf.

926 Vgl. Jörgensen (2005), S. 57

927 Vgl. Clements et al. (2005), S.6f.

928 Für eine ausführliche Beschreibung siehe Clements et al. (2005)

Wie Clements et al. beschreiben, lassen sich zur Bestimmung der einzelnen Kostenblöcke bestehende Modelle verwenden, beispielsweise können für die Bestimmung von C_{cab} Modelle aus dem Bereich der wiederverwendungsorientierten Softwareentwicklung[929] und für C_{unique} Modelle wie COCOMO[930], Function Points[931] oder Erfahrungswerte aus dem Unternehmen verwendet werden.

Auf dieser Basis können Entscheidungen über die Vorteilhaftigkeit der Entwicklung der Softwareproduktplattform insgesamt, die Entwicklung eines zusätzlichen Produkts auf Basis dieser Plattform oder das Timing der Markteinführung getroffen werden. Hierzu müssen die entsprechenden Kosten der Alternativen berechnet und auch zusätzliche Vorteile – soweit möglich in monetären Größen wie zusätzlicher Umsatz bei um zwei Monate früherer Markteinführung ausgedrückt – mit einbezogen werden.[932]

Allerdings sind auch so der Zeitwert des Geldes sowie der Wert von Handlungsoptionen, die sich durch die Entwicklung einer gemeinsamen Plattform ergeben, ebenso wenig berücksichtigt wie eine Risikoanalyse durchgeführt wurde. Daher wäre eine Integration fortgeschrittener Konzepte wie beispielsweise

- Monte Carlo-Simulationen[933]
- Net Present Value[934]
- Szenarioanalysen[935]
- Realoptionsansatz[936]

zu prüfen. Da die genannten Methoden allerdings teilweise hoch sensibel gegenüber Variationen in den Eingangsparametern sind, Aufwandschätzungen in der Softwareentwicklung aber oftmals deutlich vom tatsächlichen Aufwand abweichen sowie zu komplizierte Verfahren oftmals unter Akzeptanzproblemen leiden, ist hier ebenfalls Forschungsbedarf vorhanden. Während z.B. der Wert von Realoptionen prinzipiell

---

929 Vgl. Poulin (1997a), Poulin (1997b) oder Boehm et al. (2004)
930 Vgl. Boehm (2000)
931 Vgl. z.B. Poensgen und Bock (2005)
932 Vgl. die Beispielszenarien in Clements et al. (2005), S. 13ff.. Dabei ist Schmid zuzustimmen, dass bei Entscheidungen über das plattformbasierte Produktportfolio zusätzliche Kosten und zusätzlicher Umsatz pro Produkt und komplexe Wechselwirkungen, die bei den Entscheidungen, ob z.B. ein Feature gar nicht, als Teil der Plattform oder individuell für ein Produkt entwickelt werden soll, zu berücksichtigen sind, vgl. Schmid (2003), S. 101 und 104.
933 Vgl. Ganesan et al. (2006)
934 Vgl. Wesselius (2006)
935 Vgl. Wesselius (2006)
936 Vgl. Geppert und Roessler (2001)

mittels Formeln wie der des Black-Scholes-Modells[937] genau berechnet werden kann, sind die genannten Ungenauigkeiten in der Schätzung ein Problem, da die Modelle sehr sensibel auf Variationen der Eingangsparameter reagieren. Deutlich weniger problematisch ist die Verwendung des Realoptionsansatzes zur Strukturierung des eigenen Denkens: Optionen können eine oder mehrere der folgenden Formen annehmen: timing options, growth options, staging options, exit options, flexibility options, operating options und learning options.[938] Die Entwicklung einer Softwareproduktplattform beispielsweise ermöglicht es einem Unternehmen, recht einfach und schnell zusätzliche plattformbasierte Produkte anzubieten. Diese Option stellt eine timing option dar, da die Entscheidung ob ein bestimmtes Produkt angeboten werden soll, auf später verschoben werden kann. Dies gibt dem Unternehmen Zeit, den Markt genauer zu analysieren und zu beobachten. Gleichzeitig bietet die Plattform dem Unternehmen die Möglichkeit, nach Erfolg der ersten Produkte schnell und kostengünstig eine große Anzahl weiterer Produkte auf den Markt zu bringen, es liegt also auch eine growth option vor. Wird die Plattform in mehreren Ausbaustufen realisiert, besteht auch eine staging option, da die späteren Ausbaustufen bei Ausbleiben des Erfolgs am Markt verworfen werden können. Zudem kann man in diesem Fall auch von einer learning option sprechen, da das Unternehmen durch die erste Generation der Plattform und der von ihr abgeleiteten Produkte Erfahrungen sammeln kann, die in den weiteren Generationen von Nutzen sein können. Offensichtlich bietet die Einführung einer modularen Softwareproduktplattform einen hohen Optionswert, der geeignet berücksichtigt werden sollte. [939]

Nachdem nun alle Methoden, Techniken und Verfahren beschrieben sind, die als Bausteine im Rahmen der Module des QFD-PPP verwendet werden, ist es an der Zeit, die Module selbst ausführlicher zu beschreiben.

5.3 Module des QFD-PPP

5.3.1 Projektplanung

Vor der eigentlichen Durchführung von QFD-PPP müssen verschiedene Planungsaufgaben wahrgenommen werden. Diese gliedern sich in allgemeine Planungsaufgaben der Projektvorbereitung und spezifische Planungsaufgaben der einzelnen Module. Im Folgenden werden zuerst die allgemeinen Planungsaufgaben der Projekt-

[937] Vgl. Black und Scholes (1973)
[938] Vgl. Amram und Kulatilaka (1999)
[939] Vgl. auch Baldwin und Clark (2002)

vorbereitung beschrieben, bevor die spezifischen Planungsaufgaben kurz vorgestellt werden. Ausführlicher erläutert werden sie im Rahmen der Beschreibung des jeweiligen Moduls.

Die große Bedeutung professionellen Projektmanagements für die Softwareentwicklung ist in der Literatur ausführlich betont worden.[940] Insbesondere die zielgerichtete Planung und Steuerung eines Projektes stellen in diesem Zusammenhang wichtige Erfolgsfaktoren dar.[941] Neben den allgemeinen Erfolgsfaktoren für Projektmanagement in Softwareentwicklungsprojekten, auf die hier nicht eingegangen werden kann, gibt es einige spezifische Erfolgsfaktoren für QFD-PPP-Projekte:[942]

- Festlegung der QFD-PPP-Variante
- Festlegung der Projektziele
- Abgrenzung des QFD-PPP-Objekts
- Team-, Termin- und Aufwandsplanung
- modulspezifische Planung.

Da QFD-PPP sowohl zur erstmaligen Entwicklung einer Plattform als auch zu ihrer Weiterentwicklung und zudem auch zur Entwicklung der auf der Plattform basierenden Produkte verwendet werden kann, ergeben sich für die **Festlegung der QFD-PPP-Variante** folgenden Auswahlmöglichkeiten:[943]

- Eine neu zu entwickelnde Plattform entsteht „auf der grünen Wiese“, d.h. sie kann nicht auf bestehenden Produkten aufbauen, soll aber eine als strategisch wichtig erkannte Lücke im Produktportfolio schließen (Variante A)
- Eine neu zu entwickelnde Plattform kann auf einem bestehenden Standardprodukt aufbauen (Variante B)
- Eine neu zu entwickelnde Plattform kann auf einem oder mehreren bestehenden kundenindividuellen Produkten aufbauen (Variante C)
- Ein neuer Kunde möchte ein auf der existierenden Plattform aufbauendes Produkt erwerben (Variante D)

---

[940] Vgl. Moll et al. (2004) oder die in Herzwurm (2000), S. 128ff. genannten Studien.

[941] Vgl. Herzwurm et al. (1996), S. 226

[942] Diese sind großteils identisch mit den von Herzwurm identifizierten spezifischen Erfolgsfaktoren von SCVM-Projekten, vgl. Herzwurm (2000), S. 226-236. Allerdings müssen aufgrund der unterschiedlichen Zielsetzung teilweise unterschiedliche Faktoren in die Planung einbezogen werden.

[943] Anders als bei SCVM ist bei QFD-PPP weder die Unterscheidung in Produkt- bzw. Marktproduktion entscheidend noch gibt es eine Prozessvariante. Zwar wäre eine Variante von QFD-PPP, welche die Prozessverbesserung zum Ziel hat, theoretisch durchaus vorstellbar, diese Variante liegt aber außerhalb des durch die Forschungsfragen vorgegebenen Fokus dieser Arbeit.

- Für die bestehenden Kunden oder um die Plattform für potenzielle Kunden attraktiver zu machen, soll die Plattform weiterentwickelt werden (Variante E).

Während die Varianten A bis C das Ziel der (Neu-)Entwicklung einer Plattform teilen (sich aber in der Ausgangslage erheblich unterscheiden), haben die Varianten D und E die Weiterentwicklung zum Ziel. Dabei hat Variante D nicht die Weiterentwicklung der Plattform im engeren Sinne zum Ziel, lediglich falls aus den bestehenden Bestandteilen der Plattform keine zufrieden stellende Lösung für den Kunden zusammengestellt werden kann, werden tatsächlich zusätzliche Bestandteile entwickelt (und damit potenziell für andere Kunden verfügbar). Variante E hingegen hat explizit die Weiterentwicklung der Plattform zum Ziel.

Tabelle 13: Charakteristika der verschiedenen Varianten des QFD-PPP

	QFD-PPP-Variante A	QFD-PPP-Variante B	QFD-PPP-Variante C	QFD-PPP-Variante D	QFD-PPP-Variante E
Beschreibung	Neuentwicklung einer Softwareproduktplattform ohne direkte Vorgänger	Neuentwicklung einer Softwareproduktplattform auf Basis einer Standardsoftware	Neuentwicklung einer Softwareproduktplattform auf Basis eines oder mehrerer Individual-softwareprodukte	Entwicklung eines neuen Produkts auf Basis einer bestehenden Softwareproduktplattform	Weiterentwicklung einer bestehenden Softwareproduktplattform
Ausgangspunkt des CVA	Neu zu erhebende Kundenanforderungen	Neu zu erhebende Kundenanforderungen (auf Basis von Vorarbeiten)	Neu zu erhebende Kundenanforderungen(auf Basis von Vorarbeiten)	Zu aktualisierende Kundenanforderungen	Zu aktualisierende Kundenanforderungen
Ausgangspunkt der CSS	Befragung bzgl. Zufriedenheit mit Wettbewerbsprodukten	Befragung bzgl. bestehender Standardsoftware + Wettbewerbsprodukte	Befragung bzgl. bestehender Individualsoftware + Wettbewerbsprodukte	Befragung bzgl. bestehender Plattform, bestehender plattformbas. Produkte + Wettbewerbsprodukte	Befragung bzgl. bestehender Plattform, bestehender plattformbas. Produkte + Wettbewerbsprodukte
Ausgangspunkt des CSP	"grüne Wiese"	bestehende Standardsoftware	bestehende Individualsoftware	bestehende Plattform	bestehende Plattform
Adressaten der Befragung	potenzielle Kunden (auch Kunden der Wettbewerber)	aktuelle und potenzielle Kunden	aktuelle und potenzielle Kunden	betreffender Kunde	aktuelle und potenzielle Kunden
Primär eingesetzte Erhebungstechniken	Einzel- und Gruppeninterviews repräsentativer pot.Kunden, Benchmarking	Einzel- und Gruppeninterviews repräsentativer aktueller + potenzieller Kunden, Kundenbefragung (Vollerhebung), Benchmarking	Einzel- und Gruppeninterviews repräsentativer aktueller + potenzieller Kunden, Kundenbefragung (Vollerhebung), Benchmarking	Einzel- und Gruppeninterviews repräsentativer Mitarbeiter des betreffenden Kunden	Kundenbefragung (Vollerhebung) Benchmarking, Einzel- und Gruppeninterviews repräsentativer Kunden zu Schwerpunkten
Teamzusammensetzung	Entwickler, Qualitätsmanagement, Forschung & Entwicklung, Marketing/Vertrieb, repräsentative Vertreter potenzieller Kunden	Entwickler, Qualitätsmanagement, Forschung & Entwicklung, Marketing/Vertrieb, Customer Service Desk, repräsentative Vertreter aktueller + potenzieller Kunden	Entwickler, Qualitätsmanagement, Forschung & Entwicklung, Marketing/Vertrieb, Customer Service Desk, repräsentative Vertreter aktueller + potenzieller Kunden	Entwickler, Qualitätsmanagement, Forschung & Entwicklung, Marketing/Vertrieb, repräsentative Vertreter des betreffenden	Entwickler, Qualitätsmanagement, Forschung & Entwicklung, Marketing/Vertrieb, Customer Service Desk, repräsentative Vertreter aktueller (+ potenzieller) Kunden

Die Varianten A, B und C unterscheiden sich vor allem durch ihre Ausgangslage: während in den Varianten B und C bereits Produkte (und damit vor allem Lösungsbausteine in der Form von Kundenanforderungen, Entwurfsmodellen, Testfällen, Handbüchern etc.) vorliegen, beginnt das Unternehmen bei Variante A bei null.

Tabelle 13 zeigt die Charakteristika der verschiedenen Varianten im Überblick. Die folgende Beschreibung der Module des QFD-PPP geschieht zuerst aus der Sicht der Variante A, die Besonderheiten der anderen Varianten werden im Anschluss erläutert.

Bei der **Festlegung der Projektziele** geht es darum, vor Beginn des Projektes klare und messbare Ziele zu setzen, deren Erreichung man nach Ende des Projektes kontrollieren kann. Entsprechend der Erfahrungen des Projektmanagements allgemein, ist es auch bei QFD-(PPP-)Projekten wichtig, die Projektziele bzw. erwarteten Ergebnisse des Projekts vor Beginn des eigentlichen Projekts klar und messbar zu definieren und hierzu einen Konsens zwischen Projektmitarbeitern, Fach- und Machtpromotoren zu erreichen.[944] Die Ziele des Einsatzes von QFD-PPP hängen stark von der Variante ab. Beispiele für sinnvolle Ziele sind:

- Reduzierter Implementierungsaufwand im Vergleich zur unabhängigen Entwicklung mehrerer Produkte
- Ein niedrigerer möglicher Verkaufspreis im Vergleich zur unabhängigen Entwicklung mehrerer Produkte
- Höhere Kundenzufriedenheit und Kundenbindung
- Erweiterung des Produktportfolios.

Zudem kann bei der Durchführung entweder Vollständigkeit oder Fokussierung im Vordergrund stehen. Bei Vollständigkeit ist das Ziel die lückenlose Erfüllung der Kundenanforderungen, es „müssen die Kundenbedürfnisse möglichst *vollständig* erfasst, sämtliche Leistungsmerkmale geplant und *alle* Zufriedenheitsbewertungsmerkmale gemessen werden.“[945]. Steht die Fokussierung im Vordergrund, so beschränkt sich das Projekt auf das Wesentliche, also die Erfassung der *wichtigsten* Kundenbedürfnisse, die Planung der *bedeutsamsten* Leistungsmerkmale sowie die Messung der *wesentlichsten* Zufriedenheitsbewertungsmerkmale.[946] Ob Vollständigkeit oder Fokussierung angestrebt werden, hängt weniger von der gewählten QFD-PPP-Variante ab als vielmehr von der Art der zu entwickelnden Software, der Wettbewerbssituation im relevanten Markt und von der Geschwindigkeit der technologischen Entwicklung. Je innovativer die Software und je rasanter der technische Fortschritt in diesem Bereich, desto wichtiger also die sog. *Time to market*, desto eher wird das Ziel in der Fokussierung bestehen. In einem reifen Markt, in dem ein Großteil der erwarteten Produktcharakteristika von allen Wettbewerbern in sehr ähnlicher Qualität angeboten wird, bei langsamem technischem Fortschritt sowie bei besonders sicherheitskritischer Software wird hingegen Vollständigkeit angestrebt werden.

---

[944] Vgl. allgemein z.B. bei Corsten et al. (2008), , S. 19 oder Doppler und Lauterburg (2008), S. 169-172 und 178-183, spezifisch für SCVM: Herzwurm et al. (1997), S. 66-73

[945] Herzwurm (2000), S. 231, Hervorhebung aus dem Original übernommen.

[946] Vgl. Herzwurm (2000), S. 232, Hervorhebung aus dem Original übernommen.

Die **Abgrenzung des QFD-PPP-Objekts** betrifft die Frage, wie die Plattform und die auf ihr aufbauenden Produkte abgegrenzt werden. Die Beantwortung dieser Frage gestaltet sich um einiges schwieriger als für ein einzelnes Produkt, da nicht einfach „das Entwicklungsprojekt für das aktuelle Produkt" zur Abgrenzung, welche Produkteigenschaften in das aktuelle Projekt mit aufgenommen werden, herangezogen werden kann. Dafür kann auf umfangreiche Arbeiten einerseits aus dem Marketing für Produktlinien/-familien, andererseits aus dem Domain Engineering und der Software-Produktlinien zurückgegriffen werden.[947] Dabei ist Scoping diejenige Tätigkeit im Rahmen der Entwicklung von Softwareproduktlinien, die sich mit der Planung und Eingrenzung des Scopes der Produktlinie beschäftigt.[948] Nach Schmid lassen sich hier drei Ebenen unterscheiden:[949]

- die Entscheidung, welche Produkte angeboten werden (Product Portfolio Scoping oder Product Portfolio Definition)
- die Abgrenzung von Domänen (Funktionsbereichen), welche für die Realisierung der Produkte relevant sind (Domain Scoping)
- die Identifikation der Lösungsbausteine und die Entscheidung, welche dieser Lösungsbausteine wieder verwendbar gestaltet werden sollen (Asset Scoping).

Bei der Entwicklung einer neuen Plattform ohne direkte Vorgänger ist zu diesem Zeitpunkt des Projekts eine relativ grobe Definition des Funktionsumfangs der Plattform und ihrer Produkte aus der Sicht des Problemraums notwendig, z.B. Customer Relationship Management-Systeme für verschiedene Plattformen (serverseitig) und verschiedene Endgeräte (clientseitig). Je nach Unternehmens- und Marketingstrategie kann diese Definition auch schon stärker eingegrenzt werden, z.B. kann eine bestimmte Branche, Unternehmensgröße oder ein bestimmtes Land als Zielsegment definiert sein, woraus sich Einschränkungen für die Plattform und die Produkte ergeben (beispielsweise können bei kleinen und mittelständischen Unternehmen [KMU] evtl. bestimmte Datenbankserver ausgeschlossen werden, da diese preislich überdimensioniert sind). Die weitere Definition sowie Evaluation und Optimierung des Umfangs der Plattform erfolgen in den Modulen CVA und CSP.

---

[947] Vgl. Schmid (2003), S. 18ff.

[948] Vgl. Clements und Northrop (2002), S. 31f. Der englische Begriff Scope kann am ehesten mit Umfang übersetzt werden, in der deutschen Literatur ist vielmehr von Systemkontext und System- bzw. Kontextgrenze die Rede. Somit könnte man sagen, Scoping sei die Aktivität, welche die Festlegung von System und relevantem Kontext sowie irrelevanter Umgebung zum Ziel hat. Die Systemgrenze markiert die Grenze zwischen System und Kontext, die Kontextgrenze jene zwischen Kontext und irrelevanter Umgebung. Vgl hierzu z.B. Pohl (2008), S. 55ff.

[949] Vgl. Schmid (2003), S. 14

Die **Team-, Termin- und Aufwandsplanung** richtet sich nach der in den vorangegangenen Schritten dieses Bausteins betriebenen Planung. Hier wird im Falle der Entwicklung einer neuen Plattform ohne direkte Vorgängerprodukte ein relativ großer Aufwand einzuplanen sein, da weder Kundenanforderungen noch Lösungsmerkmale erhoben sind und zusätzlich evtl. eine großzahlige Umfrage unter den angezielten Kunden durchzuführen ist. Hierbei kann insb. bei Software, die den Industriegütern zuzurechnen ist, ein Problem in der Akquise von Umfrageteilnehmern bestehen.
In jedem Fall bedient sich QFD-PPP stark moderierter Gruppensitzungen,[950] deren Teilnehmer das Kernteam des Projekts darstellen. Tabelle 14 zeigt die notwendigen Rollen sowie die erforderlichen Qualifikationen der Rolleninhaber und ihre Anzahl. Hiervon sind einzig beim Projektleiter (sowie idealerweise dessen Assistent/in) Vorkenntnisse hinsichtlich QFD-PPP vonnöten, alle anderen Teilnehmer sollten dafür Erfahrungen mit dem Produkt (oder Prozess) bzw. dem Anwendungsbereich des Produkts (oder Prozesses) haben.[951] Bezüglich des zu erwartenden Aufwands sei auf die detaillierte Beschreibung eines Projektbeispiels in Herzwurm et al. (2000a) verwiesen.

Tabelle 14: Rollen und Qualifikationen der QFD-PPP-Teammitglieder[952]

Kundentyp	Ausgangspunkt für Qualitätsbeurteilung	Typische Qualitätsforderungen
Endbenutzer (z. B. Sachbearbeiter)	persönlicher Nutzen für die Aufgabenerfüllung	Benutzungsfreundlichkeit, Funktionalität
Projektleiter Fachseite (z. B. Abteilungsleiter)	Nutzen für den vertretenen Bereich	Funktionalität, Preis
Unternehmungsleitung(z. B. Vorstand)	Nutzen für die Gesamtunternehmung	Wirtschaftlichkeit, Image
Qualitätsbeauftragter (z. B. QS-Abteilung)	Verwirklichung der Qualitätspolitik	Fehlerfreiheit, Einhaltung von Standards
IT-Management (z. B. Rechenzentrum)	Aufrechterhaltung der IT-Versorgung	Effizienz, Sicherheit

Die **modulspezifische Planung** wiederum hat zur Aufgabe, die in Tabelle 15 aufgeführten Parameter zu gestalten und muss wie bereits erwähnt vor der Durchführung der jeweiligen Module des QFD-PPP-Projekts bewerkstelligt werden.

---

[950] Vgl. Feix (1992)
[951] Vgl. Herzwurm et al. (1997)
[952] Quelle: erstellt auf Basis von Herzwurm (2000), S. 234

Tabelle 15: Parameter der modulspezifischen Planung[953]

Planungsobjekt	Planungsaktivität
Ziele der Anwendung des Moduls	Bestimmung der Ausprägung des Moduls gemäß der gewählten QFD-PPP-Variante A bis E (z. B. detailliertes versus fokussiertes CSP)
Zusammensetzung des QFD-PPP-Teams	Auswahl der beteiligten Personen, insbesondere der zu befragenden Kunden, im Rahmen schriftlicher Befragungen (z. B. Benutzer versus Betroffene)
Umfang der Befragung	Entscheidung über Totalerhebung oder Stichprobenerhebung, Art und Umfang der Stichprobe (z. B. Kundenrepräsentanten des QFD-PPP-Teams versus größere Zufallsstichprobe der jeweiligen Kundengruppen)
Art der Befragung	Festlegung der Befragungsform: Schriftlich oder mündlich (Einzel- oder Gruppeninterview) (z. B. Fragebogenaktion zur Gewichtung von Kundenanforderungen)
QFD-PPP-modulspezifische Parameter	Selektion individueller Merkmalsausprägungen einzelner Bausteine (z. B. Verfahren zur Bestimmung der Bewertungsmerkmale in der CSS)

5.3.2 Customer Value Analysis (CVA)

5.3.2.1 Planung der CVA

Die modulspezifische Planung des Moduls CVA beinhaltet folgendes: die Ziele des CVA, die Zusammensetzung des CVA-Teams, die Art und der Umfang der Befragung sowie modultypische Parameter.

Hauptsächliches **Ziel der CVA** ist die Ermittlung der Kundenbedürfnisse sowie deren Wichtigkeit. Zudem dient im QFD-PPP die CVA als Basis für die CSS, also zur Befragung von Kunden hinsichtlich Ihrer Zufriedenheit. [954] Folglich müssen Bewertungsmerkmale für diese Befragung ermittelt werden. Im Falle der hier betrachteten Variante A können selbstverständlich nicht aktuelle Kunden des Unternehmens zur Zufriedenheit mit einem Produkt des Unternehmens befragt werden, da in diesem Fall eine Produktplattform ohne direkte Vorgänger entwickelt wird. Stattdessen werden potenzielle Kunden befragt, wie sehr ein Wettbewerbsprodukt, welches sie aktuell anwenden, die Anforderungen an die geplante Plattform erfüllt, um einen Wettbewerbsvergleich zu ermöglichen.

Die **Zusammensetzung des CVA-Teams** gestaltet sich wie folgt: da die CVA zur Erhebung und Priorisierung der unverfälschten Kundenbedürfnisse dient, sind streng genommen neben dem Moderator nur die Kundenvertreter sowie Kundenkenner als

[953] Quelle: erstellt auf Basis von Herzwurm (2000), S. 236

[954] An dieser Stelle unterscheidet sich QFD-PPP von SCVM, da im SCVM lediglich bei Weiterentwicklungen die CSS vor dem CSP erfolgt, vgl. Herzwurm (2000), S. 228ff..

Teammitglieder während der CVA vonnöten. Allerdings hat sich in verschiedenen Projekten gezeigt, dass die Bedeutung der gemeinsamen vertrauensvollen Kommunikation zwischen Kunden und Entwicklern nicht unterschätzt werden darf.[955] Unter Rückgriff auf von Hippels Konzept der **sticky information**[956] lässt sich dies erläutern: der Transfer von Lösungs- wie Bedürfnisinformation benötigt neben entsprechendem Vorwissen und kommunikativen Fähigkeiten auch ein entsprechendes Arbeitsklima. Folglich ist wichtig, dass die Entwickler nicht versuchen, den Kunden zu erklären, was sie wirklich wollen, sondern primär zuhören oder Verständnisfragen stellen, schließlich sind die Kunden die Träger der Bedürfnisinformation. Als Kundenkenner, die im Rahmen der CVA wichtigen Input liefern können, kommen Vertriebsmitarbeiter, Mitarbeiter aus den Bereichen Service- und Support bzw. Schulungen, aber auch Mitarbeiter, die mit der Marktforschung beschäftigt sind, in Frage.[957] Im Falle der Entwicklung einer Plattform, die nicht auf bestehenden Produkten aufbauen kann, können diese Mitarbeiter naturgemäß wenig bis kein derartiges Wissen vorweisen, sie sollten dennoch eingebunden werden, um ihr Verständnis und ihre Identifikation für die Plattform zu stärken. Zudem können erfahrene Mitarbeiter aus den Bereichen Support und Schulungen auf Probleme hinweisen, die bei anderen Produkten oder Plattformen auftraten und dabei helfen, dass diese Probleme bei der geplanten Plattform vermieden werden können.

Art und Umfang der Befragung ist ein anderer Bereich, der geplant werden muss: die CVA umfasst die zwei Schritte Erhebung der Kundenanforderungen sowie Gewichtung der Kundenanforderungen. Dabei sollten Sammlung und Analyse der Kundenanforderungen grundsätzlich im Rahmen moderierter Gruppensitzungen erfolgen.[958] Der zweite Schritt der Gewichtung dagegen kann mithilfe einer Fragebogenaktion mit einer größeren, am besten statistisch repräsentativen Anzahl Kunden durchgeführt werden.[959] Bei der Entwicklung einer neuen Plattform ohne Vorgängerprodukte können keine bestehenden Kunden herangezogen werden, um an den mo-

[955] Vgl. z.B. Cohen (1995), S. 180ff. oder Merz et al. (2006), S.58

[956] Vgl. Kapitel 2.3.5

[957] Vgl. Herzwurm (2000), S.237, Saatweber (2007),S. 103ff. oder die Literatur zu Customer Relationship Management (CRM) für den Input, welchen CRM für die Entwicklung neuer oder Weiterentwicklung bestehender Produkte oder Dienstleistungen leisten kann, z.B. Lasi (2009).

[958] Hier werden bewusst Elemente sog. Focus Groups (vgl. Bailey (1989)) und der Lead User Methode (vgl. von Hippel (1986) oder Reichwald und Piller (2006), S. 156ff.) aufge-griffen.

[959] Vgl. Herzwurm (2000), S.237. Problematisch bei repräsentativen Umfragen ist allerdings, dass Lead User einen geringen Prozentsatz der Kunden darstellen, der andererseits allerdings per Definition Bedürfnisse hat, die zu einem späteren Zeitpunkt ein deutlich größerer Anteil aller Kunden hat. Folglich kann eine repräsentative Befragung innovationshemmend wirken, da innovative Bedürfnisse nur von einer kleinen Gruppe geteilt und folglich insgesamt relativ gering gewichtet werden.

derierten Gruppensitzungen teilzunehmen. Stattdessen muss versucht werden, Vertreter möglichst aller wichtigen Kundengruppen, nicht zuletzt aber auch einige Lead User,[960] als Teilnehmer an diesen Sitzungen zu gewinnen. Dabei ist bei der Auswahl der Vertreter auch darauf zu achten, dass diese sowohl gewillt als auch in der Lage sind, produktiv an den Workshops teilzunehmen und sich kreativ einzubringen.

Als **CVA-bausteintypischer Parameter** ist das Verfahren zur Erreichung der Gewichtung zu nennen: die Gewichtung kann durch die verschiedenen in Kapitel 5.2.1 vorgestellten Verfahren ermittelt werden. Dabei ist der Analytic Hierarchy Process (AHP) sehr gut geeignet, um in der Anforderungshierarchie aus den Gewichten einzelner Anforderungen die Gewichte von Anforderungsgruppen zu ermitteln.[961]

5.3.2.2 Durchführung der CVA

Die CVA selbst besteht aus den folgenden Schritten:[962]

- Customer Deployment, d.h. Identifikation von Kundengruppen
- Auswahl der Kundenrepräsentanten
- Voice of the Customer Analysis (VoCA)
- Gewichtung der Kundenanforderungen
- Aufbereitung der Ergebnisse.

Die **Customer Deployment** genannte Identifikation von Kundengruppen dient dazu, die verschiedenen Kundengruppen innerhalb der Kundenunternehmen zu identifizieren. Dabei ist tendenziell zwischen Gruppen wie Entscheidern, Einkäufern, späteren Benutzern, etc. zu unterscheiden. Die Akzeptanz der späteren Nutzer sowie der Promotoren ist als wichtig zu erachten, nicht umsonst gilt in der Literatur zum Change Management der Grundsatz „Betroffene zu Beteiligten machen".[963]

Beim Verkauf an Unternehmen gilt es allgemein und auch in diesem Falle, die verschiedenen Kundengruppen innerhalb eines Unternehmens zu berücksichtigen:[964]

- Einzelpersonen als Kunden versus Unternehmen oder Unternehmensbereiche als Kunden (z.B. Entscheider oder Einkäufer),
- Auftraggeber bzw. Käufer als Kunden versus Benutzer als Kunden versus Betroffene als Kunden.

---

[960] Siehe auch Kapitel 2.3.5.
[961] Vgl. Saaty (1987) oder Saaty (2001)
[962] Vgl. Herzwurm (2000), S. 238ff.
[963] Vgl. z.B. Doppler und Lauterburg (2008), S. 174f.
[964] Vgl. z.B. Backhaus und Voeth (2007), S. 39ff. Zarnekow (2007), S. 28f. oder Herzwurm et al. (1996), S. 11-14

All diese Gruppen müssen potenziell berücksichtigt werden, da ihre Kundenanforderungen sich unterscheiden können. Siehe hierzu Tabelle 16, welche die unterschiedlichen Kundentypen nennt, die bei größeren IT-Projekten, bei denen Software neu eingeführt oder erweitert wird, relevant sind.

Tabelle 16: Kundentypen bei IT-Projekten[965]

Kundentyp	Ausgangspunkt für Qualitätsbeurteilung	Typische Qualitätsforderungen
Endbenutzer (z. B. Sachbearbeiter)	persönlicher Nutzen für die Aufgabenerfüllung	Benutzungsfreundlichkeit, Funktionalität
Projektleiter Fachseite (z. B. Abteilungsleiter)	Nutzen für den vertretenen Bereich	Funktionalität, Preis
Unternehmungsleitung(z. B. Vorstand)	Nutzen für die Gesamtunternehmung	Wirtschaftlichkeit, Image
Qualitätsbeauftragter (z. B. QS-Abteilung)	Verwirklichung der Qualitätspolitik	Fehlerfreiheit, Einhaltung von Standards
IT-Management (z. B. Rechenzentrum)	Aufrechterhaltung der IT-Versorgung	Effizienz, Sicherheit

Die Anzahl von zwölf Teilnehmern sollte nicht überschritten werden.[966] Gleichzeitig sollten neben den Kundenvertretern aber auch Vertreter der betroffenen Abteilungen des Unternehmens teilnehmen und die Kundenvertreter aus unterschiedlichen Unternehmen (bzw. Haushalten) stammen sollten. Folglich muss entschieden werden, aus welchen Kundengruppen wie viele Vertreter an den moderierten Gruppensitzungen teilnehmen. Dabei können z.B. folgende Kriterien zum Tragen kommen:[967]

- Nutzungsintensität (z.B. „Wer arbeitet am häufigsten mit der erstellten/zu erstellenden Software?")
- Kompetenz im Rahmen des Projekts (z.B. „Wer ist für die Abnahme der Software verantwortlich?")
- Anzahl der Personen innerhalb der Personengruppe (z.B. Anzahl Sachbearbeiter, die mit dem Produkt arbeiten vs. Anzahl Abteilungsleiter, die mit dem Produkt arbeiten)
- Bedeutung für den Projekterfolg (z.B. anerkannte Meinungsführer, sog. „Nörgler" oder Personen, deren Stellung im Unternehmen Ihre Meinung für den Erfolg der Software erfolgskritisch macht).

---

[965] Quelle: Herzwurm (2000), S. 240
[966] Vgl. Feix (1992), S. 77
[967] Vgl. Herzwurm (2000), S. 242

Empfohlen wird, sich hier auf die für den Erfolg wichtigsten Kundengruppen zu konzentrieren.[968] Soll die Auswahl auf einer formalen Gewichtung der Kundengruppen basieren, so kann dies konsensbasiert mit direkter Vergabe der Gewichte (z.B. in Prozent), mittels paarweisem Vergleich über eine Priorisierungsmatrix (bei der die Kriterien in den Zeilen und die Kundengruppen in den Reihen der Matrix stehen) geschehen.[969]

Dabei bilden diese Funktionen ebenso wie die Zugehörigkeit zu einem Unternehmen oder einer Branche o.ä. aber nicht die endgültigen Kundengruppen, sondern dienen lediglich der Orientierung vor der Erhebung der Kundenanforderungen. Die endgültigen Kundengruppen werden anhand der Wichtigkeit, welche sie im weiteren Verlauf den Kundenanforderungen (bzw. Bewertungsmerkmalen) zuweisen, gebildet. Dazu kommen, wie in Kapitel 5.2.2.1 erläutert, Verfahren der Clusteranalyse zum Zug.

Die **Voice of the Customer Analysis** geschieht im Rahmen der CVA als Modul des QFD-PPP in zwei Phasen:

In der ersten Phase werden die Kundenvertreter sowie Vertreter kundennaher Abteilungen, die an den moderierten Gruppensitzungen teilnehmen gebeten, Ihre Wünsche und Bedürfnisse, die durch ein aktuell verwendetes Produkt unerfüllt bleiben, zu nennen. Aus diesen werden die eigentlichen Kundenanforderungen (und Vorschläge für Lösungsmerkmale) identifiziert und strukturiert.[970] Dazu dienen die folgenden drei Schritte:

- **Erhebung von Kundenaussagen**: in diesem Schritt sollen die möglichst unverfälschten Aussagen der Kunden (direkt in den Sitzungen gemacht, durch Mitarbeiter von Service/Support/Schulungsbereich wiedergegeben oder im Rahmen früherer Kundenbefragungen geäußert) zusammengetragen werden.
- **Identifikation von Kundenanforderungen**: da die Kunden in den seltensten Fällen in QFD geschult sein werden, ist zu erwarten, dass ihre Antworten (die sog. **Voice of the Customer** – VoC abgekürzt) in aller Regel eine Mischung aus Anforderungen, Produkt- oder Qualitätsmerkmalen, Zielvorgaben, gewünschte Komponenten, etc. darstellen. Im Rahmen des QFD-PPP-Prozesses müssen aber Anforderungen von Lösungen strikt getrennt werden, so dass die Kundenanforderungen „übersetzt“ werden müssen. Ebenso kann eine Aussage mehrere Anforderungen enthalten oder dieselbe Anforderung sich hinter

[968] Vgl. Herzwurm (2000), S. 242 oder Herzwurm et al. (2000a), S. 58
[969] Vgl. Herzwurm et al. (2000a), S. 58ff. oder Herzwurm (2000), S. 242f. sowie Kapitel 5.2.1.
[970] Zur Darstellung der VoCA vgl. Herzwurm et al. (2000a), S. 61-65 oder Herzwurm et al. (1997), S. 80-92

mehreren Aussagen verstecken. Das Instrument zur Identifikation der Kundenanforderungen ist die 6W-Tabelle.[971]

- **Strukturierung von Kundenanforderungen**: mithilfe von Baum- und Affinitätsdiagrammen werden die Kundenanforderungen sortiert, sowie auf fehlende Anforderungen, Dubletten und Abhängigkeiten untersucht und gegebenenfalls ersetzt, zusammengeführt oder ergänzt.

Hierbei ist die Vollständigkeit der Anforderungen oberstes Ziel, d.h. zu diesem Zeitpunkt sind alle Kundenanforderungen gleich wichtig. Daher sollte ein möglichst diverses Teilnehmerfeld die Chancen erhöhen, dass keine systembedingten Lücken in der Erhebung entstehen.

In der zweiten Phase wird eine größere Anzahl von Kundenvertretern (hier sollten soweit möglich alle Kundengruppen gemäß ihrer Gewichtung vertreten sein) mittels einer schriftlichen Umfrage (auf Papier oder internetbasiert) gebeten, die identifizierten Kundenanforderungen aus Ihrer Sicht zu bewerten (**Gewichtung der Kundenanforderungen**). Dabei werden die Gewichte, die einzelnen Anforderungen zugewiesen werden, teilweise erheblich differieren. Diese Differenzen, genauer gesagt Profile der Gewichte, werden genutzt, um mittels Clusteranalyse die endgültigen Kundengruppen (genauer gesagt: Cluster von Umfrageteilnehmern, welche die Gewichte „gleich" verteilt haben) zu identifizieren. Den einzelnen Clustern werden wiederum Gewichte zugewiesen, diese ergeben sich aus der Größe der Cluster (d.h. Anzahl Teilnehmer, welche einem Cluster zugehörig sind). Die Verfahren der Clusteranalyse erlauben es einem, die Anzahl der entstehenden Cluster zu beeinflussen (vgl. Kapitel 5.2.2.1): je mehr Cluster, desto homogener die Zusammensetzung jedes Clusters, d.h. desto genauer werden im Endeffekt die individuellen Kundenanforderungen (und deren Gewichte) berücksichtigt. Wichtig aus der Sicht der individualisierten Massenfertigung ist hierbei, die exakten Gewichte zu jedem Kunden zu speichern und nur solche Kunden zusammenzufassen, deren Anforderungen sehr ähnlich sind – im Zweifelsfall besteht ein Segment aus genau einem Kunden. Zwar ist es Ziel der Software Mass Customization, jedem Kunden „sein persönliches" Produkt anzubieten. Dennoch können manche Kombinationen von Eigenschaften unter Verwendung einer Plattform auch trotz Einbindung von Dienstleistungskomponenten und der Möglichkeit zur Selbstindividualisierung nicht profitabel angeboten werden. Folglich kann manchen Kunden kein perfekt passendes Produkt angeboten werden.

---

[971] Vgl. Cohen (1995), S. 78ff.

Die Entscheidung, welchen Kunden kein perfekt passendes Produkt angeboten werden kann, hängt eng mit der Architektur der Plattform zusammen, wie bei der Beschreibung des Moduls CSP noch erläutert wird. Die Ermittlung der Cluster und derer Größen hilft bei der Entscheidung für eine bestimmte Architektur, da große Cluster nach Möglichkeit bedient werden sollten (außer technische Gründe sprechen dagegen, ein Wettbewerber bedient diesen Cluster bereits perfekt o.ä.). In der Sprache der Mass Customization wird durch diesen Prozess die Definition des Lösungsraums vorbereitet und eine Kundensegmentierung anhand des Nutzens vorgenommen.

Kundensegmente/ Produktvarianten (in %) / Kundenanforderungen	Produktvariante 1/ Kundensegment 1	Produktvariante 2	Produkvariante 3
Kaufmännisch-administrative Aufgaben	30,2	28.1	24,7
Unternehmenssteuerung	24,8	24,3	30,1
Lagerverwaltung	18,1	16,8	17,8
Zuliefererseitige Aufgaben	15,9	17,2	17,3
Kundenseitige Aufgaben	11,3	13,6	10,1

Legende

- (dunkelgrau): wichtigste Kundenanforderungsgruppe
- (hellgrau): zweitwichtigste Kundenanforderungsgruppe

Abbildung 57: Customer Portfolio Matrix

Die anschließende **Aufbereitung der Ergebnisse** dient dazu, diese geeignet darzustellen. Neben einer Tabelle, in der alle Kundensegmente verzeichnet sind, lässt sich auch eine Matrix erstellen, in der die Kundensegmente gegen die Kundenanforderungen aufgetragen sind. Diese Matrix lässt sich als **Customer Portfolio Matrix** bezeichnen. In Abbildung 57 ist ein Beispiel einer Customer Portfolio Matrix für ein Warenwirtschaftssystem abgebildet. Aber auch andere grafische Darstellungsmöglichkeiten sind möglich: Herzwurm et al. empfehlen Pareto-Diagramme sowie Anforderungsgewicht-Kundenzufriedenheits-Portfolios.[972] Aber auch andere Abbildungen

[972] Vgl. Herzwurm et al. (2000a), S. 71

sind möglich, solange eine dem Zahlenmaterial adäquate Präsentationsform gewählt wird.[973]

Wichtig ist in diesem Zusammenhang vor allem, dass manche Kundenanforderungen nur von einem Teil der Kundengruppen überhaupt als wichtig erachtet werden und daher auch nur in den Lösungen für diese Kundengruppen erfüllt werden müssen und sollten. Die Unterschiede zwischen den Produkten der Plattform entstehen einerseits aus dieser Tatsache. Andererseits entstehen sie daraus, dass eine Anforderung, die von einer Kundengruppe hoch und von einer anderen niedrig bewertet wird, vielleicht im einen Produkt anders (d.h. aufwendiger und damit in der Entwicklung teurer) realisiert wird als im anderen. Dies entspricht auch der Gedankenwelt des Target Costings, das fordert, dass der Anteil der Kosten eines Bauteils in etwa gleich sein sollte wie sein Anteil am Wert, den der Kunde dem Produkt beimisst.[974]

5.3.3 CSS

5.3.3.1 Planung der CSS

Die modulspezifische Planung des Moduls CSS bedingt vor der Durchführung der CSS die Festlegung hinsichtlich der Ziele der Anwendung, der Teamzusammensetzung, Art und Umfang der Befragung sowie modulspezifischer Parameter.

Die **Ziele der Anwendung** können in der Weiterentwicklung einer bestehenden Plattform, Vergleichen zwischen internen Produkten/Projekten oder mit dem Wettbewerb oder in der Beobachtung der Entwicklung der Kundenzufriedenheit im Zeitablauf bestehen.[975]

Hinsichtlich der **Teamzusammensetzung** gilt, dass die CSS von demselben Team wie die CVA durchgeführt wird. Es kann aber sinnvoll sein, externe Unterstützung durch Berater oder Marktforschungsinstitute hinzuzuziehen.[976]

Art und Umfang der Befragung: für die Befragung ist auf jeden Fall eine statistisch repräsentative Fragebogenaktion anzuraten, wenn die Anzahl möglicher Adressaten ausreichend ist, die zu ihrer Zufriedenheit mit dem von ihnen aktuell benutzten Produkt befragt werden können. Im Falle der hier besprochenen Variante A des QFD-PPP sind hier potenzielle Kunden zu ihrer Zufriedenheit mit einem aktuell von ihnen benutzten Wettbewerbsprodukt zu befragen. Zudem ist zu beachten, dass

---

[973] Vgl. Emory und Cooper (1991), S. 476ff.
[974] Vgl. Kapitel 5.2.2.4.
[975] Vgl. Herzwurm (2000), S. 248
[976] Vgl. Herzwurm (2000), S. 248

innerhalb eines Kundenunternehmens in der Regel verschiedene Kundengruppen bestehen und auch diese möglichst repräsentativ vertreten sein sollten.[977] Im Anschluss an die Fragebogenaktion können vertiefende Gruppenworkshops ratsam sein, um das Verständnis für die Gründe der (Un-)Zufriedenheit zu verbessern.

Die **modulspezifischen Parameter** sind Zeitpunkt und Wiederholungsfrequenz der Befragung sowie die Entscheidung ob, die CSS mittels der im Rahmen des CVA gewonnenen Kundenanforderungen oder mittels separater Bewertungsmerkmale erfolgen soll. Grundsätzlich stellen die im CVA ermittelten Kundenanforderungen auch die Bewertungsmerkmale dar. In besonderen Fällen, Herzwurm nennt hier eine produktübergreifende Zufriedenheitsmessung oder veraltete bzw. unzureichende Kundenanforderungen aus dem CVA, kann auch eine explorative Erhebung durchgeführt werden.[978] Der Zeitpunkt der Befragung kann auf zwei Ebenen geplant werden: einerseits auf einer Makroebene – hier stellt sich die Frage, wie lange nach Einführung des Produkts die Kunden befragt werden sollen – andererseits auf einer Mikroebene, hier stellt sich die Frage, an welchem Termin die Rücklaufquote am höchsten ausfallen wird. Für die Makroebene empfiehlt sich einerseits ein Zeitpunkt, zu dem die Kunden die Software bereits mehrere Monate benutzen, andererseits ist zu diesem Zeitpunkt der eigentliche Projektverlauf nicht mehr gut in Erinnerung. Daher sollten Fragen zu Dienstleistungen im Rahmen der Anpassung und Einführung eigentlich früher gestellt werden. Folglich sollten bei der Variante A die potenziellen Kunden auf jeden Fall gefragt werden, wie lange sie das Wettbewerbsprodukt bereits benutzen, damit die Zuverlässigkeit ihrer Antworten auf die Fragen zum Produkt einerseits und zur Einführung (und evtl. Entwicklung, falls bislang eine Individualsoftware benutzt wird) andererseits besser eingeschätzt werden kann. Auf der Mikroebene existieren zahlreiche Studien über die Rücklaufquote, welche einen Termin in der Wochenmitte, keinesfalls vor oder nach einem Feiertag und möglichst auch nicht in der Urlaubszeit empfehlen.[979]

5.3.3.2 Durchführung der CSS

Die Durchführung der CSS erfolgt in mehreren Schritten:[980]

1. Identifizierung der Bewertungsmerkmale
2. Durchführung der Kundenzufriedenheitsmessung

[977] Vgl. Kapitel 5.3.2.1
[978] Vgl. Herzwurm (2000), S.248f.
[979] Vgl. Faught et al. (2004) oder Babbie (2007), S. 274
[980] Ebenso wie im Rahmen des SCVM, vgl. Herzwurm (2000), S. 249ff.

3. Auswertung der Kundenbefragung
4. Verbesserung des Fragebogens
5. Ableitung von Maßnahmen zur Erzielung einer hohen Kundenzufriedenheit.

Die **Identifizierung der Bewertungsmerkmale** erfolgt in der Regel dadurch, dass die Kundenanforderungen als Ergebnis der vorangegangenen CVA als Bewertungsmerkmale verwendet werden, alternativ könnten Bewertungsmerkmale unter Verwendung der Methode der kritischen Ereignisse ermittelt werden.[981] Vereinfacht dargestellt, wird im Rahmen der Methode der kritischen Ereignisse (Critical Incident Technique) nach besonders positiven oder besonders negativen Ereignissen gefragt, welche der Kunde mit dem Produkt hatte. Die gesammelten Ereignisse werden ähnlich wie der Kundenanforderungen während des CVA mithilfe von Affinitätsdiagrammen und Baum- oder Hierarchiediagrammen gruppiert und in Bewertungsmerkmale umformuliert. Bewährt hat sich, die Items zu den Bewertungsmerkmalen als Aussagesatz, der eine klare Stellungnahme erfordert, zu formulieren sowie die Gewichtung der Items zu erfragen.[982]

Die **Durchführung und Auswertung der Kundenbefragung** erfolgt entweder in einer Gruppensitzung oder durch Verteilung/Versand eines Fragebogen bzw. Onlinefragebogens an alle oder zumindest eine möglichst repräsentative Auswahl von Mitgliedern der identifizierten Kundengruppen.[983] Bei Durchführung der Kundenzufriedenheitsmessung in einer Gruppensitzung wird analog zur CVA vorgegangen, wobei jedem elementaren Bewertungsmerkmal ein Zufriedenheitswert, z.B. auf einer fünfstufigen Nominalskala von eins (völlig unzufrieden) bis fünf (völlig zufrieden) zugewiesen wird.[984] Herzwurm weist zurecht darauf hin, dass jede Kundenanforderung mit einem Gewicht größer 0% ein Zufriedenheitswert angegeben werden muss, da diese Anforderung einen gewissen Wert für den Kunden besitzt, bei noch nicht erfüllten Anforderungen müsse dann „völlige Unzufriedenheit“ herrschen.[985]

Unabhängig davon, ob der Fragebogen auf Papier versandt oder online bereitgestellt wird, wird bei einer Befragung mittels Fragebogen ebenfalls eine fünfstufige Nominalskala vorgeschlagen, die Items aber so formuliert, dass die Antworten von „völlige

[981] Vgl. z.B. Stauss (1994)
[982] Vgl. Herzwurm (2000), S. 251
[983] Vgl. Homburg und Krohmer (2009), S. 75
[984] Vgl. Hayes (1992), S. 57
[985] Vgl. Herzwurm (2000), S. 252

Ablehnung“ bis „völlige Zustimmung“, reichen.[986] Hier kommt der Erläuterung (besser noch: selbsterklärende Bezeichnung) der Items eine große Bedeutung zu, da die Teilnehmer nicht an den Gruppensitzungen teilgenommen haben. Zusätzlich ist es empfehlenswert, einen Kontakt für Rückfragen anzugeben sowie einen Pretest des Fragebogens mit einer kleineren Gruppe von Kundenrepräsentanten vorzuschalten.[987] Ebenso sollte der Fragebogen die Zuordnung des Ausfüllenden zu einer Kundengruppe erlauben und dem Ausfüllenden die Gelegenheit bieten, Verbesserungsvorschläge oder Kritik einzubringen.[988]

An die Durchführung schließt sich die **Auswertung der Kundenbefragung** an, die selbst zuerst vorbereitet werden muss. Dazu werden die Fragebögen auf Verwertbarkeit geprüft und gegebenenfalls aussortiert.[989] Herzwurm schlägt zusätzlich vor, die Zufriedenheitswerte (1..5) auf eine Skala von 0 bis 100 zu transformieren.

Durch Bildung von Mittelwerten können die Zufriedenheitswerte auf der Ebene einzelner Bewertungsmerkmale, auf der Ebene von Gruppen von Bewertungsmerkmalen, auf Produkt- bzw. Projektebene, aber auch produkt- bzw. projektübergreifend gebildet werden. Diese Werte wiederum können alle für einzelne Kundengruppen oder über alle Befragten hinweg berechnet werden, wobei bei Bildung von Mittelwerten über mehr als eine Gruppe der mit der Bedeutung der Kundengruppen gewichtete Mittelwert gebildet werden muss.

Weitere wichtige Kennzahlen in diesem Zusammenhang sind:[990]

- die gewichtete Kundenzufriedenheit pro Merkmal i, Gewicht W_i und Zufriedenheit Z_i: *Gewichtete Kundenzufriedenheit(i)* $= W_i \times Z_i$
- *d*er Kundenzufriedenheitsindex für die Kundengruppe K mit Gewicht G_k:

  $$\textit{Kundenzufriedenheitsindex} = \sum_{k=1}^{K} \sum_{i=1}^{I} (W_{ki} \times Z_{ki}) \times G_k$$

Der Kundenzufriedenheitsindex lässt sich ähnlich dem Preissteigerungsindex des statistischen Bundesamts auch über Projekte bzw. Produkte hinweg oder im Zeitvergleich verwenden, da die Ergebnisse auch bei geänderten Bewertungsmerkmalen (bzw. Warenkorb beim Preissteigerungsindex) vergleichbar sind.[991]

---

[986] Vgl. Herzwurm (2000), S. 252
[987] Vgl. Bäckström und Henningsson (2003) oder Babbie (2007), S. 257
[988] Vgl. Herzwurm (2000), S. 253
[989] Vgl. hierzu sowie den dadurch möglicherweise entstehenden Verzerrungen Stier (1999), S. 203ff.
[990] Vg. auch Kapitel 5.2.2.2.
[991] Vgl. Herzwurm (2000), S. 254

Darüber hinaus lassen sich verschiedene Kennzahlen miteinander in Verbindung setzen, um strategische Analysen zu fahren, beispielsweise:[992]

- Wettbewerber-Gewichtungs-Portfolio: hier werden Zufriedenheit mit verschiedenen Wettbewerbsprodukten und Wichtigkeit auf einem Portfolio aufgetragen, so dass sich Handlungsempfehlungen ableiten lassen.
- Eigen-Fremdbildvergleich: anders als die Fremdbildermittlung (Kundenbefragung) wird die Eigenbildermittlung durch die Entwickler, Produktverantwortlichen durchgeführt, wobei diese den Fragebogen so ausfüllen, wie sie denken, dass die Kunden ihn ausfüllen würden.[993] Durch den Vergleich von Eigen- und Fremdbild kann der Unterschied zwischen den tatsächlichen Erwartungen der Kunden und der tatsächlichen Kundenzufriedenheit einerseits und dem, was die Mitarbeiter des Anbieters für die Erwartungen des Kunden halten sowie der erwarteten Kundenzufriedenheit andererseits, bestimmt werden.[994] Dies kann zu einem kritischeren Umgang mit der eigenen Leistung führen, der zu einer positiven Wirkung auf zukünftige Entwicklungsvorhaben führen sollte.
- Portfolios anderer Projekt-/Produktmerkmale, z.B. Kundenzufriedenheit und Projektgröße. Diese zielen darauf ab, mögliche Korrelationen zwischen zwei Merkmalen aufzufinden, siehe Abbildung 58.
- Vergleich von Kundenzufriedenheitsprofilen über Projekte oder Produkte hinweg: hier werden die ungewichteten Zufriedenheitswerte einander gegenübergestellt und somit Rückschlüsse auf Stärken und Schwächen der Produkte /Projekte erlaubt (siehe Abbildung 59). Neben eigenen Produkten können insbesondere auch Produkte der Wettbewerber analysiert werden.[995]
- Clusteranalyse: Korrelationsanalysen über die Befragungsergebnisse können zur Identifikation bestimmter Cluster von Befragten führen, die jeweils ähnliche Gewichte der Bewertungsmerkmale oder/und Zufriedenheitswerte aufweisen. Dieser Gedanke wird in QFD-PPP konsequent von Anfang an verfolgt: anstatt anfangs potenziell willkürliche Kundensegmente zu definieren, wird von Anfang an versucht, solche Cluster zu identifizieren und die Definition der Kun-

---

[992] Vgl. Herzwurm et al. (1996), S. 51ff. und Herzwurm (2000), S. 254ff.
[993] Vgl. Herzwurm et al. (1996), S.50
[994] Vgl. Bruhn (2008), S. 343
[995] Vgl. Wolle (2005), S. 112f.

dengruppen von den entdeckten Clustern abhängig gemacht, vgl. Kapitel 5.2.2.1 zum Thema Clusteranalyse und 5.3.2 zur Anwendung in QFD-PPP.

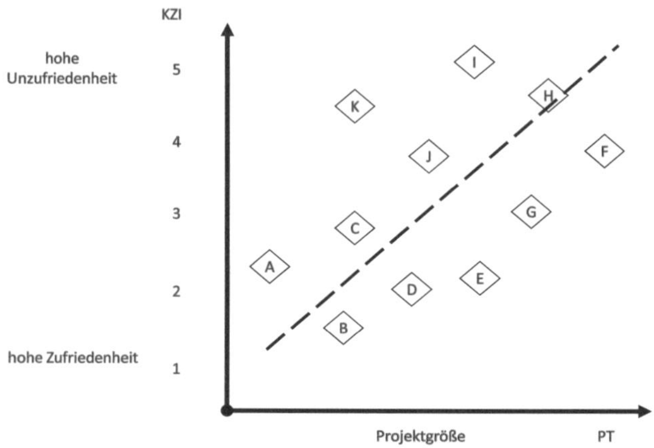

Abbildung 58: Korrelation von Kundenzufriedenheit und Projektgröße[996]

Ein weiterer Schritt besteht in der **Verbesserung des Fragebogens**. Herzwurm empfiehlt hierzu folgende Untersuchungen:[997]

1. Vergleich von Kundenzufriedenheitsindex und absoluter Globalzufriedenheit: bei Abweichungen besteht Verdacht auf nicht abgefragte Bewertungsmerkmale
2. Vergleich von Kundenzufriedenheitsindex und Weiterempfehlungsabsicht: bei starken Abweichungen besteht ebenfalls Verdacht auf nicht abgefragte Bewertungsmerkmale (evtl. auch Preis, Finanzierungskonditionen, Angebot an Schulungen, Service o.ä.), aber auch negatives Image des Anbieters
3. Untersuchung von Merkmalswichtigkeiten: entfernen von Items mit Wichtigkeit 0, aufspalten von Items mit sehr großer Wichtigkeit
4. Untersuchung zusätzlich genannter Schlüsselereignisse: sofern solche genannt wurden, sollten sie untersucht werden, ob sie im Fragebogen nicht schon abgedeckt sind.

[996] Quelle: Herzwurm et al. (1996), S. 53
[997] Vgl. Herzwurm (2000), S. 257

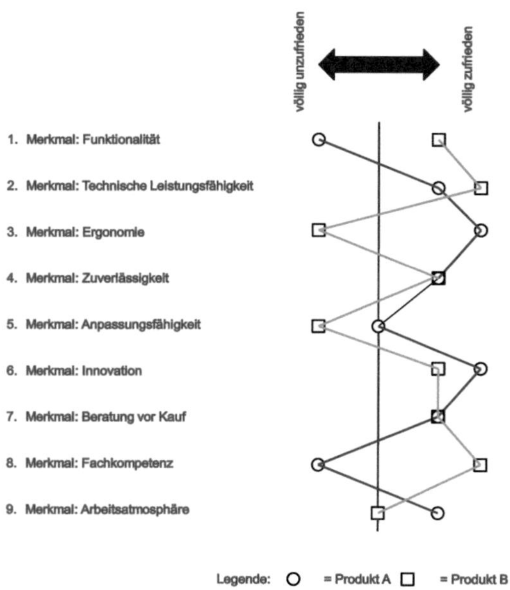

Abbildung 59: Vergleich von Kundenzufriedenheitsprofilen[998]

Die **Ableitung von Maßnahmen zur Erzielung einer hohen Kundenzufriedenheit** orientiert sich im Falle der Variante A stark an den Wettbewerbsprodukten: während es relativ unwichtig ist, wie gut die Wettbewerber Kundenanforderungen erfüllen, die über alle Kundensegmente hinweg weniger bedeutend sind, dienen die Informationen dazu, welche Wettbewerber welche bedeutenden Kundenanforderungen besonders gut erfüllen als wichtige Information für die Konzeption der eigenen Plattform im Sinne der Orientierung an den Besten.[999] Wichtige Kundenanforderungen, die von keinem der Wettbewerber besonders gut erfüllt werden, dienen hingegen als Hinweis auf Bereiche, in denen innovative Lösungen besonders viel Wert schaffen.

5.3.4 CSP

5.3.4.1 Planung des CSP

Auch für das CSP sind Ziele der Anwendung, Zusammensetzung des Teams, Art und Umfang der Befragung sowie modulspezifische Parameter zu planen. Die **Ziele**

[998] Quelle: Herzwurm et al. (1996), S. 54

[999] Vgl. die Ausführungen zum Thema Benchmarking in Kapitel 5.2.1.2.

des CSP entsprechen den Zielen des SCVM und der vorangegangenen Phasen, d.h. im Falle der Variante A ist die Entwicklung einer Plattform und davon abgeleiteter Produkte das Ziel, ohne dass dafür auf bestehende Produkte zurückgegriffen werden kann.

Die **Zusammensetzung des Teams** ergibt sich aus der Zusammensetzung des QFD-PPP-Teams, wobei das CSP die Beteiligung der Kundenvertreter in weiten Teilen nicht erfordert. Lediglich für die Beantwortung der Frage, wie sehr ein bestimmter Lösungsbaustein die Erfüllung einer Kundenanforderung unterstützt, sowie evtl. im Rahmen der Wirtschaftlichkeitsanalyse gegen Ende des CSP ist Input von Kundenvertretern vonnöten.[1000]

Art und Umfang der Befragung: idealerweise werden größtenteils dieselben Kundenvertreter im Rahmen des CSP in moderierten Gruppensitzungen befragt, die schon im Rahmen des CVA an Sitzungen beteiligt waren. Besteht aufgrund der Ergebnisse der Clusteranalyse der Eindruck, wichtige Kundengruppen seien nicht vertreten, können Vertreter dieser Kundengruppen zusätzlich (oder anstelle von Mitgliedern überrepräsentierter Kundengruppen) zu den Sitzungen eingeladen werden. Ziel der Kundenbeteiligung während des CSP ist es, die Probleme der Kunden zu verstehen und passende Lösungen zu entwickeln. Daher sind schriftliche Umfragen ungeeignet, eher sind vertiefende Befragungen einzelner (potenzieller) Kunden, Conjoint-Analysen oder Prototyping geeignet.[1001] Zudem kommt vor allem bei der Variante A des QFD-PPP der Analyse der Wettbewerbsprodukte eine hohe Bedeutung zu.

An **modulspezifischen Parametern** sind im CSP die einzubeziehenden Planungsparameter zu beachten: je nach gewählter Zielsetzung können einige Teile, z.B. der Konkurrenzvergleich entfallen oder spezielle Kennziffern berechnet werden.[1002]

5.3.4.2 Durchführung des CSP

Das CSP besteht aus den folgenden Bestandteilen:

- Durchführung der Voice of the Engineer Analysis
- Bildung der Software-House of Quality-Matrizen
- Erhebung von Qualitätsmerkmalen
- Bildung der klassischen House of Quality-Matrizen

[1000] Dies gilt ebenso für „normales" CSP, vgl. Herzwurm (2000), S.259
[1001] Vgl. Herzwurm (2000), S. 259
[1002] vgl. Herzwurm (2000), S. 259

- Wirtschaftlichkeitsanalyse
- Ableitung von Entwicklungsvorgaben
- Durchführung der Design Points Analysis.

Die **Voice of the Engineer Analysis** stellt die Parallele zu der Voice of the Customer Analysis dar, nur dass hier Lösungsvorschläge durch die Entwickler gesammelt werden und nicht Kundenbedürfnisse durch die Kunden.[1003] Dazu werden die drei Schritte *Erhebung der Entwickleraussagen*, *Identifikation der Produktmerkmale* und *Strukturierung derselben* durchgeführt, welche wiederum analog zu den entsprechenden Schritten in der Voice of the Customer Analysis durchgeführt werden (vgl. Kapitel 5.3.2.2). Im Unterschied zur Voice of the Customer Analysis müssen die Kundenvertreter hier nicht anwesend sein, spätestens direkt vor Bildung der Software-House of Quality-Matrizen müssen die gesammelten Produktmerkmale aber den Kundenvertretern präsentiert und erläutert werden. Hier können Oberflächenprototypen oder Beispiele aus anderen Produkten sehr gut zur Demonstration eingesetzt werden.[1004]
Im Vergleich zu „normalem" QFD werden aufgrund der unterschiedlichen Anforderungen der durch die Clusteranalyse identifizierten Kundengruppen in der Regel mehr Anforderungen identifiziert. Daher ist ebenfalls zu erwarten, dass mehr Produktmerkmale vonnöten sind. Verstärkt wird dieser Effekt dadurch, dass – wie im Folgenden noch gezeigt wird – manche Produktmerkmale in verschiedenen Produkten verschieden ausgeführt sein können.
Anschließend folgt die **Bildung der Software-House of Quality-Matrizen**: bei QFD-PPP existiert eine Software-HoQ-Matrix pro Kundengruppe und wird pro Kundengruppe ein Produkt entwickelt. Dies liegt darin begründet, dass die Mitglieder einer Kundengruppe dieselben Anforderungen haben und diesen sehr ähnliche Bedeutung zumessen und damit mit demselben Produkt zufrieden sein sollten. Die verschiedenen Software-HoQ-Matrizen unterscheiden sich nur durch die Wichtigkeit der Anforderungen, während die Beziehung zwischen einem möglichen Produktmerkmal

[1003] Vgl. Herzwurm (2000), S. 260 und Herzwurm et al. (2000a), S. 71ff.
[1004] In der Literatur wird im Zusammenhang mit Prototyping eine Vielfalt an Begriffen verwendet (vgl. z.B. die Klassifikationen von Balzert (2008), S. 538ff., Floyd (1984), S: 6ff. oder Ludewig und Lichter (2007)). Unabhängig von den verwendeten Begriffen lässt sich feststellen, dass ein Prototyp dazu dient, ausgewählte Aspekte des Zielsystems zu realisieren und deren Umsetzung im Prototyp vom Kunden bewerten zu lassen, vgl. Ludewig und Lichter (2007), S. 156. Welche Aspekte ausgewählt werden, ist von der Fragestellung abhängig, beispielsweise können Oberflächenprototypen erstellt werden oder Prototypen, die klären, ob eine geforderte Anzahl an Transaktionen pro Zeiteinheit mit einer bestimmten Softwarearchitektur auf einer bestimmten Hardware erreicht werden kann. Durch die Verwendung bereits realisierter Bausteine kann sehr schnell ein Prototyp erstellt werden, der dem Endergebnis recht nahe kommt.

und einer Anforderung von der Bedeutung dieser Anforderung unabhängig ist. Ein Produktmerkmal trägt dazu bei, eine Anforderung zu erfüllen oder nicht.[1005]

Folglich kann der erste Schritt der Bildung des Software-HoQ erfolgen, indem die Korrelationen zwischen den Kundenanforderungen und den Produktmerkmalen ermittelt und in eine Master-Software-HoQ-Matrix eingetragen werden, die anschließend als Vorlage für die Kundengruppen-spezifischen Matrizen dient.[1006] Wichtig ist hierbei, dass das komplette QFD-PPP-Team sich auf die Korrelationswerte einigt und anschließend ein Commitment für die Ergebnisse des Prozesses besteht.[1007]

Der zweite Schritt zur Bildung der Software-HoQs besteht aus der Review der Matrixstruktur und der Ermittlung der Wichtigkeit der Produktmerkmale. Da die Gewichtung der Produktmerkmale sich zwischen den verschiedenen Software-HoQs in Abhängigkeit von der Gewichtung der Kundenanforderungen unterscheidet, wird ein Review der Matrixstruktur zuerst für die Master-Software-HoQ-Matrix durchgeführt. Anschließend wird noch einmal getrennt für jede Kundengruppe und ihre spezifische Software-HoQ-Matrix ein Review durchgeführt.[1008] Dabei dient die getrennte Überprüfung primär der Qualitätssicherung, alle Anomalien sollten in der Überprüfung der Master-Matrix bereits aufgefallen und beseitigt worden sein.

Produktmerkmale / **Kundenanforderungen**	Gewicht in %	Unterstützung von Sammelrechnungen	Unterstützung mehrerer Lager	Finanzbuchhaltungsmodul	Tourenplanungsmodul	Unterstützung temporärer Einkaufspreise	Customer Relationship Management Modul
Kaufmännisch-administrative Aufgaben	30	9	3	9		9	9
Unternehmenssteuerung	25	9	3	9	3	9	3
Lagerverwaltung	18		9		9	3	
Lieferantenseitige Aufgaben	16		9	3		9	
Kundenseitige Aufgaben	11	9	1	3	9	3	9

Abbildung 60: Software-House of Quality für eine bestimmte Kundengruppe

[1005] Vgl. z.B. Fujita et al. (2003) oder Cohen (1995), S. 322ff.

[1006] Dies entspricht der Vorgehensweise, die z.B. Cohen (1995), S. 322ff. anwendet. Ähnlich auch Herzwurm et al. (2000b), die allerdings mehr den Gedanken eines Templates für spätere QFD-Projekte zur Entwicklung ähnlicher, aber nicht unbedingt technisch verwandter Produkte, verfolgen.

[1007] Vgl. Herzwurm et al. (2000a), S. 74

[1008] Vgl. Herzwurm (2000), S. 262

Abbildung 60 zeigt eine Software-HoQ-Matrix für eine Kundengruppe. Die Software-HoQ-Matrizen für die anderen Kundengruppen unterscheiden sich durch die Gewichte der Kundenanforderungen sowie aufgrund der rechnerischen Verknüpfung auch durch die Produktmerkmalswichtigkeit (absolut und relativ).

Anschließend erfolgt die **Erhebung von Qualitätsmerkmalen,** während der zu jeder Anforderung möglichst mehrere messbare Qualitätsmerkmale definiert werden, so dass die Erfüllung der Kundenanforderungen vor Abschluss der Entwicklung überprüft werden kann. Damit stellen diese Qualitätsmerkmale die Ausgangsbasis für die Entwicklung der Testfälle in späteren Phasen der Softwareentwicklung dar. Auch sie werden zuerst identifiziert und dann strukturiert.[1009]

Auf die Erhebung der Qualitätsmerkmale folgt die **Bildung der klassischen House of Quality-Matrizen**, in der die Korrelationswerte zwischen Kundenanforderungen und Qualitätsmerkmalen und darauf aufbauend die Qualitätsmerkmalswichtigkeit ermittelt werden. Genauso wie bei der Bildung der Software-House of Quality-Matrizen ist ein zweiteiliges Review der Matrixstruktur notwendig. Die verschiedenen Matrizen unterscheiden sich auch hier nur durch die Gewichte der Kundenanforderungen und der daraus berechneten Qualitätsmerkmalswichtigkeiten. Aufbauend auf den Wichtigkeiten der Qualitätsmerkmale und der im „Dach" der klassischen HoQ-Matrizen analysierten Wechselwirkungen zwischen den Qualitätsmerkmalen können Entscheidungen über die Architektur der zu entwickelnden Systeme getroffen werden. Hierzu können die Ergebnisse des CSP als Input für bestehende Methoden zur Evaluation von Softwarearchitekturen wie ATAM oder SACAM oder als Input für Methoden zur Evaluation von Produktlinienarchitekturen wie PuLSE DSSA verwendet wer-den.[1010]

Die **Ableitung von Entwicklungsvorgaben** als vorletzter Schritt dient dazu, die zur Erhöhung der Kundenzufriedenheit bedeutsamsten Produkt- und Qualitätsmerkmale hinsichtlich der Konkurrenz(produkte), der aktuellen und angestrebten Erfüllung sowie des Schwierigkeitsgrads der Erreichung diese Zielwerte zu ermitteln.[1011] Dabei ist zu beachten, dass pro Kundengruppe die zur Kundengruppe gehörende Software-HoQ-Matrix und klassische HoQ-Matrix verwendet werden. Zur Ermittlung dienen die folgenden Formeln (dargestellt für Produktmerkmale, analog für Qualitätsmerkmale):[1012]

[1009] Vgl. Herzwurm (2000), S. 261f.
[1010] Vgl. Anastasopoulos et al. (2000), Kazman et al. (2000) und Stoermer et al. (2003).
[1011] Vgl. für „normales" CSP Herzwurm (2000), S.262ff.
[1012] Vgl. Herzwurm (2000), S.263

bezüglich des Gesamtgewichts gilt für jedes Produktmerkmal x über die Gesamtheit Y der Kundenanforderungen:

$$\underset{bzgl.Gesamtgewicht}{AbsoluteWichtigkeit} = \sum_{y=1}^{Y} Korrelationswert(x,y) \times Gesamtgewicht(y)$$

$$\underset{bzgl.Gesamtgewicht}{RelativeWichtigkeit} = \frac{\underset{bzgl.Gesamtgewicht}{AbsoluteWichtigkeit(x)}}{\sum_{k=1}^{K} \underset{bzgl.Gesamtgewicht}{AbsoluteWichtigkeit(k)}}$$

Zusammengefasst bedeutet dies, dass im CSP im Gegensatz zu vielen anderen Techniken und Methoden des Software Engineerings den verschiedenen Produktcharakteristika unterschiedliche Gewichte zugewiesen werden, so dass Schwerpunkte gesetzt werden können.[1013]

Zusätzlich zu den bisher genannten Matrizen wird im Rahmen des QFD-PPP zusätzlich eine **Produktportfolio-Matrix gebildet**, die zur Entscheidungsunterstützung dient. Wie in Abbildung 61 schematisch dargestellt, bietet die Produktportfolio-Matrix einen Überblick über die unterschiedlichen Produkte, die auf Basis der Produktplattform geplant sind, sowie die relevanten Produkte der Konkurrenz. Durch geeignete Softwarelösungen unterstützt, könnte auch eine große Menge an Produkten berücksichtigt werden, indem flexibel Ansichten generiert werden können, die nur eine Auswahl der eigenen Produkte sowie der Konkurrenzprodukte oder nur eine Auswahl der Produktmerkmale zeigen. Diese Ansichten könnten sowohl durch explizite Auswahl der Produkte oder Merkmale oder über Regeln der Art „alle Produkte, in denen Produktmerkmal X vorhanden ist“ oder „alle Produkte, in denen Produktmerkmal X mittels Y ist“ definiert werden. Wie in der Abbildung dargestellt kann die Art der Umsetzung des Produktmerkmals durch gefüllte Kreise symbolisiert werden, eine Darstellung mithilfe einer kurzen Beschreibung ist ebenso denkbar.[1014]

[1013] V.a. die zur sog. agilen Softwareentwicklung zugehörigen Vorgehensmodelle behandeln nicht alle Anforderungen gleich - nicht verwunderlich, da sie einerseits eine iterative Vorgehensweise und andererseits die Interaktion mit dem Kunden propagieren, bietet es sich an, die aus Sicht des Kunden wichtigsten Anforderungen möglichst früh umzusetzen. Vgl. zur agilen Softwareentwicklung allgemein Beck et al. (2001) und zur detaillierten Beschreibung agiler Methoden und Vorgehensmodelle Schuh (2005b). Wie Cusumano und Selby beschreiben, geht mit Microsoft das größte Softwareunternehmen der Welt ähnlich vor: zwar werden – anders als bei agiler Softwareentwicklung – Systeme im Vorhinein komplett spezifiziert, bei der eigentlichen Entwicklung wird – unter den Stichworten time-boxing, synch and stabilize, daily builds – aber täglich eine lauffähige Version erstellt, die theoretisch ausgeliefert werden könnte, und bestimmte Meilensteine gesetzt, die unveränderlich sind, so dass bei Verzögerungen Abstriche an der implementierten Funktionalität gemacht werden (vgl. Cusumano und Selby (1997))

[1014] Hier liegt ein klassischer Trade-off zwischen Detailgrad der Information und Übersichtlichkeit vor: die Darstellung mit gefüllten Kreisen bietet eine gute Übersicht, die genaue Umsetzung der Produktmerkmale ist aber bei dieser Darstellung nicht ersichtlich, ebenso kann sich die Zuordnung einer Umsetzung zu einer der fünf Stufen schwierig gestalten. Die Verwendung von

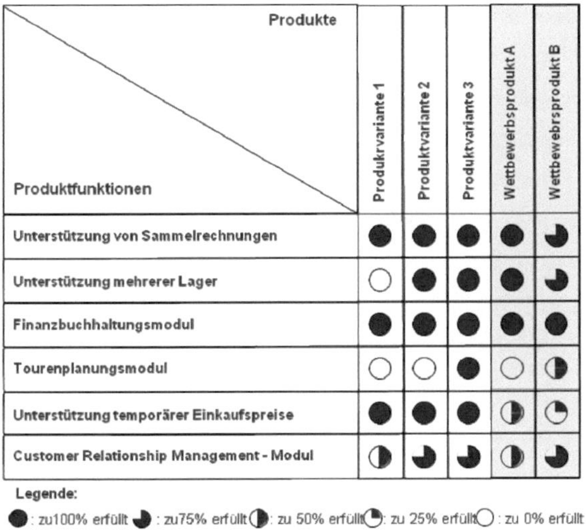

Abbildung 61: Produktportfolio-Matrix

Durch die Produktportfolio-Matrix unterstützt werden **Entscheidungen auf Ebene des Produktportfolios**, die durch die folgenden Fragen charakterisiert werden können:[1015]

- Welche Produkte sollen angeboten werden?
  Dies versteht sich inklusive der Fragen zu Einführung neuer Produkte (inkl. Einführungszeitpunkt), Veränderung oder Elimination bestehender Produkte, aber auch der Reihenfolge in der die Produkte an den Markt gebracht werden. Hierbei kann auch die strategische Zielsetzung des Herstellers berücksichtigt werden: je nachdem, welche der Optionen im Delta-Modell von Hax und Wilde und welche Technologieadoptionsstrategien nach Miles und Snow das Unternehmen verfolgt, werden die Entscheidungen unterschiedlich ausfallen.[1016] So wird ein Prospector, der die Option System Lock-In verfolgt, sehr aktiv nach neuen Technologien suchen, die zur Umsetzung von Produktmerkmalen eingesetzt werden können, gleichzeitig aber Komplementoren die Möglichkeit geben, ihre Ergänzungsprodukte zu positionieren. Folglich wird der Prospector manche Produktmerkmale nicht in die eigenen Produkte integrieren.

Kurzbeschreibungen macht die Darstellung daher weniger übersichtlich, da so Unterschiede nicht mehr so leicht auf einen Blick erkannt werden und die Darstellung der Produkte mehr Platz in Anspruch nimmt.

[1015] Vgl. Helferich et al. (2006c), S. 245f.

[1016] Vgl. die Kapitel 4.1.1.5 und 4.1.1.6

Gleichzeitig kann das Besetzen strategisch wichtiger Nischen zum Lock-Out von Konkurrenten ein wichtiges Ziel sein. [1017]

- Welche Bausteine sollen entwickelt werden? Und welche davon sollen so entwickelt werden, dass sie wiederverwendet werden können?
  Hier sind Entscheidungen bezüglich des trade-offs zwischen Standardisierung und Differenzierung zu beantworten. Dabei müssen sowohl das zusätzliche Marktpotenzial als auch die zusätzlichen (Lebenszyklus-)Kosten jedes zusätzlichen Bausteins (aber auch jedes Produkts) berücksichtigt werden. Zudem ist hier auch die mögliche Einbindung von Komplementoren zu berücksichtigen.

Zwar ist es eine zentrale Prämisse von QFD-PPP, dass jede Kundengruppe ein für sie spezifisches Produkt erhält, diese Prämisse ist allerdings mehr im Sinne einer Arbeitshypothese denn im Sinne eines streng einzuhaltenden Gesetzes zu verstehen: da jede zusätzliche Variante zusätzliche Kosten verursacht (wie in Kapitel 2.2.2 dargestellt), kann es vorteilhaft sein, Varianten zusammenzufassen und so die Erwartungen einer oder mehrerer Gruppen überzuerfüllen. Gleichzeitig kann der sog. Kannibalisierungseffekt dazu führen, dass ein zusätzliches Produkt nicht nur zusätzliche Kunden gewinnt, sondern auch bestehenden eigenen Produkten Marktanteile abjagt.[1018] Daher ist die o.g. Prämisse im Rahmen der Wirtschaftlichkeitsanalyse zu überprüfen. Die Planung von Produktcharakteristika im Rahmen des CSP muss Wechselwirkungen zwischen verschiedenen Produkten berücksichtigen. Zentrale Frage an dieser Stelle ist, welche Lösungsbausteine in welchen Produkten (wieder-) verwendet werden können und wo ein spezieller Lösungsbaustein nur für ein Produkt erstellt werden muss. Um diese Entscheidungen fällen zu können, müssen die Produkt- und Marketingstrategie des Unternehmens und damit verbunden sowohl die entstehenden Kosten als auch der resultierende Umsatz (und andere Vorteile wie z.B. Verringerung der time to market) berücksichtigt werden.

Der Grund, warum Unternehmen Produkte und Dienstleistungen anbieten, besteht darin, dass sie Geld verdienen möchten. Die plattformbasierte Produktentwicklung verspricht, dies zu vereinfachen, indem Entwicklungsaufwände eingespart und die Softwarequalität gesteigert werden können. Gleichzeitig wird das Unternehmen in die Lage versetzt, mehr Produkte anzubieten. Zu ermitteln, inwiefern die plattformbasierte Produktentwicklung dieses Versprechen hält oder welches Portfolio aus

[1017] Vgl. Klapper (2001)

[1018] Dieser Effekt zählt zu den Opportunitätskosten der Komplexität und wurde in Kapitel 2.2.2 kurz erläutert

plattformbasierten Produkten das Optimum an Gewinn bietet, ist Aufgabe der **Wirtschaftlichkeitsanalyse**. Dazu müssen Kosten und Umsatz pro Produkt und insgesamt ermittelt und miteinander verglichen werden. Dies nachträglich zu machen, bereitet bestimmte Schwierigkeiten (Verteilung der Kosten der Plattform auf die einzelnen Produkte), beides im Voraus zu schätzen, ist allerdings noch einiges schwerer. Dafür bietet die vorlaufende Schätzung den Vorteil, Komplexität und Entwicklungskosten zu vermeiden, indem unrentable Produkte und Bausteine erst gar nicht entwickelt werden. Zwar bietet QFD-PPP hier durch die Priorisierung von Anforderungen und Lösungen bereits Unterstützung, da das Ergebnis aber als Rangordnung und nicht als Prozentzahlen interpretiert werden darf, ist hier weitere Unterstützung sinnvoll.
Allerdings treffen an dieser Stelle, wie an anderer Stelle ausführlicher argumentiert,[1019] zwei Forschungsfelder aufeinander, die noch unzureichend durchdrungen sind: zum einen ist das Ziel zuverlässiger Schätzung des Entwicklungsaufwands in der Softwareentwicklung allgemein noch nicht erreicht, für die hier hinzukommenden Problemfelder Kosten der (korrektiven, adaptiven und perfektionierenden)[1020] Wartung und Kosten der Entwicklung von Softwareproduktlinien noch weniger.[1021] Zum anderen ist das Problem der Prognose zusätzlichen Umsatzes, vor allem für innovative Produkte und ganz besonders im Falle ähnlicher Produkte desselben Herstellers auf Seiten der Marketingforschung ebenfalls noch nicht zufrieden stellend gelöst. Spätestens die Beantwortung der Frage, wie Trade-offs zwischen Kosten, Umsatz und time-to-market zu lösen sind, erscheint fast unmöglich: einerseits gelten insbesondere digitale Güter aufgrund des Vorhandenseins positiver Netzwerkeffekte[1022] als **winner takes it all**-Märkte, auf denen ein sog. **dominant design**[1023] entsteht, welches sich quasi monopolartig durchsetzt. Dies impliziert, dass erster am Markt zu sein, einen gewissen Startvorteil bei der Durchsetzung verschafft. Andererseits wird teilweise argumentiert, dass das sog. **crossing the chasm**,[1024] d.h. der Sprung in der Adoption über die technisch aversierten **inno-**

[1019] Vgl. Helferich et al. (2006b)
[1020] Vgl. ISO/IEC-Norm 12207, International Standards Organisation (1995)
[1021] Vgl. z.B. Pohl et al. (2005), S. 400ff. und 438 oder Wesselius (2006)
[1022] Vgl. Arthur (1996)
[1023] Vgl. Utterback und Abernathy (1975)
[1024] Der Term wurde von G.A. Moore (vgl. Moore (1999)) geprägt und bezieht sich auf High-tech-Firmen allgemein, für Software- und IT-Dienstleistungsunternehmen speziell bestätigt Cusumano diese Beobachtung (vgl. Cusumano (2004)). Beiden zufolge ist es nicht ausreichend, erster am Markt zu sein: während die innovators immer auf der Suche nach etwas Neuem sind und ihnen Neuigkeit als

vators[1025] hinaus in den breiten Massenmarkt wichtig sei, zusätzlich zeigen empirische Untersuchungen teilweise sogar Vorteile für Firmen, die erst später auf das dominant design umstellen.[1026]

Nachdem das Problem also wissenschaftlich noch nicht ausreichend durchdrungen ist und die Lösung des Problems den Umfang dieser Arbeit sprengen würde, soll an dieser Stelle lediglich ein erster Ansatz vorgestellt werden, der zur Entscheidungsunterstützung dient.

Methodisch basiert der Ansatz auf der Szenariotechnik,[1027] an Informationen fließen ein:

- die strategische Zielsetzung des Unternehmens
- Informationen über die bereits am Markt befindlichen eigenen Produkte und Produkte des Wettbewerbs (vgl. auch Kapitel 5.3.3)
- Schätzungen der Kosten von Entwicklung sowie Wartung und Weiterentwicklung[1028]
- mittels Target Costing und Conjoint-Analysen ermittelte Zielpreise[1029]
- Informationen über die Größe der mit jedem Produkt angepeilten Kundensegmente
- Umsatzschätzungen und
- Expertenschätzungen der Wichtigkeit der time-to-market.

Diese Informationen werden zu Szenarios verdichtet, welche die o.g. Entscheidungen hinsichtlich des Produktportfolios unterstützen.[1030] Diese Szenarios enthalten einerseits eine dichte Beschreibung der Ausgangslage und der in das Szenario ein-

Grund zum Kauf ausreicht, muss den early adopters ein Produktivitätsgewinn beim Einsatz des neuen Produkts bewiesen werden.

[1025] Nach Rogers lassen sich fünf Kundengruppen bei der Adoption von Innovationen unterscheiden: innovators, early adopters, early majority,late majority und schließlich die laggards, vgl. Rogers (1962).

[1026] Vgl. Tegarden et al. (1999)

[1027] Vgl. Geschka und Hammer (1992)

[1028] Z.B. mittels COCOMO, vgl. Boehm (2000) oder spezifischer Modelle zur Entwicklung in einem plattformbasierten Kontext, wie z.B. die in Wesselius (2006) genannten oder das Modell von Ganesan et al. (2006), die sowohl Entwicklungs- als auch Wartungskosten berechnen und den Ergebnissen mittels Monte-Carlo-Simulation Eintrittswahrscheinlichkeiten zuordnen.

[1029] Vgl. die Kapitel 5.2.2.3 und 5.2.2.4. Wie in Kapitel 5.2.2.3 erwähnt, wird in der Literatur die Meinung vertreten wird, den Testpersonen sollten im Rahmen einer Conjoint Analyse nicht zu viele Merkmale präsentiert werden. Um die Testpersonen nicht zu verwirren, können die durch das CSP ermittelten Wichtigkeiten der Produktfunktionen hier Hilfe bei der Auswahl der entscheidenden Merkmale leisten.

[1030] Sehr ausführlich beschreibt Schmid (vor dem Hintergrund der Entwicklung von Softwareproduktlinien), welche Informationen für solche Entscheidungen notwendig sind, wie derartige Modelle aufgebaut sein können und wie ein pragmatisches Vorgehen unter Berücksichtigung der Schwierigkeiten in der Ermittlung der eigentlich benötigten Daten aussehen kann, vgl. Schmid (2003), S. 91ff.

geflossenen Annahmen, andererseits aber auch die entsprechenden Berechnungen auf Basis der o.g. Informationen. Die eigentlichen Entscheidungen können dann auf Basis einer Diskussion dieser Szenarien durch das Management gefällt werden.

Die Schätzungen sollten im weiteren Verlauf der Entwicklung kontinuierlich ergänzt werden: es ist zu erwarten, dass die Schätzungenauigkeit im Projektverlauf abnimmt, da zusätzliche entscheidungsrelevante Informationen vorliegen.[1031] Zur weiteren Verbesserung der Schätzungen von Kosten und Umsätzen sollten die Modelle durch Ermittlung der tatsächlich angefallenen Kosten und Umsätze abgeschlossener Projekte kalibriert werden.[1032]

Abschließend kann als letzter und optionaler Schritt des CSP die **Durchführung der Design Point Analysis** folgen. Hierbei werden Beziehungen zwischen den Produktcharakteristika aufgezeigt, evtl. Entwicklungsvorgaben angepasst und zu Design Points verdichtet.[1033] Dazu werden die „Auswirkungen der höheren Erfüllung eines Produktmerkmals auf die Umsetzung jedes einzelnen Qualitätsmerkmals (und umgekehrt) untersucht und auf einer Skala von -9 (stark negativ) bis +9 (stark positiv) quantifiziert."[1034] Dadurch sollen Synergien und Konflikte aufgezeigt werden. Herzwurm nennt das Beispiel des Konflikts zwischen dem Qualitätsmerkmal geringer Antwortzeiten auf Abfragen einerseits und andererseits Produktmerkmalen, die einen möglichst großen Funktionsumfang bereitstellen sollen.[1035] Aus den starken Korrelationen werden dann sog. Design Points abgeleitet, die in der Form „Bei der Umsetzung des Produktmerkmals X ist vor allem auf die höhere Erfüllung des Qualitätsmerkmals Y zu achten."[1036] formuliert werden. Als Ergebnis dieses Prozesses sind eindeutige und aus den Kundenanforderungen abgeleitete Vorgaben für die technische Softwarequalität sowie die zu realisierenden Produktfunktionen definiert.

Wichtig erscheint allerdings, sich weniger auf eine möglichst lange und vollständige Liste der Features zu konzentrieren, sondern vielmehr eine abgerundete Vision zu schaffen, welche die wichtigsten Features vereint.[1037] Dies hilft sowohl dabei, den Entwicklern eine klare Vorstellung der zu entwickelnden Plattform sowie der Produkte zu geben, an der sie ihre tägliche Arbeit ausrichten können als auch bei der

[1031] Vgl. Ludewig und Lichter (2007), s. 114
[1032] Dieses Vorgehen ist im Bereich der Aufwandsschätzung in der Softwareentwicklung fester Bestandteil der meisten Modelle, vgl. Ludewig und Lichter (2007), S. 116ff..
[1033] Vgl. Herzwurm (2000)S.265
[1034] Herzwurm (2000), S. 265
[1035] Vgl. Herzwurm (2000), S. 265f.
[1036] Herzwurm (2000), S. 266
[1037] Vgl. Cusumano (2006), S. 24f.

Kommunikation der Stärken der Produkte gegenüber den Kunden. Beides wird durch die als Ergebnis des CSP im Rahmen des QFD-PPP entstehende Liste der Features mit jeweiligen Gewichten optimal unterstützt. Ebenso hilft sie bei Entscheidungen, welche Features in einem Release doch nicht mehr umgesetzt werden können, wenn das Projekt im Zeitplan hinterherhinkt oder die Produkte schneller auf den Markt gebracht werden müssen, da ein Wettbewerber überraschend ein Produkt auf den Markt gebracht hat, das direkt mit der Plattform konkurriert.[1038]

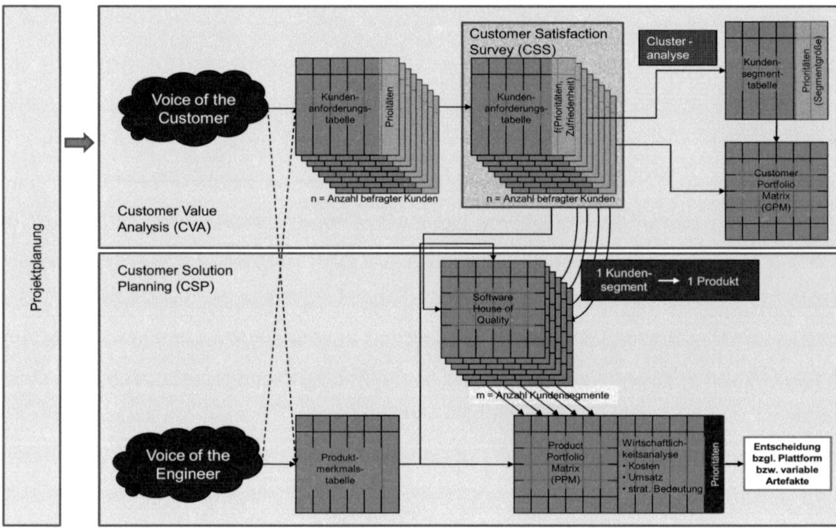

Abbildung 62: Übersicht über den Prozess des QFD-PPP (vereinfacht)

Der Gesamtprozess des QFD-PPP ist in Abbildung 62 dargestellt. Zum Zwecke der Übersichtlichkeit ist die Bildung der klassischen House-of-Quality-Matrizen nicht mit aufgeführt.

[1038] Microsoft beispielsweise verwendet ebenfalls priorisierte Featurelisten sowie seinen *synch and stabilize*-Ansatz, um jede Nacht eine lauffähige Version des Produkts zu haben und notfalls schnell reagieren zu können. Der Vorrang der Einhaltung des Termins vor dem Abarbeiten der kompletten Liste der geplanten Features wird durch das sog. *timeboxing* unterstrichen. Vgl. hierzu Cusumano (2006) sowie Cusumano und Selby (1997).

5.3.5 Besonderheiten der Module in den Varianten B, C, D und E

5.3.5.1 CVA

Unterschiede bei der CVA ergeben sich vor allem aus der Grundgesamtheit an Kunden, die befragt werden können (oder eben nicht, falls noch keine Kunden existieren) sowie dem eventuellen Vorliegen von Ergebnissen einer früheren CVA.
In den Varianten Varianten B und C sind ein oder mehrere Produkte und Kunden vorhanden, welche diese(s) Produkt(e) verwenden. Daher kann es in diesen Fällen sein, dass Unterlagen vorliegen, die mit den Ergebnissen einer CVA vergleichbar sind oder zumindest als Unterstützung bei der Sammlung der Kundenanforderungen dienen können. Zusätzlich stehen in beiden Fällen Kunden zur Verfügung, welche die Standardsoftware (Variante B) bzw. eine der vergleichbaren Individualsoftwarelösungen (Variante C) einsetzen und die befragt werden können.
In der Variante D wird ein zusätzliches Produkt von der Plattform abgeleitet, so dass die Ergebnisse der CVA für die Plattform als Grundlage dienen können. D.h. die Analyse der Voice of the Customer kann sich darauf beschränken, den Kunden zu befragen, ob zusätzliche, noch nicht genannte Anforderungen vorliegen. Diese werden dann ebenso wie die bereits vorliegenden Anforderungen von Vertretern des Kunden, der das zusätzliche Produkt wünscht, bewertet.
Da Variante E die Weiterentwicklung der Plattform zum Ziel hat, müssen alle Kunden um eine Neubewertung gebeten werden, da a) sich ihre Einschätzung bzgl. der Wichtigkeit der Anforderungen geändert haben könnte und b) über andere plattformbasierte Produkte neue Anforderungen, welche dieser Kunde noch nicht bewertet hat, eingeflossen sein können. Wird für das zu entwickelnde Release der Plattform ein bestimmter Schwerpunkt gesetzt, sollten zudem auch wieder moderierte Gruppensitzungen mit Vertretern aktueller wie potenzieller Kunden durchgeführt werden.

5.3.5.2 CSS

Unterschiede zu Variante A bestehen darin, dass in den Varianten B, C und E jeweils schon Erfahrungen mit einem Produkt des Anbieters der Plattform bestehen: während in den Varianten B und C nicht auf der Plattform basierende Produkte vorliegen, wird in Variante E ja die Plattform weiterentwickelt. Folglich kann in all diesen drei Fällen neben der Zufriedenheit mit einem Wettbewerbsprodukt auch die Zufriedenheit mit dem aktuell verwendeten Produkt des Plattformanbieters erfragt werden. Variante D dagegen verhält sich aus Sicht der CSS sehr ähnlich wie Variante A.

Da die Varianten C und E auf mehreren Produkten (im einen Fall unabhängig voneinander entwickelt, im anderen basierend auf der gemeinsamen Plattform) aufbauen, ist die Erhebung deutlich komplexer als bei einer „normalen“ CSS: es müssen Unterschiede zwischen den Produkten berücksichtigt werden und sowohl Fragen als auch Auswertungen den richtigen Produkten bzw. Kunden (welche das jeweilige Produkt nutzen) zugeordnet werden. Die Kunden kennen jeweils nur ein Produkt der Plattform (und damit die in diesem Produkt kombinierten Lösungsbausteine), können daher nur dieses bewerten. Vor allem für statistische Auswertungen hat dies zur Folge, dass ausreichend Kunden befragt werden müssen, damit zu jedem der Produkte ausreichend Antworten für die Auswertung bereitstehen. Zudem sind unterschiedliche Fragebögen für die unterschiedlichen Produkte notwendig, wobei zur Komplexitätsbeherrschung die Fragebögen ähnlich wie die Produkte modular aufgebaut und aus Standardbausteinen zusammengesetzt sein sollten.

Vor allem in der Variante E, aber auch in den Varianten B und C empfiehlt sich eine zweigeteilte Befragung: Fragen zur Zufriedenheit mit Dienstleistungen im Rahmen der Anpassung und Einführung sollten recht kurz nach Projektabschluss gestellt werden, da die Kunden sich dann noch gut erinnern. Fragen zur Zufriedenheit mit dem Produkt selbst sollten dagegen erst gestellt werden, nachdem die Kunden die Software bereits mehrere Monate benutzen. [1039]

In den Varianten B, C und E bietet sich zudem die Verwendung der folgenden Kennzahlen an:[1040]

- die Kundenanforderungsbedeutung pro Merkmal i , Gewicht W_i und Zufriedenheit Z_i: *Kundenanforderungsbedeutung (i)* $= \frac{W_i}{Z_i}$
- der Opportunity Index nach Ulwick pro Merkmal i , Gewicht W_i und Zufriedenheit Z_i:: *Opportunity(i)* = $W_i + (W_i - Z_i)$

Zur Identifikation der Anforderungen, bei denen eine Verbesserung zu einer besonders deutlichen Steigerung der Gesamtzufriedenheit führt, sind die Kundenanforderungsbedeutung und der Opportunity Index nützlicher als die gewichtete Kundenzufriedenheit, da bei der gewichteten Kundenzufriedenheit der Wert mit größerer Bedeutung und *größerer Zufriedenheit* kleiner wird, während Kundenanforderungsbe-

[1039] Vgl. Herzwurm (2000), S. 249 sowie Kapitel 5.3.3.2
[1040] Vgl. Kapitel 5.2.2.2

deutung und Opportunity Index bei größerer Bedeutung und *größerer Unzufriedenheit* einen größeren Wert annehmen.[1041]

Als grafische Auswertung steht dann zusätzlich das Kundenzufriedenheits-Wichtigkeitsportfolio zur Verfügung: hier werden ungewichtete Zufriedenheit und Wichtigkeit auf einem Portfolio aufgetragen, so dass sich Handlungsempfehlungen ableiten lassen, siehe Abbildung 63.

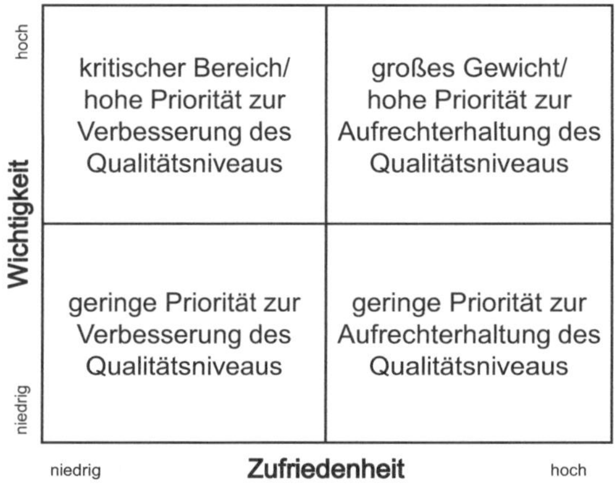

Abbildung 63: Kundenzufriedenheits- Wichtigkeitsportfolio[1042]

Die Komplexität aufgrund der Variation in Produkten, Fragebögen und Kundenanforderungen führt dazu, dass für die Erstellung, Durchführung und Auswertung des Fragebogens ein deutlich höherer Aufwand eingeplant werden sollte als für die Durchführung einer CSS in den Varianten A und D.

Die Ableitung von Maßnahmen zur Verbesserung der Kundenzufriedenheit sollte in Abhängigkeit von den entdeckten Stärken und Schwächen geschehen, d.h. aus den jeweiligen Auswertungen sollten geeignete Maßnahmen abgeleitet werden. Beispielsweise gibt das Kundenzufriedenheits-Wichtigkeitsportfolio die Richtung möglicher Maßnahmen vor. Die in Kapitel 5.3.3.2 besprochenen Kundenzufriedenheitsprofile können die Suche nach Möglichkeiten zur Prozessverbesserung z.B. auf Basis eines Prozessbenchmarkings[1043] anstoßen (Suche nach der Frage, warum die Zufriedenheit im Bereich A bei Projekt X viel höher ist).

[1041] Vgl. Kapitel 5.2.2.2 sowie Ulwick (2002) und Herzwurm (2000), S.254
[1042] Quelle: Herzwurm et al. (1996), S. 51
[1043] Vgl. Kapitel 5.2.1.2

5.3.5.3 CSP

Im Unterschied zu Variante A kann in den Varianten B, C und E, anstelle des Gewichts die Bedeutung verwendet werden, da bestehende Kunden bzgl. ihrer Zufriedenheit befragt werden konnten. Die Bedeutung wird wie besprochen aus Gewicht und Zufriedenheit berechnet, in dem der Algorithmus von Herzwurm und Schockert oder der Opportunity Algorithm von Ulwick verwendet wird.

$$\underset{bzgl.Gesamtbedeutung}{AbsoluteWichtigkeit} = \sum_{y=1}^{Y} Korrelationswert(x,y) \times Gesamtbedeutung(y)$$

$$\underset{bzgl.Gesamtbedeutung}{RelativeWichtigkeit} = \frac{\underset{bzgl.Gesamtbedeutung}{AbsoluteWichtigkeit(x)}}{\sum_{k=1}^{K} \underset{bzgl.Gesamtgbedeutung}{AbsoluteWichtigkeit(k)}}$$

Zudem ist bei Variante D darauf zu achten, dass das neue plattformbasierte Produkt möglichst viele Standardbausteine verwendet und so Komplexität vermeidet werden kann.[1044]

5.4 Integration von QFD-PPP in den Entwicklungsprozess von Softwareproduktplattformen und plattformbasierten Softwareprodukten

5.4.1 Allgemein

Nach Durchführung des QFD-PPP liegt ein klar definiertes Portfolie von Produkten vor, die auf einer gemeinsamen Plattform aufbauen (sollen). Zudem existiert eine erste Definition von konzeptionellen Bausteinen auf der Basis von Features sowie Qualitätsmerkmalen. Diese entsprechen aber nicht zwangsweise Bausteinen der fertigen Software. Inwiefern die konzeptionellen Bausteine 1:1 als Bausteine der fertigen Software implementiert werden, muss im weiteren Verlauf der Entwicklung der Produktplattform geklärt werden.

Wie bereits in Kapitel 4.3 erwähnt, existieren verschiedene Ansätze, um Softwareproduktplattformen und plattformbasiere Softwareprodukte zu entwickeln. Aus der Praxis kommt beispielsweise der Ansatz von SAP, die seit einigen Jahren den Begriff des **Ecosystems** verwenden und das zu ihrer Plattform gehörige Partnernetz in diesem Zusammenhang pflegen, damit auf Basis ihrer Netweaver-Plattform

[1044] Vgl. Kapitel 2.2.3

möglichst viele *SAP xApps Packaged Composite Applications* entstehen.[1045] Ähnlich geht auch der amerikanische Anbieter von CRM-Software-as-a-Service Salesforce mit seinem *Force.com AppExchange* vor, einer Webseite, auf der Partner ihre Erweiterungen für die force.com – SaaS-Plattform von Salesforce hochladen und allen Kunden von Salesforce zum Download anbieten können. Salesforce bietet die Plattform und verschiedene Services an und wird dafür an den Einnahmen beteiligt.[1046]

Im wissenschaftlichen Bereich sind Ansätze aus dem Bereich Softwarewiederverwendung zu nennen, z.B. im Bereich der Komponentenmarktplätze[1047] oder Frameworks[1048] (bei denen die für Softwareproduktlinien wichtige Trennung des Entwicklungsprozesses in die Zyklen **development for reuse** und **development with reuse** ebenso vorhanden ist wie der Gedanke der variation points, die als hot spots[1049] bezeichnet werden). Auch in der Literatur zu Service-orientierten Architekturen und Web Services werden solche Gedanken aufgegriffen, wenn Services verschiedenster Anbieter in eine Service-orientierte Architektur eingebunden werden sollen.[1050]

Wie bereits in Kapitel 4.3.3 erläutert, ist der Ansatz der Softwareproduktlinien bereits ausgiebig erforscht worden und basiert zudem selbst auf dem Transfer von Konzepten aus dem Bereich der Entwicklung materieller Produkte. Gerade auch im Bereich der Vorgehensmodelle besteht hier eine umfangreiche Literatur, so dass im Folgenden am Beispiel der Entwicklung von Softwareproduktlinien als Konkretisierung der Entwicklung von Softwareproduktplattformen und plattformbasierten Softwareprodukten demonstriert werden soll, wie die Ergebnisse des QFD-PPP im weiteren Entwicklungsprozess verwendet werden können.[1051]

Abbildung 64 zeigt schematisch den Ablauf der Entwicklung von Produktlinien. Zu erkennen ist der zweigeteilte Entwicklungsprozess: im Domain Engineering werden die Artefakte entwickelt, welche in die gemeinsame Produktlinieninfrastruktur eingehen. Im Application Engineering werden dann aus den Bestandteilen der Produktlinieninfrastruktur die einzelnen Produkte entwickelt. Beiden Kreisläufen vorangestellt ist das sog. Scoping, dem QFD-PPP zuzurechnen ist, wie im Folgenden erläutert wird.

[1045] Vgl. Hansen und Neumann (2005), S. 544f.
[1046] Vgl. Salesfore.com (2009)
[1047] Vgl. Keiblinger et al. (2003), Ackermann (2003) oder Turowski (2001).
[1048] Vgl. Pree (1997), Mattson (1996) oder Fayad und Schmidt (1997).
[1049] Vgl. Pree (1997)
[1050] Vgl. z.B. Cerami (2002), Starke und Tilkov (2007) oder Erl (2005).
[1051] In diesem Zusammenhang muss allerdings kurz darauf hingewiesen werden, dass im Rahmen der Literatur zu Softwareproduktlinien der Begriff der Plattform teilweise als eine bestimmte Form der Realisierung einer Produktlinie verstanden wird, vgl. Linden et al. (2007), S. 87f.

Diese Erläuterung wird am Beispiel von *PuLSE™* (Product Line Software Engineering), einer am Fraunhofer IESE entwickelten Methode (methodology) ausgeführt. Grund für die Wahl von PuLSE ist zum Einen, dass PuLSE sehr gut und detailliert beschrieben ist, mehrfach verbessert wurde und zu dem verschiedene Anwendungen dokumentiert sind. Zum Anderen ist PuLSE-Eco, das Scoping-Modul von PuLSE das am besten beschriebene Scoping-Modul.[1052] Folglich wird in Kapitel 5.4.2 die Integration von QFD-PPP in PuLSE ausführlicher beschrieben. Aus Abbildung 64 lässt sich bereits erkennen, dass QFD-PPP vor allem Input für PuLSE-Eco liefert.

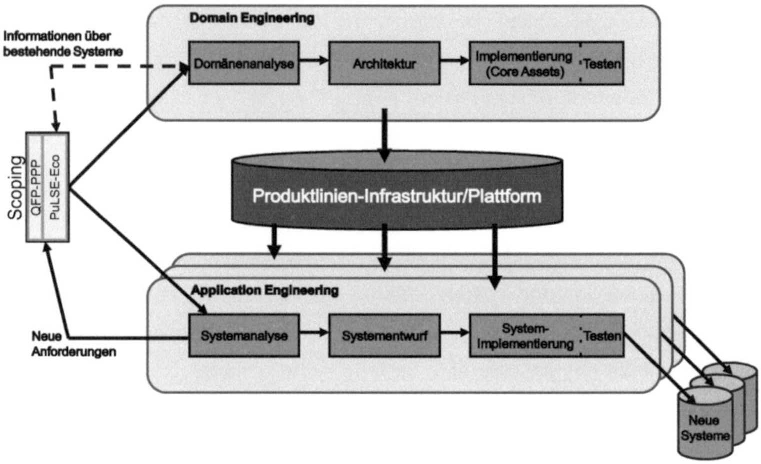

Abbildung 64: Ablauf der Produktlinienentwicklung

5.4.2 Detailliert am Beispiel PuLSE

PuLSE besteht aus verschiedenen Komponenten und hat die Konzeption und Einführung von Softwareproduktlinien innerhalb einer großen Bandbreite an Unternehmenskontexten zum Ziel.[1053] Dazu verfolgt PuLSE – anders als Methoden aus dem Bereich des Domain Engineerings – einen produktzentrierten Ansatz und bietet anpassbare Komponenten, die Möglichkeit zur inkrementellen Einführung, ein Reifegradmodell und Anpassungen an verschiedene Ausgangslagen der Produkt(linien-) entwicklung.[1054]

[1052] Vgl. John et al. (2006), S. 4 und Linden et al. (2007), S. 31
[1053] Vgl. Bayer et al. (1999), S. 122
[1054] Vgl. Bayer et al. (1999), S. 122 oder John et al. (2006), S. 4

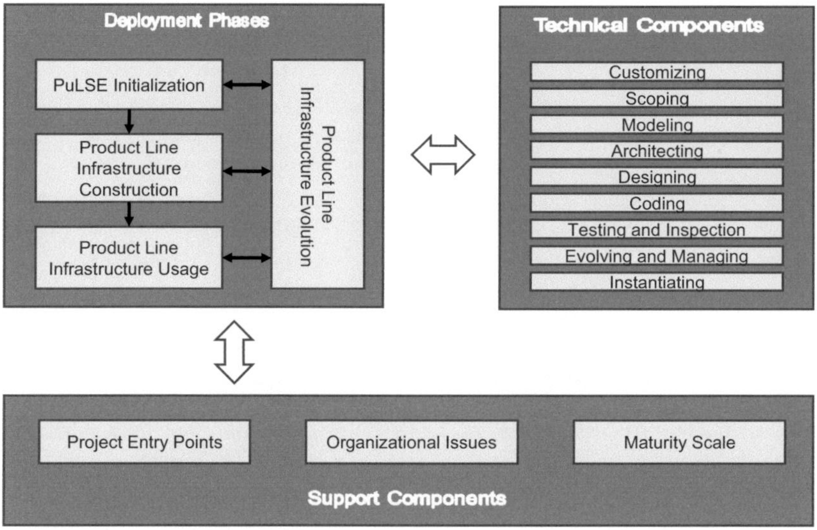

Abbildung 65: Überblick über PuLSE[1055]

Wie Abbildung 65 zeigt, besteht PuLSE aus drei Elementen: deployment phases, technical components und support components. Dabei repräsentieren die **deployment phases** die logischen Schritte, die eine Softwareproduktlinie durchläuft. Im Einzelnen sind dies:

- Initialization: in dieser Phase wird der Istzustand des Unternehmens aufgenommen und analysiert („baseline the enterprise“[1056]) und auf dieser Basis PuLSE an das Unternehmen angepasst
- Product Line Infrastructure Construction: diese Phase repräsentiert das Domain Engineering
- Product Line Infrastructure Usage: so wird im Rahmen von PuLSE das Application Engineering bezeichnet
- Product Line Infrastructure Evolution: diese Phase umfasst die Wartung und Weiterentwicklung der Infrastruktur (und damit auch der Produkte).

Die **support components** werden als Informationspakete bzw. Richtlinien, welche Einführung, Evolution und Einsatz einer Softwareproduktlinie unterstützen bezeichnet

---

1055 Quelle: John et al. (2006), S. 4
1056 Bayer et al. (1999), S. 123

und von den anderen Elementen verwendet.[1057] Zu den support components zählen:[1058]

- Project entry points: diese Komponente unterstützt die Anpassung von PuLSE an den Unternehmenskontext (nach vergleichbaren Kriterien wie die Varianten A-E von QFD-PPP).
- Maturity scale: stellt Unternehmen, die mittels PuLSE die Produktlinienentwicklung einführen, einen Pfad zur Integration und Evolution bereit.
- Qrganization Issues: diese Komponente beinhaltet Richtlinien, welche das Design, die Einführung und die Aufrechterhaltung der passenden Organisationsstruktur für die Produktlinienentwicklung unterstützen.

Die **technical components** schließlich sammeln das methodische Know-how, das für die Produktlinienentwicklung benötigt wird und sind ähnlich strukturiert wie die *Product Line Practices* des SEI.[1059] Manche der technischen Komponenten kommen nur innerhalb einer Phase zur Anwendung, die meisten jedoch umfassen verschiedene Aspekte, die in unterschiedlichen Phasen zum Tragen kommen.[1060] QFD-PPP steht der Scopingkomponente am nächsten und kann als Erweiterung der bestehenden Scopingkomponente *PuLSE-Eco 2.0* in Richtung Marketing und Produktmanagement interpretiert werden, weswegen diese Komponente etwas genauer beschrieben wird. Wie bereits in Kapitel 5.3.4.2 erläutert, lassen sich drei aufeinander aufbauende Ebenen des Scopings unterscheiden:[1061]

- **Product Portfolio Scoping**: auf der Ebene des Produkt Portfolio Scopings wird definiert, welche und wie viele Produkte entwickelt werden sollen und welche Produktcharakteristika diese Produkte aufweisen sollen
- **Domain Scoping**: im Rahmen des Domain Scopings werden die für die Produktlinie relevanten Domänen[1062] eingegrenzt

---

[1057] Vgl. Bayer et al. (1999), S. 123

[1058] Vgl. Bayer et al. (1999), S. 123, John et al. (2006), S. 4

[1059] Vgl. Bayer et al. (1999), S. 123, John et al. (2006), S. 4 bzw. für die Product Line Practices Clements und Northrop (2002) und die laufend aktualisierte Version auf der Webseite des SEI: Software Engineering Institute (2009).

[1060] Vgl. Bayer et al. (1999), S. 123 sowie für eine detaillierte Beschreibung der Komponente DSSA (Domain-Specific Software Architecture), die sich mit Gestaltung und Evaluation von Produktlinienarchitekturen beschäftigt, vgl. Anastasopoulos et al. (2000).

[1061] Vgl. Schmid (2003), S. 14

[1062] Eine Domäne lässt sich definieren als "ein zusammenhängender Teilbereich einer Produktlinie, der gut wieder verwendbare Funktionalität für die Produkte der Produktlinie enthält." Böckle et al. (2004a), S.278. Dabei lassen sich Anwendungsdomänen und technische Domänen unterscheiden: Anwendungsdomänen repräsentieren „einen zusammenhängenden Funktionsbereich auf der

- **Asset Scoping**: Aufgabe des Asset Scopings ist es schließlich, zu entscheiden, welche Assets (Artefakte, also z.B. Anforderungen, Komponenten, Testfälle, Dokumentation etc.) wieder verwendbar und welche produktspezifisch entwickelt werden sollen

Dabei wird Product Portfolio Scoping stark von Marketingüberlegungen geprägt, während Domain und Asset Scoping von technischen Überlegungen bestimmt sind.[1063] QFD-PPP realisiert primär die Ebene des Product Portfolio Scopings, muss dabei aber teilweise bereits technische Überlegungen berücksichtigen, da Wechselwirkungen zwischen den Marketingüberlegungen und den technischen Überlegungen bestehen.[1064] Im Rahmen von PuLSE ist *PuLSE-Eco* die für Scoping zuständige Komponente. Diese umfasst explizit nur Domain und Asset Scoping und betrachtet die Anzahl der Produkte wie deren geplante Funktionalität als Input, der vom Marketing geliefert werden muss.[1065] Folglich bietet es sich an, QFD-PPP und PuLSE-Eco miteinander zu verzahnen, so dass die Ergebnisse des QFD-PPP möglichst nahtlos weiterverwendet werden können, um eine Softwareproduktplattform und auf dieser aufbauende Softwareprodukte zu entwickeln.[1066]
PuLSE-Eco selbst besteht aus drei Modulen:

- **Product Line Mapping (PLM):**
  PLM bringt die Marketingsicht mit der technischen Sicht in Verbindung, indem die Produkte und ihre Features grob identifiziert werden.[1067] Schmid betont hierbei allerdings, dass PLM eine technische Aktivität darstellt, die eine grobe Definition der Produkte als Input erhält.[1068] Ziel des PLM ist es, einen Überblick über die Produkte, die Features und deren Verteilung auf die Produkte sowie einen ersten Eindruck von den betroffenen Domänen zu erhalten.[1069] Dazu bedient sich PLM Workshops und/oder teil-standardisierter Interviews mit Experten. Als Ergebnis werden Produktbeschreibungen sowie eine sog. Product Map bzw. Product Feature Matrix entwickelt, welche ähnlich der Produkt Portfolio

Problemseite“ (ebenda), während technische Domänen i.d.R. durch je eine Komponente dargestellt werden.
[1063] Vgl. Schmid (2002b), S. 14
[1064] Vgl. Helferich et al. (2006d), S. 26f. oder Schmid et al. (2007), S. 691
[1065] Vgl. Schmid (2003), S. 56
[1066] Wie in Kapitel 4.3 erläutert, stellen Softwareproduktlinien eine Art dar, Softwareproduktplattformen und plattformbasierte Softwareprodukte zu entwickeln.
[1067] Vgl. John et al. (2006), S. 5
[1068] Vgl. Schmid (2003), S. 56. Ähnlich auch Linden et al. (2007), S. 31.
[1069] Vgl. John et al. (2006), S. 5

Matrix des QFD-PPP einen Überblick über die zu entwickelnden Produkte gibt.[1070] Zur Visualisierung wird zusätzlich ein gemeinsamer Releaseplan für alle Produkte entwickelt.[1071] Ebenso lassen sich Listen aller zu entwickelnden Features und aller betroffenen Domänen erstellen, die in den folgenden Modulen weiter detailliert werden.[1072]

- **Domain Potential Analysis (DPA):**
  Basierend auf dem Modul PLM kann eine detaillierte Analyse in Form eines Assessments der betroffenen Domänen durchgeführt werden. Dazu wird jede einzelne Domäne dahingehend begutachtet, welches Potenzial zur Wiederverwendung, aber auch welche Risiken sie beinhaltet.[1073] Hierfür ist DPA ähnlich wie Assessments der Prozessreifegradmodelle CMMI oder SPICE aufgebaut und beinhaltet die Phasen Vorbereitung, Durchführung und Analyse. Für die DPA wurden umfangreiche und in verschiedene Dimensionen gegliederte Fraugenkataloge entwickelt, auf die an dieser Stelle allerdings nicht eingegangen werden kann.[1074] Hauptergebnis der DPA ist eine Einschätzung, welche Domänen das größte Potenzial bieten, woraus man auch eine Empfehlung hinsichtlich der Reihenfolge für den Fall einer inkrementellen Einführung der Produktlinienentwicklung ableiten kann.[1075] Ebenso kann es Ergebnis der DPA sein, dass manche Domänen dermaßen kundenabhängig umgesetzt werden müssen, dass eine Wiederverwendung in dieser Domäne nicht vorteilhaft ist.[1076]
- **Reuse Infrastructure Scoping (RIS):**
  Aufbauend auf den Ergebnissen von PLM (insb. der Listen der Features und der Domänen) und DPA (den hinsichtlich ihres Potenzials und ihrer Risiken begutachteten Domänen), kann im Rahmen des RIS eine detaillierte Analyse der Wirtschaftlichkeit durchgeführt werden. Diese muss die anfallenden Kosten den möglichen Vorteilen bei Einführung der Produktlinienentwicklung gegenüberstellen. Schmid beschreibt ausführlich, wie ein derartiges Idealmodell und eine praktikable Teillösung aussehen könnten.[1077] Als Ergebnis werden Vor-

[1070] Vgl. Schmid (2003), S. 70ff. und John et al. (2006), S. 5ff.
[1071] Vgl. ebenda
[1072] Für eine ausführlichere Beschreibung des PLM vgl. Schmid (2000a) bzw. John et al. (2006). Zweitere Quelle ist aktueller und betont, insb. im Bereich des Customizings an unterschiedliche Ausgangslagen verbessert zu sein, dafür ist sie allerdings weniger umfangreich und weniger detailliert.
[1073] Vgl. Schmid (2003), S. 77
[1074] Vgl. Schmid und John (2002) und Schmid (2000b) für eine detaillierte Beschreibung.
[1075] Vgl. Schmid und John (2002) und Schmid (2003), S. 58
[1076] Vgl. Linden et al. (2007), S. 34
[1077] Vgl. Schmid (2003), S: 89ff.

schläge für Artefakte geliefert, die aufgrund der Analyse ökonomisch vorteilhaft erscheinen. Zudem stellen diese Vorschläge wichtigen Input für Entscheidungen bzgl. der Produktlinienarchitektur dar.[1078] Da das Vorgehen im RIS einen deutlich höheren Detailgrad aufweist als in den vorangegangenen Modulen, müssen die Produktcharakteristika an dieser Stelle deutlich genauer spezifiziert werden.[1079] Ebenso wird so der weitere Entwicklungsprozess, der sich mit dem Domain Engineering fortsetzt, optimal unterstützt.

Abbildung 66: Übersicht über PuLSE-Eco[1080]

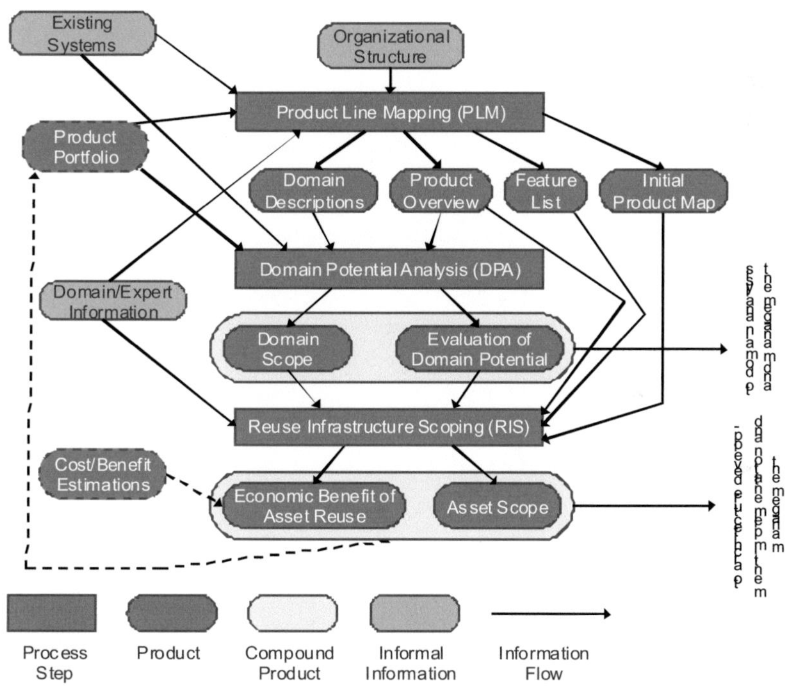

Die Ergebnisse des QFD-PPP können vor allem im Rahmen des PLM, aber auch als Ausgangslage für das RIS genutzt werden: ein großer Teil des Aufwands, den PLM normalerweise verursacht, kann eingespart werden, wenn im Rahmen der Anwendung von QFD-PPP die Produkte und ihre Charakteristika definiert und die Product

[1078] Mit der Gestaltung und Auswahl der Produktlinienarchitektur beschäftigt sich die technical component DSSA, vgl. Anastasopoulos et al. (2000)
[1079] Vgl. Linden et al. (2007), S. 35
[1080] Quelle: Schmid (2003), S. 89

Portfolio Matrix erstellt wurde. Auch die Customer Portfolio Matrix kann hier unterstützend wirken, wenn aufgrund der Workshops oder Interviews Änderungen an der Product Portfolio Matrix geprüft werden. Für das RIS stellt die Wirtschaftlichkeitsanalyse, die im Rahmen des CSP durchgeführt wird, einen wertvollen Input dar, wenn auch die Daten an dieser Stelle aufgrund des Projektfortschritts und des zusätzlich gewonnenen Wissens aktualisiert und detailliert werden können und müssen. Ebenso kann das klassische House of Quality Unterstützung bei der Definition einer Produktlinienarchitektur liefern; es dient dann zusammen mit den Ergebnissen des RIS und der Komponente CDA als Input für das DSSA.[1081] Die gestrichelten Elemente in Abbildung 66 zeigen den Input, den QFD-PPP für PuLSE-Eco liefern kann.

[1081] Vgl. Anastasopoulos et al. (2000), S. 3ff. für die Inputs, die DSSA benötigt und die Schnittstellen zwischen PuLSE-Eco, -CDA und –DSSA.

6 Fallstudien-basierte Evaluation der Methode QFD-PPP

Nachdem mit QFD-PPP in Kapitel 5 eine Methode präsentiert wurde, welche die in Kapitel 4.5 aufgestellten Anforderungen an eine Methode zur Planung modularisierter Softwareproduktplattformen und plattformbasierter Softwareprodukte erfüllen soll, gilt es zu evaluieren, inwiefern dies der Fall ist. Dazu wurde die Methode in drei Fallstudien in zwei Softwareunternehmen prototypisch angewendet und evaluiert. Die Auswahl der Unternehmen und Kontexte der Fallstudien geschah nicht zufallsbasiert, stattdessen wurden sie bewusst ausgesucht.[1082] Sowohl die Unternehmen als auch die Kontexte (insb. die Art der Software, die in eine Softwareproduktplattform überführt werden sollte) sollten einen möglichst breiten Ausschnitt der Möglichkeiten der Anwendung von QFD-PPP abdecken, ohne völlig unverbunden nebeneinander zu stehen. Daher sind Fallstudie 1 und Fallstudie 3 bei einem Unternehmen angesiedelt, welches bislang Individualsoftware entwickelt, während Fallstudie 2 mit einem Hersteller von Standardsoftware durchgeführt wurde. Damit demonstrieren Fallstudie 1 und 3 die Anwendung von Variante C des QFD-PPP, während Fallstudie 2 Variante B repräsentiert. Die Durchführung weiterer Fallstudien war aus zeitlichen Gründen nicht möglich, so dass eine der im Ausblick in Kapitel 0 getroffenen Empfehlungen darin besteht, weitere Fallstudien durchzuführen.

6.1 Fallstudie 1

Nachdem eine initiale Version der Methode QFD-PPP auf verschiedenen Konferenzen vorgestellt und aufgrund ersten Feedbacks verbessert bzw. präzisiert wurde,[1083] erfolgte die erste Iteration der fallstudienbasierten Evaluation in einem Projekt mit der A GmbH, einem mittelständischen Softwarehaus aus Süddeutschland. Die A GmbH beschäftigt sich seit ihrer Gründung vor ca. 20 Jahren mit der Entwicklung von Anwendungssystemen zur Unterstützung der Geschäftsprozesse ihrer Kunden, die größtenteils relativ große bis sehr große produzierende Unternehmen sind. Dabei sieht sich die A GmbH als Full Service Provider, der kundenindividuelle Lösungen entwickelt und diese in die bestehende IT-Landschaft integriert. Ein Geschäftsbereich, der sich in den letzten Jahren stark positiv ent-

[1082] Dieses Vorgehen wird in der Literatur zum Thema Fallstudienforschung empfohlen, vgl. Yin (1989) oder Eisenhardt (1989).

[1083] Exemplarisch sei an dieser Stelle genannt, dass Fragen und Hinweise von Fabrizio Salvador und Frank Piller auf der IMCM 2006 das Verständnis des Autors für Nutzen und Grenzen der Verwendung von QFD in der Open Innovation geschärft und zur Verortung von QFD-PPP als Methode zur kundenorientierten Beschränkung des Lösungsraums geführt haben.

wickelt hat, beschäftigt sich mit der Entwicklung von Unternehmensportalen speziell für den Forschungs- und Entwicklungsbereich. Aufgrund der heterogenen Anforderungen der Kunden in diesem Bereich bauen die verschiedenen Portale zum einen auf ganz unterschiedlichen Systemplattformen auf und nutzen zum anderen nur eingeschränkt gemeinsame Komponenten.[1084] Dennoch erschien der Geschäftsleitung der A GmbH eine stärkere Verwendung unternehmensweit standardisierter Komponenten inhaltlich wie technisch möglich und aufgrund der zunehmenden Wettbewerbsintensität auch wirtschaftlich geboten. Folglich kam hier Variante C des QFD-PPP zum Einsatz.

Eines der ersten Projekte der A GmbH im Bereich Portallösungen resultierte in einem Portal, das einen klar abgegrenzten Teilbereich der Fahrzeugentwicklung eines namhaften Fahrzeugherstellers unterstützt und seit ca. 10 Jahren beim Kunden im Einsatz ist. Dieses Portal wurde aus zwei Gründen für die Evaluation ausgewählt: zum Einen lag auf Seiten des Kunden wie des Anbieters große Erfahrung mit dem Portal vor. Zum Anderen war vorhersehbar, dass das Portal auf absehbare Zeit auf eine neue technologische Plattform gezogen und in diesem Zuge einem Redesign unterzogen werden muss.

Im Rahmen des Moduls **Projektvorbereitung** wurden die Ziele des Projekts abgesteckt, das Projektteam (bestehend aus Mitarbeitern der A GmbH, Mitarbeitern des Fahrzeugherstellers sowie dem Autor dieser Arbeit und einem Assistenten) gebildet, Vorbereitungsgespräche geführt sowie Dokumente analysiert. Eine wichtige Festlegung hinsichtlich der Zielsetzung bestand darin, den Scope des Projekts auf Portale im Bereich der Fahrzeugsicherheit zu beschränken. Dies hatte zur Folge, dass verschiedene andere bereits bestehende Portale nicht einbezogen wurden, sondern lediglich das bereits genannte Portal. Dieses wird allerdings als Referenzprojekt für die Projektakquise in diesem Umfeld aktiv genutzt und auf dessen Basis soll eine interne Portalplattform der A GmbH entstehen. Dies erscheint erfolgversprechend, da das von Fahrzeugen zu erfüllende gesetzliche Regelwerk immer komplexer wird und das Portal eine im branchenweiten Vergleich fortgeschrittene Funktionalität bietet.[1085]

[1084] Zum Thema Plattformen vgl. Kapitel 3.1.3, insb. die Beschreibung der verschiedenen Plattformebenen, die unterschieden werden können.

[1085] Aufgrund der wirtschaftlichen Entwicklung ab ca. Mitte 2008 konnten allerdings bis Abschluss des gemeinsamen Projekts keine weiteren Fahrzeughersteller als Kunden akquiriert werden.

Die anschließende **Customer Value Analysis** wurde großteils im Rahmen eines eintägigen Workshops in den Räumen der A GmbH durchgeführt. Wie in Kapitel 5.3.2 beschrieben, werden im Rahmen der CVA die folgenden Schritte durchlaufen:

- Customer Deployment, d.h. Identifikation von Kundengruppen
- Gewichtung der Kundengruppen
- Auswahl der Kundenrepräsentanten
- Voice of the Customer Analysis (VoCA)
- Gewichtung der Kundenanforderungen
- Aufbereitung der Ergebnisse.

Das Customer Deployment ergab als Kundengruppen den Abteilungsleiter seitens des Fahrzeugherstellers, der das Projekt ursprünglich mit initiiert hatte und immer noch vorantreibt, die zahlreichen Entwicklungsingenieure, welche das System nutzen, sowie die zwei für die Administration sowie die Weiterentwicklung zuständigen Mitarbeiter des Fahrzeugherstellers. Da die beiden Mitarbeiter ebenfalls zur Fachabteilung und nicht zur IT-Abteilung gehören und seit Jahren als Mittelsmänner zwischen den Entwicklungsingenieuren und der A GmbH fungieren, wurden sie sowie der Abteilungsleiter als Kundenrepräsentanten ausgesucht und auf eine Gewichtung der Kundengruppen verzichtet. Im Rahmen der Voice of the Customer Analysis trat ein unerwartetes Problem in den Vordergrund: anders als erwartet, zeigte der Kunde sich von der Gesamtlösung nicht besonders zufrieden, sondern äußerte Unzufriedenheit insbesondere mit den Prozessen im Bereich der Wartung und Weiterentwicklung. Wie aus Einträgen in der Voice of the Customer-Tabelle wie „Flexibilität bei Change Requests", „rasches Agieren in dringenden Fällen" oder „Overhead zurückführen zum Stand von vor 10 Jahren" erkennbar wird und in der Diskussion zu den genannten Karten deutlich wurde, waren die Prozesse im Bereich der Wartung und Weiterentwicklung aus Sicht des Kunden zu unflexibel und zeitraubend. Ebenso wurde die in der Literatur vertretene Sicht, der Kunde orientiere sich in seiner Betrachtung an der Gesamtlösung, nicht nur am Kernprodukt,[1086] bestätigt. Die strategische Positionierung der A GmbH im Projektgeschäft baut nun aber entscheidend darauf auf, vom Kunden als kundenorientierter, flexibler Lösungsanbieter wahrgenommen zu werden. Folglich wurde beschlossen, die Anforderungen an die Prozesse im Bereich der Wartung und Weiterentwicklung ebenfalls zu berücksichtigen, auch wenn sie nicht durch Merkmale des Kernprodukts – sondern eben nur durch Merk-

[1086] Vgl. Simon (1988), S. 469

male der Prozesse – erfüllt werden können. Da diese Prozesse an dieser Stelle durchaus Dienstleistungscharakter besitzen, erscheint dies in diesem Fall angebracht.[1087] Folglich wurde bei der Umsetzung der Voice of the Customer in Kundenanforderungen darauf geachtet, sowohl Anforderungen an das Produkt als auch Anforderungen an die Prozesse zu identifizieren. Die Unterscheidung in Anforderungen an das Produkt einerseits und Anforderungen an die Prozesse andererseits wurde als oberste Ebene in die im späteren Verlauf gebildete Hierarchie der Kundenanforderungen übernommen. Als zweite Ebene kristallisierten sich zehn Kategorien heraus, von denen jeweils fünf den Produkt- bzw. den Prozessanforderungen zuzurechnen sind und denen insgesamt 48 einzelne Kundenanforderungen zugeordnet werden konnten. Abbildung 67 zeigt einen Ausschnitt aus der hierarchisierten und im Konsensverfahren priorisierten Anforderungsliste.

Ebenfalls in Abbildung 67 zu sehen ist das Ergebnis der **Customer Satisfaction Survey**, die in diesem Falle bewusst knapp gehalten wurde: von den drei Kundenvertretern wurden ebenfalls im Konsensverfahren Noten für die aktuelle Zufriedenheit auf der Ebene der Anforderungskategorien vergeben. Wie man sieht, gab es deutliche Unterschiede bei der Gewichtung der Anforderungskategorien, während die Zufriedenheit in den meisten Fällen mit *gut* bewertet wurde.

	Anforderungs-kategorie		Anforderung	Erläuterung	Gewichtung	Zufrieden-heit
A	Kosten-Nutzen-Transparenz				5	2 (1=sehr gut, 5= sehr
	1	A.1	Transparenz der Angebotspreise erhöhen	Einzelne Angebotspositionen detaillieren		
	2	A.2	Kosten und Nutzen transparenter gegenüberstellen			
	3	A.3	Kostentransparenz bei Monatsrapporten	Fachbegriffe/Abkürzungen für Kunde unverständlich		
B	Qualitäts-management				10	3 (1=sehr gut, 5= sehr schlecht)
	1	B.1	Funktionierendes Gesamtsystem, egal ob Problem bei Dienstleister für Betrieb oder A GmbH	Kunde möchte funktionierendes Gesamtsystem, keine gegenseitigen Schuldzuweisungen		
	2	B.2	Gleichbleibend hohe Qualität bei Auslieferung	ausreichend getestete Releases gefordert		
	3	B.3	Konstanz der Systementwickler (weiterhin) sicherstellen			
	4	B.4	Anforderung an A GmbH: Kundenzufriedenheit=Leistung/Erwartungshaltung	Aussage Kunde: Keine zu hohe Erwartungshaltung erzeugen		
C	partnerschaftliche Zusammenarbeit				6	1 (1=sehr gut, 5= sehr
	1	C.1	Wir-Gefühl: gemeinsames Projekt - gemeinsamer			
	2	C.2	Verständigung auf gemeinsame Ziele (zyklisch)			
	3	C.3	Klare Verantwortlichkeiten schaffen und kommunizieren	Insbesondere Verantwortlichkeiten kommunizieren		
	4	C.4	Schließen von GAPs im Verständnis	Bezug auf Präsentation Helferich mit dem GAP-Modell		
D	Innovations-management				5	2 (1=sehr gut, 5= sehr schlecht)
	1	D.1	Einbringen von funktionalen Innovationen durch Entwickler			
	2	D.2	Konsequentes Ausmerzen von Systemschwachstellen	zuerst Analyse, dann Ausmerzen der gefundenen Schwachstellen		
	3	D.3	Analyse der Systemschwachstellen			

Abbildung 67: hierarchisierte und priorisierte Anforderungsliste (Ausschnitt)

[1087] Vgl. hierzu auch Herzwurm (2000), S. 168f. und die dort zitierte Literatur.

Im Anschluss an diesen Workshop wurde dem Entwicklungsteam seitens der A GmbH Zeit gegeben, um sich mögliche Produktmerkmale bzw. Prozessverbesserungsmaßnahmen zu überlegen, die im Rahmen des **Customer Solution Planning** bewertet werden sollten. Im Rahmen einer Teamsitzung wurden hier 46 Produktmerkmale und 56 Prozessverbesserungsmaßnahmen erarbeitet, die in sechs Produktmerkmalsgruppen und neun Prozessverbesserungsmaßnahmengruppen eingeteilt wurden. Im nächsten Schritt wurden in je einer Matrix die Produkt-Anforderungskategorien den Produktmerkmalen bzw. die Prozess-Anforderungskategorien den Prozessverbesserungsmaßnahmen gegenübergestellt.[1088] Beide Matrizen sind in Abbildung 68 bzw. Abbildung 69 abgebildet.

Legende:
Die Erfüllung des Kriteriums [oben] trägt
9 : zwangsläufig und sehr stark
3 : merkbar aber evtl. eingeschränkt
1 : möglicherweise und nur bedingt
0 : nur mittelbar oder ggf. gar nicht
zur Erfüllung der Anforderung [links] bei.

#	Anforderungskategorie	*Featuregruppe*	GUI 4	Schnittstellen 4	Zugriffsschutz 2	Prozessunterstützung 2	Systemoptimierung 4	Stabilität im Betrieb 1	Punktevergabe	Gewichtung d. Anforderungsgruppe	Bedeutung der Anforderungskategorie
2	**Betrieb**						9	9	**7,00**	28,00%	**7,00**
4	**Architektur**		1	1	1		9		**6,00**	24,00%	**6,00**
5	**Administration**		9	3	9	1	3		5,00	20,00%	5,00
4	**Usability**		9	1		9	1		4,00	16,00%	4,00
2	**Datenmanagement**		3	9					3,00	16,00%	4,00
		100%							**25,00**		
	Bedeutung		3,96	2,44	2,04	1,64	5,44	2,52	**1804%**		
	relative Bedeutung		22,0%	13,5%	11,3%	9,1%	30,2%	14,0%		**104%**	
	Rang		**2.**	**4.**	**5.**	**6.**	**1.**	**3.**			

Abbildung 68: House of Quality - Produkt

Da – wie bereits erwähnt – die Zufriedenheit in den meisten Fällen mit *gut* bewertet wurde, ergab sich lediglich für das Qualitätsmanagement eine deutliche Aufwertung zwischen Gewichtung und Bedeutung, da dieses nur mit befriedigend bewertet wurde, während die partnerschaftliche Zusammenarbeit sogar mit sehr gut bewertet wurde und dadurch eine vergleichsweise niedrigere Bedeutung erhielt.[1089] Nach dem

[1088] Abweichend von der in Kapitel 5.3.3 erläuterten Vorgehensweise beschloß das Projektteam, Produktfunktionen und Qualitätsmerkmale nicht getrennt zu bewerten, um die Anzahl der auszufüllenden Matrizen nicht zu groß werden zu lassen, zudem erschienen die klassischen Softwarequalitätsmerkmale in diesem Projekt relativ unproblematisch.

[1089] Wie in Kapitel 5.2.2.2 erläutert, dient diese Vorgehensweise dazu, die Aufmerksamkeit stärker auf diejenigen Anforderungen zu lenken, die aktuell nicht zufriedenstellend gelöst sind. Einer

Ausfüllen der Matrizen wurden die Matrixkonsistenzregeln angewandt, um die Qualität der Matrizen zu überprüfen.[1090] Diese Überprüfung ergab keinen Verbesserungsbedarf, zudem entsprachen die Ergebnisse dem intuitiven Verständnis seitens der Kunden wie der Mitarbeiter der A GmbH darüber, welche Bereiche als nächstes angegangen werden sollten. So korreliert die überragende Bedeutung der Produktmerkmalsgruppen Systemoptimierung und GUI damit, dass das System ein Reengineering benötigt, in dessen Rahmen sowohl die Systemarchitektur als auch die Benutzeroberfläche dem heutigen Stand der Technik angepasst werden müssen.[1091]

Dass die wichtigsten Prozessverbesserungsmaßnahmen in den Bereichen Releasemanagement, Lieferprozess und Anforderungsmanagement liegen (siehe Abbildung 69), ist ebenfalls wenig überraschend, da der Kunde zu lange Releasezyklen sowie Mißverständnisse bzgl. der gewünschten Richtung der Weiterentwicklung beklagt hatte.

Legende:
Die Erfüllung des Kriteriums [oben] trägt
9 : zwangsläufig und sehr stark
3 : merkbar aber evtl. eingeschränkt
1 : möglicherweise und nur bedingt
0 : nur mittelbar oder ggf. gar nicht
zur Erfüllung der Anforderung [links] bei.

#	Anforderungskategorie	*Featuregruppe*	Testmanagement 3	Lieferprozess 2	Anforderungsmanagement 4	Entwicklungsumgebung 1	Angebotsstellung 1	Wissensmanagement 2	Codequalität 2	Releasemanagement 3	Kommunikation (intern+extern) 5	Technologiemanagement 3	Punktevergabe	Gewichtung d. Anforderungsgruppe	Bedeutung der Anforderungskategorie
3	**Kosten-Nutzen-Transparenz schaffen**				3		9				1		5,00	14,29%	3,57
9	**Qualitätsmanagement**		9	9	3	1		1	9	9	1	3	**10,00**	28,57%	**9,52**
4	**partnerschaftliche Zusammenarbeit**		1		3					3	9		**6,00**	17,14%	3,43
3	**Innovationsmanagement**							1			3	9	5,00	14,29%	3,57
7	**flexibler/effizienter Releaseprozess**		1	9	9				1	9	1	1	**9,00**	25,71%	**6,43**
		100%											**35,00**		
	Bedeutung		3,00	4,89	4,11	0,29	1,29	0,43	2,83	5,40	2,66	2,40	**2729%**		
	relative Bedeutung		11,0%	17,9%	15,1%	1,0%	4,7%	1,6%	10,4%	19,8%	9,7%	8,8%		**100%**	
	Rang		**4.**	**2.**	**3.**	**10.**	**8.**	**9.**	**5.**	**1.**	**6.**	**7.**			

Abbildung 69: House of Quality – Prozess

Im Anschluss an die Entwicklung der HoQ-Matrizen wurde mit dem Vertrieb und der Geschäftsführung diskutiert, welche Unterschiede hinsichtlich ihrer Anforderungen andere Fahrzeughersteller voraussichtlich aufweisen. Anders formuliert: es wurde

Anforderung(skategorie), die noch so hoch gewichtet wird, besondere Aufmerksamkeit zu widmen, wenn sie schon sehr gut gelöst wird, wäre unökonomisch.

[1090] vgl. Nakui (1991) S. 142-145 und Herzwurm et al. (2000a), S. 259f..

[1091] Wie bereits erwähnt, wurde das betreffende Anwendungssystem bereits vor ca. zehn Jahren entwickelt und seitdem zwar kontinuierlich weiterentwickelt, dabei wurde aber der Fokus auf funktionelle Erweiterungen und das Ausmerzen von Problemen gelegt. Aufgrund der großen technologischen Weiterentwicklung im Bereich Webtechnologien in diesen zehn Jahren ist es nicht verwunderlich, dass zum jetzigen Zeitpunkt ein größeres Redesign notwendig ist.

überlegt, welche Varianten wahrscheinlich sind, um sicherzustellen, dass diese in der Plattformarchitektur berücksichtigt sind. Dabei wurden zwei Unterschiede als sehr wahrscheinlich eingestuft: zum einen eine Integration der Ergebnisse verwandter Schritte der Fahrzeugentwicklung, die beiderseits zu Synergien führen könnte. Zum anderen schien eine Integration der Belegungsplanung der verschiedenen verwendeten Großgeräte wahrscheinlich. Beides wurde vom bestehenden Kunden bislang nicht angefragt. Auf Anfrage der A GmbH äußerte der Kunde auch keinen Bedarf, durch Gespräche mit potenziellen Kunden kam man aber zur Einschätzung, dass diese Funktionen wahrscheinlich nachgefragt werden. Auf Basis dieser Hypothese wurde eine PPM erstellt. In Abbildung 70 sind diese als Variante 1 (aktuelles System), Variante 2 (beide Funktionen in einer einfachen Ausprägung) und Variante 3 (beide Funktionen in einer sehr komfortablen Ausprägung) dargestellt.

Schnittstellen		Variante 1	Variante 2	Variante 3
	Vollautomatischer und bidirektionaler Datenabgleich	○	●	●
	Schnittstelle Belegungsplanung Geräte	○	◑	●
	Corporate Directory Interface (LDAP)	●	●	●
	Import- und Export-Schnittstelle zu System X	○	●	●
	Scanner- und OCR-Support	○	○	●
	Service-Layer für Datenaustausch	●	●	●
	Plausibilitätschecks beim Datenimport	○	○	●

Legende:
● : Erfüllungsgrad 100%
◕ : Erfüllungsgrad 75%
◑ : Erfüllungsgrad 50%
◔ : Erfüllungsgrad 25%
○ : Erfüllungsgrad 0%

Abbildung 70: PPM für Portale in der Automobilentwicklung (Ausschnitt)

Aufgrund der relativ geringen Anzahl an Teilnehmern am QFD-PPP-Projekt wurde die Evaluation nicht mittels standardisierter Fragebögen, sondern mittels teilstandardisierter Interviews durchgeführt. Diese wurden nicht direkt im Anschluss an die Workshops, sondern erst nach ein paar Monaten durchgeführt, um zusätzlich kontrollieren zu können, welche der geplanten Maßnahmen durchgeführt wurden. Bei dieser Kontrolle zeigte sich ein klarer Schwerpunkt auf Maßnahmen im Bereich der Prozessverbesserung. An verschiedenen Stellen war die Umsetzung allerdings noch offen, was teilweise an fehlenden Budgets lag (siehe auch Abbildung 71). Dennoch war der Abteilungsleiter des Fahrzeugsherstellers sehr zufrieden mit den getroffenen Maßnahmen und sah das Projekt „jetzt wieder auf einem sehr guten Weg“.[1092] Sehr ähnlich äußerte sich auch der Geschäftsführer der A GmbH, der den Prozess ebenfalls begleitete, und sich sehr zufrieden äußerte, dass man durch den Einsatz von QFD-PPP dem Kunden klar signalisieren konnte, flexibel und kundenorientiert zu agieren sowie innovative Methoden einzusetzen und somit das Vertrauen in die Leis-

[1092] Gesprächsnotiz vom 5. Juni 2008

tungsfähigkeit der A GmbH wieder deutlich verbessert zu haben. Zudem sei die priorisierte Liste von Maßnahmen sehr nützlich, um bei Diskussionen über zukünftige Releases und Budgets entscheiden zu können, was getan werden sollte und wofür der Kunde auch bereit sein sollte, zu bezahlen.[1093] Ebenso äußerte er sich positiv über die Unterstützung, welche die Ergebnisse des Projekts bei der Akquise weiterer Kunden bieten.[1094]

Auch die Mitarbeiter, die in Vollzeit mit dem System und seiner Weiterentwicklung beschäftigt sind, äußerten sich positiv: die Mitarbeiter seitens des Kunden waren mit Anzahl und Wirkung der umgesetzten Vorschläge sehr zufrieden.[1095] Der Projektleiter der A GmbH benannte den Einsatz von QFD-PPP als Grund für die eindeutige Identifizierung der Bereiche mit dem größten Handlungsbedarf und hatte die weitere Arbeit an Verbesserungsmaßnahmen auf die Agenda seiner regulären Arbeit gesetzt.[1096]

	Produktmerkmale/Prozessverbesserungsmaßnahmen	Status	Erläuterung/Beschreibung
VIII	Lieferprozess		
a	*Klar definierter Lieferprozess*	*für SQL-Skripte in Erprobung*	
b	*Lieferungs-Checklisten für RZ-Betreiber*	*offen*	
c	*standardisierter und vereinfachter Lieferprozess*		
d	*angepaßte Migrationsanleitung*	*Feedback von RZ-Betreiber einholen*	
IX	Releasemanagement		
a	*Vorrangige Bearbeitung von Hot Fix-Releases*	*umgesetzt*	
b	*Automatisierter Build-Prozess*	*umgesetzt (Finanzierung A GmbH)*	
c	*kurze Iterationen = kleine Releases*	*offwn*	
d	*Puffer für "Dringendes" vorsehen*	*offen*	
e	*Trennung geplante Releases <-> kurzfristige Verbesserungen*	*offen*	
f	*nicht zu viele Releases parallel bearbeiten*	*als Regel festgelegt*	

Abbildung 71: Liste Produktmerkmale und Prozessmaßnahmen (Ausschnitt)[1097]

6.2 Fallstudie 2

Die zweite Iteration der Evaluation von QFD-PPP erfolgte bei einem Hersteller einer Standardsoftware im Bereich Rechenzentrumsbetrieb, dessen Hauptgeschäftsfeld im Betrieb von Rechenzentren und des Outsourcings liegt. Dieser Hersteller – im Folgenden B GmbH genannt, überlegte im Rahmen eines geplanten technischen Redesigns auch, ein weiteres Marktsegment durch eine abgespeckte Version seines Produkts zu bedienen (Variante B des QFD-PPP). Letztendlich soll jeder Kunde eine optimal auf ihn abgestimmte Version des Produktes erhalten, dies soll aber primär

[1093] Vgl. Gesprächsnotiz vom 5. Juni 2008
[1094] Vgl. Gesprächsnotiz vom 5. Juni 2008
[1095] Vgl. Gesprächsnotiz vom 23 .Juli 2008
[1096] Vgl. Gesprächsnotiz vom 23.7. 2008
[1097] Vollständige Liste in Abbildung 83 bis Abbildung 86 im Anhang

durch Self Customization bzw. Anpassung im Vertrieb realisiert werden.[1098] Aus Marketinggründen soll das Produkt als leistungsfähig, aber in der Basisversion besonders einfach und kostengünstig positioniert werden.

Im Rahmen der **Projektvorbereitung** wurde dieses Ziel weiter detailliert: die bestehende Planung der Weiterentwicklung des Standardprojekts sollte dahingehend überprüft (und ggf. angepasst) werden, ob sie die Anforderungen des bislang angepeilten Marktsegments abdeckt. Zudem sollten die Wettbewerbsprodukte hinsichtlich ihrer diesbezüglichen Abdeckung untersucht werden. Zusätzlich sollte analysiert werden, inwiefern sich die Anforderungen des angepeilten neuen Marktsegments von denen des bestehenden Marktsegments unterscheiden und welche Auswirkungen diese Unterschiede auf die Produktcharakteristika haben.

Die **Customer Value Analysis** für das bestehende Kundensegment wurde wie in der ersten Iteration im Rahmen eines eintägigen Workshops durchgeführt, hierzu wurden neben Vertretern aus Marketing und Vertrieb sowie Entwicklung der B GmbH auch Vertreter mehrerer Kunden, Vertreter eines potenziellen Kunden sowie ein Branchenexperte eingeladen. Komplettiert wurde das QFD-PPP-Team durch den Autor dieser Arbeit und seinen Assistenten sowie einen Marketingexperten, welcher für das Softwarepaket ein neues Marketingkonzept erstellen sollte. Als Kundengruppen wurden die eigentlichen Nutzer der Software, die als sog. Operatoren dafür verantwortlich sind, dass die verschiedenen Tasks im von ihnen betreuten Rechenzentrum wie geplant ablaufen, sowie die Vorgesetzten der Operatoren, die dem mittleren IT-Management angehören, identifiziert. Vertreter beider Gruppen wurden eingeladen, auf eine formale Gewichtung der beiden Kundengruppen wurde auf gemeinsamen Beschluss hin aber verzichtet.

Die Voice of the Customer Analysis erbrachte 71 Kundenanforderungen, die in 12 Anforderungskategorien eingeteilt wurden. Diese wurden dann von den Kundenvertretern gewichtet, anschließend war der Workshop abgeschlossen. Im Anschluss an den Workshop wurde mit drei Unternehmen, die den vom Marketing vorgegebenen Charakteristika des zweien Kundensegments entsprechen, die Liste der Kundenanforderungen besprochen. Ziel dieser Besprechung war es, zu evaluieren, inwiefern das potenzielle zweite Kundensegment dieselben Kundenanforderungen an das System hat, oder ob sich die Kundenanforderungen bzw. deren Gewichte von dem bestehenden Kundensegment unterscheiden. Wie erwartet ergaben sich Unter-

[1098] Vgl. Kapitel 2.3.4

schiede in der Bedeutung der Kundenanforderungen: eher grundlegende Anforderungen wurden relativ gesehen höher bewertet, während einige der fortgeschrittenen Anforderungen geringer bewertet wurden (siehe Abbildung 72). Im Detail ergaben sich aber unerwartete Unterschiede in den Anforderungen zwischen den drei Unternehmen, die zu der Erkenntnis führten, dass das angestrebte neue Kundensegment nicht so homogen ist wie erwartet: definiert war das Kundensegment als Unternehmen mit mittelgroßem Rechenzentrum (entweder als Teil der internen IT oder als Rechenzentrumsbetreiber), die oftmals bislang kein derartiges System einsetzen, sondern diese Aufgaben von Hand wahrnehmen. Eines der befragten Unternehmen bräuchte das System primär zur Unterstützung seines SAP-Systems, so dass verschiedene Anforderungen wie Mandantenfähigkeit oder Geschäftsprozessmonitoring nicht von Bedeutung sind. Das zweite Unternehmen benötigt dafür die Unterstützung verschiedener Zeitzonen nicht, die den beiden anderen Unternehmen wichtig ist, da es aktuell und auf absehbare Zeit nur in Deutschland tätig ist. Das dritte Unternehmen schließlich setzt besonderen Fokus auf die Mandantenfähigkeit, da es neben seiner eigenen IT auch als Dienstleister für andere Unternehmen deren Systeme administriert.

	Anforderungskategorie	Gewichtung Segment 1	Gewichtung Segment 2
A	Administration	7,5%	8,2%
B	Oberfläche	11,3%	13,1%
C	Jobnetz-Design	17,5%	16,4%
D	Monitoring	11,3%	4,9%
E	Job-Operation	5,0%	1,6%
F	Job-Processing	8,8%	23,0%
G	Infrastruktur	13,8%	14,8%
H	Reporting	3,8%	4,9%
I	Schnittstellen	10,0%	3,3%
J	Nachvollziehbarkeit	6,3%	8,2%
K	Kundenorientierte Weiterentwicklung	2,5%	0,0%
L	24/7 Support	2,5%	1,6%

Abbildung 72: Anforderungsgewichte der Kundensegmente im Vergleich

An dieser Stelle zeigt sich der in Kapitel 4.2.1.2.3 angesprochene Konflikt zwischen Kaufverhaltensrelevanz und Erreichbarkeit: während das geplante Marktsegment für die Kundenansprache sehr gut geeignet und ziemlich klar abgegrenzt, vor allem aber auch nicht zu klein ist, sind die Bedürfnisse innerhalb des Segments zu wenig homogen, um durch ein einziges klar definiertes Produkt abgedeckt zu werden (bzw. ein solches Produkt würde nur von Teilen des Segments gekauft). Stattdessen wiesen die Ergebnisse der Befragung des potenziellen Kundensegments darauf hin, dass marktseitig ein Baukastensystem propagiert werden sollte, das aus einem Basissystem und verschiedenen voneinander unabhängigen Zusatzmodulen besteht. Auf dieser Basis beschloss die B GmbH, das geplante zweite Kundensegment beizubehalten und das Basissystem relativ aggressiv zu bepreisen, so dass Einsteiger geködert werden können. Gleichzeitig wird in der Ansprache an das bereits bediente Kundensegment darauf verwiesen, wie leistungsfähig ein voll ausgebautes System ist und wie lange Referenzkunden ein derartig ausgebautes System bereits nutzen.

Welche Anforderungen an ein solches Basissystem gestellt werden, lässt sich aus den Ergebnissen der Customer Value Analysis der beiden Kundensegmente gut ablesen, so dass die Ergebnisse im Customer Solution Planning problemlos weiterverwendet werden konnten. Beispielsweise sind die Anforderungskategorien Infrastruktur und Jobnetz-Design bei beiden Segmenten ca. gleich wichtig, während Schnittstellen für das bestehende Kundensegment von deutlich größerer Bedeutung sind (vgl. Abbildung 72).

Anforderungskategorie	funktionale Anforderung	Aktuelle Zufriedenheit (10=sehr gut, 1= sehr schlecht)	Ø	Kunde 1	Kunde 2	Wettbewerber A		
Administration		6,43				6,43		
	Einfaches Berechtigungskonzept		6,5	6	7		8	1,5
	Einfache Identifikation von Nutzern		7,5	6	9		9	1,5
	Aufwandsarme Softwareverteilung (Paketierung)		5	5	5		5	0
	Einfache (De-)Installation von Agenten		6,5	5	8		4	-2,5
	Konfigurierbare Systemparameter		7,5	6	9		7	-0,5
	Einfache und übersichtliche Systemadministration		6,5	5	8		8	1,5
	Aufwandsarme Releasewechsel		5,5	5	6		4	-1,5
Oberfläche		5,59				7,36		
	anpassbare Benutzeroberfläche		4,5	2	7		7	2,5
	grafische Darstellung von Jobnetzen		3,5	2	5		7	3,5
	tabellarische Darstellung von Jobnetzen		5,5	2	9		6	0,5
	versionsübergreifende Kontinuität in der Benutzerführung		7,5	6	9		8	0,5
	ergonomische Benutzeroberfläche		6	5	7		8	2
	einfache Unterscheidbarkeit zwischen Mandanten		2,5	1	4		8	5,5
	Referenzierung - Verwendungsliste Massenänderung		7	5	9		7	0
	Visualisierung von mehreren Jobnetzen		3	1	5		8	5
	kurze Antwortzeiten für den Endbenutzer		8,5	9	8		8	-0,5
	Online-Hilfe		7	5	9		7	0
	Benutzerführung		6,5	5	8		7	0,5
Jobnetz-Design		6,83				6,73		
	Kontrolle von Jobplanung		8,5	8	9		8	-0,5
	Simulation von "Was ist wenn..."-Fällen		8	8	8		7	-1
	Forecasting		5,5	2	9		8	2,5
	Steuerung von Job-Parallelität (ressourcenabhängige)		9	9	9		9	0
	Editierbarkeit von Jobnetzen auf grafischer Ebene		2,5	1	4		6	3,5
	Editierbarkeit von Jobnetzen in Tabellen		4,5	1	8		8	3,5
	Jobnetzabhängigkeit auf sich selbst konfigurierbar		5,5	2	9		5	-0,5
	Klonen von Jobnetzen		6,5	4	9		7	0,5

Abbildung 73: Kundenanforderungen, Zufriedenheit und Wettbewerbsvergleich (Ausschnitt)[1099]

[1099] Vollständige Liste in Abbildung 91 und Abbildung 92 im Anhang

Für das bestehende Kundensegment wurde im Anschluss an die Customer Value Analysis eine **Customer Satisfaction Survey** in Verbindung mit einer Wettbewerbsanalyse durchgeführt. Abbildung 73 zeigt einen Ausschnitt aus der Tabelle, in der zu jeder Kundenanforderung die aktuelle Zufriedenheit zweier aktueller Kunden mit dem System sowie eine Bewertung für ein Wettbewerbsprodukt eingetragen ist.[1100]

Im vorliegenden Projekt zeigte sich, dass die Ergebnisse der Kundenzufriedenheitsanalyse zwar nicht unkritisch übernommen, aber vielfältig verwendet werden können:

- So bestanden teilweise erhebliche Abweichungen zwischen der Zufriedenheit von Kunde A und Kunde B mit dem System (z.B. bei Kundenanforderung B.3 tabellarische Darstellung von Jobnetzen), die teilweise dadurch begründet waren, dass Kunde A ein älteres Release des Systems einsetzt, teilweise aber auch auf Schulungsbedarf hinwiesen.[1101]
- Sowohl die Gewichtung als auch die Zufriedenheit mit der aktuellen Erfüllung der Anforderungen wurden vom Vertrieb als sehr interessante Information eingeschätzt, trotz der geringen Datenbasis (jeweils ein Fragebogen) aber auch die Informationen zu den Wettbewerbern. Aus Vertriebssicht sind Kundenanforderungen bzw. die dahinterstehenden Bedürfnisse noch bessere Argumente als Features des Systems. Das Wissen, welche Kundenanforderungen das eigene System deutlich besser erfüllt als dasjenige, welches ein Interessent aktuell einsetzt, ist aus Vertriebssicht von höchster Relevanz.
- Ähnlich verhält es sich aus Sicht des Marketings, welches ohnehin stärker nutzenorientiert und weniger technikzentriert Werbung für das System machen wollte und durch das Wissen, welche Kundenanforderungen besonders wichtig und aktuell gut erfüllt sind, sehr gut unterstützt wird.[1102] Nicht zuletzt konnte die externe Marketingagentur durch die Teilnahme eines ihrer Mitarbeiter an den Workshops sehr zeitnah, detailliert und umfassend informiert werden, ohne dass der B GmbH weiterer Aufwand entstanden wäre.

[1100] Die Werte für die Kundenzufriedenheit mit den Wettbewebsprodukten stammen im einen Fall von einem potenziellen Kunden der B GmbH und im anderen Fall von einem Branchenexperten. Beide hatten ebenso wie die befragten aktuellen Kunden der B GmbH am Customer Value Analysis-Workshop teilgenommen und die Fragenbögen zur Zufriedenheit im Anschluss an die Sitzung zugesandt bekommen und ausgefüllt zurückgesandt.

[1101] Auf Schulungsbedarf weist das Ergebnis hin, da das System in dem von diesem Kunden inzwischen genutzten Release die Anforderung eigentlich gut unterstützt, der Kunde aber schon länger Kunde ist, und das System an dieser Stelle noch so nutzt, wie es mit dem alten Release genutzt werden sollte, folglich die neuen Funktionen nicht ausnützt, da er in Verbindung mit dem Upgrade keine Schulung besucht hatte.

[1102] Vgl. Herzwurm und Pietsch (2008), S. 143ff. zur Vermittlung des Kundennutzen auf den Ebene Feature, Benefit und Value und der Nutzung dieser Ebenen zur Argumentation im Vertriebsprozess.

- Nicht zuletzt stellen die Gewichtung, die Kundenzufriedenheit und der Wettbewerbsvergleich wichtigen Input für die Weiterentwicklung des Systems dar.

Neben der Erhebung und Berechnung der Gewichte, der Kundenzufriedenheit und der Daten zu den Wettbewerbsprodukten wurden diese Informationen auch noch auf verschiedene Art grafisch aufbereitet und ausgewertet. Exemplarisch seien die Auswertung von Kundenzufriedenheit und Gewichtung der verschiedenen Kundenzufriedenheitskategorien in Abbildung 74 und der Vergleich der Gewichte, welche die beiden Kundensegmente den einzelnen Kundenanforderungskategorien zumessen in Abbildung 75 genannt.

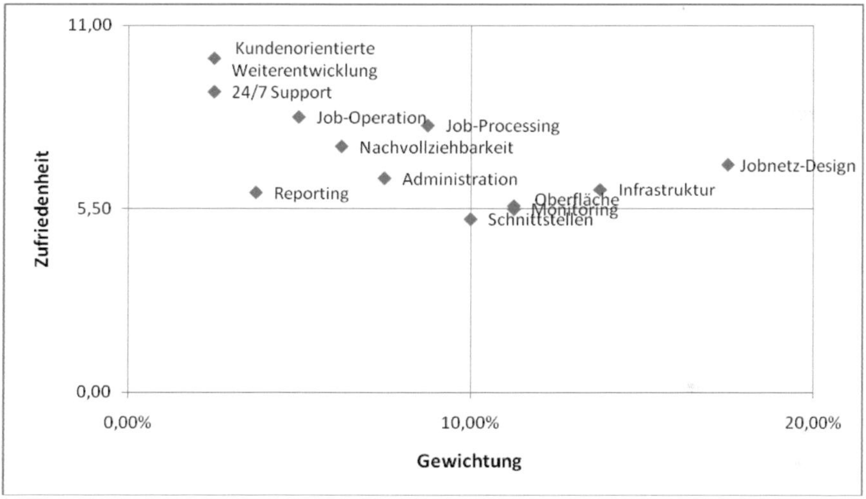

Abbildung 74: Gewichtungs-Kundenzufriedenheits-Portfolio

Auf Basis der in Customer Value Analysis und Customer Solution Survey gewonnenen Informationen wurden die Planungen für die Weiterentwicklung überarbeitet und insgesamt 71 potenzielle Produktmerkmale in 12 Merkmalsgruppen im Rahmen des **Customer Solution Plannings** in einem weiteren Workshop vorgestellt und anschließend bewertet.

Abbildung 76 zeigt das resultierende House of Quality. Die Anwendung der Matrixkonsistenzregeln führte hier zu einer Diskussion über die Merkmalsgruppe *Kundenorientierte Weiterentwicklung, 24/7 Support*. Nachdem es hier aber – abweichend von der ersten Fallstudie – nicht notwendig erschien ein besonderes Gewicht auf die Prozessmerkmale zu legen, erschien es aufwandsökonomisch, anstatt einer kompletten Matrix für Prozessanforderungen und Prozessmerkmale lediglich die

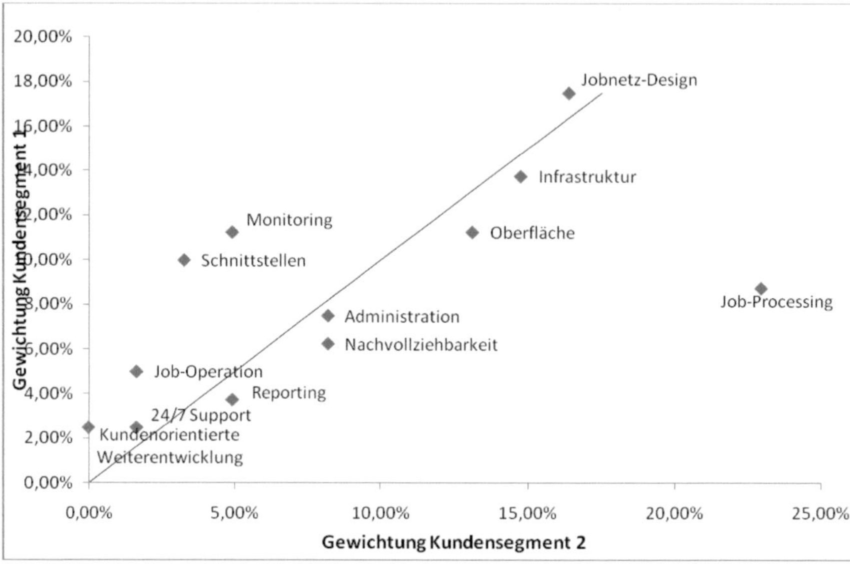

Abbildung 75: Portfolio der Gewichtung durch die beiden Kundensegmente

Legende:
Die Erfüllung des Kriteriums [oben] trägt
9 : zwangsläufig und sehr stark
3 : merkbar aber evtl. eingeschränkt
1 : möglicherweise und nur bedingt
0 : nur mittelbar oder ggf. gar nicht
zur Erfüllung der Anforderung [links] bei.

	Anforderungs-kategorie	*Featuregruppe*	Architektur 2	GUI 4	Sicherheit 2	Systemeinstellungen (Reorganisation) 7	Jobnetz 5	Regelwerke (Events/Abhängigkeiten) 5	Trennung von Design- und Runtime-Daten 4	Jobdurchführung 2	Überwachung 4	Reporting (Revisionssicherheit, List Views, Reports, 5	Utilities/Schnittstellen (Export/Import, SRPD) 7	Kundenorientierte Weiterentwicklung; 24/7 Support 12	Punktevergabe	Gewichtung d. Anforderungsgruppe	Bedeutung der Anforderungs-kategorie
6	**Administration**		9	3	9	9							3	1	**6,00**	7,50%	2,33%
5	**Oberfläche**			9		9	3					1		1	**9,00**	11,25%	4,02%
8	**Jobnetz-Design**			9		9	9	9	9	1			3	1	**14,00**	17,50%	5,12%
4	**Monitoring**			3							9	9		1	**9,00**	11,25%	4,09%
6	**Job-Operation**					3	3	9	9		3			1	4,00	5,00%	1,21%
8	**Job-Processing**					9	9	9	9	9	9		9	1	**7,00**	8,75%	2,19%
5	**Infrastruktur**		9		3	9							9	1	**11,00**	13,75%	4,52%
3	**Reporting**											9	3	1	3,00	3,75%	1,25%
4	**Schnittstellen**							9				9	9	1	**8,00**	10,00%	3,85%
8	**Nachvollziehbarkeit**					3	3	9	9		3	9	9	1	5,00	6,25%	1,69%
1	**Kundenorientierte Weiterentwicklung**													9	2,00	2,50%	0,50%
1	**24/7 Support**													9	2,00	2,50%	0,56%
		100%													**80,00**		
	Bedeutung mit Zufriedenheit		0,62	1,02	0,35	1,72	0,87	1,27	0,92	0,25	0,65	1,02	1,36	0,40	**10,43**		
	relative Bedeutung		5,9%	9,7%	3,3%	16,5%	8,3%	12,1%	8,8%	2,4%	6,3%	9,8%	13,1%	3,8%			
	Rang		**9.**	**5.**	**11.**	**1.**	**7.**	**3.**	**6.**	**12.**	**8.**	**4.**	**2.**	**10.**			

Abbildung 76: House of Quality für Kundengruppe 1

Merkmalsgruppe *Kundenorientierte Weiterentwicklung, 24/7 Support* sowie die beiden Anforderungskategorien *Kundenorientierte Weiterentwicklung* und *24/7 Support* als „Prozessvertreter“ in die ansonsten rein produktorientierte Matrix aufzunehmen. Hinsichtlich der Bedeutung der Merkmalsgruppen bestand Konsens, dass diese plausibel erscheinen und die Bereiche *Systemeinstellungen*, *Utilities/Schnittstellen* und *Regelwerke* so wie sie vorgestellt wurden, Schwerpunkte der Weiterentwicklung darstellen sollten.

Tabelle 17: Zuordnung Funktionen - Basis/Optional/Vollversion (Ausschnitt)

		Produktmerkmale	Basis	Optional	Vollversion
I	Architektur				
	a	Three-Tier Architektur	x		x
	b	Cluster-Konzept		x	x
	c	Installer (setup.exe)/Install Package (install.sh)	x		x
	d	GUI Smart Client per Click-Once	x		x
	e	Microsoft Terminal Server geeignet (Citrix)	x		x
II	GUI				
	a	Zentrales Login	x		x
	b	Geführtes Streamdesign	x		x
	c	Effektive Bedienung per Tastatur	x		x
	d	Tool Tips/F1 Hilfe/Schlüsselwörter/Index	x		x
	e	Mehrsprachigkeit / Datenformat UTF8/16		x	x
	f	Stream Explorer/Tree View	x		x
	g	Funktionsorientierte Navigation	x		x
	h	Streamnetzplanübersicht per MindManager		x	x
III	Sicherheit				
	a	WCF (Secure SOAP Messages)	x		x
	b	TLS/X.509		x	x
	c	Autorisierung auf Basis eines Rollenkonzepts/Mandant	Rollen	Mandant	Rollen & Mandanten
	d	Authentifizierung auf oberster Systemebene	x		x
	e	Logische Datentrennung	x		x

Wie bereits erwähnt, ergaben sich in den Anforderungen der drei Mitglieder des angepeilten neuen Kundensegments größere Unterschiede, die es unwahrscheinlich machen, mit einem einzigen Produkt die Anforderungen dieses Segments zielgenau zu erfüllen. Gleichzeitig war man aufgrund der kleinen Datenbasis und den Problemen, weitere Mitglieder dieses Segments für eine Befragung zu erhalten, nicht sicher, wie man das Segment so zuschneiden müsste, um es mit z.B. drei oder vier

Varianten zu bedienen. Daher erschien es angebracht, nicht mit einer festen Anzahl Varianten am Markt aufzutreten, sondern stattdessen die „Vollversion“ (entspricht dem bislang angebotenen Produkt inkl. Weiterentwicklungen) und ein Basissystem, das aber durch verschiedene Module ergänzt werden kann, anzubieten. Da die Kunden bei dieser Art von Software gewöhnt sind, für zusätzliche Clientlizenzen sowie Serverbetriebssysteme zusätzlich zu bezahlen, erscheint dieses „Cafeteriasystem“ vielversprechend.[1103] Tabelle 17 zeigt einen Ausschnitt aus den identifizierten Produktmerkmalen und deren Zuordnung zum Basissystem bzw. als optionales Modul sowie zur Vollversion.

Tabelle 18: Einschätzung der Kundenvertreter

Kategorie	Item	Ø
System	PRODUKT ist aktuell ein innovatives Produkt	2,33
	PRODUKT ist aktuell von hoher technischer Qualität	2,00
	PRODUKT entwickelt sich in die richtige Richtung	1,50
	PRODUKT wird zukünftig ein innovatives Produkt sein	1,60
	PRODUKT wird zukünftig von hoher technischer Qualität sein	1,50
Prozess	Mir ist klar, in welche Richtung sich das System entwickelt	1,60
	Der Entwicklungsprozess läuft klar und strukturiert ab	1,60
	Ich konnte auf die Weiterentwicklung des Systems Einfluß nehmen	2,00
	Die Weiterentwicklung des Systems orientiert sich daran, wo aus Sicht des Kunden Verbesserungspotenzial besteht	1,80
	Ich konnte in den Workshops einbringen, was mir wichtig ist	1,25
	Die Ergebnisse der Workshops spiegeln meine Anforderungen an das System gut wider	1,80
	Der QFD-Prozess lief klar und strukturiert ab	2,00
	Der QFD-Prozess war für mich verständlich	1,80
	Der QFD-Prozess hat zu objektiven Entscheidungen geführt	2,40
Gesamteinschätzung	Meine Teilnahme war vergeudete Zeit	5,00
Skala:	1= völlige Zustimmung, 5= völlige Ablehnung. Zusätzlich Kategorie für "keine Antwort"	

Nach Abschluss des Projekts wurden sowohl die beteiligten Kundenvertreter als auch Mitarbeiter der B GmbH zu ihrer Einschätzung des Projekts und der Methode QFD-PPP befragt. Wie Tabelle 18 zeigt, waren die aktuellen und potenziellen Kunden (sowie der Branchenexperte als Multiplikator) nach Ablauf des Projekts von der aktuellen, insbesondere aber der zukünftigen Leistungsfähigkeit des Produkts überzeugt und mit dem Prozess sowie seinen Ergebnissen größtenteils zufrieden.

Wie auch den Kommentaren, die in einem Freitextfeld angegeben werden konnten, zu entnehmen ist, war der Prozess aufgrund der Betrachtung des kompletten und vielschichtigen Systems recht komplex und daher nicht für alle Teilnehmer jederzeit verständlich. Beispielsweise äußerte sich Teilnehmer 5 u.a. wie folgt: „Die Beur-

[1103] Vgl. auch Evans und Webster (2007).

teilung der Lösungsvorschläge bzw. die Fragestellung dazu war nicht immer klar.",[1104] während Teilnehmer 2 anmerkte: „Am ersten Workshoptag habe ich mich etwas schwer getan, all die Vorteile, die [PRODUKT] schon heute bietet, quasi als Ausgangslage in Kundenanforderungen auszudrücken und gleichzeitig noch all das Neue zu formulieren, das ich mir in Zukunft wünsche."[1105] Ebenso war es etwas problematisch, dass bereits eine Planung der zukünftigen Entwicklung bestand, die auch größtenteils beibehalten werden sollte.[1106]

Ähnlich äußern sich auch die Mitarbeiter der B GmbH, die anders als die Kundenvertreter nicht mittels eines Fragebogens sondern mittels eines teil-standardisierten Interviews befragt wurden. So urteilt der Leiter der Entwicklung: „Die Methode der QFD-Analyse war für die Kunden verständlich. Allerdings war der Funktionsumfang der Software zu umfangreich, um den Kunden das Produkt wirklich verständlich zu machen."[1107] Insbesondere das Verständnis für die Bedürfnisse des Kunden sei durch die Workshops und die Befragung der drei Vertreter des angepeilten neuen Kundensegments deutlich gestiegen. Bspw. äußert sich der Leiter Entwicklung wie folgt: „Auch das Verständnis für die Kundenanforderungen von Klein- bzw. Mittelständlern hat sich bei mir verbessert. Es ist klar geworden, dass dieser Kundenkreis wesentlich mehr an technischen Detailfunktionalitäten interessiert ist. Anforderungen an Mehrsprachigkeit, Zeitzonen oder Regelwerken sind eher zweitrangig."[1108] Auf die Frage, welche Erkenntnisse über das angestrebte neue Kundensegment gewonnen wurde, antwortet der Leiter Vertrieb: „[Das Ergebnis] zeigt, dass man nicht pauschal Lösungskategorien weglassen kann, sondern dass je Kategorie unterschiedliche Ausprägungen benötigt werden. Die Kleinen haben eine deutlich funktionalere Sicht auf das Produkt."[1109] Ähnlich äußert sich der Vertriebsleiter auch auf die Frage, ob seiner Meinung nach QFD-PPP sie dabei unterstützt hat, die Zuordnung von Komponenten zum Basissystem bzw. als optional korrekt vorzunehmen „JA! Das Verständnis über elementare und Zusatzfunktionen ist gewachsen."[1110] Hieraus ergaben sich auch Auswirkungen auf die Produktplanung und die Reihenfolge der Implementierung neuer Funktionen: „Drei Themen habe ich

---

[1104] Kundenvertreter-Fragebogen Nr. 5
[1105] Kundenvertreter-Fragebogen Nr. 2
[1106] Vgl. wiederum Kundenvertreter Nr. 5:„Die Lösung und das Konzept waren schon weitgehend vorgefertigt. Unabhängig vom Workshop." (Kundenvertreter-Fragebogen Nr. 5)
[1107] Gesprächsnotizen vom 2.12.2008
[1108] Gesprächsnotizen vom 2.12.2008
[1109] Gesprächsnotizen vom 6.11.2008
[1110] Gesprächsnotizen vom 6.11.2008.

im Anschluss an den Workshop noch einmal überdacht. Die [..]-Schnittstelle ist von Release 3 auf Release 2 vorgezogen worden. Die Anforderungen an das [..] wurden ergänzt. Das Thema [..] ist erst einmal zurückgestellt worden."[1111] Auch die im Rahmen der CSS durchgeführte Analyse einiger Wettbewerber wurde gut angenommen, hätte allerdings von einer größeren Teilnehmerzahl profitiert.[1112,1113] Dass die Methode trotz einer bestehenden User Group, die sich regelmäßig trifft und Verbesserungsmöglichkeiten diskutiert,[1114] so gut angenommen wird, spricht zusätzlich für die Methode.

6.3 *Fallstudie 3*

Als dritte Iteration der Evaluation der Methode QFD-PPP wurde ein zweites Projekt bei der A GmbH gewählt. Dieses fand wiederum im Bereich komplexer Portallösungen im Forschungs- und Entwicklungsbereich mittelständischer und großer Unternehmen statt. Allerdings wurde – nachdem das in Kapitel 6.1 beschriebene Projekt erfolgreich abgeschlossen war – dieses Mal der Scope weiter gefasst: nun sollten verschiedene Portalsysteme, die weite Bereiche aus Forschung & Entwicklung sowie technischem Vertrieb abdecken, einbezogen werden. Diese sollen mittelfristig auf eine gemeinsame Plattform gebracht werden, wofür das im Folgenden beschriebene Projekt das Ziel definieren und den Weg aufzeigen sollte. Neben dieser Entscheidung wurde im Rahmen der **Projektvorbereitung** noch beschlossen, zwei Kundenunternehmen einzubeziehen. Eines der beiden Unternehmen (im Folgenden als Kunde 1 bezeichnet) ist ein großer Modul-Zulieferer für den Fahrzeug- und Schiffsbau und setzt das Portal v.a. zur Unterstützung der weltweit verteilten Vertriebspartner ein, die mit Hilfe des Systems kundenindividuell angepasste Module für die Endkunden konfigurieren und bestellen sowie Ersatzteile bestellen. Das andere Unternehmen (im Folgenden als Kunde 2 bezeichnet) ist ein Hersteller von Spezialfahrzeugen und verwendet das Portal im Entwicklungsbereich, um die Daten (u.a.

[1111] Gesprächsnotizen vom vom 2.12.; Auslassungen aufgrund Vertraulichkeit der Information

[1112] Vgl. Vgl. Gesprächsnotizen vom vom 6.11.2008. sowie Gesprächsnotizen vom 2.12. (Leiter Entwicklung): „Ich könnte mir vorstellen, die QFD-Methode zur Bewertung von Wettbewerben bzw. deren Systemen einzusetzen. Dies kann die Marktbeobachtung sehr gut ergänzen."

[1113] Vgl. Simon (1988), S. 466-468 zur Bedeutung und einigen Maßnahmen zur Durchführung der Konkurrenzanalyse oder Bittner (1994), S. 46ff. zu praxisnahen Tipps (diese mögen teilweise nicht mehr ganz aktuell sein, aber größtenteils sind sie immer noch relevant, lediglich die Informationsbeschaffung ist durch das Internet oftmals deutlich einfacher geworden). In neueren Jahren hat das Thema unter dem Begriff der Competitive Intelligence Aufmerksamkeit gewonnen, vgl. z.B. Heilmann et al. (2006).

[1114] Eine derartige Verwendung von User Groups, aber auch die unabhängigen User Groups innewohnenden Gefahren für das Unternehmen thematisiert Lippold (1998), S. 239ff.

Konstruktionszeichnungen und Stücklisten) zu den Spezialfahrzeugen, für die oftmals kundenindividuelle Bauteile verwendet werden, zu verwalten. Da in beiden vorangegangenen Iterationen das Thema Detailgrad der Anforderungen und Lösungen als Herausforderung auffiel (in der ersten Fallstudie war der Detailgrad eher zu niedrig gewählt, in der zweiten Fallstudie war der Detailgrad eher zu hoch und damit die Größe der Matrizen nur noch schwer handhabbar), wurde hier beschlossen, einen Mittelweg zu versuchen und einerseits recht detaillierte Kundenanforderungen, andererseits aber nicht besonders detaillierte Produktcharakteristika, die zudem auf einer Referenzarchitektur aufbauen, zu verwenden.

Im Rahmen der **Customer Value Analysis** wurden in gewohnter Weise die Kundenanforderungen gesammelt, strukturiert und gewichtet (in diesem Fall mittels AHP).[1115] Da Kunde 1 das Portal erst seit kurzer Zeit einsetzt und daher noch keine verlässlichen Aussagen zur Zufriedenheit machen konnte, wurde lediglich für den Kunden 2 eine **Customer Satisfaction Survey** durchgeführt. Deren Ergebnisse wiederum wurden durch den in Kapitel 5.2.2.2 erläuterten Algorithmus nach Herzwurm et al. als Korrekturfaktor in die Gewichtung einberechnet, so dass eine hohe Zufriedenheit die Bedeutung vergleichsweise gering ausfallen lässt. Dies entspricht der Aussage, dass verhältnismäßig weniger Aufwand in die weitere Erfüllung dieser Anforderung gesteckt werden sollte). Wie Abbildung 77 zeigt, führte dies dazu, dass einige wenige Anforderungen auffallend hohe Bedeutung bekommen haben, während ein großer Teil der genannten Anforderungen nur sehr gering ins Gewicht fällt.

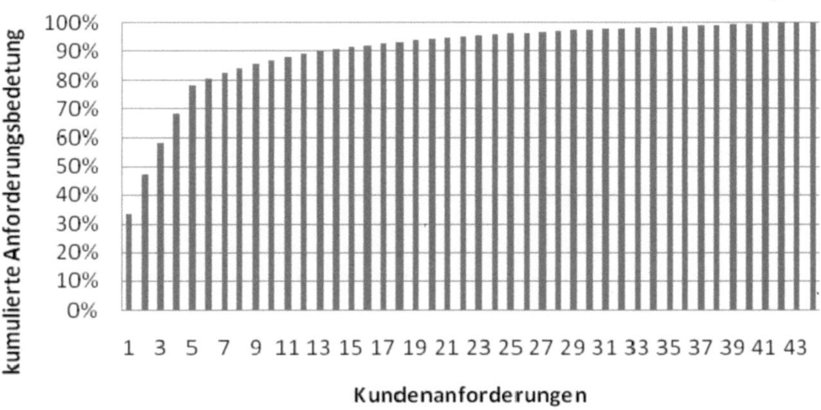

Abbildung 77: Paretodiagramm für Kunde 2

[1115] Vgl. Kapitel 5.2.1.2.

Im Anschluss daran galt es, die Entwickler aktuelle und potenzielle Produktcharakteristika konzipieren und systematisieren zu lassen, und sie im weiteren Verlauf des **Customer Solution Plannings** den Kundenanforderungen im Software-House of Quality gegenüberzustellen.

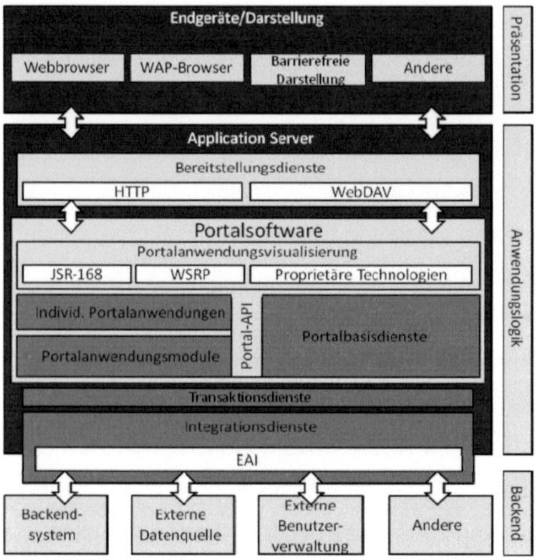

Abbildung 78: Referenzarchitektur für Portalsysteme[1116]

Um die Lösungsmerkmale zu gruppieren, wurde eine am Fraunhofer IAO entworfene Referenzarchitektur (abgebildet in Abbildung 78) zur Orientierung verwendet und für das Projekt angepasst (siehe die Liste der Produktcharakteristika mit Erläuterung im Anhang). Wie aus der Abbildung erkennbar, kommt hier eine Drei-Schichten-Architektur zum tragen:[1117] die Präsentationsschicht ist für die Darstellung des Portals und seiner Inhalte zuständig, die Backend-Schicht übernimmt Datenhaltung bzw. bei Portalen vor allem die Bereitstellung der Schnittstellen zu den unterschiedlichen Quellsystemen oder Web Services, die unternehmensinterne wie –externe Daten einbinden. Die Anwendungslogik wiederum wird der dritten Schicht zugeordnet und umfasst neben Input- und Output-orientierten Diensten vor allem die eigentliche Anwendung im Sinne der Portalbasisdienste, Portalanwendungsmodule und schließlich der individuellen Portalanwendungen. Dabei wird die Anwendungslogik teilweise von einem Application Server bereitgestellt, teilweise von einem auf diesem Application Server verbundenen Portalserver übernommen, teilweise aber kundenindividuell entwickelt.

[1116] Quelle: Vlachakis et al. (2005)
[1117] Vgl. z.B. Ludewig und Lichter (2007), S. 401f.

Wie bereits vorab vermutet wurde und sich im Laufe des Projekts bestätigt hat, bietet der Markt eine Vielzahl von leistungsfähigen Portalservern, die als Standardsoftware beschafft werden können. Allerdings sind diese nicht spezifisch für den Einsatz als Engineering-Portale für die Automobil- und Automobilzuliefererbranche sowie verwandte Branchen konzipiert, sondern als generische Portale, die als Konsumentenportal im Internet, als Intranet mit Personalmanagementfunktionen, etc. fungieren können. Daher bietet sich der A GmbH die Chance, auf einem der Portalserver der Marktführer aufzubauen und in enger Zusammenarbeit mit den Kunden die Prozesse der Kunden – die sich in diesem Bereich von Kunde zu Kunde teilweise stark unterscheiden – bestmöglich zu unterstützen.

Aus der genannten Referenzarchitektur wurde vor allem die Einteilung in Portalbasisdienste, Portalanwendungsmodule und individuelle Portalanwendungen übernommen (vgl. die Liste im Anhang) und die Basisdienste und Anwendungsmodule als Produktmerkmale definiert und anschließend den Kundenanforderungen gegenübergestellt. Abbildung 79 zeigt das Ergebnis.

Legende:
Die Erfüllung des Kriteriums [oben] trägt
9 : zwangsläufig und sehr stark
3 : merkbar aber evtl. eingeschränkt
1 : möglicherweise und nur bedingt
0 : nur mittelbar oder ggf. gar nicht
zur Erfüllung der Anforderung [links] bei.

	Kundenanforderungen	Featuregruppe 0	Collaboration 21	Groupware 17	Workflow Management 24	Document & Content Management 25	Strukturmanagement 28	Rechte- und Benutzerverwaltung 38	SSO 12	Suche 23	Personalisierung 17	Konnektoren 27	I18N und L10N 26	Gewichtung d. Anforderung	Bedeutung der Kundenanforderungen
9	Portal soll Zugriff auf verschiedene Arten von Dokumenten ermöglichen		9	9	3	9	1	9		9		1	3	3,00%	0,55%
11	Portal soll Zugriff auf unstrukturierte Informationen ermöglichen		9	9	3	9	1	3		9		3	3	3,00%	0,55%
7	Zugriff auf Informationen über Produktstruktur					3		1		9	3	1	3	2,00%	0,36%
9	Suche nach verschiedenen Kriterien		1	1		9	1	9		9	3	3		2,00%	0,36%
5	Lokalisierung von Bauteilen im Modell						1	1		9	1	1		0,00%	0,00%
4	Autorisierung auf Dokumente				3	9		9						2,00%	0,44%
3	Möglichkeit zur Anbindung unternehmensexterner Informationsquellen											9	3	1,00%	0,33%
2	Push-Mechanismus für [verbindliche] Vorgaben (benutzerspezifisch)		1					9						1,00%	0,33%
9	Bereitstellung von fachlichen verbindlichen Vorlagen (benutzerspezifisch)		3	3	1	9	1	9		9	3		3	1,00%	0,33%
6	Verwaltung von Vereinbarungen z.B. Geheimhaltungsvereinbarungen		1		1	9		9		9	3			1,00%	0,18%
12	Freie Suche [wie Google]		9	9	1	9		9		9	3	9	3	4,00%	0,73%
2	benutzerfreundliche Oberfläche						9						9	6,25%	1,14%
11	Unterstützung für User, die das Portal seltener benutzen		1	1		3	9	3	3	9	1	1	9	2,50%	0,45%
12	regelmäßiger User muss effizient mit dem Portal arbeiten können		9	9	9	9	9	3	3	9	3	9	9	3,75%	0,68%
0	integrierte Hilfefunktion													2,50%	0,83%
2	ansprechendes Erscheinungsbild						9						3	5,00%	0,91%
8	Integration weltweit verteilter Mitarbeiter					1	1	3			9	3	9	3,75%	1,25%
0	Anwendung soll möglichst früh für den Kunden greifbar werden > Prototyp													0,00%	0,00%
14	Aussagekräftige Fehlermeldung		3	3	9	3	3	3	3	3	3	3	3	1,25%	0,42%
2	Oberfläche anpassbar an Firmen-CI						9						3	0,00%	0,00%

Abbildung 79: Ausschnitt aus der QFD-Matrix[1118]

[1118] vollständige Matrix im Anhang (Abbildung 93 und Abbildung 94)

Bei Anwendung der Matrixkonsistenzregeln fiel auf, dass des Produktmerkmal Shop im Vergleich zu den anderen Produktmerkmalen deutlich abfällt, was die Anzahl der durch das Merkmal unterstützten Kundenanforderungen angeht: der Shop unterstützt lediglich drei Kundenanforderungen, während die anderen Produktmerkmale zwischen 12 und 38 Kundenanforderungen unterstützen. Nachdem diese Funktion aber in zahlreichen Portalsystemen der Marktstudie enthalten und somit in Standardsystemen verfügbar ist, verursacht sie keinen nennenswerten Zusatzaufwand und kann weiterhin berücksichtigt werden. Zwar scheinen die beiden aktuell befragten Kunden keinen Bedarf an einem in das Portal integrierten Shop zu haben, Kunde 1 könnte diesen aber beispielsweise für die Bestellung von Ersatzteilen durch die internationalen Vertriebspartner einsetzen. Ebenfalls auffällig war, dass die Anforderungen *integrierte Hilfefunktion* und *Anwendung soll möglichst früh für den Kunden greifbar werden* aktuell nicht durch die geplanten Produktmerkmale unterstützt werden. Während dies normalerweise die Definition zusätzlicher Produktmerkmale zur Folge hätte, wurde in diesem Fall mit den Kunden abgesprochen, wie folgt vorzugehen: die Anforderung *Anwendung soll möglichst früh für den Kunden greifbar werden* soll durch Prototyping und kurze Entwicklungszyklen erfüllt werden, kann aber nicht durch Produktmerkmale erfüllt werden. Die Anforderung *integrierte Hilfefunktion* wiederum ist im Kern keine Anforderung, sondern bereits eine Lösung. Daher wurde beschlossen, a) eine Hilfefunktion sowie sog. Tooltips vorzusehen und b) zusätzliches Gewicht auf die Erstellung von Schulungsmaterialien und Benutzerhandbüchern zu legen.

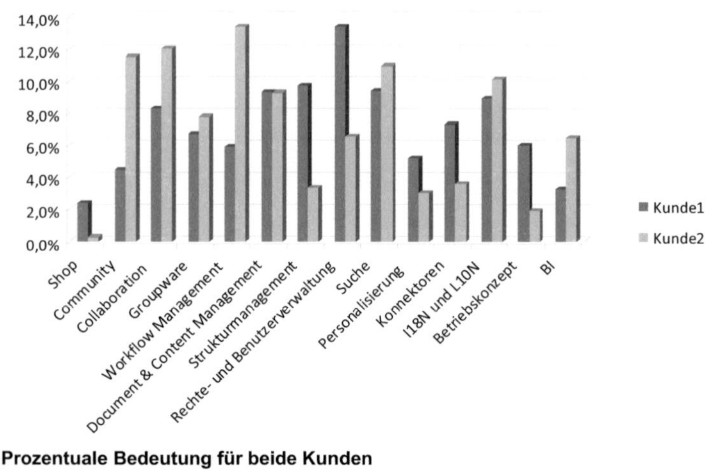

Abbildung 80: Prozentuale Bedeutung für beide Kunden

Wertet man die Matrix hinsichtlich der Bedeutung der Produktmerkmale aus, so zeigen sich einige klare Unterschiede zwischen den beiden Kunden, wie Abbildung 80 zeigt. Folglich ist angedacht, beispielsweise von den Produktmerkmalen *Rechte- und Benutzerverwaltung* sowie *Workflow Management* je eine Basisversion und eine fortgeschrittene Version zu entwickeln (bzw. bestehen diese teilweise bereits) und das Portalsystem für Kunde 1 dann mit der fortgeschrittenen Version der *Rechte- und Benutzerverwaltung* sowie der Basisversion des *Worksflow Managements* auszustatten, während das Gegenteilige für das Portalsystem für Kunde 2 gilt.

Nachdem somit die Durchführung des eigentlichen Projekts abgeschlossen war, wurde auch in der dritten Fallstudie eine Evaluation vorgenommen. Ähnlich wie in Fallstudie 1 wurde auch hier mit teil-standardisierten Interviews gearbeitet. Dabei drückte sich der bereits in Fallstudie 1 befragte Geschäftsführer der A GmbH etwas kritischer als zuvor aus und äußerte Bedenken, die Teilnahme an einem QFD-PPP-Projekt berge bei den Kundenvertretern die Gefahr der zeitlichen und kognitiven Überlastung der Teilnehmer, insb. wenn diese es nicht gewohnt sind, analytisch und strukturiert zu denken. Folglich sei es wichtig, das Projekt vom Umfang her zu begrenzen. So gesehen sei es richtig gewesen, die Portalplattform auf einer relativ groben Ebene zu konzipieren, die Details könnten zu einem großen Teil aus einer Analyse der Portallösungen, die zukünftig in die Plattform integriert werden sollen, erschlossen werden. Und wo dies nicht der Fall sei, könne man die bestehenden Portallösungen als Prototypen verwenden, um bei den Kunden nachzufragen, ob dieser Prototyp das Gewünschte liefere.[1119]

Der Projektleiter seitens der A GmbH war zuversichtlich, dass man auf dieser Basis die wesentlichen Produktcharakteristika für die Softwareproduktplattform ermittelt hat und damit einerseits die Auswahl eines Standardsoftware-Portalpakets, das als Basis für die Plattform der A GmbH dienen soll, fundiert angehen kann. Andererseits könne man so auch wiederverwendbare Funktionen identifizieren bzw. weitere Portallösungen der A GmbH nach derartigen Funktionen durchsuchen, die in der Plattform verwendet werden können. Zusammen mit der angepassten Rahmenarchitektur des Fraunhofer IAO sei so eine gute Basis für die Architektur der Softwareproduktplattform im Bereich Portale geschaffen.[1120] Der für Kunde 1 und Kunde 2 zuständige Key Account Manager geht davon aus, dass die identifizierten Kundenanforderungen auch für andere Kunden relevant sind und man diese Kunden mit annehmbarem

---

[1119] Vgl. Gesprächsnotiz vom 23.02.2009
[1120] Vgl. Gesprächsnotiz vom 02.12.2008

Zeitaufwand über die Wichtigkeit, welche diese Anforderungen für sie haben, befragen könne.[1121]

Ein Mitarbeiter von Kunde 2 nannte die Methode interessant und war sehr angetan davon, an der Durchführung der Methode teilgenommen zu haben und war gespannt, wie die Ergebnisse sich auf die weitere Entwicklung ihres Portals auswirken.[1122] Ein Mitarbeiter von Kunde 1, der sich zu Projektbeginn skeptisch gegenüber der Methode gezeigt hatte, beteiligte sich im weiteren Verlauf sehr engagiert und äußerte sich positiv darüber, dass die A GmbH trotz Einführung einer Standardisierung mittels einer Plattform weiterhin sehr kundenorientiert vorgehen will.[1123]

6.4 Zusammenfassung der Ergebnisse der Evaluation

Im Folgenden wird für jede Anforderung einzeln und anschließend noch einmal anforderungsübergreifend zusammengefasst, inwiefern auf Basis der Evaluation in den Fallstudien 1-3 davon gesprochen werden kann, dass QFD-PPP die in Kapitel 4.5 an eine Methode zur Planung modularisierter Softwareproduktplattformen und plattformbasierter Softwareprodukte gestellten Anforderungen erfüllt.

Anforderung 1: Die Kunden müssen eng in die Planung der Plattform wie der plattformbasierten Produkte eingebunden werden

Anforderung 1 ist bereits per Konstruktion erfüllt, da die Kunden in den Modulen CVA, CSS und CSP jeweils unverzichtbarer Bestandteil des Teams sind und alle Entscheidungen auf die vom Kunden genannten Anforderungen sowie deren Gewichte zurückgeführt werden. Probleme können sich allerdings in den QFD-PPP-Varianten B und C ergeben, wenn bereits bestehende Produkte zusammengeführt bzw. ein bestehendes Produkt „variabilisiert“ werden soll und in diesem Zuge bereits bestehende Roadmaps für die weitere Entwicklung bestehen, die nicht auf Basis der Kundenanforderungen entwickelt wurden. In Fallstudie 2 war diese Problematik am Rande zu sehen, als in den Bewertungen durch die Kundenvertreter einerseits die Items „Ich konnte auf die Weiterentwicklung des Systems Einfluss nehmen“ und „Die Weiterentwicklung des Systems orientiert sich daran, wo aus Sicht des Kunden Verbesserungspotenzial besteht“ eine gute Bewertung erhielten, andererseits ein Teilnehmer im Freitextfeld Folgendes angab: „Die Lösung und das Konzept waren

[1121] Vgl. Gesprächsnotiz vom 02.12.2008
[1122] Vgl. Gesprächsnotiz vom 30.04.2009
[1123] Vgl. Gesprächsnotiz vom 27.11.2008

schon weitgehend vorgefertigt. Unabhängig vom Workshop."[1124] Folglich sollte in einem derartigen Kontext intensiv darauf geachtet werden, die Kunden nicht nur zu befragen, sondern besonders klar darzustellen, wie ihre Antworten durch die aktuelle Planung schon erfüllt wurden und wo diese noch aufgrund der Kundenanforderungen angepasst wurde. Ähnlich stellt sich die Situation bei Variante C des QFD-PPP dar, da hier mehrere verschiedene bestehende Produkte auf eine gemeinsame Plattform gezogen werden. Falls dies dem Kunden kommuniziert wird (was anzuraten ist, da man nur so die Vorteile der Plattform wie höhere Qualität und die Möglichkeit, die Kosten für neue Funktionen durch mehrere Kunden zu teilen, offensiv anpreisen kann), muss der Eindruck vermieden werden, dass jeder einzelne Kunde nun deutlich weniger Einfluss auf die weitere Entwicklung seines Produkts hat. In Fallstudie 3 scheint dies durch die Anwendung von QFD-PPP gelungen.

Anforderung 2: Unternehmensinternes Wissen über Bedürfnisse der Kunden sowie Erfahrungen der Kunden mit den aktuellen Produkten des Unternehmens müssen im Prozess berücksichtigt werden

Auch diese Anforderung ist im Grunde genommen bereits per Konstruktion erfüllt, zumindest wird für die Module CVA und CSP die Beteiligung verschiedener Funktionen gefordert, so dass diese ihr Wissen einbringen können. Insbesondere im Rahmen der Sammlung der Kundenanforderungen in der CVA sind Vertreter kundennaher Bereiche wie Support oder Vertrieb aufgefordert, sich aktiv einzubringen, ohne dabei den Kunden vorzuschreiben, was sie zu wollen haben. Entwickler, Architekten und Projektleiter haben in der CVA eine eher passive Rolle, können im Rahmen des CSP aber ihr Wissen einbringen, indem sie geeignete Vorschläge für Produktcharakteristika machen.

In allen drei Fallstudien war die Beteiligung kundennaher Bereiche vorteilhaft, vor allem beim Aufdecken von Kundenanforderungen, die sich auf Basismerkmale nach Kano bezogen.[1125] Teilweise war der Moderator stark gefordert, sicherzustellen, dass die Kundenvertreter das letzte Wort hinsichtlich der Kundenanforderungen hatten. Bei manchen Kundenanforderungen, die kein Gewicht zugewiesen bekamen, kann dies darauf zurückgeführt werden, dass die Anforderungen eher auf die

[1124] Kundenvertreter-Fragebogen Nr. 5
[1125] Vgl. Kano et al. (1984)

kundennahen Bereiche des Anbieters als auf echte Anforderungen der Kunden zurückzuführen waren.

Schwieriger ist es, zu beurteilen, inwiefern Architekten, Entwickler und Projektleiter ihr Wissen dank QFD-PPP besser einfließen lassen konnten. Am ehesten scheint es nachweisbar, dass die Kommunikation unter den Architekten, Entwicklern und Projektleitern gefördert und strukturiert wurde. Beispielsweise war die Vorbereitung des CSP in Fallstudie 3, bei der beschlossen wurde, die Referenzarchitektur des Fraunhofer IAO zu verwenden und anzupassen, sehr fruchtbar und bezog Mitarbeiter aus beiden Kundenprojekten ein.

Anforderung 3: Der Kundennutzen muss als Hauptentscheidungskriterium dienen

Wie bei den vorangegangenen beiden Anforderungen ist auch diese im Kern bereits durch die Konstruktion der Methode QFD-PPP erfüllt, da QFD-PPP wie QFD insgesamt den Kundennutzen als primäres Entscheidungskriterium etabliert. Dies ist darin begründet, dass alle Entscheidungen auf die Kundenanforderungen und deren Bedeutung zurückgeführt werden. Lediglich die Wirtschaftlichkeitsanalyse am Ende des CSP, bei der versucht wird, die Variabilität zu reduzieren, indem Bauteile und Produkte teilweise zusammengefasst oder zurückgestellt werden, bringt weitere wichtige Kriterien ein. Da aber auch hier überprüft wird, inwiefern die Kundenanforderungen weiterhin erfüllt werden, ist diese Anforderung ebenfalls erfüllt. Beispielsweise zeigte sich in Fallstudie 2, dass das geplante zusätzliche Kundensegment aus der Kundennutzen-Perspektive zu inhomogen ist und daher nicht durch ein einziges Produkt bedient werden kann, sondern stattdessen ein modularer Baukasten angeboten werden sollte.

Anforderung 4: Die Anzahl an Bausteinen und Produkten muss begrenzt werden

Anforderung 4 kommt im Rahmen des QFD-PPP auf zwei Arten zum Tragen: zum einen wird durch die Orientierung am Kundennutzen bereits in der Analyse von Software-House of Quality und klassischem House of Quality sichergestellt, dass Produktcharakteristika, die keine Kundenanforderungen erfüllen, nicht weiter berücksichtigt werden. Zum anderen dient die Wirtschaftlichkeitsanalyse am Ende des CSP dazu, Bausteine und Produkte zusammenzufassen, wo immer dies technisch machbar, ökonomisch vorteilhaft und im Sinne des Kunden ist. Allerdings zeigt sich, dass zwischen Anforderung 3 und Anforderung 4 tendenziell ein Widerspruch besteht: je stärker die Anzahl der Bausteine und Produkte begrenzt wird, desto stärker werden andere Kriterien als der Kundennutzen für Entscheidungen genutzt. Je stärker aber der Kundennutzen als Hauptentscheidungskriterium genutzt wird, desto größer ist die Gefahr, dass die Anzahl an Bausteinen und Produkten zu groß wird.[1126]

Anforderung 5: Architekturentscheidungen müssen ermöglicht werden

In der Konstruktion von QFD-PPP wurde Anforderung 5 an mehreren Stellen berücksichtigt: durch die Priorisierung der Qualitätsmerkmale im klassischen House of Quality wird der Vergleich verschiedener Architekturvarianten bereits in herkömmlichem Software-QFD unterstützt.[1127] Ebenfalls bereits in herkömmlichem Software-OFD realisiert ist das Software-HoQ, welches verdeutlicht, welche Produktcharakteristika zur Erfüllung der verschiedenen Kundenanforderungen beitragen. Dadurch dass QFD-PPP zusätzlich aufzeigt, welche Kundenanforderungen sich von Kundensegment zu Kundensegment deutlich unterscheiden, werden zudem Architekturentscheidungen bzgl. unterstützter und nicht unterstützter Variabilität ermöglicht. In Fallstudie 3 beispielsweise gab die Orientierung an der Referenzarchitektur des Fraunhofer IAO einen Rahmen vor, der durch geeignet definierte fachliche Komponenten gefüllt werden kann. Diese wiederum konnten aus den bestehenden Portalen bei den beiden in den QFD-PPP-Prozess eingebundenen Kunden identifiziert werden. Zudem kann die A GmbH aber basierend auf den Ergebnissen des Projekts zusätzliche bestehende Portallösungen analysieren, ob sie Komponenten bieten, welche in die Portalplattform integriert werden können.

Die fünf Varianten des QFD-PPP berücksichtigen Wettbewerbsstrategie und Produktportfolio, indem je nach Ausgangslage (z.B. Anbieter von Individualsoftwarelösungen mit mehreren bestehenden relevanten Produkten) eine andere Variante zur Anwendung kommt. Zudem wird im Modul Projektplanung die Wettbewerbsstrategie über die Ziele des Projekts berücksichtigt.

[1126] Nimmt man ein Beispiel, bei dem zwei Produkte so zusammengefasst werden, dass beide die leistungsfähigere Variante einer Komponente einsetzen, so kann argumentiert werden, dass die Übererfüllung der entsprechenden Kundenanforderungen des einen Kundensegments übererfüllt werden. Dies kann man im ersten Schritt schwerlich als sinkenden Kundennutzen interpretieren, führt diese Kompnente aber zu einer komplizierteren Bedienung oder zu einem höheren Produktpreis, kann der Gesamtnutzen des Kunden durchaus sinken.

[1127] Wie in Kapiteil 5.3.4.2 erwähnt, können auf Basis des klassischen HoQ Methoden wie ATAM eingesetzt werden, um eine Architektur auszuwählen.

Anforderung 6: Wettbewerbsstrategie und aktuelles Produktportfolio des Unternehmens müssen berücksichtigt werden

Ein Vergleich der Fallstudien hilft bei der Beurteilung hinsichtlich der Erfüllung dieser Anforderung: insbesondere Fallstudie 2 weicht von den beiden anderen ab, da die B GmbH bislang Standardsoftware herstellt, während die A GmbH Individuallösungen für ihre Kunden entwickelt. Zudem unterscheiden sich die Fallstudien 1 und 3 dadurch voneinander, dass in Fallstudie 3 bereits zwei Kunden und auch entsprechende Produkte existieren, während in Fallstudie 1 lediglich zwei wahrscheinliche Varianten geplant werden konnten.

Anforderung 7: Ergebnisse der Methode müssen soweit möglich technologieunabhängig sein

Da QFD-PPP wie auch QFD allgemein auf einer konsequenten Trennung von Anforderungen und Lösungen basiert,[1128] wird diese Anforderung teilweise bereits per Konstruktion erfüllt. In den Fallstudien hat sich allerdings gezeigt, dass Anforderungen und Produktcharakteristika jeweils auf verschiedenen Abstraktionsleveln definiert werden können. Insbesondere die Produktcharakteristika können schwerlich durchgehend so abstrakt gewählt werden, dass sie alle technologieunabhängig sind. Dies erscheint allerdings auch nicht erstrebenswert, da keine Matrixkette etabliert ist, sollten neue Technologien sich vielmehr in neuen Produktcharakteristika niederschlagen, die evtl. alte Produktcharakteristika ablösen. Die Kundenanforderungen hingegen sollten technologieunabhängig formuliert und deutlich zeitbeständiger sein, wenn sich auch ihre Wichtigkeit im Zeitablauf verändern kann, was eine regelmäßige Neubewertung erforderlich macht.

Anforderung 8: Die Zweiteilung des Entwicklungsprozesses in Plattform und Produkte muss sich - unter Berücksichtigung wechselseitigen Feedbacks - in der Methode widerspiegeln

Die Methode QFD-PPP selbst liefert lediglich eine gewichtete Grobspezifikation der Plattform und der plattformbasierten Produkte als Ergebnis, die entwicklungsseitig Input für die weiteren Phasen darstellt (vgl. Anforderung 9). Zudem stellt diese

[1128] Vgl. Herzwurm et al. (2000a) bzw. die Kapitel 5.1 und 5.2.1.3.

Grobspezifikation eine Produktdefinition dar, die (vgl. Anforderung 10) in Marketing, Vertrieb sowie Service und Support verwendet werden kann. Folglich spiegelt sich die genannte Zweiteilung in QFD-PPP lediglich dahingehend wider, dass die Plattform sowie produktspezifische Bausteine definiert werden und – wie in Abbildung 64 gezeigt – Feedback aus späteren Entwicklungsphasen zu einer Überarbeitung dieser Definitionen führen kann. Da eine Begleitung der späteren Phasen der Softwareentwicklung im Rahmen dieser Arbeit nicht möglich war, konnte Anforderung 8 lediglich dahingehend in die Evaluierung einfließen, als dass zu zeigen war, dass die Definition der Plattform einerseits und der produktspezifischen Bausteine andererseits ermöglicht wird. Dies lässt sich in allen drei Fallstudien erkennen und wird im Folgenden weiter ausgeführt.

Anforderung 9: Die Ergebnisse der Methode müssen als Input für die weitere Entwicklung der Softwareproduktplattform und der plattformbasierten Produkte verwendbar sein

Wie bereits bei Anforderung 8 ausgeführt, war eine komplette Begleitung der späteren Phasen der Softwareentwicklung im Rahmen dieser Arbeit nicht möglich. Folglich konnte Anforderung 9 nur insofern evaluiert werden, als dass geprüft wurde, inwiefern die Ergebnisse des QFD-PPP als Input für die direkt anschließenden Phasen verwendet werden können. Da in Fallstudie 1 ein evolutionäres Vorgehen bei der Transition in Richtung einer plattformbasierten Softwareentwicklung gewählt wurde und einige Zeit zwischen der Durchführung des QFD-PPP und der Evaluation lag, lässt sich (vgl. Kapitel 6.1) zeigen, dass die Ergebnisse des QFD-PPP vor allem für den Prozess der Wartung und Weiterentwicklung, aber auch am Übergang von Entwicklung zu Betrieb einige Auswirkungen hatten. Vereinzelt konnten aber auch erste Funktionen entwickelt werden, die aufgrund von CVA und CSP als wichtig erkannt wurden. In Fallstudie 2 wurde die Releaseplanung angepasst sowie Anforderungen an manche Funktionen ergänzt.[1129] Zudem hatte die Durchführung des QFD-PPP Einfluss auf den Zuschnitt der funktionalen Module, die den Kunden aus dem zukünftig angepeilten Segment angeboten werden. In Fallstudie 3 stellt die Referenzarchitektur des Fraunhofer IAO, die für die Softwareproduktplattform im Bereich Unternehmensportale für Entwicklung und technischen Vertrieb angepasst

[1129] Vgl. Gesprächsnotiz vom 02.12.2008

wurde, ein wichtiges Ergebnis dar, welches die Architektur der Plattform signifikant beeinflusst hat.[1130]

> Anforderung 10: Die Ergebnisse der Methode müssen auch für andere kundennahen Bereichen des Unternehmens wie Marketing, Vertrieb sowie Service und Support Anhaltspunkte für ihre Arbeit geben

Die Erfüllung dieser Anforderung lässt sich an Fallstudie 2 besonders gut zeigen: insbesondere Marketing und Vertrieb profitieren hier eindeutig von den generierten Ergebnissen. Im Vertrieb sind die priorisierten Kundenanforderungen sowie die Informationen über Zufriedenheit mit dem eigenen Produkt, aber auch Produkten des Wettbewerbs von großer Bedeutung. Die Bedeutung für das Marketing lässt sich mittels zweier Zitate gut verdeutlichen: „Finden der richtigen [Produktname]-Story!!!“[1131] und „Die Erkenntnisse, die [der Mitarbeiter der Marketingagentur] gewonnen hat, hätten wir ihm in so kurzer Zeit nicht besser vermitteln können.“[1132]
Aber auch in Fallstudie 1 liefern die Ergebnisse des QFD-PPP dem Projektleiter seitens der A GmbH eine gute Argumentationshilfe, warum bestimmte Funktionen wichtig seien, um die Kundenanforderungen zu erfüllen, und dass es somit wichtig sei, dass der Kunde ein Budget für die Entwicklung dieser Funktionen bereitstellt. Dies zeigen auch Äußerungen des Geschäftsführers der A GmbH, der die priorisierte Liste von Maßnahmen als sehr nützlich bezeichnet, um bei Diskussionen über zukünftige Releases und Budgets entscheiden zu können, was getan werden sollte und wofür der Kunde auch bereit sein sollte, zu bezahlen.[1133]

> Anforderung 11: Die Methode und ihre Ergebnisse müssen geeignet sein, um bei aktuellen und potenziellen Kunden Vertrauen in die Leistungsfähigkeit des Anbieters zu schaffen

Auch für die Evaluation von Anforderung 11 bietet Fallstudie 2 am meisten Potenzial: da hier einige bestehende Kunden sowie auch ein potenzieller Kunde an den Workshops teilnahmen, konnten den Teilnehmern Fragebögen verteilt werden, in denen auf dieses Thema intensiv eingegangen werden konnte. Wie bereits in Tabelle 18 in

[1130] Vgl. Gesprächsnotiz vom 02.12.2008
[1131] Vgl. Gesprächsnotiz vom 06.11.2008
[1132] Vgl. Gesprächsnotiz vom 06.11.2008
[1133] Vgl. Gesprächsnotiz vom 5. Juni 2008

Kapitel 6.2 gezeigt, sind die Teilnehmer nach Abschluss der Workshops durchaus von der zukünftigen Leistungsfähigkeit des Produkts und der Prozesse im Bereich der Produktentwicklung überzeugt. Aber auch anhand von Fallstudie 1 sowie Fallstudie 3 lässt sich zeigen, dass QFD-PPP hier Unterstützung bietet. Beispielsweise war der Abteilungsleiter des Kunden in Fallstudie 1 sehr zufrieden mit den aufgrund der Ergebnisse des QFD-PPP getroffenen Maßnahmen und sah das Projekt „jetzt wieder auf einem sehr guten Weg“.[1134] Sehr ähnlich äußerte sich auch der Geschäftsführer der A GmbH, der den Prozess ebenfalls begleitete, und sich sehr zufrieden äußerte, dass man durch den Einsatz von QFD-PPP dem Kunden klar signalisieren konnte, flexibel und kundenorientiert zu agieren sowie innovative Methoden einzusetzen und somit das Vertrauen in die Leistungsfähigkeit der A GmbH wieder deutlich verbessert zu haben.

Tabelle 19 fasst die Ergebnisse der Evaluation noch einmal zusammen.

Tabelle 19: Ergebnisse der Evaluation

Nr.	Anforderung	Fallstudie 1	Fallstudie 2	Fallstudie 3
1	Die Kunden müssen eng in die Planung der Plattform wie der plattformbasierten Produkte eingebunden werden	✓	✓	✓
2	Unternehmensinternes Wissen über Bedürfnisse der Kunden sowie Erfahrungen der Kunden mit den aktuellen Produkten des Unternehmens müssen im Prozess berücksichtigt werden	✓	✓	✓
3	Der Kundennutzen muss als Hauptentscheidungskriterium dienen	✓	(✓)	✓
4	Die Anzahl an Bausteinen und Produkten muss begrenzt werden	✓	✓	✓
5	Architekturentscheidungen müssen ermöglicht werden	✓	✓	✓
6	Wettbewerbsstrategie und aktuelles Produktportfolio des Unternehmens müssen berücksichtigt werden	✓	✓	✓
7	Ergebnisse der Methode müssen soweit möglich technologieunabhängig sein	✓	✓	✓
8	Die Zweiteilung des Entwicklungsprozesses in Plattform und Produkte muss sich - unter Berücksichtigung wechselseitigen Feedbacks - in der Methode widerspiegeln	(✓)	(✓)	(✓)
9	Die Ergebnisse der Methode müssen als Input für die weitere Entwicklung der Softwareproduktplattform und der plattformbasierten Produkte verwendbar sein	(✓)	(✓)	(✓)
10	Die Ergebnisse der Methode müssen auch für andere kundennahen Bereichen des Unternehmens wie Marketing, Vertrieb sowie Service und Support Anhaltspunkte für ihre Arbeit geben	✓	✓	✓
11	Die Methode und ihre Ergebnisse müssen geeignet sein, um bei aktuellen und potenziellen Kunden Vertrauen in die Leistungsfähigkeit des Anbieters zu schaffen	✓	✓	✓

Legende: ✓: bestätigt, (✓): eingeschränkt bestätigt, weitere Evaluation notwendig

[1134] Gesprächsnotiz vom 5. Juni 2008

7 Kritische Würdigung von Vorgehensweise und erzielten Ergebnissen

7.1 Zusammenfassung

Die vorliegende Arbeit hatte zum Ziel, das wettbewerbsstrategische Konzept der Mass Customization auf Softwareprodukte zu übertragen, um Softwareunternehmen einen Weg aufzuzeigen, die durch Veränderungen im Wettbewerbsumfeld und den Umweltbedingungen ausgelösten Herausforderungen anzunehmen und zu ihrem Vorteil zu nutzen. Wie dargestellt, erfordert dies die Entwicklung einer (Software-) Produktplattform, auf der aufbauend mit geringem Aufwand eine Vielzahl inhaltlich wie technisch verwandter Produkte angeboten werden kann.

Im Rahmen der Arbeit wurden die folgenden Forschungsfragen beantwortet:

1. Wie kann das Konzept der individualisierten Massenfertigung (Mass Customization) auf Softwareprodukte übertragen werden?

   1.1. Wie funktioniert und welcher Methoden bedient sich Mass Customization für materielle Produkte und Dienstleistungen?

   1.2. Unter welchen unternehmensexternen und –internen Voraussetzungen ist Mass Customization erfolgversprechend?

   1.3. Welche Charakteristika des Gutes Software und der Softwarebranche sind bei der Umsetzung des Konzepts der Mass Customization für Softwareprodukte zu berücksichtigen?

   1.4. Welche Auswirkungen hat die Übertragung des Konzepts der Mass Customization auf Softwareprodukte für Softwareunternehmen?

2. Wie muss eine Methode gestaltet sein, die Softwareunternehmen dabei unterstützt, eine modulare kundenorientierte Plattform zu planen, die es gestattet, effizient individualisierte Produkte abzuleiten und wie kann eine solche Methode in den Gesamtprozess der Softwareentwicklung eingebettet werden?

   2.1. Wie muss eine Methode zur effizienten Planung modularer kundenorientierter Softwareproduktplattformen und auf diesen Plattformen basierender individualisierter Produkte aussehen?

   2.2. Wie kann eine derartige Methode in den Gesamtprozess der Entwicklung von Softwareproduktplattformen eingebettet werden?

Die Forschungsfragen 1.1 bis 1.4 wurden in den Kapiteln 2, 3 und 4 beantwortet, indem in Kapitel 2 die Entstehung der Mass Customization sowie ihre Merkmale erläutert wurden, bevor in Kapitel 3 die Übertragbarkeit des Konzepts der Mass Customization für die Anwendung bei Softwareprodukten und in Kapitel 4 schließlich Auswirkungen der Übertragung auf die Prozesse in Softwareunternehmen geschildert wurden. Zur Beantwortung der Forschungsfragen 2.1 und 2.2 wurde in Kapitel 5 die Methode QFD-PPP entwickelt und beschrieben, wie sie in den Gesamtprozess der Entwicklung von Softwareproduktplattformen eingebettet werden kann und zudem in Kapitel 0 die Evaluierung der Methode in drei industriellen Fallstudien beschrieben.

7.2 Bewertung

Die Forschungsfragen wurden sämtlich beantwortet, die dem Framework und den Guidelines von Hevner et al. folgende Konstruktion und Evaluation der Methode QFD-PPP konnte allerdings nicht in vollem Umfang evaluiert werden, wie aus Tabelle 19 ersichtlich. Dies ist darin begründet, dass die den Fallstudien zugrunde liegenden Projekte im Zeitrahmen dieser Arbeit nicht soweit kamen, die späteren Phasen der Entwicklung einer Softwareproduktplattform zu absolvieren. Zudem war es nicht möglich, alle fünf Varianten des QFD-PPP zu evaluieren, so dass auch aus diesem Grund weiterer Evaluationsbedarf besteht. In diese sollte auch eine größere Anzahl an Kunden integriert werden, um zumindest in einer Fallstudie eine vollständige Clusteranalyse durchzuführen.

Zudem kann die vorliegende Arbeit auch als Evaluation des Frameworks und insbesondere der Guidelines von Hevner et al. verstanden werden. Aufgrund des sehr weiten Einsatzbereichs des Frameworks wie der Guidelines kann diese Arbeit selbstverständlich nur ein Puzzlestück im Rahmen einer derartigen Evaluation darstellen, einige Erkenntnisse lassen sich aber dennoch aus der Entwicklung der Methode QFD-PPP und ihrer Evaluation ziehen: die sieben Guidelines boten durchaus eine Unterstützung bei der Entwicklung von QFD-PPP, allerdings war die Unterstützung relativ abstrakt. Hier wäre eine Integration der bestehenden Literatur zum Thema Method Engineering sinnvoll.[1135] Hinsichtlich der Evaluation der Methode QFD-PPP war es ebenfalls notwendig, auf bestehende Literatur, insb. aus dem Feld des Empirical Software Engineering[1136] sowie zur empirischen Sozialforschung zurück-

[1135] Vgl. z.B. Harmsen (1997), Nuseibeh (1994) oder Greiffenberg (2004).

[1136] Vgl. z.B. Basili et al. (1986), Shaw (2003), Fowler und Swatman (2000) oder Lukowicz et al. (1994).

zugreifen, da die Guidelines auch hier relativ vage bleiben. Allerdings ist kritisch anzumerken, dass eine Methode zur Planung modularisierter Softwareproduktplattformen und plattformbasierter Softwareprodukte wohl am Rande des Anwendungsbereichs der Design Science im Sinne von Hevner et al. liegt, da sie ebenso sehr ein betriebswirtschaftliches Artefakt wie ein technisches Artefakt darstellt.

7.3 Ausblick

Über die Erstellung weiterer Fallstudien zur Evaluation der Methode QFD-PPP wie auch des Frameworks und der Guidelines von Hevner et al. hinaus bestehen verschiedene Anknüpfungspunkte für weiterführende Forschungsarbeiten:

- Die Einbindung von Kundenvertretern im Sinne der Open Innovation, die „Kunden nicht nur als Informationsquelle für Marktforschungsanstrengungen, sondern als aktive Partner oder gar Initiatoren eines Innovationsprozesses sieht",[1137] wie sie auch in der Open Source-Softwareentwicklung oder den Mash-ups des Web 2.0 angewendet wird, wäre zu untersuchen. Insbesondere stellt sich hier die Frage, wie eine derartige Rolle des Kunden mit QFD(-PPP) kombiniert werden kann. In einer ersten, abgeschwächten Form könnte das Gedankengut der Open Innovation über Ideenwettbewerbe[1138] oder ähnliche Instrumente integriert werden. So könnten derartige Quellen die Sammlung der Kundenanforderungen durch Kundenvertreter und Vertreter kundennaher Bereiche des Unternehmens in Workshops ergänzen. Das amerikanische Softwareunternehmen Salesforce mit seiner IdeaExchange genannten Plattform zur Sammlung von Kundenwünschen[1139] könnte hier als Beispiel dienen. Auch könnte so dem Vorschlag von Reichwald und Piller entsprochen werden: „Ein wichtiger Beitrag zur Entwicklung eines Managementinstrumentariums für Open Innovation wäre beispielsweise, empirisch fundierte Anhaltspunkte zur Gestaltung des Lösungsraums für unternehmensinitiierte Prozesse in den Innovationsansatz zu geben."[1140]
- Die Entwicklung von Software durch mehrere unabhängige Unternehmen, die ein Partnernetz/Ecosystem bilden, stellt einen weiteren Untersuchungsgegenstand dar, der sich anbietet: wie könnte QFD-PPP auf ein Szenario, in dem es

[1137] Reichwald und Piller (2006), S. 114
[1138] Vgl. Walcher (2007)
[1139] Vgl. Herzwurm und Pietsch (2008), S. 336
[1140] Reichwald und Piller (2005), S. 67

mehrstufige Kunden-Lieferantenbeziehungen gibt, angepasst werden, so dass die Anforderungen der Kunden aller Ebenen geeignet berücksichtigt werden und auch aus Sicht der beteiligten Anbieter eine optimale Lösung entsteht?

- In der Arbeit angeklungen, nicht aber ausführlich behandelt wurde die integrierte Entwicklung hybrider Produkte, hier also Software mit begleitenden Dienstleistungen: wie kann die Entwicklung von Software und Dienstleistungen optimal aufeinander abgestimmt werden und welchen Dienst kann QFD-PPP hier leisten?
- Während die vorliegende Arbeit in Kapitel 4.2 bereits erste Überlegungen zu den Auswirkungen, welche die Verfolgung der Mass Customization auf das Marketing von Softwareunternehmen hat, besteht hier Bedarf an detaillierteren Betrachtungen. Auch allgemein scheint relativ wenig Literatur zum Marketing von Software zu bestehen, wenn auch in Teilfragen wie z.B. der Preisfindung aufgrund des Aufkommens von Grid Computing oder Software-as-a-Service Aktivitäten zu verzeichnen sind.[1141]
- Wie in Kapitel 5.3.4.2 erläutert, ist die Frage, welches Portfolio aus plattformbasierten Produkten das Optimum an Gewinn bietet, mit aktuellen Verfahren und Methoden noch nicht zufriedenstellend zu beantworten. Hier scheinen weitere Bemühungen vonnöten.
- Zu guter Letzt stellt sich noch eine Frage, die für Produktplattformen allgemein relevant ist und aus Sicht des Marketings für Produktlinien lang bekannt ist, aber für die Spezifika von Softwareproduktplattformen genauer untersucht werden sollte: wie kann ein Anbieter sicherstellen, dass Kunden mit einer hohen Zahlungsbereitschaft auch die entsprechende Variante erwerben und nicht eine „zu günstige".[1142] Anders formuliert: wie kann eine Preisdifferenzierung mit Selbstselektion so angewandt werden, dass der Ertrag für den Anbieter möglichst groß wird?

[1141] Vgl. Buxmann et al. (2008b) oder Hess et al. (2008)
[1142] vgl. Kapitel 3.3.2.2

Literaturverzeichnis

A. T. Kearney (2009). Die IT-Industrie im Jahre 2020.

Abdelkafi, N. (2008). Variety-Induced Complexity in Mass Customization., Erich Schmidt Verlag, Berlin.

Abell, D.F. (1999). Competing Today While Preparing for Tomorrow. Sloan Management Review, 40 (3), S. 73-81.

Ackermann, J. (2003). Zur Spezifikation der Parameter von Fachkomponenten. In: 5. Workshop Komponentenorientierte betriebliche Anwendungssysteme, S. 47-154, Augsburg, 2003.

Adam, D. (2001). Produktions-Management. 9. Aufl., Gabler, Wiesbaden, 2001.

Adam, D. und U. Johannville (1998). Die Komplexitätsfalle, In: Adam, D. Komplexitätsmanagement, S. 5-28, Gabler, Wiesbaden, 1998.

Agrawal, M. und A. Kumaresh (2001). The False Promise of Mass Customization. McKinsey Quarterly, (3), S. 62-71.

Agthe, K. (1963). Das Problem der unsicheren Erwartungen bei unternehmerischen Planungen und Entscheidungen, In: Agthe, K. und E. Schnaufer. Unternehmensplanung, S. 83-120, Verl. f. Unternehmensführung, Baden-Baden, 1963.

Akao, Y. (1990). Quality function deployment: integrating customer requirements into product design. Productivity Press, Cambridge, Mass. [u.a.], 1990.

Albers, S. (2004). Relative Advantages of E-Business Start-Ups versus integrated Units of Bricks-and-Mortar Companies, In: Fandel, G., Backes-Gellner, U., Schlüter, M. und Staufenbiel Joerg E. Modern Concepts of the Theory of the Firm, S. 33-57, 2004.

Albert, H. (1987). Kritik der reinen Erkenntnislehre. J.C.B. Mohr, Tübingen, 1987.

Amram, M. und N. Kulatilaka (1999). Disciplined Decisions - Aligning Strategy With the Financial Markets. Harvard Business Review, 77 (1), S. 91-104.

Anastasopoulos, M., Bayer, J., Flege, O. und C. Gacek (2000). A Process for Product Line Architecture Creation and Evaluation. Fraunhofer IESE, Technical Report 038.00/E.

ANSI; IEEE (1990). Standard Glossary of Software Engineering Terminology.

Arbeitskreis "Marketing in der Investitionsgüter-Industrie" der Schmalenbach-Gesellschaft (1977). Standardisierung und Individualisierung - ein produktpolitisches Entscheidungsproblem. Schmalenbachs Zeitschrift für betriebswirtschaftliche Forschung, (Sonderheft 7), S. 39-56.

Argyris, C. und D.A. Schön (1978). Organizational learning [1]: A theory of action perspective. Addison-Wesley Pub. Co, Reading, Mass [u.a.], 1978.

Arnold, U. (2007). Strategisches Beschaffungsmanagement, In: Arnold, U. und G. Kasulke. Praxishandbuch innovative Beschaffung, S. 13-46, Wiley-VCH, Weinheim, 2007.

Arnold, U. (2008). Sourcing-Konzepte, In: Corsten, H. und R. Gössinger. Lexikon der Betriebswirtschaftslehre, S. 752-755, 5. Aufl. Oldenbourg, München [u.a.], 2008.

Arthur, W.B.A. (1996). Increasing Returns and the New World of Business. Harvard Business Review, 74 (July-August 1996), S. 100-109.

Ashby, W.R. (1956). An Introduction to Cybernetics. Chapman & Hall, London, 1956.

Atteslander, P. und J. Cromm (2008). Methoden der empirischen Sozialforschung. 12. Aufl., Schmidt, Berlin, 2008.

Avak, B. (2007). Variant Management of Modular Product Families in the Market Phase. Dissertation, ETH Zürich, 2007.

Baaken, T. und M. Launen (1993). Software-Marketing. Vahlen, München, 1993.

Babbie, E. (2005). The basics of social research. 3. Aufl., Thomson/Wadsworth, Belmont, CA, 2005.

Babbie, E. (2007). The practice of social research. 11. Aufl., Thomson Wadsworth, Belmont, CA, 2007.

Backhaus, K. und M. Voeth (2007). Industriegütermarketing. 8.Aufl., Vahlen, München, 2007.

Backhaus, K., Erichson, B., Plinke, W. und R. Weiber (2003). Multivariate Analysemethoden. 10. Aufl., Springer, Berlin, Heidelberg, 2003.

Bäckström, H. und B. Henningsson (2003). Testing Web Surveys. ZUMA-Nachrichten Spezial, 9 S. 152-160.

Bailey, E.L. (1989). Getting closer to the customer: How a wide range of manufacturers are making customer satisfaction a top priority, improving customer communications and knowledge. In: Research Bulletin No. 229, New York, 1989.

Bain, J.S. (1956). Barriers to new competition: their character and consequences in manufacturing industries. Harvard Univ. Pr., Cambridge, Mass., 1956.

Baldwin, C.Y. und C.J. Woodard (2007). Competition in Modular Clusters. Working Paper 08-042, Harvard Business School, 2007.

Baldwin, C.Y. und K.B. Clark (1997). Managing in an Age of Modularity. Harvard Business Review, 75 (September/Oktober), S. 84-93.

Baldwin, C.Y. und K.B. Clark (2000). The power of modularity. MIT Press, Cambridge, Mass. [u.a.], 2000.

Baldwin, C.Y. und K.B. Clark (2002). The Option Value of Modularity in Design. Working Paper, Harvard Business School, 2002.

Baldwin, C.Y. und K.B. Clark (2003). Managing in an Age of Modularity, In: Langlois, R.N. Managing in the Modular Age: Architectures, Networks, and Organizations, Blackwell Publishers, Malden, 2003.

Balzert, H. (2001). Lehrbuch der Software-Technik. 2. Aufl., Spektrum Akademischer Verlag, Heidelberg [u.a.], 2001.

Balzert, H. (2008). Lehrbuch der Softwaretechnik: Softwaremanagement. 2. Aufl., Spektrum Akademischer Verlag, Heidelberg, 2008.

Bashe, C.J., Johnson, L.R., Pugh, E.W. und J.H. Palmer (1986). IBM's Early Computers. 2. Aufl., MIT Press, Cambridge, MA, 1986.

Basili, V.R., Selby, R.W. und D.H. Hutchens (1986). Experimentation in Software Engineering. IEEE Transactions on Software Engineering, 12 (7), S. 733-743.

Baskerville, R. (2007). Forrms of Design Research and the Role of Rigor and Relevance. Wirtschaftsinformatik, 49 (5), S. 403-404.

Bass, L., Clements, P. und R. Kazman (2005). Software architecture in practice. 2. Aufl., Addison-Wesley, Reading, Mass. [u.a.], 2005.

Baumöl, U. (1999). Target costing bei der Softwareentwicklung. Vahlen, München, 1999.

Bayer, J., Flege, O., Knauber, P., Laqua, R., Muthig, D., Schmid, K., Widen, T. und J. DeBaud (1999). PuLSE: a methodology to develop software product lines. In: SSR '99: Proceedings of the 1999 symposium on Software reusability, S. 122-131, ACM Press, New York, NY, USA, 1999.

Bea, F.X., Friedl, B. und M. Schweitzer (2004). Band 1: Grundfragen. 9. Aufl., G. Fischer, Stuttgart, 2004.

Beck, K., Cockburn, A., Jeffries, R. und J. Highsmith (2001). Manifesto for Agile Software Development. http://www.agilemanifesto.org/, letzter Zugriff am: 24.09.2009.

Beck, T.C. (1998). Coopetition bei der Netzwerkorganisation. Zeitschrift für Organisation, 67 (5), S. 271-276.

Becker, J. (2006). Marketing-Konzeption. 8. Aufl., Vahlen, München, 2006.

Becker, J., Knackstedt, R. und J. Pöppelbuß (2009). Developing Maturity Models for IT Management - A Procedure Model and its Application. Business & Information Systems Engineering, 1 (3), S. 249-260.

Beinhocker, E.D. (1999). Robust Adaptive Strategies. Sloan Management Review, 40 (3), S. 95-106.

Bennett, S. (1999). Komplexitätsmanagement in der Investitionsgüterindustrie. Dissertation, Universität St. Gallen, Difo-Druck OHG, Bamberg.

Benz, A. und H. Scheiffele (2001). Modernes Service- und Instandhaltungsmanagement. TÜV-Verl, Köln, 2001.

Berblinger, J. (1988). Das Prototyping-Projekt-Modell (PPM). Ein systematisches Vorgehensmodell zur Entwicklung von Software-Prototypen und zur Führung und Überwachung des Entwicklungsprozesses. Dissertation, TU Darmstadt.

Berens, W. und W. Schmitting (1998). Controllinginstrumente für das Komplexitätsmanagement, In: Adam, D. Komplexitätsmanagement, S. 97-110, Gabler, Wiesbaden, 1998.

Bertalanffy, L.v. (1968). General System Theory: Foundation, Development, Applications. George Braziller, New York, NY, 1968.

Bertschek, I., Engelstätter, B., Müller, B., Ohnemus, J. und T. Vogelmann (2008). Unternehmenssoftware und Eingebettete Systeme. Fazit Schriftenreihe - Informations- und Medientechnologien in Baden-Württemberg; MFG Stiftung Baden-Württemberg; ZEW Mannheim; Fraunhofer ISI, Stuttgart.

Beutin, N. (2008). Verfahren zur Messung der Kundenzufriedenheit im Überblick, In: Homburg, C. Kundenzufriedenheit: Konzepte - Methoden - Erfahrungen, S. 121-172, 7. Aufl. Gabler, Wiesbaden, 2008.

Bichler, M. (2006). Für Sie gelesen: Design Science in Information Systems Research. Wirtschaftsinformatik, 28 (2), S. 133-135.

Bieger, T. und J. Rüegg-Stürm (2002). Net Economy - Die Bedeutung der Gestaltung von Beziehungskonfigurationen, In: Bieger, T., Bickhoff, N., Caspers, R., Knyphausen-Aufseß, D.z. und K. Reding. Zukünftige Geschäftsmodelle, S. 15-33, Springer, Berlin [u.a.], 2002.

Bieger, T., Rüegg-Stürm, J. und T. von Rohr (2002). Strukturen und Ansätz einer Gestaltung von Beziehungskonfigurationen - Das Konzept Geschäftsmodell, In: Bieger, T., Bickhoff, N., Caspers, R., Knyphausen-Aufseß, D.z. und K. Reding. Zukünftige Geschäftsmodelle, S. 35-61, Springer, Berlin [u.a.], 2002.

Bitkom e.V. (2005). IT- Telekommunikation und neue Medien in Deutschland.

Bitkom e.V. (2009). IT Services Made in Germany.

Bitkom e.V.; Roland Berger Strategy Consultants (2007). Zukunft digitale Wirtschaft.

Bittner, L. (1994). Innovatives Software Marketing. Verlag moderne Industrie, Landsberg/Lech, 1994.

Black, F. und M. Scholes (1973). The Pricing of Options and Corporate Liabilities. Journal of Political Economy, 81 (3), S. 637.

Blecker, T. und N. Abdelkafi (2006). Complexity in Variety-Rich-Production Systems, In: Blecker, T. und W. Kersten. Complexity Management in Supply Chains, S. 67-83, Erich Schmidt Verlag, Berlin, 2006.

Blecker, T., Friedrich, G., Kaluza, B., Abdelkafi, N. und G. Kreutler (2005). Information and Management Systems for Product Customization. Springer, Berlin, Heidelberg, 2005.

Bloech, J. und W. Lücke (2006). Produktionswirtschaft, In: Bea, F.X., Friedl, B. und M. Schweitzer. Allgemeine Betriebswirtschaftslehre, S. 183-252, 9. Aufl. G. Fischer, Stuttgart, 2006.

BMW ORACLE Racing (2009). BMW ORACLE Racing, http://bmworacleracing.com/de/index.html, letzter Zugriff am: 24.09.2009.

BMW Sauber F! Team (2009). Official Partners - Intel, http://www.bmw-sauber-f1.com/de/index.html?refy=http%3A#/team/partner/~1|1/, letzter Zugriff am: 24.09.2009.

Böckle, G., Clements, P., McGregor, J.D., Muthig, D. und K. Schmid (2004b). Calculating ROI for software product lines. IEEE Software, 21 (3), S. 23-31.

Böckle, G., Knauber, P., Pohl, K. und K. Schmid (2004a). Software-Produktlinien: Methoden, Einführung und Praxis. dpunkt-Verl., Heidelberg, 2004.

Boehm, B., Brown, A.W., Madachy, R. und Y. Yang (2004). A Software Product Line Life Cycle Cost Estimation Model. In: ISESE '04: Proceedings of the 2004 International Symposium on Empirical Software Engineering, S. 156-164, IEEE Computer Society, Washington, DC, USA, 2004.

Boehm, B.W. (2000). Software cost estimation with COCOMO II. Prentice Hall PTR, Upper Saddle River, NJ, 2000.

Böhmann, T. (2004). Modularisierung von IT-Dienstleistungen: Eine Methode für das Service Engineering. Peter Lang, Wiesbaden, 2004.

Böhmann, T. und H. Krcmar (2005). Modularisierung: Grundlagen und Anwendung bei IT-Dienstleistungen, In: Herrmann, T., Kleinbeck, U. und H. Krcmar. Konzepte für das Service Engineering, S. 45-83, Physica, Heidelberg, 2005.

Böhmann, T., Rottwald, R. und H. Krcmar (2005). Towards mass-customized IT-services: Assessing a method for identifying reusable service modules and its implication for IT service management. In: Proceedings of the 11th Americas Conference on Information Systems, Omaha, NE, 2005.

Bongulielmi, L., Henseler, P., Puls, C. und M. Meier (2001). The K- & V-Matrix Method - an Approach in Analysis and Description of Variant Products. In: ICED 01: International Conference on Engineering Design, Bury St. Edmunds and London, 2001.

Borgmeier, A. (2002). Teleservice im Maschinen- und Anlagenbau. Deutscher Univ.-Verlag, Wiesbaden, 2002.

Bosch, J. (2000). Design and use of software architectures: adopting and evolving a product-line approach. Addison-Wesley, Harlow [u.a.], 2000.

Boutellier, R., Dinger, H. und H. Lee (1997a). Plattformen - ein Erfolgsfaktor im Wettbewerbsdruck. TR - Technische Rundschau, (37-38), S. 58-61.

Boutellier, R., Schuh, G. und H.D. Seghezzi (1997b). Industrielle Produktion und Kundennähe: Ein Widerspruch? In: Schuh, G. und H. Wiendahl. Komplexität und Agilität: steckt die Produktion in der Sackgasse? S. 41-63, Springer, Berlin [u.a.], 1997.

Bower, J.L. und C. Christensen (1995). Disruptive Technologies: Catching the Wave. Harvard Business Review, 73 (1-2), S. 43-53.

Brandenburger, A. und B. Nalebuff (1995). The Right Game: Using Game Theory to Shape Strategy. Harvard Business Review, 73 (4), S. 57-71.

Brandenburger, A.M. und B.J. Nalebuff (1996). Co-opetition. HarperCollinsBusiness, London, 1996.

Bruhn, M. (2008). Qualitätsmanagement für Dienstleistungen. 7. Aufl., Springer-Verlag, Berlin, Heidelberg, 2008.

Bruhn, M. und C. Homburg (2001). Gabler-Lexikon Marketing. Gabler, Wiesbaden, 2001.

Buchsein, R., Günther, H., Machmeier, V. und F. Victor (2008). IT-Management mit ITIL V3. 2. Aufl., Vieweg+Teubner / GWV Fachverlage GmbH, Wiesbaden, 2008.

Bürgel, H.D. und A. Zeller (1997). Controlling kritischer Erfolgsfaktoren in Forschung und Entwicklung. Controlling, (4), S. 218-225.

Bürgel, H.D., Haller, C. und M. Binder (1996). F&E-Management. Vahlen, München, 1996.

Bullinger, H. und J. Warschat (2007). Innovationsmanagement in Netzwerken, In: Garcia Sanz, F.J., Semmler, K. und J. Walther. Die Automobilindustrie auf dem Weg zur globalen Netzwerkkompetenz, S. 200-214, 2007.

Burr, W. (2002). Service-Engineering bei technischen Dienstleistungen. Dt. Univ.-Verl, Wiesbaden, 2002.

Burr, W. (2004). Innovationen in Organisationen. Kohlhammer, Stuttgart, 2004.

Burr, W. und M. Stephan (2006). Dienstleistungsmanagement. Kohlhammer, Stuttgart, 2006.

Buxmann, P., Diefenbach, H. und T. Hess (2008a). Die Softwareindustrie. Springer, Berlin, 2008.

Buxmann, P., Lehmann, S., Hess, T. und M. Staritz (2008b). Entwicklung und Implementierung von Preisstrategien für die Softwareindustrie, In: Gronau, N. und S. Eggert. Beratung, Service und Vertrieb für ERP-Anbieter, S. 73-94, Gito, Berlin, 2008.

Capgemini (2009). Studie IT-Trends 2009.

Cerami, E. (2002). Web services essentials: [distributed applications with XML-RPC, SOAP, UDDI WSDL]. O'Reilly, Beijing [u.a.], 2002.

Chan, L. und M. Wu (2002). Quality function deployment: A literature review. European Journal of Operational Research, 143 (3), S. 463-497.

Cheng, L., Pfeilsticker, B. und F. de Aguiar Araujo (2002). An Application of QFD Method to Strengthen Product Development System of a Small Initiating Firm in Internet Mobile Technology, Proc. 8th Int. Symposium on QFD, S. 193-206, München, 2002.

Chesbrough, H. (2003a). Open innovation: the new Imperative for Creating and Profiting from Technology. Harvard Business School Press, Boston, MA, 2003.

Chesbrough, H. (2003b). The Logic of Open Innovation: Managing Intellectual Property. California Management Review, 45 (3), S. 33 - 58.

Child, J. und D. Faulkner (1998). Strategies of cooperation: managing alliances, networks, and joint ventures. Oxford Univ. Press, New York [u.a.], 1998.

Chmielewicz, K. (1994). Forschungskonzeptionen der Wirtschaftswissenschaft. 3. Aufl., Schäffer-Pöschel, Stuttgart, 1994.

Christopher, M. und D. Towill (2001). An Integrated Model for the Design of Agile Supply Chains. International Journal of Physical Distribution and Logistics, 31 (4), S. 235-246.

Clements, P. und L. Northrop (2002). Software product lines: practices and patterns. Addison-Wesley, Reading, Mass., 2002.

Clements, P.C., McGregor, J.D. und S.G. Cohen (2005). The Structured Intuitive Model for Product Line Economics (SIMPLE). Carnegie Mellon University, Software Engineering Institute, Technical Report CMU/SEI-2005-TR-003.

Coates, J. (1995). Customization promises sharp competitive edge. Research Technology Management, 38 (6), S. 6-7.

Cohen, L. (1995). Quality Function Deployment. Addison-Wesley, Reading, MA, 1995.

Cohen, S. und R. Krut (2008). Proceedings of the First Workshop on Service-Oriented Architectures and Software Product Lines. Carnegie Mellon University, Software Engineering Institute, Special Report CMU/SEI-2008-SR-006.

Collis, D. und C. Montgomery (1998). So können Konzerne Ressourcen optimal ausschöpfen. Harvard Business Manager, 20 (6), S. 26-37.

Condrau, F. (2005). Die Industrialisierung in Deutschland. Wissenschaftliche Buchgesellschaft, Darmstadt, 2005.

Cooper, R. und R. Slagmulder (1999). Develop Profitable New Products with Target Costing. Sloan Management Review, 40 (4), S. 22-33.

Corsten, H. (1995). Wettbewerbsstrategien - Möglichkeiten einer simultanen Strategieverfolgung, In: Corsten, H. und M. Reiß. Handbuch Unternehmungsführung, S. 341-353, Gabler, Wiesbaden, 1995.

Corsten, H. (1998). Grundlagen der Wettbewerbsstrategie. Teubner, Stuttgart, Leipzig, 1998.

Corsten, H. (2008). Unternehmungsnetzwerke, In: Corsten, H. und R. Gössinger. Lexikon der Betriebswirtschaftslehre, S. 865-869, 5. Aufl. Oldenbourg, München [u.a.], 2008.

Corsten, H. und R. Gössinger (2007). Dienstleistungsmanagement. 5. Aufl., Oldenbourg, München [u.a.], 2007.

Corsten, H., Corsten, H. und R. Gössinger (2008). Projektmanagement. 2. Aufl., Oldenbourg, München, 2008.

Cristiano, J.J., Liker, J.K. und C.C. White (2001). Key factors in the successful application of quality function deployment (QFD). Engineering Management, IEEE Transactions on, 48 (1), S. 81-95.

Cusumano, M.A. (2004). The business of software. Free Press, New York, NY, 2004.

Cusumano, M.A. (2006). How Microsoft Makes Large Teams Work like Small Teams, In: Back, A. Getting Real about Knowledge Networks: Unlocking Corporate Knowledge, Palgrave Macmillan, Basingstoke, 2006.

Cusumano, M.A. und D.B. Yoffie (1998). Competing on Internet time. The free press, New York, NY. [u.a], 1998.

Cusumano, M.A. und R.W. Selby (1997). Microsoft secrets. HarperCollins Business, London, 1997.

Czarnecki, K. und U.W. Eisenecker (2000). Generative programming. Addison Wesley, Boston [u.a.], 2000.

Dahmus, J.B., Gonzalez-Zugasti, J.P. und K.N. Otto (2001). Modular product architecture. Design Studies, 22 (5), S. 409-424.

Davis, S.M. (1987). Future perfect. Addison-Wesley, Reading, Mass., 1987.

Deane, P. (1985). Die industrielle Revolution in Großbritannien, 1700-1880, In: Cipolla, C. und K. Borchardt. Europäische Wirtschaftsgeschichte, S. 1-42, Utb, Stuttgart, 1985.

Dellmann, K. (1993). Kosten- und Leistungsrechnungen, In: Bitz, M., Dellmann, K., Domsch, M. und H. Egner. Kompendium der Betriebswirtschaftslehre, Band 2, S. 334-369, 3. Aufl. Vahlen, München, 1993.

Department of Defense Software Reuse Initiative (1996). Software Reuse Executive Primer, http://dii-sw.ncr.dia.mil/ReuseIC/polhist/primer, letzter Zugriff am: 24.09.2009.

Dibb, S. und L. Simkin (1994). Implementation problems in industrial market segmentation. Industrial Marketing Management, 23 (1), S. 55 - 63.

Dietl, H. (1993). Institutionen und Zeit. Mohr Siebeck, Tübingen, 1993.

Dimetrosky, S., Khawaja, S. und P. Degens (2001). Best practices for online survey research. Quirk's Marketing Research Review, (Jan 2001).

Dobson, G. und S. Kalish (1993). Heuristics for Pricing and Positioning a Product-Line Using Conjoint and Cost Data. Management Science, 39 (2), S. 160-175.

Doppler, K. und C. Lauterburg (2008). Change-Management. 12. Aufl., Campus-Verl, Frankfurt/Main, 2008.

Dowie, U. (2009). Testaufwandsschätzung in der Softwareentwicklung: Modell der Einflussfaktoren und Methode zur organisationsspezifischen Aufwandsschätzung. Eul, Lohmar [u.a.], 2009.

Duray, R., Ward, P.T., Milligan, G.W. und W.L. Berry (2000). Approaches to mass customization: configurations and empirical validation. Joumal of Operations Management, 18 (6), S. 605-625.

Ebert, C. und M. Smouts (2003). Produktlinien in der Softwareentwicklung. HMD 231 (Juni 2003), S. 28-37.

Economist Intelligence Unit (2005). Business 2010 - Embracing the challenge of change. Report, sponsored by SAP, 2005.

Eisenführ, F. und M. Weber (1994). Rationales Entscheiden. 2. Aufl.,Berlin u.a., 1994.

Eisenhardt, K.M. (1989). Building Theories from Case Study Research. Academy of Management Review, 14 (4), S. 532-550.

Emory, C.W. und D.R. Cooper (1991). Business Research Methods. 4. Aufl., Homewood, Boston, 1991.

Engelhardt, W.H. (1977). Grundlagen des Anlagen-Marketing. Schmalenbachs Zeitschrift für betriebswirtschaftliche Forschung, (Sonderheft 7), S. 9-37.

Ericsson, A. und G. Erixon (1999). Controlling Design Variants: Modular Product Platforms. Society of Manufacturing Engineers, Dearborn, MI, 1999.

Erixon, G. (1998). Modular Function Deployment - A Method for Product Modularization. Dissertation, Dalarna University, Dept. of Manufacturing Systems.

Erk, K. und L. Priese (2008). Theoretische Informatik. 3. Aufl., Springer, Berlin, Heidel-berg, 2008.

Erl, T. (2005). Service-oriented architecture: concepts, technology, and design. Prentice Hall PTR, Upper Saddle River, NJ [u.a.], 2005.

Evans, D.S. und K.L. Webster (2007). Designing the Right Product Offerings. MIT Sloan Management Review, 49 (1), S. 44-50.

Evans, D.S., Hagiu, A. und R. Schmalensee (2006). Invisible engines. MIT Press, Cambridge, Mass. [u.a.], 2006.

Faught, K., Whitten, D. und K. Green (2004). Doing Survey Research on the Internet: Yes, Timing does Matter. Journal of Computer Information Systems, 44 (3), S. 26-34.

Fayad, M. und D.C. Schmidt (1997). Object-oriented application frameworks. Commun. ACM, 40 (10), S. 32-38.

Feix, N. (1992). Moderationsmethoden und Synaplan. 2. Aufl., Mannheim, 1992.

Festge, F. (2006). Kundenzufriedenheit und Kundenbindung im Investitionsgüterbereich. Deutscher Universitäts-Verlag, Wiesbaden, 2006.

Fink, A., Schneidereit, G. und S. Voß (2001). Grundlagen der Wirtschaftsinformatik. Physica-Verl., Heidelberg, 2001.

Fleck, A. (1995). Hybride Wettbewerbsstrategien: zur Synthese von Kosten und Differenzierungsvorteilen. Dt. Univ.-Verl., Wiesbaden, 1995.

Flick, U., von Kardorff, E. und I. Steinke (2000). Qualitative Forschung - Ein Handbuch. Rowohlt Taschenbuch, Reinbek, 2000.

Flood, R.L. und E.R. Carson (1993). Dealing with Complexity: An Introduction to the Theory and Application of Systems Science. 2. Aufl., Plenum Press, New York, London, 1993.

Floyd, C. (1984). A systematic look at prototyping, In: Budde, R., Kuhlenkamp, K., Mathiassen, L. und H. Züllighofen. Approaches to Prototyping, S. 1-18, Springer, Berlin, Heidelberg, 1984.

Fowler, D.C. und P.A. Swatman (2000). Evaluation von Methoden des Requirements Engineering, In: Heinrich, L.J. und I. Häntschel. Evaluation und Evaluationsforschung in der Wirtschaftsinformatik, S. 353-366, Oldenbourg, München, Wien, 2000.

Frank, U. (2007a). Ein Vorschlag zur Konfiguration von Forschungsmethoden in der Wirtschaftsinformatik, In: Lehner, F. und S. Zelewski. Wissenschaftstheoretische Fundierung und wissenschaftliche Orientierung der Wirtschaftsinformatik, S. 155-184, Gito, Berlin, 2007.

Frank, U. (2007b). Relevance of Research Implies Relevance to Researchers. Wirtschaftsinformatik, 49 (5), S. 404-405.

Frank, U. (2008). Herausforderungen der Wirtschaftsinformatik in Zeiten des Wandels, In: Jung, R. und T. Myrach. Quo vadis Wirtschaftsinformatik? : Festschrift für Prof. Gerhard F. Knolmayer zum 60. Geburtstag, S. 37-56, Gabler, Wiesbaden, 2008.

Franke, N. und F.T. Piller (2003). Key Research Issues in User Interaction with Configuration Toolkits in a Mass Customization System. International Journal of Technology Management, 26 (5-6), S. 578-599.

Friedewald, M., Blind, K. und J. Edler (2002). Die Innovationstätigkeit der deutschen Softwareindustrie. Wirtschaftsinformatik, 44 (2), S. 151-161.

Fröschle, H. und S. Strahringer (2007). IT-Industrialisierung. HMD, Heft 256 (August 2007) dpunkt, Heidelberg, 2007.

Frühauf, K., Ludewig, J. und H. Sandmayr (2002). Software-Projektmanagement und -Qualitätssicherung. 4. Aufl., vdf, Hochsch.-Verl. an der ETH, Zürich, 2002.

Fujita, K., Takagi, H. und T. T. Nakayama (2003). Assessment method for value distribution for product family deployment, Proc. Int. Conference on Engineering Design, Stockholm, Sweden, 2003.

Ganesan, D., Muthig, D. und K. Yoshimura (2006). Predicting return-on-investment for product line generations. In: 10th International Software Product Line Conference, S. 13- 24, Baltimore, Maryland, 2006.

Garcia Sanz, F.J. (2007). Ganzheitliche Beschaffungsstrategie als Gestaltungsrahmen der globalen Netzwerkintegration in der Automobilbranche, In: Garcia Sanz, F.J., Semmler, K. und J. Walther. Die Automobilindustrie auf dem Weg zur globalen Netzwerkkompetenz, S. 3-23, Springer, Berlin, Heidelberg, 2007.

Garcia Sanz, F.J., Semmler, K. und J. Walther (2007). Die Automobilindustrie auf dem Weg zur globalen Netzwerkkompetenz. Springer, Berlin, Heidelberg, 2007.

Gawer, A. und M.A. Cusumano (2002). Platform Leadership. Harvard Business School Press, Boston, MA, 2002.

Gawer, A. und M.A. Cusumano (2008). How companies become platform leaders. Sloan Management Review, 49 (2), S. 28-35.

Gell-mann, M. (1994). The Quark and the Jaguar - Adventures in the Simple and the Complex. Abacus, London, 1994.

Geppert, B. und F. Roessler (2001). Combining Product Line Engineering with Options Thinking. In: Proc. of International Workshop on Product Line Engineering The Early Steps, S. 27-30, 2001.

Gershenson, J.K., Prasad, G.J. und Y. Zhang (2003). Product Modularity: Definitions and Benefits. Journal of Engineering Design, 14 (3), S. 295-313.

Geschka, H. und R. Hammer (1992). Die Szenario-Technik in der strategischen Unternehmensplanung, In: Hahn, D. Strategische Unternehmungsplanung, strategische Unternehmungsführung: Stand und Entwicklungstendenzen, S. 311-336, Physica-Verl., Heidelberg, 1992.

Gesellschaft für Informatik e.V. (2009). Fachbereich Softwaretechnik (SWT), http://www.gi-ev.de/gliederungen/fachbereiche/softwaretechnik.html, letzter Zugriff am: 21.08.2009.

Gesellschaft für Informatik, R.S. (2008). bisherige Veranstaltungen, http://www1.gi-ev.de/regionalgruppen/stuttgart/altveran.html, letzter Zugriff am: 21.08.2009.

GfK-Marktforschung GmbH Nürnberg; Fraunhofer-Einrichtung Experimentelles Software Engineering Kaiserslautern; Fraunhofer-Institut für Systemtechnik und Innovationsforschung Karlsruhe (2000). Analyse und Evaluation der Softwareentwicklung in Deutschland. [Nürnberg u.a.], 2000.

Ghemawat, P. und P. del Sol (1998). Commitment versus Flexibility? California Management Review, 40 (4), S. 26-42.

Gomes-Casseres, B. (1994). Group Versus Group: How Alliance Networks Compete. Harvard Business Review, 72 (4), S. 62-74.

Gomes-Casseres, B. (1999). The alliance revolution. 3. Aufl., Harvard Univ. Press, Cambridge, Mass. [u.a.], 1999.

Gomes-Casseres, B. und D.A. Leonard (1997). Alliance Clusters in Multimedia: Safety Net or Entanglement? In: Yoffie, D.B. Competing in the Age of Digital Convergence, S. 325-370, Harvard Business School Press, Boston, MA, 1997.

Google Inc. (2009). Weitere Google-Produkte, http://www.google.de/intl/de/options/, letzter Zugriff am: 29.09.2009.

Grant, R.M. und M. Nippa (2006). Strategisches Management: Analyse, Entwicklung und Implementierung von Unternehmensstrategien. 5. Aufl., Pearson Studium, München [u.a.], 2006.

Green, P.E. und A.M. Krieger (1985). Models and Heuristics for Product Line Selection. Marketing Science, 4 (1), S. 1-19.

Green, P.E. und V. Srinivasan (1978). Conjoint Analysis in Consumer Research: Issues and Outlook. Journal of Consumer Research, 5 (2), S. 103-123.

Green, P.E. und V. Srinivasan (1990). Conjoint Analysis in Marketing: New Developments With Implications for Research and Practice. Journal of Marketing, 54 (1), S. 3-19.

Green, P.E., Krieger, A.M. und Y. Wind (2001). Thirty Years of Conjoint Analysis: Reflections and Prospects. Interfaces, 31 (3), S. S57-S73.

Greiffenberg, S. (2004). Methodenentwicklung in Wirtschaft und Verwaltung. Verlag Dr. Kovac, Hamburg, 2004.

Gronau, N. (2001). Industrielle Standardsoftware - Auswahl und Einführung. Oldenbourg, München, Wien, 2001.

Gustafsson, A. (1996). Customer focused product development by conjoint analysis and QFD. Dissertation Univ. Linköping, Dep. of Mechanical Eng., Div. of Quality Techn., 1996.

Gutenberg, E. (1979). Grundlagen der Betriebswirtschaftslehre, Band 1: Die Produktion. 23.Aufl., Springer, Berlin, Heidelberg, 1979.

Gutenberg, E. (1984). Grundlagen der Betriebswirtschaftslehre, Band 2: Der Absatz. 17.Aufl., Springer, Berlin, Heidelberg, 1984.

Haag, S.E. (1992). A Field Study of the Use of Quality Function Deployment (QFD) as applied to Software Development. Dissertation, Univ. of Texas, Arlington, 1992.

Haertsch, P. (2000). Wettbewerbsstrategien für Electronic Commerce: eine kritische Überprüfung klassischer Strategiekonzepte. 2. Aufl., Eul, Lohmar [u.a.], 2000.

Hagel, J.I. (1996). Spider versus Spider. McKinsey Quarterly, (1), S. 4-18.

Hahn, J.H. (1993). Die Software-Dokumentation als Instrument der Qualitätssicherung und des Marketing, In: Wimmer, F. und L. Bittner. Software-Marketing, S. 133-158, Gabler, Wiesbaden, 1993.

Hamel, G. (2001). Das revolutionäre Unternehmen. Econ, München, 2001.

Hansen, H.R. und G. Neumann (2005). Wirtschaftsinformatik 1: Grundlagen und Anwendungen. 9. Aufl., Lucius Lucius, Stuttgart, 2005.

Harmsen, A. (1997). Situational Method Engineering. Ernst and Young Management Consultants, Utrecht.

Hauser, J.R. und D. Clausing (1988). The House of Quality. Harvard Business Review, 66 (3), S. 63-73.

Hax, A.C. und D.L. Wilde I. I (1999). The delta model: Adaptive management for a changing world. Sloan Management Review, 40 (2), S. 11-28.

Hayes, B.E. (1992). Measuring customer satisfaction: development and use of questionnaires. ASQC Quality Press, Milwaukee, Wis, 1992.

Heerwegh, D. (2005). Effects of Personal Salutations in E-Mail Invitations to Participate in a Web Survey. Public Opinion Quarterly, 69 (4), S. 588-598.

Heilmann, H., Kemper, H. und H. Baars (2006). Business und Competitive Intelligence. HMD, Heft 247 (Februar 2006). dpunkt-Verlag, Heidelberg, 2006.

Heina, J. (1999). Variantenmanagement: Kosten-Nutzen-Bewertung zur Optimierung der Variantenvielfalt. Dt. Univ.-Verl. [u.a.], Wiesbaden, 1999.

Heinrich, C.E. (2005). Strategiekonforme Organisationsgestaltung am Beispiel eines globalen Softwarekonzerns. Controlling, 17 (8/9), S. 531-536.

Heinrich, L.J., Heinzl, A. und F. Roithmayr (2004). Wirtschaftsinformatik-Lexikon. 7. Aufl., Oldenbourg, München [u.a.], 2004.

Heinrich, L.J., Heinzl, A. und F. Roithmayr (2007). Wirtschaftsinformatik. 3. Aufl., Oldenbourg, München [u.a.], 2007.

Heinzl, A. (2007). Rigour AND Relevance: Determining Positions on Two Independent Scales. Wirtschaftsinformatik, 49 (5), S. 405-406.

Helferich, A. (2005). Developing customer-oriented Enterprise Applications using Software Product Lines and Quality Function Deployment. In: Proceedings of the 2nd International Software Product Lines Young Researchers Workshop (SPLYR), Rennes, 2005.

Helferich, A. und G. Herzwurm (2008). Softwaretechnische Ansätze für die Entwicklung flexibler Anwendungssysteme - Ergebnisse einer explorativen Studie. In: Multikonferenz Wirtschaftsinformatik, S. 1741-1752, 2008.

Helferich, A., Herzwurm, G. und S. Schockert (2005a). Mass Customization of Enterprise Applications: Creating Customer-oriented Product Portfolios instead of Single Systems. In: 3rd Interdisciplinary World Congress on Mass Customization and Personalization, Hongkong, 2005.

Helferich, A., Herzwurm, G. und S. Schockert (2005b). QFD-PPP: Product Line Portfolio Planning Using Quality Function Deployment. In: 9th International Software Product Line Conference, S. 162 - 173, Springer, Berlin, Heidelberg, 2005.

Helferich, A., Herzwurm, G. und S. Schockert (2005c). Developing Portfolios of Enterprise Applications using Software Product Lines. In: Component-oriented enterprise applications: proceedings of the Conference on Component-Oriented Enterprise Applications (COEA 2005), S. 71-85, 2005.

Helferich, A., Herzwurm, G. und S. Schockert (2006a). The use of Quality-Function Deployment (QFD) for customer-focused Product Development. In: International Mass Customization Meeting (IMCM'06) & International Conference on Economic, Technical and Organizational Aspects of Product Configuration Systems (PETO'06), S. 217-232, GITO, Berlin, 2006.

Helferich, A., Herzwurm, G., Jesse, S. und M. Mikusz (2007b). Software Product Lines, Service-Oriented Architecture and Frameworks: Worlds Apart or Ideal Partners? In: Draheim, D. und G. Weber. Trends in enterprise application architecture: 2nd international conference, S. 187-201, Springer, Berlin [u.a.], 2007.

Helferich, A., Hiller, K. und S. Kneher (2007a). Variantenmanagement in der Softwareentwicklung. Stuttgarter Schriften zur Unternehmenssoftware – Arbeitsbericht Nr. 1, Universität Stuttgart, 2007.

Helferich, A., Schmid, K. und G. Herzwurm (2006b). Product Management for Software Product Lines: An unsolved Problem? Communications of the ACM, 49 (12), S. 66-67.

Helferich, A., Schmid, K. und G. Herzwurm (2006c). Softwareproduktlinien für Anwendungssysteme: eine Analyse aus Techniksicht und Marktsicht. In: Multikonferenz Wirtschaftsinformatik 2006, S. 237-248, GITO, Berlin, 2006.

Helferich, A., Schmid, K. und G. Herzwurm (2006d). Reconciling Marketed and Engineered Software Product Lines. In: Proceedings of the 10th International Software Product Line Conference, S. 23-27, Baltimore, 2006.

Heng, S. (2005). Software-Häuser: Wandel vom Produkthersteller zum Solution-Provider. Studie, Deutsche Bank Research, Reihe Digitale Ökonomie und struktureller Wandel.

Herstatt, C. und J.G. Sander (2004). Online-Kundeneinbindung in den frühen Innovationsphasen, In: Herstatt, C. und J.G. Sander. Produktentwicklung mit virtuellen Communities: Kundenwünsche erfahren und Innovationen realisieren, S. 99-120, Gabler, Wiesbaden, 2004.

Herzwurm, G. (2000). Kundenorientierte Softwareproduktentwicklung. Teubner, Stuttgart [u.a.], 2000.

Herzwurm, G. und A. Helferich (2004). Customer-focussed Selection and Prioritization of common and variable Features with Quality Function Deployment. In: Proceedings of the 2nd Groningen Workshop on Software Variabilty Management, Groningen, 2004.

Herzwurm, G. und D. Stelzer (2008). Wirtschaftsinformatik versus Information Systems - Eine Gegenüberstellung. Stuttgarter Schriften zur Unternehmenssoftware – Arbeitsbericht Nr. 2, Universität Stuttgart, 2008.

Herzwurm, G. und M. Mikusz (2008). Industrialisierung des Software-Managements. Köllen Verlag, Bonn, 2008.

Herzwurm, G. und W. Pietsch (2008). Management von IT-Produkten. dpunkt, Heidelberg, 2008.

Herzwurm, G., Hierholzer, A. (1996). Kundenorientierung durch Software Customer Value Management (SCVM), In: Herzwurm, G., Hierholzer, A. und W. Mellis. Kundenorientierte Softwareherstellung, Studien zur Systementwicklung, Universität Köln, 1996.

Herzwurm, G., Schockert, S. und U. Dowie (2000b). Continuous QFD - Employing QFD in Case of Fuzzy Development Tasks. In: The 12th Symposium on Quality Function Deployment, 2000.

Herzwurm, G., Schockert, S. und W. Mellis (1997). Qualitätssoftware durch Kundenorientierung: die Methode Quality Function Deployment (QFD). Vieweg, Braunschweig [u.a.], 1997.

Herzwurm, G., Schockert, S. und W. Mellis (2000a). Joint requirements engineering: QFD for rapid customer focused software and Internet development. Vieweg, Braunschweig [u.a.], 2000.

Hess, T., Benlian, A., Wolf, C.M. und P. Buxmann (2008). ERP-as-a-Service: Zukunft oder Sackgasse? In: Gronau, N. und S. Eggert. Beratung, Service und Vertrieb für ERP-Anbieter, S. 147-155, Gito, Berlin, 2008.

Hesse, W., Keutgen, H., Luft, A. und H. Rombach (1984). Ein Begriffssystem für die Softwaretechnik. Informatik-Spektrum, 7 (Juli), S. 200-213.

Hevner, A.R. (2007). Rigor and Relevance Viewed as a 2 x 2 Matrix. Wirtschaftsinformatik, 49 (5), S. 406-407.

Hevner, A.R., March, S.T., Park, J. und S. Ram (2004). Design Science in Information Systems Research. MIS Quarterly, 28 (1), S. 75-106.

Hildebrand, V. (1997). Individualisierung als strategische Option der Marktbearbeitung. Deutscher Universitätsverlag, Wiesbaden, 1997.

HIS-Tagung (2009). HIS 2009, http://www.his-tagung.de/his-tagung/2009/home/, letzter Zugriff am: 24.09.2009.

Hoch, D.J., Roeding, C.R., Purkert, G. und S.K. Lindner (2000). Erfolgreiche Software-Unternehmen. Hanser, München, Wien, 2000.

Hofer, A.P. (2001). Management von Produktfamilien: Wettbewerbsvorteile durch Plattformen. Dt. Univ.-Verl., Wiesbaden, 2001.

Hoffmann, J. und S. Berger (2000). Strategic Product Family Development by Extending the House of Quality, Proc. of the 6th Int. Symposium on QFD, Novi Sad, USA, 2000.

Homburg, C. (1995). Single Sourcing, Double Sourcing, Multiple Sourcing...? Zeitschrift für Betriebswirtschaft, 65 (8), S. 813-834.

Homburg, C. (2008). Kundenzufriedenheit: Konzepte - Methoden - Erfahrungen. 7. Aufl., Gabler, Wiesbaden, 2008.

Homburg, C. und D. Daum (1997). Wege aus der Komplexitätsfalle. Zeitschrift für wirtschaftliche Fertigung, 92 (7/8), S. 333-337.

Homburg, C. und H. Krohmer (2007). Marketingmanagement. 2. Aufl., Gabler, Wiesbaden, 2007.

Homburg, C. und H. Krohmer (2009). Grundlagen des Marketingmanagements. 2. Aufl., Gabler, Wiesbaden, 2009.

Homburg, C., Giering, A. und F. Hentschel (1999). Der Zusammenhang zwischen Kundenzufriedenheit und Kundenbindung. Die Betriebswirtschaft (DBW), 59 (2), S. 174-195.

HORIZONT (2009). Events, http://www.horizont-it.com/public_html/events.htm,.

Horváth, P. (1993). Target Costing - Marktorientierte Zielkosten in der deutschen Praxis. Stuttgart, 1993.

Horváth, P. (2009). Controlling. 11. Aufl., Vahlen, München, 2009.

Horváth, P. und R. Mayer (1989). Prozesskostenrechnung – Der neue Weg zu mehr Kostentransparenz und wirkungsvolleren Unternehmensstrategien. Controlling, 1 (4), S. 214-219.

Horváth, P. und R.N. Herter (1992). Benchmarking - Vergleich mit den Besten der Besten. Controlling, 4 (1), S. 4-11.

Horváth, P. und W. Seidenschwarz (1992). Zielkostenmanagement. Controlling, 4 (3), S. 142-150.

Hungenberg, H. (2008). Strategisches Management in Unternehmen. 5. Aufl., Gabler, Wiesbaden, 2008.

Hunt, R. und M. Walker (2003). Customer driven Strategy: Solving the Fuzy Front-End, Proceedings of the 9th Int. Symposium on QFD, S. 199-210, Orlando, USA, 2003.

Hvam, L., Mortensen, N.H. und J. Riis (2008). Product Customization. Springer, Berlin, Heidelberg, 2008.

Initiative IT-Fitness (2009). Startseite, http://www.it-fitness.de/, letzter Zugriff am: 24.09.2009.

International Standards Organisation (1995). Information technology - software life cycle processes - ISO/IEC 12207. ISO/IEC, Genève, 1995.

Jacob, F. (1995). Produktindividualisierung: Ein Ansatz zur innovativen Leistungsgestaltung im Business-to-Business-Bereich. Wiesbaden, 1995.

Jahncke, M. (2008). Wertschöpfungskonfiguration im internationalen Kontext. Verlag Dr. Kovac, Hamburg, 2008.

Jansen, A. und J. Bosch (2005). Software Architecture as a Set of Architectural Design Decisions. In: Proceedings of WICSA 2005, S. 109-120, 2005.

Jeffrey, R. (1992). A View on the Use of Three Research Philosophies to Address Empirically Determined Weaknesses of the Software Engineering Process, In: Rombach, H.D., Basili, V.R. und R.W. Selby. Experimental Software Engineering Issues, S. 111-115, Springer, Heidelberg, 1992.

Jörgensen, M. (2005). Practical Guidelines for Expert-Judgment-Based Software Effort Estimation. IEEE Software, 22 (3), S. 57-63.

John, I., Knodel, J., Lehner, T. und D. Muthig (2006). A practical guide to product line scoping. In: Proceedings of the 10th International Software Product Line Conference, S. 3-12, Baltimore, Maryland, 2006.

Johnson, H.T. und R.S. Kaplan (1987a). Relevance lost: the rise and fall of management accounting. Harvard Business School Press, Boston, Mass., 1987.

Johnson, H.T. und R.S. Kaplan (1987b). The Rise and Fall of Management Accounting. Engineering Management Review, IEEE, 15 (3), S. 36 - 44.

Johnson, R.M. (1987). Adaptive Conjoint Analysis. In: Proc. of the Sawtooth Software Conference on Perceptual Mapping, Conjoint Analysis, and Computer Interviewing, S. 253-265, Swatooth Software, Ketchum, Idaho, 1987.

Käkölä, T. und J.C. Duenas (2006). Software Product Lines. Springer, Berlin, Heidelberg, 2006.

Kahn, B.E. (1995). Consumer variety-seeking among goods and services. Journal of Retailing and Consumer Services, 2 (3), S. 139-148.

Kaluza, B. (1996). Dynamische Produktdifferenzierungsstrategie und moderne Produktionssysteme, In: Wildemann, H. Produktions- und Zuliefernetzwerke, S. 191-234, TCW, München, 1996.

Kaluza, B. und T. Blecker (2000). Wettbewerbsstrategien: markt- und ressourcenorientierte Sicht der strategischen Führung. TCW, Transfer-Centrum-Verl, München, 2000.

Kano, N., Seraku, N. und F.T.S. Takahashi (1984). Attractive quality and must-be quality. Hinshitsu (Quality, The Journal of the Japanese Society for Quality Control), 14 (2), S. 39-48.

Katz, M.L. und C. Shapiro (1985). Network Externalities, Competition and Compatibility. American Economic Review, 75 (3), S. 424-440.

Kazman, R., Klein, M. und P. Clements (2000). ATAM: Method for Architecture Evaluation. Technical Report CMU/SEI-2000-TR-004, Software Engineering Institute, Carnegie Mellon University, 2000.

Keiblinger, A., Turowski, K. und J.M. Zaha (2003). Component Market Specification Demand and Standardized Specification of Business Components. In: CBBISE ´03, S. 10-23, Geneva, Switzerland, 2003.

Kemper, H. (1998). Architektur und Gestaltung von Management-Unterstützungs-Systemen. Habillitation, Universität Köln, 1998.

Kern, H. und M. Schumann (1990). Das Ende der Arbeitsteilung? 4.Aufl., Beck, 1990.

Kersten, W. (2001). Marktorientiertes Vielfaltsmanagement als Basis für effiziente Produktionssysteme und kontinuierliche Produktinnovation, In: Blecker, T. und H.G.

Gemünden. Innovatives Produktions- und Technologiemanagement, S. 35-54, Springer, Berlin, Heidelberg, 2001.

Kersten, W., Koppenhagen, F. und C.M. Meyer (2004). Strategisches Komplexitätsmanagement durch Modularisierung in der Produktentwicklung, In: Spath, D. Forschungs- und Technologiemanagement: Potenziale nutzen - Zukunft gestalten, S. 211-218, Hanser, München, 2004.

Kilian-Kehr, R., Terzidis, O. und D. Voelz (2007). Industrialization of the Software Sector. Wirtschaftsinformatik, 49 (Sonderheft), S. 62-71.

Kirchmann, E.M. und V. Warschburger (2004). Integration von Anwendern in den Prozess der Softwareentwicklung - Ergebnisse einer empirischen Studie. Information Management & Consulting, 19 (3), S. 59-66.

Kirn, S., Piller, F.T., Schenk, M. und R. Seelmann-Eggebert (2005). Kundenzentrierte Wertschöpfung mit Mass Customization. Fraunhofer IRB, Magdeburg, 2005.

Kittlaus, H., Rau, C. und J. Schulz (2004). Software-Produkt-Management. Springer, Berlin [u.a.], 2004.

Klapper, D. (2001). Wettbewerbsverhalten und Produktlinienwettbewerb: Analysen auf Konsumgütermärkten. Dt. Univ.-Verl., Wiesbaden, 2001.

Kleinaltenkamp, M. (2006). Auswahl von Vertriebswegen, In: Kleinaltenkamp, M., Plinke, W., Jacob, F. und A. Söllner. Markt- und Produktmanagement, S. 321-368, 2. Aufl. Gabler, Wiesbaden, 2006.

Knolmayer, G.F. (2002). On the Economics, In: Rautenstrauch, C., Seelmann-Eggebert, R. und K. Turowski. Moving into Mass Customization, S. 3-18, Springer, Berlin, Heidelberg, 2002.

Knyphausen-Aufseß, D.z. und Y. Meinhardt (2002). Revisiting Strategy: Ein Ansatz zur Systematisierung von Geschäftsmodellen, In: Bieger, T., Bickhoff, N., Caspers, R., Knyphausen-Aufseß, D.z. und K. Reding. Zukünftige Geschäftsmodelle, S. 63-89, Springer, Berlin [u.a.], 2002.

Köhler, P.T. (2006). ITIL. Springer, Berlin [u.a.], 2006.

Kohli, R. und R. Sukumar (1990). Heuristics for Product-Line Design Using Conjoint Analysis. Management Science, 36 (12), S. 1464-1478.

Kolokythas, P. (2009). Aktuelle Marktanteile von IE, Firefox, Windows, Google & Co, http://www.pcwelt.de/start/software_os/windows/news/2101909/aktuelle_marktanteile_von_ie_firefox_windows_google_co/, letzter Zugriff am: 29.09.2009.

Kotha, S. (1996). From Mass Production to Mass Customization: the Case of the National Industrial Bicycle Company of Japan. European Management Journal, 14 (5), S. 442-450.

Kotler, P. und K.L. Keller (2006). Marketing management. 12. Aufl., Pearson/Prentice Hall, Upper Saddle River, NJ, 2006.

Kotler, P., Keller, K.L. und F. Bliemel (2007). Marketing-Management. 12. Aufl., Pearson Studium, München [u.a.], 2007.

Kratochvil, M. und C. Carson (2005). Growing modular. Springer, Berlin [u.a], 2005.

Kriha, W. und B. Scheffold (1998). Soziale Strukturen in neuen Softwareprojekten. Systor AG, Zürich, 1998.

Krueger, C.W. (2002). Easing the Transition to Software Mass Customization. In: Proceedings of Product Family Engineering 4, S. 282-293, Bilbao, 2002.

Kurbel, K. (1987). Wirtschaftsinformatik = Betriebswirtschaftslehre und/oder Informatik? - Rückblick, Bestandsaufnahme, Tendenzen. Journal für Betriebswirtschaft, 37 (2), S. 90-106.

Kurbel, K. und H. Strunz (1990). Wirtschaftsinformatik - eine Einführung, In: Kurbel, K. und H. Strunz. Handbuch der Wirtschaftsinformatik, S. 1-25, Schaeffer-Poeschel, Stuttgart, 1990.

Laatz, W. (1993). Empirische Methoden: ein Lehrbuch für Sozialwissenschaftler. Harri Deutsch, Thun, 1993.

Lampel, J. und H. Mintzberg (1996). Customizing Customization. Sloan Management Review, 38 (1), S. 21 - 30.

Lancaster, K. (1979). Variety, equity, and efficiency. Columbia Univ. Press, New York, NY [u.a.], 1979.

Lancaster, K. (1998). Markets and Product Variety Management, In: Ho, T. und C.S. Tang. Product Variety Management: Research Advances, S. 3-18, Kluwer Academic Publishers, Boston u.a., 1998.

Lange, C. (2006). Entwicklung und Stand der Disziplinen Wirtschaftsinformatik und Information Systems. ICB-Research Report No. 4, Universität Duisburg-Essen, 2006.

Lasi, H. (2009). Aufbau eines IT-basierten Integrationskonzepts zur Unterstützung von Produktentwicklungs- und Produktionsprozessen. Eul, Lohmar [u.a.], 2009.

Leckner, T. (2006). Kundenkooperation beim Web-basierten Konfigurieren von Produkten. Eul, Lohmar, Köln, 2006.

Lehrstuhl für Wirtschaftsinformatik und Electronic Government (2009). ERP-Anbieterkongress 2009, http://www.wi.uni-potsdam.de/homepage/potsdam.nsf?Open&ID=8993A6C0030F846AC1257620003F48DA&Key=598ESD&Sel=598ESD&Lang=de, letzter Zugriff am: 24.09.2009.

Leßner, J. (2006). Systemfamilienentwicklung bei arvato direct services, In: Brandt-Pook, H., Simonsmeier, W. und T. Spitta. Beratung in der Softwareentwicklung - Modelle - Methoden - Best Practices, S. 103-116, Köllen, Bonn, 2006.

Li, H. und S. Azarm (2002). An approach for product line design selection under uncertainty and competition. Journal of Mechanical Design, 124 (3), S. 385-392.

Linden, F.J.v.d., Schmid, K. und E. Rommes (2007). Software product lines in action: the best industrial practice in product line engineering. Springer, Berlin [u.a.], 2007.

Lippold, D. (1998). Die Marketinggleichung für Software. 2. Aufl., M & P Verlag für Wissenschaft und Forschung, Stuttgart, 1998.

Luczak, H. und A. Fricker (1997). Komplexitätsmanagement - ein Mittel der strategischen Unternehmensgestaltung, In: Schuh, G. und H. Wiendahl. Komplexität und Agilität: steckt die Produktion in der Sackgasse? S. 309-323, Springer, Berlin [u.a.], 1997.

Ludewig, J. und H. Lichter (2007). Software Engineering. dpunkt, Heidelberg, 2007.

Luhmann, N. (1980). Komplexität, In: Grochla, E. Handwörterbuch der Organisation, S. Sp. 1063-1070, 7. Aufl. Stuttgart, 1980.

Lukowicz, P., Heinz, E.A., Prechelt, L. und W.F. Tichy (1994). Experimental Evaluation in Computer Science: A Quantitative Study. Universität Karlsruhe, Informatik.

MacCarthy, B., Brabazon, P. und J. Bramham (2002). Key Value Attributes in Mass Customization, In: Rautenstrauch, C., Seelmann-Eggebert, R. und K. Turowski. Moving into Mass Customization, S. 71-87, Springer, Berlin, Heidelberg, 2002.

Märzendorfer, W. (2005). Medizintechnik, In: Liggesmeyer, P. Software Engineering eingebetteter Systeme, S. 469-495, Spektrum Akad. Verlag, München, 2005.

Magrath, A.J. (1986). When marketing services, 4 Ps are not enough. Business Horizons, 29 (3), S. 44 - 50.

Malik, F.F. (1984). Strategie des Managements komplexer Systeme. Haupt, Bern [u.a.], 1984.

March, S.T. und G.F. Smith (1995). Design and natural science research on information technology. Decision Support Systems, 15 (4), S. 251-266.

Martin, M.V. und K. Ishii (2000). Design for Variety - A Methodology for Developing Product Platform Architectures. In: Proceedings of DECT 2000, Baltimore, 2000.

Mason, G.S. (1939). Price and Production Policies of Large-scale Enterprises. American Economic Review, 29 (March), S. 61-74.

Mattson, M. (1996). Object-Oriented Frameworks: A Survey of Methodological Issues. Technical Report 96-167, Dept. of Software Eng. and Computer Science, University of Karlskrona/Ronneby.

Mayer, R. (1993). Strategien erfolgreicher Produktgestaltung: Individualisierung und Standardisierung. Deutscher Universitätsverlag, Wiesbaden, 1993.

Mayer, R. (2008). Partnering with SAP. Books on Demand, Norderstedt, 2008.

McGrath, M.E. (1995). Product Strategy for High-Technology Companies. Irwin Professional Publishing, New York, NY, 1995.

McIlroy, M. (1969). Mass Produced Software Components. In: Software Engineering: Report on a Conference Sponsored by the NATO Science Comittee, S. 138-151, Brussels, 1969.

Meffert, H. und M. Bruhn (2008). Dienstleistungsmarketing. 6. Aufl., Gabler, Wiesbaden, 2008.

Meffert, H., Burmann, C. und M. Kirchgeorg (2008). Marketing: Grundlagen marktorientierter Unternehmensführung. Konzepte-Instrumente-Praxisbeispiele. 10. Aufl., Gabler, Wiesbaden, 2008.

Meissner, G. (1997). SAP - die heimliche Software-Macht. Hoffmann und Campe, Hamburg, 1997.

Meister, J. (2006). Produktgetriebene Entwicklung von Software-Produktlinien am Beispiel analytischer Anwendungssoftware. Aschenbeck und Isensee, Oldenburg, 2006.

Meister, J. und H. Appelrath (2007). Produktgetriebene Entwicklung von Softwareproduktlinien. Wirtschaftsinformatik, 49 (3), S. 180-187.

Mellis, W., Herzwurm, G. und D. Stelzer (1998). TQM der Softwareentwicklung. 2. Aufl., Vieweg, Braunschweig [u.a.], 1998.

Mertens, P. (2005). Gefahren für die Wirtschaftsinformatik-Risikoanalyse eines Faches, In: Ferstl, O.K., Sinz, E.J., Eckert, S. und T. Isselhorst. Wirtschaftsinformatik

2005 - eEconomy, eGovernment, eSociety, S. 1733-1754, Springer, Berlin Heidelberg, 2005.

Merz, H., Helferich, A., Herzwurm, G. und A. Platzer (2006). Unterstützung bei der Auswahl eines IT-Dienstleisters: Das Projekt Chefplan Online, In: Brandt-Pook, H., Simonsmeier, W. und T. Spitta. Beratung in der Softwareentwicklung, Modelle - Methoden - Best Practices, S. 48-59, Köllen, Bonn, 2006.

Messerschmitt, D.G. und C. Szyperski (2003). Software ecosystem. MIT Press, Cambridge, Mass. [u.a.], 2003.

Meyer, C.M. (2007). Integration des Komplexitätsmanagements in den strategischen Führungsprozess der Logistik. Haupt, Bern [u.a.], 2007.

Meyer, M.H. und A.P. Lehnerd (1997). The power of product platforms. Free Press, New York [u.a.], 1997.

Meyer, M.H. und P.H. Webb (2005). Modular, layered architecture: the necessary foundation for effective Mass Customization in Software. Int. J. Mass Customization, 1 (1), S. 14-36.

Microsoft Deutschland GmbH (2009). High-Tech-Gründerinitiative, http://www.microsoft.com/germany/gruender/default.mspx, letzter Zugriff am: 24.09.2009.

Microsoft GmbH (2009). Überblick über die Windows Vista-Editionen, http://www.microsoft.com/germany/windows/products/windowsvista/editions/default.mspx, letzter Zugriff am: 23.09.2009.

Miles, R.E., Snow, C.C., Meyer, A.D. und H.J. Coleman jr. (1978). Organizational strategy, structure, and process. McGraw-Hill, New York [u.a.], 1978.

Mizuno, S. (1988). Management for Quality Improvement: the 7 New QC Tools. Productivity Press, Cambridge, MA, 1988.

Moll, K., Broy, M., Pizka, M., Seifert, T., Bergner, K. und A. Rausch (2004). Erfolgreiches Management von Software-Projekten. Informatik Spektrum, 27 (5), S. 419-432.

Moore, G.A. (1999). Crossing the chasm: marketing and selling high-tech products to mainstream customers. HarperBusiness, New York, 1999.

Moore, J.F. (1993). Predators and Prey: A New Ecology of Competition. Harvard Business Review, 71 (3), S. 75 - 86.

Moore, J.F. (1996). The death of competition: leadership and strategy in the age of business ecosystems. Wiley, Chichester, 1996.

Moorthy, K.S. (1984). Market Segmentation, Self-Selection, and Product Line Design. Marketing Science, 3 (4), S. 288-307.

Müller, M. (2000). Management der Entwicklung von Produktplattformen. Dissertation, Univ. St. Gallen, 2000.

Müller, R. (1999). Erfolgsfaktoren kleiner und mittlerer Softwareproduktunternehmen im Lebenszyklus. Peter Lang, Frankfurt am Main, 1999.

Muthig, D. (2002). A light-weight approach facilitating an evolutionary transition towards software product lines. Fraunhofer IRB Verl., Stuttgart, 2002.

Nakui, S. (1991). Comprehensive QFD System. In: Transactions from The Third Symposium on Quality Function Deployment, S. 136-152, Novi, MI (USA), 1991.

Neugebauer, U. (1986). Das Software-Unternehmen: empir. Unters. d. Unternehmensverhaltens u. d. Faktoren d. Unternehmenserfolgs. Oldenbourg, München [u.a.], 1986.

Neumann, C. und J. Srinivasan (2009). Managing Innovation from the Land of Ideas and Talent. Springer, Berlin Heidelberg, 2009.

Nilles, V. (2001). Effiziente Gestaltung von Produktordnungssystemen. TCW Transfer-Centrum GmbH, München, 2001.

Nitschke, T. und F. Völckner (2006). Präferenzmessung bei unsicheren Produkteigenschaften: Risikoberücksichtigung bei Ergebnissen aus Conjoint-Analysen. zfbf, 58 (September), S. 743-770.

Nuseibeh, B. (1994). A Multi-Perspective Framework for Method Integration. University of London, Imperial College of Science, Technology and Medicine. London, 1994.

o.V. (1996). Making Waves: Is Information Technology Different From Earlier Innovations? The Economist, September (28), S. 10.

Obbink, H. und K. Pohl (2005). Software product lines: 9th international conference, SPLC 2005, Rennes, France, September 26-29, 2005. Springer, Berlin [u.a.], 2005.

Olbrich, A. (2008). ITIL kompakt und verständlich. 4. Aufl., Vieweg+Teubner Verlag / GWV Fachverlage GmbH, Wiesbaden, Wiesbaden, 2008.

Pankratius, V. (2007). Procuct lines for digital information products. Univ.-Verl. Karlsruhe, Karlsruhe, 2007.

Parnas, D.L. (1972). On the criteria to be used in decomposing systems into modules. Communications of the ACM, 15 (12), S. 1053-1058.

Parnas, D.L. (1976). On the Design and Development of Product Families. IEEE Transactions on Software Engineering, SE-2 (1), S. 1-9.

PC Praxis (2007). Bis zu 30 Prozent Marktanteil für Firefox in Europa, http://www.pcpraxis.de/index.php?option=com_content&id=1517&view=article, letzter Zugriff am: 29.09.2009.

Penrose, E.T. (1959). The theory of the growth of the firm. Wiley, New York, 1959.

Pepels, W. (2001). Kommunikations-Management. 4. Aufl., Schäffer-Poeschel, Stuttgart, 2001.

Pepels, W. (2009). Handbuch des Marketing. 5. Aufl., Oldenbourg, München, 2009.

Peppers, D. und M. Rogers (1997). Enterprise one to one: Tools for competing in the interactive age. Doubleday, New York, 1997.

Perridon, L. und M. Steiner (2009). Finanzwirtschaft der Unternehmung. 15. Aufl., Vahlen, München, 2009.

Peterson, D. (2004). Economics of Software Product Lines. In: Proceedings of the 5th International Workshop on Product Family Engineering (PFE 2003), S. 381-402, Springer, Berlin, Heidelberg, 2004.

Picot, A. und R. Reichwald (1994). Auflösung der Unternehmung? Zeitschrift für Betriebswirtschaft, 64 (5), S. 547-570.

Picot, A., Reichwald, R. und R.T. Wigand (2003). Die grenzenlose Unternehmung: Information, Organisation und Management. 5. Aufl., Gabler, Wiesbaden, 2003.

Pietsch, W. (2006). Geschäftsmodelle als Grundlage für das Software-Produktmanagement. In: Multikonferenz Wirtschaftsinformatik 2006 in Passau, S. 211-222, Gito, Berlin, 2006.

Piller, F., Schubert, P., Koch, M. und K. Moeslein (2005). Overcoming mass confusion: Collaborative customer co-design in online communities. Journal of Computer-Mediated Communication, 10 (4),.

Piller, F.T. (1998a). Kundenindividuelle Massenproduktion. Hanser, München Wien, 1998.

Piller, F.T. (1998b). Mit Mass Customization zu echtem Beziehungsmarketing. Harvard Business Manager, 20 (6), S. 103-107.

Piller, F.T. (2006a). Mass Customization. 4. Aufl., Deutscher Universitäts-Verlag, Wiesbaden, 2006.

Piller, F.T. (2006b). Kundenintegration im Innovationsprozess als Schlüssel zur Kundenzufriedenheit, In: Homburg, C. Handbuch Kundenzufriedenheit, S. 431-460, 6. Aufl. Gabler, Wiesbaden, 2006.

Piller, F.T. (2008). Mass Customization, In: Corsten, H. und R. Gössinger. Lexikon der Betriebswirtschaftslehre, S. 523-524, 5. Aufl. Oldenbourg, 2008.

Piller, F.T. und C. Ihl (2002). Mass Customization ohne Mythos. New Management, 71 (10), S. 16-30.

Piller, F.T. und D. Waringer (1999). Modularisierung in der Automobilindustrie. Shaker, Aachen, 1999.

Pine, B.J. (1993). Mass customization. Harvard Business School Press, Boston, Mass, 1993.

Pine, B.J.I., Peppers, D. und M. Rogers (1995). Do you want to keep your customers forever? Harvard Business Review, 73 (2), S. 103-114.

Poensgen, B. und B. Bock (2005). Function-Point-Analyse. dpunkt.verl, Heidelberg, 2005.

Pohl, K. (2008). Requirements engineering. 2. Aufl., dpunkt-Verl, Heidelberg, 2008.

Pohl, K., Böckle, G. und F. Van der Linden (2005). Software product line engineering: foundations, principles, and techniques. Springer, Berlin [u.a.], 2005.

Pomberger, G., Rezagholi, M. und C. Stobbe (2000). Evaluation und Verbesserung wiederverwendungsorientierter Software-Entwicklung, In: Heinrich, L.J. und I. Häntschel. Evaluation und Evaluationsforschung in der Wirtschaftsinformatik, S. 233-252, Oldenbourg, München, Wien, 2000.

Popper, K.R. und H. Keuth (2005). Logik der Forschung. 11. Aufl., Mohr Siebeck, Tübingen, 2005.

Porter, M.E. (1996). What is Strategy? Harvard Business Review, 74 (6), S. 61-78.

Porter, M.E. (2001). Strategy and the Internet. Harvard Business Review, 79 (3), S. 62 - 78.

Porter, M.E. (2008). Wettbewerbsstrategie. 11. Aufl., Campus-Verl, Frankfurt [u.a.], 2008.

Poulin, J.S. (1997a). The Economics of Product Line Development. Journal of Applied Software Technology, 3 (1), S. 20-34.

Poulin, J.S. (1997b). Measuring Software Reuse: Principles, Practices, and Economic Models. Addison-Wesley, Reading, MA, 1997.

Prahalad, C.K. und G. Hamel (1990). The Core Competence of the Corporation. Harvard Business Review, 68 (3), S. 79 - 91.

Pree, W. (1997). Komponentenbasierte Softwareentwicklung mit Frameworks. dpunkt-Verl., Heidelberg, 1997.

PriceWaterhouseCoopers (2007). Software Pricing Trends. Report, Technology Center, PriceWaterhouseCoopers, 2007.

Raffée, H. (1974). Grundprobleme der Betriebswirtschaftslehre. Vandenhoeck Ruprecht, Göttingen, 1974.

Rao, P.M. und J.A. Klein (1994). Growing importance of marketing strategies for the software industry. Industrial Marketing Management, 23 (1), S. 29 - 37.

Rapp, T. (1999). Produktstrukturierung: Komplexitätsmanagement durch modulare Produktstrukturen und -plattformen. Gabler [u.a.], Wiesbaden, 1999.

Rathnow, P.J. (1993). Integriertes Variantenmanagement: Bestimmung, Realisierung und Sicherung der optimalen Produktvielfalt. Vandenhoeck Ruprecht, Göttingen, 1993.

Reichwald, R. und F.T. Piller (2005). Open Innovation und Kundenintegration, In: Foschiani, S., Habenicht, W. und G. Wäscher. Strategisches Wertschöpfungsmanagement in dynamischer Umwelt, Peter Lang, Frankfurt am Main, 2005.

Reichwald, R. und F.T. Piller (2006). Interaktive Wertschöpfung. Gabler, Wiesbaden, 2006.

Reiß, M. (1993a). Komplexitätsmanagement I. Wisu, 22 (1), S. 54-60.

Reiß, M. (1993b). Komplexitätsmanagement II. Wisu, 22 (2), S. 132-137.

Reiß, M. (2004). A Complexity-Based Approach to Production Management in the New Economy, In: Fandel, G., Backes-Gellner, U., Schlüter, M. und Staufenbiel Joerg E. Modern Concepts of the Theory of the Firm, S. 264-284, Springer, Berlin Heidelberg, 2004.

Reiß, M. (2008). Complementor Relationship Management. WiSt, 37 (10), S. 560-562.

Reiß, M. und M. Koser (2003). E-Business - von der Mass Customization zur Mass Personalization. Absatzwirtschaft, (5), S. 64-66.

Reiß, M. und M. Koser (2004). From Mass Customization to Mass Personalization, In: Bensberg, F., vom Brocke, J. und M. Schultz. Trendberichte zum Controlling, S. 285-310, Physica, Heidelberg, 2004.

Reiß, M. und T.C. Beck (1995). Mass-Customization-Geschäfte: Kostengünstige Kundennähe durch zweigleisige Geschäftssegmentierung. Thexis, 12 (3), S. 30-35.

Reiß, M. und T.C. Beck (2000). Netzwerkorganisation im Zeichen der Koopkurrenz, In: Foschiani, S., Habenicht, W., Schmid, U. und G. Wäscher. Strategisches Management im Zeichen von Umbruch und Wandel, S. 315-340, Schäffer-Poeschel, Stuttgart, 2000.

Rettig, C. (2007). The Trouble with Enterprise Software. MIT Sloan Management Review, 49 (Fall), S. 21-27.

Reussner, R. und W. Hasselbring (2009). Handbuch der Software-Architektur. 2. Aufl., dpunkt.Verl, Heidelberg, 2009.

Richter, K. und P. Hartig (2007). Aufbau globaler Netzwerke als Erfolgsfaktor in der Automobilindustrie, In: Garcia Sanz, F.J., Semmler, K. und J. Walther. Die Automobilindustrie auf dem Weg zur globalen Netzwerkkompetenz, S. 251-264, Springer, Berlin, Heidelberg, 2007.

Robertson, D. und K. Ulrich (1998). Planning for Product Platforms. Sloan Management Review, 39 (4), S. 19-31.

Rogers, E.M. (1962). Diffusion of innovations. The Free Press, New York, 1962.

Rommel, G. (1993). Einfach überlegen: das Unternehmenskonzept, das die Schlanken schlank und die Schnellen schnell macht. Schäffer-Poeschel, Stuttgart, 1993.

Rommel, G. (1995). Qualität gewinnt: mit Hochleistungskultur und Kundennutzen an die Weltspitze. Schäffer-Poeschel, Stuttgart, 1995.

Roth, G., Wimmer, F. (1993a). Software-Marktforschung als Grundlage der Produktgestaltung, In: Wimmer, F. und L. Bittner. Software-Marketing, S. 109-131, Gabler, Wiesbaden, 1993.

Roth, G., Zerr, K. und K. Hagmaier (1993b). Helpware - Allgemeine Grundlagen und marketingpolitische Funktionen, In: Wimmer, F. und L. Bittner. Software-Marketing, S. 191-204, Gabler, Wiesbaden, 1993.

Saatweber, J. (2007). Kundenorientierung durch Quality Function Deployment. 2. Aufl., Symposion, Düsseldorf, 2007.

Saaty, T.L. (1987). The Analytic Hierarchy Process - What it is and how it is used. Mathematical Modelling - an International Journal, 9 (3-5), S. 161-176.

Saaty, T.L. (2001). Decision making for leaders: the analytic hierarchy process for decisions in a complex world. RWS Publ., Pittsburgh, Pa., 2001.

Salesfore.com (2009). AppExchange - Publish Your App on the Leading Marketplace for Cloud Computing Applications, http://sites.force.com/appexchange, letzter Zugriff am: 24.09.2009.

Sanchez, R. (1995). Strategic Flexibility in Product Competition. Strategic Management Journal, 16 (S1), S. 135-159.

Sanchez, R. (2004). Creating Modular Platforms for Strategic Flexibility. Design Management Review, 15 (1), S. 58-67.

Sanchez, R. und J.T. Mahoney (1996). Modularity, Flexibility, and Knowledge Management in Product and Organization Design. Strategic Management Journal, 17 (Winter), S. 63 - 76.

Sanderson, S. und M. Uzumeri (1997). Managing Product Families. Irwin, Chicago, 1997.

Sawhney, M.S. (1998). Leveraged High-Variety Strategies: From Portfolio Thinking to Platform Thinking. Journal of the Academy of Marketing Science, 26 (1), S. 54-61.

Sawhney, M.S. und A. Herrmann (2000). Das Plattformkonzept, In: Herrmann, A., Hertel, G., Virt, W. und F. Huber. Kundenorientierte Produktgestaltung, S. 195-210, Vahlen, München, 2000.

Schauer, C. und U. Frank (2007). Wirtschaftsinformatik und Information Systems, In: Lehner, F. und S. Zelewski. Wissenschaftstheoretische Fundierung und wissenschaftliche Orientierung der Wirtschaftsinformatik, S. 121-154, Gito, Berlin, 2007.

Scheer, A. (2009). Wirtschaftsinformatik und Unternehmertum. Wirtschaftsinformatik, 50 (1), S. 88-93.

Schiefer, H. und E. Schitterer (2008). Prozesse optimieren mit ITIL. 2. Aufl., Vieweg+Teubner / GWV Fachverlage GmbH, Wiesbaden, 2008.

Schierenbeck, H. und C.B. Wöhle (2008). Grundzüge der Betriebswirtschaftslehre. 17. Aufl., Oldenbourg, München, 2008.

Schlaumaeuse (2009). Schlaumaeuse - Kinder entdecken Sprache, http://www.schlaumaeuse.de/Seiten/default.aspx, letzter Zugriff am: 24.09.2009.

Schmid, K. (2000a). The product line mapping method. Technical Report 028.00/E, Fraunhofer IESE, 2000.

Schmid, K. (2000b). The product line assessment method. Technical Report 085.00/E, Fraunhofer IESE, 2000.

Schmid, K. (2002a). An Initial Model of Product Line Economics. In: Proceedings of the 4th International Software Product Family Engineering Workshop (PFE 2001), S. 38-50, Springer, Berlin, Heidelberg, 2002.

Schmid, K. (2002b). A comprehensive product line scoping approach and its validation. In: Proceedings of the 22rd International Conference on Software Engineering, S. 593-603, 2002.

Schmid, K. (2003). Planning software reuse: a disciplined scoping approach for software product lines. Fraunhofer-IRB-Verl., Stuttgart, 2003.

Schmid, K. und I. John (2002). Developing, validating and evolving an approach to product line benefit and risk assessment. In: Proceedings 28th Euromicro Conference, 2002, S. 272 - 283, Dortmund, 2002.

Schmid, K., Herzwurm, G. und A. Helferich (2007). Software-Produktlinien aus der Sicht des Marktes und der Technik. wisu - das Wirtschaftsstudium, 5 (07), S. 686-692.

Schmitz, P. (1982). Methoden, Verfahren und Werkzeuge zur Gestaltung Rechnergestützter Betrieblicher Informationssysteme (RBIS). Angewandte Informatik, 24 (2), S. 72-79.

Schnäbele, P. (1997). Mass Customized Marketing. Deutscher Universitäts Verlag, Wiesbaden, 1997.

Schneider, K. (2007). Abenteuer Softwarequalität. dpunkt-Verl, Heidelberg, 2007.

Schreier, M. (2004). The value increment of mass-customized products: An empirical assessment and conceptual analysis of its explanation. Arbeitsbericht, Wirtschaftsuniversität Wien, Department for Innovation & Entrepreneurship, 2004.

Schuh, G. (2005a). Produktkomplexität managen. 2. Aufl., Hanser, München, 2005.

Schuh, P. (2005b). Integrating agile development in the real world. Charles River Media, Hingham, Mass., 2005.

Schuh, G. und H. Wiendahl (1997). Komplexität und Agilität: steckt die Produktion in der Sackgasse? Springer, Berlin [u.a.], 1997.

Schulte, C. (1995). Komplexitätsmanagement, In: Corsten, H. und M. Reiß. Handbuch Unternehmungsführung, S. 757-765, Gabler, Wiesbaden, 1995.

Schwandner, G.A. (2002). Strategiebildung im Softwaregeschäft: Entwurf eines integrierten, ressourcen- und kompetenzenbasierten Planungsprozesses. Dissertation, RWTH Aachen, 2002.

Seelbach, H. (2006). Investition, In: Bea, F.X., Friedl, B. und M. Schweitzer. Band 3: Leistungsprozess, S. 337-400, 9. Aufl. Lucius und Lucius, Stuttgart, 2006.

Seidenschwarz, W. (1993). Target costing: marktorientiertes Zielkostenmanagement. Vahlen, München, 1993.

Seidenschwarz, W. (2008). Die zweite Welle des Target Costing. Controlling, 20 (11), S. 617-626.

Sekolec, R. (2005). Produktstrukturierung als Instrument des Variantenmanagements in der methodischen Entwicklung modularer Produktfamilien. VDI-Verl., Düsseldorf, 2005.

Shapiro, C. und H.R. Varian (1999). Information Rules. Harvard Business School Press, Boston, MA, 1999.

Shaw, M. (2003). What Makes Good Research in Software Engineering? Technical Report, Carnegie Mellon University, School of Computer Science.

Simon, H. (1988). Management strategischer Wettbewerbsvorteile. Zeitschrift für Betriebswirtschaft, 58 (4), S. 461-480.

Simon, H.A. (1962). The Architecture of Complexity. Proceedings of the American Philosophical Society, 106 (6), S. 467-482.

Simon, H.A. (1998). The sciences of the artificial. 3. Aufl., MIT Press, Cambridge, Mass. [u.a.], 1998.

Simpson, T.W., Maier, J.R.A. und F. Mistree (2001). Product platform design: method and application. Research in Engineering Design, 13 (1), S. 2-22.

Simpson, T.W., Siddique, Z. und J. Jiao (2006a). Platform-based Product Family Development, In: Simpson, T.W., Siddique, Z. und J. Jiao. Product platform and product family design, S. 1-15, 2006.

Simpson, T.W., Siddique, Z. und J. Jiao (2006b). Product platform and product family design. Springer, New York [u.a.], 2006.

Skiera, B. (1999). Mengenbezogene Preisdifferenzierung bei Dienstleistungen. Gabler, Wiesbaden, 1999.

Skiera, B. (2000). Wie teuer sollen die Produkte sein? In: Albers, S., Clement, M., Peters, K. und B. Skiera. eCommerce. Einstieg, Strategie und Umsetzung im Unternehmen, S. 95-108, Frankfurter Allgemeine Buch, Frankfurt am Main, 2000.

Skiera, B. (2003). Individuelle Preisbildung bei individualisierten Produkten, In: Piller, F.T. und C. Stotko. Mass Customization und Kundenintegration: Neue Wege zum innovativen Produkt, Symposion, Düsseldorf, 2003.

Software Engineering Institute (2009). Framework for Software Product Line Practice, www.sei.cmu.edu/productlines/tools/framework, letzter Zugriff am: 24.09.2009.

Software Engineering Institute at Carnegie Mellon University (2009). Product Line Hall of Fame, http://www.sei.cmu.edu/productlines/plp_hof.html, letzter Zugriff am: 11.07.2009.

Software Forum Bayern e.V. (2002). Leitfaden zur Schaffung und Sicherung von Arbeitsplätzen durch Offshore IT-Entwicklung im Rahmen der Internationalisierung des Mittelstandes in Bayern, http://www.software-offensive-bayern.de/pdf/OffshoreIT.pdf, letzter Zugriff am: 24.09.2009.

Sommerville, I. (2007). Software engineering. 8. Aufl., Addison-Wesley [u.a.], Harlow [u.a.], 2007.

Specht, G. und H.J. Schmelzer (1992). Instrumente des Qualitätsmanagements in der Produktentwicklung. ZfbF - Schmalenbachs Zeitschrift für betriebliche Forschung, (6), S. 531-547.

Spiegel.de (2009). Sechs Gründe für die US-Autokrise, http://www.spiegel.de/wirtschaft/unternehmen/0,1518,649471,00.html, letzter Zugriff am: 20.09.2009.

Stahlknecht, P. und U. Hasenkamp (2005). Einführung in die Wirtschaftsinformatik. 11. Aufl., Springer, Berlin, Heidelberg, 2005.

Starke, G. und S. Tilkov (2007). SOA-Expertenwissen. dpunkt-Verlag, Heidelberg, 2007.

Stauss, B. (1994). Der Einsatz der Critical Incident Technique im Dienstleistungsmarketing, In: Tomczak, T. und C. Belz. THEXIS Fachbuch Marketing, Kundennähe realisieren, S. 233-250, THEXIS, St. Gallen, 1994.

Stauss, B. (2006). Plattformstrategie im Dienstleistungsbereich, In: Bullinger, H. und A. Scheer. Service Engineering - Entwicklung und Gestaltung innovativer Dienstleistungen, S. 321-340, Springer, Berlin Heidelberg, 2006.

Steiner, W.J. und H. Hruschka (2000). Conjointanalyse-basierte Produkt(linien-)gestaltung unter Berücksichtigung von Konkurrenzreaktionen. OR Spectrum, V22 (1), S. 71 - 95.

Steiner, W.J. und H. Hruschka (2005). Heuristiken in der Produktpolitik, In: Holzmüller, H.H. und A. Schuh. Innovationen im sektoralen Marketing. Festschrift zum 60. Geburtstag von Fritz Scheuch, S. 163-181, Physica, Heidelberg, 2005.

Steinmann, H., Schreyögg, G. und J. Koch (2005). Management: Grundlagen der Unternehmensführung. 6. Aufl., Gabler, Wiesbaden, 2005.

Stelzer, D. (1998). Möglichkeiten und Grenzen des prozeßorientierten Software-Qualitätsmanagements. Habillitation, Universität Köln, 1998.

Stier, W. (1999). Empirische Forschungsmethoden. 2. Aufl., Springer, Berlin [u.a.], 1999.

Stölzle, W. (2007). Beziehungsmanagement mit Lieferanten, In: Arnold, U. und G. Kasulke. Praxishandbuch innovative Beschaffung, S. 149-196, Wiley-VCH, Weinheim, 2007.

Stoermer, C., Bachmann, F. und C. Verhoef (2003). SACAM: The Software Architecture Comparison Analysis Method. Technical Report CMU/SEI-2003-TR-006, Software Engineering Institute, Carnegie Mellon University, 2003.

Stotko, C.M. (2002). Das wirtschaftliche Potenzial von Mass Customization als Maßnahme zur Erhöhung der Kundenbindung. Arbeitsbericht, Technische Universität München, Lehrstuhl für Allgemeine und Industrielle BWL.

Stych, C. und K. Zeppenfeld (2008). ITIL. Springer, Berlin [u.a.], 2008.

Suarez, F.F. und J.M. Utterback (1992). Dominant Design and the Survival of Firms. Working Paper, International Center for Research on the Management of Technology, 1992.

Süddeutsche.de (2007). Detroit Autoshow: Zum Jubiläum droht Katerstimmung, http://www.sueddeutsche.de/automobil/431/332288/text/, letzter Zugriff am: 20.09.2009.

Szyperski, N., Seibt, D. und K. Sikora (1979). Forschung durch Entwicklung von rechnergestützten Informationssystemen, In: Petri, C.A. Ansätze zur Organisationstheorie rechnergestützter Informationssysteme, S. 253-269, Hanser, München-Wien, 1979.

tagesschau.de (2009). Der Absturz der Autobauer, http://www.tagesschau.de/wirtschaft/autodossier102.html, letzter Zugriff am: 21.09.2009.

Teece, D. und G. Pisano (1994). The Dynamic Capabilities of Firms: an Introduction. Industrial and Corporate Change, 3 (3), S. 537-556.

Teece, D.J. (1986). Profiting from technological innovation: Implications for integration collaboration, licensing and public policy. Research Policy, 15 (6), S. 285 - 305.

Teece, D.J., Pisano, G. und A. Shuen (1997). Dynamic capabilities and strategic management. Strategic Management Journal, 18 (7), S. 509-533.

Tegarden, L.F., Hatfield, D.E. und A.E. Echols (1999). Doomed from the start: what is the value of selecting a future dominant design? Strategic Management Journal, 20 (6), S. 495-518.

Tilebein, M. (2005). Nachhaltiger Unternehmenserfolg in turbulenten Umfeldern: die Komplexitätsforschung und ihre Implikationen für die Gestaltung wandlungsfähiger Unternehmen. Lang, Frankfurt am Main [u.a.], 2005.

Toffler, A. (1970). Future shock. Random House, New York, NY, 1970.

TSG 1899 Hoffenheim (2009). Partner, http://www.achtzehn99.de/partner/, letzter Zugriff am: 24.09.2009.

Turowski, K. (2001). Fachkomponenten: komponentenbasierte betriebliche Anwendungssysteme. Habilitation, Univ. Magdeburg, 2001.

Ulrich, K.T. (1995). The Role of Product Architecture in the Manufacturing Firm. Research Policy, 24 (3), S. 419-440.

Ulrich, K.T. und K. Tung (1991). Fundamentals of product modularity, In: Sharon, A. Issues in design-manufacture-integration, S. 73-79, New York, 1991.

Ulrich, K.T. und S.D. Eppinger (2004). Product design and development. 3. Aufl., Irwin/McGraw-Hill, Boston, 2004.

Ulwick, A.W. (2002). Turn Customer Input into Innovation. Harvard Business Review, 80 (1), S. 91-97.

Utterback, J.M. und W.J. Abernathy (1975). A dynamic model of process and product innovation. Omega, 3 (6), S. 639-656.

Utterback, J.M. und W.J. Abernathy (1978). Patterns of Industrial Automation. Technology Review, (80), S. 40-47.

Venable, J.R. (2007). Relevance vs. Rigour or Relevance and Rigour? Contingence and Invariance in Standards for IS Research. Wirtschaftsinformatik, 49 (5), S. 407-409.

Versteegen, G. (2003). Marketing in der IT-Branche. Springer, Berlin, Heidelberg, 2003.

Versteegen, G. und G. Weischedel (2003). Konfigurationsmanagement. Springer, Berlin [u.a.], 2003.

Vlachakis, J., Kirchhof, A. und T. Gurzki (2005). Marktübersicht Portalsoftware 2005 Fraunhofer-Institut für Arbeitswirtschaft und Organisation IAO. IRB Verlag, Stuttgart, 2005.

Vodafone McLaren Mercedes (2009). Technology Partners - SAP, http://www.mclaren.com/theteam/sap.php, letzter Zugriff am: 24.09.2009.

von Hippel, E. (1986). Lead users: a source of novel product concepts. Management Science, 32 (7), S. 791-805.

von Hippel, E. (1990). Task partitioning: An innovation process variable. Research Policy, 19 (5), S. 407-418.

von Hippel, E. (1994). Sticky information and the locus of problem solving. Management Science, 40 (4), S. 429-439.

von Hippel, E. (2006). Democratizing Innovation. MIT Press, Cambridge, MA, 2006.

Wade, J. (1995). Dynamics Of Organizational Communities And Technological Bandwagons: An Empirical Investigation Of Community Evolution In The Microprocessor Market. Strategic Management Journal, 16 (Summer), S. 111 - 133.

Walcher, D. (2007). Der Ideenwettbewerb als Methode der aktiven Kundenintegration: Theorie, empirische Analyse und Implikationen für den Innovationsprozess., Dt. Univ.-Verl, Wiesbaden, 2007.

Wallmüller, E. (2007). Software Process Improvement mit CMMI, PSP/TSP und ISO 15504. Hanser, München [u.a.], 2007.

Warnecke, H. (1997). Komplexität und Agilität - Gedanken zur Zukunft produzierender Unternehmen, In: Schuh, G. und H. Wiendahl. Komplexität und Agilität: steckt die Produktion in der Sackgasse? S. 3-8, 1997.

Wegener, I. (2003). Komplexitätstheorie. Springer, Berlin [u.a.], 2003.

Weigand, J. und E. Lehmann (1997). Produktdifferenziemng. Wirtschaftswissenschaftliches Studium (WiSt), 26 (9), S. 477-480.

Weiss, D.M. und C.T.R. Lai (1999). Software product-line engineering: a family-based software development process. Addison-Wesley, Reading, Mass. [u.a.], 1999.

Welge, M.K. und A. Al-Laham (2008). Strategisches Management: Grundlagen - Prozess - Implementierung. 5. Aufl., Gabler, Wiesbaden, 2008.

Weltevreden, J.W.J. (2007). Substitution or complementarity? How the Internet changes city centre shopping. Journal of Retailing und Consumer Services, 14 (3), S. 192 - 207.

Wesselius, J. (2006). Strategic Scenario-Based Valuation of Product Line Roadmaps, In: Käkölä, T. und J.C. Duenas. Software Product Lines: Research Issues in Engineering and Management, S. 53-90, Springer, Berlin Heidelberg, 2006.

Westkämper, E. (1997). Produktion in Netzwerken, In: Schuh, G. und H. Wiendahl. Komplexität und Agilität: steckt die Produktion in der Sackgasse? S. 275-291, 1997.

Wildemann, H. (1998). Komplexitätsmanagement durch Prozeß- und Produktgestaltung, In: Adam, D. Komplexitätsmanagement, S. 47-68, 1998.

Wildemann, H. (1999). Produktklinik: Leitfaden zur Steigerung der Lerngeschwindigkeit und Produktkostensenkung. TCW, München, 1999.

Wildemann, H. und W. Kersten (2000). Kundenorientiertes Management der Software-Entwicklung. Zeitschrift für Betriebswirtschaft, 70 (11), S. 1215-1240.

Williamson, M. (1997a). Software Reuse Introduction, http://www.cio.com/archive/030197_intro_content.html, letzter Zugriff am: 24.09.2009.

Williamson, M. (1997b). Software Reuse Cultural Issues, http://www.cio.com/archive/030197_cultural_print.html, letzter Zugriff am: 24.09.2009.

Wimmer, F., Zerr, K. und G. Roth (1993). Ansatzpunkte und Aufgaben des Software-Marketing, In: Wimmer, F. und L. Bittner. Software-Marketing, S. 11-41, Gabler, Wiesbaden, 1993.

Winter, R. (2007). Relevance and Rigor - What are Acceptable Standards and How are they influenced. Wirtschaftsinformatik, 49 (5), S. 403.

WKWI (2007). Rahmenempfehlung für die Universitätsausbildung in Wirtschaftsinformatik. Wirtschaftsinformatik, 49 (4), S. 318-325.

Wöhe, G. und U. Döring (2008). Einführung in die allgemeine Betriebswirtschaftslehre. 23. Aufl., Vahlen, München, 2008.

Wolf, C.M., Geiger, K., Benlian, A., Hess, T. und P. Buxmann (2008). Spezialisierung als Ausprägungsform einer Industrialisierung der Software-Branche - Eine Analyse am Beispiel der ERP-Software von SAP, In: Herzwurm, G. und M. Mikusz. Industrialisierung des Software-Managements, S. 153-168, Köllen, Bonn, 2008.

Wolle, B. (2005). Grundlagen des Software-Marketing. Vieweg, Wiesbaden, 2005.

Womack, J.P., Jones, D. und D. Roos (1990). The Machine that changed the World. Rawson Associates, New York, NY, 1990.

Yin, R.K. (1989). Case Study Research. 2. Aufl., Sage Publications, NewBury Park, London, New Delhi, 1989.

Zahn, E. (1995). Kompetenzbasierte Strategien, In: Corsten, H. und M. Reiß. Handbuch Unternehmungsführung, S. 355-369, Gabler, Wiesbaden, 1995.

Zahn, E. (2003). Strategien beurteilen und erneuern, In: Zahn, E. und S. Foschiani. Strategien auf dem Prüfstand: innovative Antworten auf neue Herausforderungen, S. 1-30, Shaker, Aachen, 2003.

Zahn, E. und M. Schön (2003). Dynamische Strategien, In: Horváth, P. und R. Gleich. Neugestaltung der Unternehmensplanung: innovative Konzepte und erfolgreiche Praxislösungen, S. 167-183, Schäffer-Poeschel, Stuttgart, 2003.

Zahn, E. und U. Schmid (1996). Grundlagen und operatives Produktionsmanagement. Lucius und Lucius, Stuttgart, 1996.

Zahn, E., Bullinger, H. und B. Gagsch (2003). Führungskonzepte im Wandel, In: Bullinger, H., Warnecke, H.J. und E. Westkämper. Neue Organisationsformen im Unternehmen, S. 255-273, Springer, Berlin [u.a.], 2003.

Zarnekow, R. (2007). Produktionsmanagement von IT-Dienstleistungen. Springer-Verlag, Berlin, Heidelberg, 2007.

zdnet.de (2008). Firefox: Marktanteil steigt in Europa, http://www.zdnet.de/news/wirtschaft_telekommunikation_firefox_marktanteil_steigt_in_europa_story-39001023-39185786-1.htm, letzter Zugriff am: 29.09.2009.

Zelewski, S. (2007). Kann Wissenschaftstheorie behilflich für die Publikationspraxis sein? In: Wissenschaftstheoretische Fundierung und wissenschaftliche Orientierung der Wirtschaftsinformatik, S. 71-120, GITO, Berlin, 2007.

Zencke, P. und R. Eichin (2008). SAP Business ByDesign - die neue Mittelstandslösung der SAP. Wirtschaftsinformatik, 49 (1), S. 47-51.

Zipkin, P. (2001). The Limits of Mass Customization. Sloan Management Review, 43 (Spring), S. 81-87.

Zollondz, H. (2001). Lexikon Qualitätsmanagement: Handbuch des modernen Managements auf der Basis des Qualitätsmanagements. Oldenbourg, München [u.a.], 2001.

Zultner, R.E. (1990). Software Quality [Function] Deployment: Applying QFD to software. In: Transactions from the Second Symposium on Quality Function Deployment, S. 133-149, Novi, Michigan, 1990.

Zultner, R.E. (1992). Quality Function Deployment (QFD) for Software, In: Schulmeyer, G.C. und J.I. McManus. Handbook of Software Quality Assurance, 2. Aufl. Zürich, 1992.

Zultner, R.E. (1994). Software quality function deployment - the north american experience. In: Software Quality Concern for People, S. 143-158, 1994.

Anhang

	Anforderungs-kategorie		Anforderung	Erläuterung	Aktuelle Zufriedenheit
A	Kosten-Nutzen-Transparenz schaffen				2 (1=sehr gut, 5= sehr schlecht)
1		A.1	*Transparenz der Angebotspreise erhöhen*	Einzelne Angebotspositionen detaillieren	
2		A.2	*Kosten und Nutzen transparenter gegenüberstellen*		
3		A.3	*Kostentransparenz bei Monatsrapporten*	Fachbegriffe/Abkürzungen für Kunde unverständlich	
B	Qualitätsmanagement				3 (1=sehr gut, 5= sehr schlecht)
1		B.1	*Funktionierendes Gesamtsystem, egal ob Problem bei Dienstleister für Betrieb oder A GmbH*	Kunde möchte funktionierendes Gesamtsystem, keine gegenseitigen Schuldzuweisungen	
2		B.2	*Gleichbleibend hohe Qualität bei Auslieferung*	ausreichend getestete Releases gefordert	
3		B.3	*Konstanz der Systementwickler (weiterhin) sicherstellen*		
4		B.4	*Anforderung an A GmbH: Kundenzufriedenheit=Leistung/Erwartungshaltung*	Aussage Kunde: Keine zu hohe Erwartungshaltung erzeugen	
C	partnerschaftliche Zusammenarbeit				1 (1=sehr gut, 5= sehr schlecht)
1		C.1	*Wir-Gefühl: gemeinsames Projekt - gemeinsamer Erfolg*		
2		C.2	*Verständigung auf gemeinsame Ziele (zyklisch)*		
3		C.3	*Klare Verantwortlichkeiten schaffen und kommunizieren*	Insbesondere Verantwortlichkeiten kommunizieren	
4		C.4	*Schließen von GAPs im Verständnis*	Bezug auf Präsentation Helferich mit dem GAP-Modell	
D	Innovationsmanage-ment				2 (1=sehr gut, 5= sehr schlecht)
1		D.1	*Einbringen von funktionalen Innovationen durch Entwickler*		
2		D.2	*Konsequentes Ausmerzen von Systemschwachstellen*	zuerst Analyse, dann Ausmerzen der gefundenen Schwachstellen	
3		D.3	*Analyse der Systemschwachstellen*		
E	flexibler/effizienter Releaseprozess				2 (1=sehr gut, 5= sehr schlecht)
1		E.1	*Beschleunigter Prozess für besonders dringende Anforderungen*	"Blaulicht"-Anforderungen schnell umsetzen	
2		E.2	*Zeitnahe Umsetzung der Anforderungen*	Messzahl/Kennzahl für "zeitnahe Umsetzung" präzisieren	
3		E.3	*Schlankere und effizientere Organisation seitens des Anbieters*		
4		E.4	*Release-Planung flexibel /offen für Änderungen*		
F	Betrieb				2 (1=sehr gut, 5= sehr schlecht)
1		F.1	*Hohe Verfügbarkeit des Systems*		
2		F.2	*Performanz des Systems*		
3		F.3	*Verfügbarkeit der Daten über lange Zeit*	u.a. Erfüllung gesetzlicher Anforderungen (50! Jahre)	

Abbildung 81: Fallstudie 1: Kundenanforderungen und –zufriedenheit (1)

	Anforderungs-kategorie		Anforderung	Erläuterung	Aktuelle Zufriedenheit
G	Architektur				2 (1=sehr gut, 5= sehr schlecht)
	1	G.1	Software so gestalten, dass sie kostengünstig betrieben werden kann		
	2	G.2	Wartbarkeit	gemeint ist die Wartbarkeit der Software	
	3	G.3	Flexibel und schnell erweiterbar	Stufen: Durch Entwickler, Betreiber, durch Systemeigner oder den Endbenutzer	
	4	G.4	kostengünstige Integration neuer Versuchstypen		
	5	G.5	Neue Technologien in Benutzeroberfläche berücksichtigen		
	6	G.6	Mehrnutzerbetrieb	inkl. Zugriff (Lesend/schreibend) mehrerer Nutzer auf einen Datensatz/ein Dokument	
	7	G.7	Schutz vor unberechtigtem Zugriff		
H	Administration				2 (1=sehr gut, 5= sehr schlecht)
	1	H.1	Benutzerverwaltung übersichtlicher gestalten		
	2	H.2	Geringerer Betreuungsaufwand (User Helpdesk)		
	3	H.3	Geringerer Administrationsaufwand beim Verantwortlichen (Kundenseite)	Rechteverwaltung, Konfiguration von Clients, Einrichten von Dokumenttypen, etc.	
	4	H.4	Bereitstellung aktueller Auswertungstypen	zur Erfüllung gesetzlicher Anforderungen/Änderungen von Parametern/Dokumententypen/Versuchstypen	
I	Usability				2 (1=sehr gut, 5= sehr schlecht)
	1	I.1	Informationen über aktuellen Prozessstatus (Anwendersicht)		
	2	I.2	Einfacher Zugriff auf benötigte Informationen	spezieller Fall: Nachvollziehbarkeit von Versuchen (rechtlicher Aspekt) im Nachhinein UND Zugriff auf aktuelle Informationen zum Prozess	
	3	I.3	Einfacher Zugriff auf Erfahrungswissen	Zugriff auf bestehende Erfahrungen von vorangegangenen Tests	
	4	I.4	Einfache Anmeldung am System		
	5	I.5	Nachvollziehbarkeit von gravierenden Änderungen durch Nutzer	Wer hat wann was geändert?	
	6	I.6	Endnutzer bekommt Prozessunterstützung durch das System		
	7	I.7	Authenzität von Benutzereingaben sicherstellen		
	8	I.8	Benutzeroberfläche unterstützt mehrere Sprachen		
	9	I.9	Optimierung der Bedienbarkeit		
J	Datenmanagement				2 (1=sehr gut, 5= sehr schlecht)
	1	J.1	Daten anderer Systeme können ein-/angebunden werden		
	2	J.2	Datenintegrität	z.B. Thematik Meßeinheiten (metrisch vs. andere)	
	3	J.3	Genauigkeit von Meßdaten	z.B. ist 1,00 etwas anderes als 1, (zum Verständnis, kein aktuelle Problem)	
	4	J.4	Nur einmalige Dateneingabe	Keine doppelte Datenerfassung in unterschiedlichen Systemen	
	5	J.5	Digitalisierung von Daten	z.B. Briefe einscannen und erkennen	
	6	J.6	Effiziente Übernahme von Stammdatensystemen		
	7	J.7	Gegenüberstellung von Simulationsdaten und Realversuchsdaten		

Abbildung 82: Fallstudie 1: Kundenanforderungen und –zufriedenheit (2)

		Produktfunktionen und Prozessmerkmale	Erläuterung/Beschreibung
		Produktfunktionen	
I		GUI	
	a	Tooltips (L38)	
	b	Undo-Funktion (L42)	
	c	Bedienmöglichkeit über Tastatur (L37)	Standardkürzel definieren bzw. von Windows übernehmen (Bsp. ESC-Taste führt zum Verlassen des aktuellen Dialogs)
	d	Optimierung der Usability bei der Datenbanksuche/Abfrage (L3)	
	e	Bessere Ausnutzung der Bildschirmauflösung(L10)	Derzeitig aktuelle Bildschirmauflösung bei Daimler erfragen.
	f	Personalisierte Oberfläche (L9)	
	g	Plausibilitätschecks für Benutzereingaben (L33)	
	h	Verbesserte Benutzerrückmeldungen (L21)	
	i	Parametrisierbare Auswahlfelder statt Freitextfelder (L34)	Nutzer bekommt Auswahlfelder vorgeblendet, um Fehleingaben zu vermeiden und Standardisierung der Antworten zu erreichen.
	j	Integration+QS der Internationalisierung (L36)	Bestehende Lösung überprüfen, ggf. überarbeiten und integrieren.
	k	Einfache Gegenüberstellung von Versuchen (L31)	Nutzer kann mehrere Versuche miteinander vergleichen.
II		Schnittstellen	
	a	Schnittstelle zum PDM System(L4)	Smaragd-Schnittstelle
	b	Automatischer Datenabgleich zwischen INFOS und FINAS (L5)	
	c	Corporate Directory (LDAP) Anbindung (L41)	Siteminder Integration für zentralisierte Benutzerverwaltung
	d	Import- bzw. Exportfunktion für Versuche (extern+Simulation) (L43)	Versuche externer Dienstleister bzw. simulierte Versuche können in das System importiert werden.
	e	Schnittstelle zum Scanner+OCR (L45)	Nachfrage, ob hier bei Kunde aktuell Bedarf besteht.->Nein
	f	Service für Datenzugriff (L40)	Webservice, um Zugriff auf die Datenbank zu kapseln.
	g	Integration der Importfilter in den Polling-Server (L39)	
	h	Single-Sign-On (SSO) (L25)	SSO mittels Siteminder-Integration implementieren
	i	Plausibilitätschecks beim Datenimport (L46)	Daten werden beim Import bereits auf Plausibilität überprüft.
III		Zugriffsschutz	
	a	Rechteverwaltung (L23)	Optimierung der vorhandenen Rechteverwaltung
	b	Neues Benutzermanagement (L28)	Herauslösen und Neugestalten der Benutzerverwaltung
	c	Rollen-basierte Oberfläche (L8)	noch nicht vorhanden
	d	Verschlüsselung (L26)	vorhanden
	e	Sicherheits-Standards (L27)	Verschiedene Lösungen wie z.B. Firewall aber auch Virencheck der hochgeladenen Dateien andenken
	f	Protokollierung gravierender Änderungen durch Nutzer (L6)	
	g	Write-Lock (L20)	nochmal nachschauen
	h	Siteminder Integration (L24)	Integration der Lösung in Kombination mit Single-Sign-On(SSO)

Abbildung 83: Fallstudie 1 - Produktfunktionen und Prozessmerkmale (1)

		Produktfunktionen und Prozessmerkmale	Erläuterung/Beschreibung
IV		Prozessunterstützung	
	a	Definition Meilensteine im Versuchsprozess+Konsistenzcheck (L32)	Meilensteine im Crash-Test-Prozess definierbar, Check ob alle Aufgaben erledigt sind bzw. offene Punkte existieren.
	b	Wizard/Assistent zur Prozessunterstützung (L2)	Gibt Hilfestellung/Übersicht, in welchem Prozessschritt sich der Anwender aktuell befindet
	c	Erinnerungsfunktion offene Aufgaben/ausgecheckte Dokumente (L35)	Nutzer wird erinnert, wenn er Dokument über einen langen Zeitraum ausgecheckt hat, eine Aufgabe nicht erledigt hat+Eskalation
	d	Fortschrittsanzeige (L29)	Fortschritt im Versuchsprozess wird dem Anbieter visualisiert.
	e	Baureihenbezogener Prozess-Status (L30)	Übersicht über die Versuche zur kompletten Baureihe, d.h. mehrere Versuche, um Gesamtüberblick zu erhalten.
	f	Push-Benachrichtigung über Statusänderungen (L22)	Ein Benutzer verlässt eine Eingabemaske, anderer Nutzer der diese verwenden möchte, wird über die Änderung informiert
	g	Versuchsplanungssystem (L44)	Kompletter Baustein zur Planung und Kontrolle von Versuchen.
V		Systemoptimierung	
	a	Eliminierung von instabilen und nicht supporten 3rd Party Komponenten (L16)	Um Stabilität des Systems zu verbessern
	b	Ablösung der VBA Komponenten (L17)	Vermeidung von Excel-Fehlermeldungen bzw. -dialogen, die am Server durch den Administrator geschlossen werden müssen.
	c	Generisches Datenmodell (L18)	Generisches Datenmodell, um schnelleres Implementieren von Versuchstypen zu ermöglichen
	d	Refactoring (L19)	Allgemeines Refactoring des Systems
	e	Modernisierung veralteter Komponenten (L15)	
	f	Stärkere Modularisierung (Services, ...) (L13)	
	g	Konfigurierbarkeit durch Verantwortliche beim Kunden (L1)	4 Stufen: Entwickler, Eigner, Betreiber und Endanwender, beim Kunden nachfragen
VI		Stabilität im Betrieb	
	a	Backup	
	b	Archivierung	
	c	Clustering	
	d	Systemressourcen	
		Prozessmerkmale	
VII		Testmanagement	
	a	Tester vor Ort beim Kunden	
	b	massive Ausweitung der Testmöglichkeiten	z.B. JUnit oder GUI-Test, zweitere alleine reichen nicht; mehr Tester und Testdurchläufe
	c	Vermehrter Einsatz von Testautomatisierung	Cruise Control und/oder QF-Test
	d	Gegenseitiges Testen	Tester darf den Code nicht entwickelt haben
	e	Automatisierte Tests vor Ort beim Kunden	
	f	Testliste abarbeiten nach Installation durch S&C	
	g	Testplan	alle Tests aufführen und vor Auslieferung abarbeiten, rechtzeitig Tests zu neuer Funktionalität planen
	h	fester Wochentag für Installation	Montag Installation; Dienstag Test; Mittwoch Remote Meeting

Abbildung 84: Fallstudie 1: Produktfunktionen und Prozessmerkmale (2)

		Produktfunktionen und Prozessmerkmale	Erläuterung/Beschreibung
VIII		Lieferprozess	
	a	Klar definierter Lieferprozess	
	b	Lieferungs-Checklisten für S&C	
	c	standardisierter und vereinfachter Lieferprozess	
	d	angepaßte Migrationsanleitung	
IX		Anforderungsmanagement	
	a	Erfassung aller Aufgaben als Jira Task	
	b	Schriftliche Anforderungsformulierung	keine mündlichen Absprachen, da schwer nachzuverfolgen
	c	Klare Prioritäten durch Kunde vergeben	z.B. direkt im Anforderungsmgmt als Extra mit Prio 1-5
	d	Iterative Annäherung an Kundenwünsche durch lauffähige Prototypen	
	e	Abnahmekriterien festlegen	
	f	Prüfkriterien gemeinsam mit Anforderungen festlegen	
	g	Anforderungen exakt spezifizieren	
	h	Klare Definition der Anforderungen	"Erwartungshaltung des Kunden" und "Bessere Formulierungen der Anforderungen"
X		Entwicklungsumgebung	
	a	jedem Entwickler seine komplette Entwicklungsumgebung	bislang: gemeinsame Nutzung einer Datenbank & eines Applikationsserver (WebSphere)
XI		Angebotsstellung	
	a	Angebot in Form einer Spezifikation	v.a. auch Erweiterungspunkte auflisten (mit Aufwand)
	b	Maßnahmen vorschlagen und Nutzen erläutern	sowohl kurzfristiger als auch mittel-/langfristiger Nutzen
	c	Detaillierte Aufschlüsselung der Kosten	
XII		Wissensmanagement	
	a	Wiki zur Dokumentation	Inhalt: alles Neue, bereits Bestehendes, eingesetzte Technologien
	b	durchgängige Dokumentation des gesamten Projekts	
	c	Best Practices festhalten	Probleme (Vorgehensweise und Lösung) dokumentieren, damit diese wieder verwendet werden können
	d	Entwicklerhandbuch	
	e	Glossar für Fachtermini und Kürzel des Kunden	
XII		Codequalität	
	a	Vor Refactorings mögliche Auswirkungen berücksichtigen	vgl. "Austausch AWT - SWING" oder Refactorings
	b	Unklares erfragen	Fragen, bevor man das Falsche programmiert
	c	Fragen stellen	"Fragen kostet nichts"
	d	Code Freeze vor Abnahme	um nicht Last Minute-Fehler zu produzieren

Abbildung 85: Fallstudie 1: Produktfunktionen und Prozessmerkmale (3)

	Produktfunktionen und Prozessmerkmale	Erläuterung/Beschreibung
XIII	Releasemanagement	
a	Vorrangige Bearbeitung von Hot Fix-Releases	
b	Automatisierter Build-Prozess	
c	kurze Iterationen = kleine Releases	
d	Puffer für "Dringendes" vorsehen	
e	Trennung geplante Releases <-> kurzfristige Verbesserungen	
f	nicht zu viele Releases parallel bearbeiten	
XIV	Kommunikation (intern+extern)	
b	Vertrauen schaffen	zugeteilte Aufgaben sauber erledigen und dadurch Nacharbeiten verhindern
c	klare Ziele für die Woche definieren	jeweils im Montagsmeeting
d	Teamevents des INFOS-Teams	Teamessen, evtl. Kegeln gehen etc.
e	gemeinsame Projektmeetings IN- und Daimler-Mitarbeiter	Probleme und neue Funktionen besprechen
f	IN-Mitarbeiter vor Ort beim Kunden	als direkter Ansprechpartner ivor Ort
g	gemeinsames Abschlussessen nach erfolgreichem Release	Mitarbeiter des Kunden und des Anbieters zusammen
h	neue Ideen gemeinsam erörtern	Mitarbeiter des Kunden und des Anbieters
i	mehr Kundenkontakt	Telefon und E-Mail
j	direkter Kontakt Entwickler - Kunde	
XV	Technologiemanagement	
a	Spezialisierung der einzelnen Entwickler	sowohl auf verwendete Technologien als auch auf ein Themengebiet im System
b	Beratung für neue Technologien von extern holen	insb. auch Mitarbeiter aus anderen Projekten
c	Keine Angst vor neuen Technologien und Refactoring	
d	Lösungsvorschläge und neue Technologien für Schwachstellen	auch Refactoring und neue Softwaremodule, dabei auch Kosten und Risiken (neue Fehler) beachten
e	gemeinsam nach sinnvollen neuen Technologien suchen	
f	Refactoring	
g	Refactoring in Richtung klarerer Trennung der drei Schichten	GUI <-> Geschäftslogik <-> Datenbankzugriff

Abbildung 86: Fallstudie 1: Produktfunktionen und Prozessmerkmale (4)

BETRIEBSWIRTSCHAFTLICHES INSTITUT DER UNIVERSITÄT STUTTGART

ABTEILUNG VIII
LEHRSTUHL FÜR ALLGEMEINE BETRIEBSWIRTSCHAFTSLEHRE UND WIRTSCHAFTSINFORMATIK II (UNTERNEHMENSSOFTWARE)

PROF. DR. GEORG HERZWURM

Interviewleitfaden zu den Job Scheduling-Workshops

1. Zum Prozess

- Wie würden Sie unser Vorgehen in den QFD-Workshops beurteilen?
  - für Sie verständlich und nachvollziehbar?
  - für Ihre Kunden verständlich und nachvollziehbar?
  - geeignet, Vertrauen seitens der Kunden in die Leistungsfähigkeit Ihres Unternehmens und Ihres Produkts zu stärken?
  - geeignet, um Sie dabei zu unterstützen, das „richtige" System zu entwickeln?
  - geeignet, um die „richtigen" Bausteine zu definieren, die modular angeboten werden können?
- Inwiefern hat sich Ihr Verständnis für die Leistungsfähigkeit, aber auch Schwachstellen, von Produkten der Wettbewerber verbessert?
- Inwiefern hat sich Ihr Verständnis dafür, was die bestehenden Kunden benötigen, durch die Workshops und die Auswertungen verbessert?
- Inwiefern hat sich Ihr Verständnis dafür, worin die Unterschiede in den Bedürfnissen der Kunden liegen, durch die Erhebung der Kundenanforderungen verbessert?
- Inwiefern hat sich die Zusammenarbeit der Beteiligten bei Ihnen im Haus aber auch in der Zusammenarbeit mit Partnern [z.B. Vertriebs- oder Entwicklungspartner] durch die Workshops verbessert/verändert?
- Sonstige Kommentare

Abbildung 87: Fallstudie 2: Interviewleitfaden Anbieter (1)

2. Zum Ergebnis

- Ist das Ergebnis für Sie plausibel, d.h. wie zuversichtlich sind Sie, dass
  - Alle Kundenanforderungen genannt wurden
  - Die Gewichte der Kundenanforderungen „korrekt" sind
  - Die Gewichte der Produktmerkmale „korrekt" sind
- Wie hat das Ergebnis die (Weiter-)Entwicklung des Produkts beeinflusst bzw. wird sie noch beeinflussen? [Bestätigung dessen, was sowieso geplant, Änderungen an Features oder Zuordnung zu Releases,...]

3. Zur Weiterverwendung

- Wie können die Ergebnisse der Workshops Sie in Zukunft unterstützen?
  - Bei der Konzeption von Marketingmaßnahmen
  - Bei der (Weiter)Entwicklung des Systems
  - Bei der Akquise potenzieller Kunden
  - Bei der Betreuung bestehender Kunden
  - Beim Support
- Ist geplant, die Ergebnisse in Zukunft zu aktualisieren?
  - Durch Kundenzufriedenheitsbefragungen
  - Durch QFD-Workshops, bei denen das Software House of Quality („die Matrix") aktualisiert wird
  - Durch Bewertung von Wettbewerbern bzw. deren Systemen
- Wie wahrscheinlich ist es aus Ihrer Sicht, dass die Ergebnisse von Ihnen regelmäßig aktualisiert werden können, ohne dafür externe Unterstützung zu bekommen? [zu schwierig? Zu viel Aufwand? zu sehr mit Tagesgeschäft beschäftigt?]

Abbildung 88: Fallstudie 2: Interviewleitfaden Anbieter (2)

BETRIEBSWIRTSCHAFTLICHES INSTITUT DER UNIVERSITÄT STUTTGART

ABTEILUNG VIII
LEHRSTUHL FÜR ALLGEMEINE BETRIEBSWIRTSCHAFTSLEHRE UND WIRTSCHAFTSINFORMATIK II (UNTERNEHMENSSOFTWARE)

PROF. DR. GEORG HERZWURM

Fragebogen zu den Job Scheduling-Workshops

1. Fragen zum System

1= völlige Zustimmung, 5= völlige Ablehnung, k.A. = keine Antwort

	Zustimmung					k.A.
	1	2	3	4	5	
PRODUKT ist aktuell ein innovatives Produkt						
PRODUKT ist aktuell von hoher technischer Qualität						
PRODUKT entwickelt sich in die richtige Richtung						
PRODUKT wird zukünftig ein innovatives Produkt sein						
PRODUKT wird zukünftig von hoher technischer Qualität sein						

2. Fragen zum Prozess

1= völlige Zustimmung, 5= völlige Ablehnung k.A. = keine Antwort

	Zustimmung					k.A.
	1	2	3	4	5	
Mir ist klar, in welche Richtung sich das System entwickelt						
Der Entwicklungsprozess läuft klar und strukturiert ab						
Ich konnte auf die Weiterentwicklung des Systems Einfluß nehmen						
Die Weiterentwicklung des Systems orientiert sich daran, wo aus Sicht des Kunden Verbesserungspotenzial besteht						
Ich konnte in den Workshops einbringen, was mir wichtig ist						
Die Ergebnisse der Workshops spiegeln meine Anforderungen an das System gut wider						
Der QFD-Prozess lief klar und strukturiert ab						
Der QFD-Prozess war für mich verständlich						
Der QFD-Prozess hat zu objektiven Entscheidungen geführt						

Abbildung 89: Fallstudie 2: Fragebogen Kundenvertreter (1)

3. Kommentare

Haben Sie noch Kommentare zur Methode (z.B. was hätte besser sein können, was war besonders gut)?

4. Fazit

1= völlige Zustimmung, 5= völlige Ablehnung k.A. = keine Antwort

	Zustimmung					k.A.
	1	2	3	4	5	
Meine Teilnahme war vergeudete Zeit						

Abbildung 90: Fallstudie 2: Fragebogen Kundenvertreter (2)

Anforderungskategorie	funktionale Anforderung	Aktuelle Zufriedenheit Ø (10=sehr gut, 1= sehr schlecht)	Ø	Kunde 1	Kunde 2	Wettbewerber A			Wettbewerber B		
Administration		6,43				6,43			5,86		
	Einfaches Berechtigungskonzept		6,5	6	7		8	1,5		5	-1,5
	Einfache Identifikation von Nutzern		7,5	6	9		9	1,5		5	-2,5
	Aufwandsarme Softwareverteilung (Paketierung)		5	5	5		5	0		7	2
	Einfache (De-)Installation von Agenten		6,5	5	8		4	-2,5		7	0,5
	Konfigurierbare Systemparameter		7,5	6	9		7	-0,5		7	-0,5
	Einfache und übersichtliche Systemadministration		6,5	5	8		8	1,5		5	-1,5
	Aufwandsarme Releasewechsel		5,5	5	6		4	-1,5		5	-0,5
Oberfläche		5,59				7,36			5,00		
	anpassbare Benutzeroberfläche		4,5	2	7		7	2,5		5	0,5
	grafische Darstellung von Jobnetzen		3,5	2	5		7	3,5		4	0,5
	tabellarische Darstellung von Jobnetzen		5,5	2	9		6	0,5		7	1,5
	versionsübergreifende Kontinuität in der Benutzerführung		7,5	6	9		8	0,5		3	-4,5
	ergonomische Benutzeroberfläche		6	5	7		8	2		6	0
	einfache Unterscheidbarkeit zwischen Mandanten		2,5	1	4		8	5,5		5	2,5
	Referenzierung - Verwendungsliste Massenänderung		7	5	9		7	0		3	-4
	Visualisierung von mehreren Jobnetzen		3	1	5		8	5		3	0
	kurze Antwortzeiten für den Endbenutzer		8,5	9	8		8	-0,5		5	-3,5
	Online-Hilfe		7	5	9		7	0		7	0
	Benutzerführung		6,5	5	8		7	0,5		7	0,5
Jobnetz-Design		6,83				6,73			4,87		
	Kontrolle von Jobplanung		8,5	8	9		8	-0,5		5	-3,5
	Simulation von "Was ist wenn..."-Fällen		8	8	8		7	-1		1	-7
	Forecasting		5,5	2	9		8	2,5		7	1,5
	Steuerung von Job-Parallelität (ressourcenabhängige)		9	9	9		9	0		5	-4
	Editierbarkeit von Jobnetzen auf grafischer Ebene		2,5	1	4		6	3,5		7	4,5
	Editierbarkeit von Jobnetzen in Tabellen		4,5	1	8		8	3,5		7	2,5
	Jobnetzabhängigkeit auf sich selbst konfigurierbar		5,5	2	9		5	-0,5		1	-4,5
	Klonen von Jobnetzen		6,5	4	9		7	0,5		3	-3,5
	Jobnetz-Template		5,5	2	9		6	0,5		3	-2,5
	Zyklische Jobnetze		6	3	9		8	2		7	1
	einfach zu verstehende und umfassende Terminregeln		8,5	8	9		7	-1,5		5	-3,5
	Versionierung		5,5	2	9		0	-5,5		1	-4,5
	Recovery-Regeln		9	9	9		6	-3		7	-2
	Relative Startzeiten		9	9	9		7	-2		7	-2
	Durchführung von sequenziellen und parallelen Jobs in einem Netz		9	9	9		9	0		7	-2
Monitoring		5,50				7,60			4,60		
	interne Meldung von Fehlern		7	6	8		7	0		7	0
	Single Point of Control (Mandanten übergreifend)		4,5	1	8		7	2,5		5	0,5
	Single Point of Control (Instanzen übergreifend)		4,5	1	8		7	2,5		3	-1,5
	Geschäftsprozessmonitoring		4,5	1	8		9	4,5		3	-1,5
	periodischer Funktionstest von Agenten		7	5	9		8	1		5	-2
Job-Operation		8,25				7,50			5,00		
	Unterstützung temporärer Änderungen		9	9	9		8	-1		5	-4
	Job-Severity muss unterstützt werden		7,5	6	9		7	-0,5		5	-2,5

Abbildung 91: Fallstudie 2: Kundenzufriedenheit und Wettbewerbsvergleich (1)

Anforderungskategorie	funktionale Anforderung	Aktuelle Zufriedenheit Ø (10=sehr gut, 1= sehr schlecht)		Kunde 1	Kunde 2	Wettbewerber A			Wettbewerber B		
Job-Processing		8,00				8,14			6,71		
	ereignisorientierte Steuerung		9	9	9		8	-1		9	0
	fehlerfreie Ausführung		9	9	9		8	-1		7	-2
	Klassisches Scheduling: Jobs in richtiger Reihenfolge zum richtigen Termin auf einem System ausführen und überwachen		9	9	9		10	1		7	-2
	Variablenersetzung zur Laufzeit		8	7	9		9	1		5	-3
	Real-time Jobverarbeitung		8	7	9		8	0		5	-3
	Reaktion auf Job-Status (z. B. Return-Code)		8	7	9		8	0		7	-1
	Job-Durchführung mit bestimmter Benutzerumgebung		5	1	9		6	1		7	2
Infrastruktur		6,08				7,58			5,00		
	plattformübergreifende Steuerung		9	9	9		8	-1		7	-2
	Mandantenfähigkeit		2,5	1	4		7	4,5		3	0,5
	Unterstützung gängiger DBMS (mehrere)		2,5	1	4		8	5,5		5	2,5
	Ausfallsicherheit		8	8	8		10	2		5	-3
	wahlweise zentrale/dezentrale Speicherung der Skripte/Jobs		7	7	7		8	1		3	-4
	Reorganisation ohne Betriebsunterbrechung		7	6	8		6	-1		5	-2
	Unterstützung unterschiedlicher Zeitzonen		5	9	1		7	2		7	2
	Skalierbarkeit		8,5	9	8		7	-1,5		7	-1,5
	Virtualisierbarkeit		4,5	1	8		7	2,5		7	2,5
	Agenten-Software darf nicht CPU- und speicherintensiv sein		8	8	8		7	-1		5	-3
	Server darf nicht CPU- und speicherintensiv sein		6,5	5	8		8	1,5		5	-1,5
	sicherer und zuverlässiger Filetransfer		4,5	5	4		8	3,5		1	-3,5
Reporting		6,00				5,00			3,00		
	umfassendes Reporting		6	5	7		6	0		7	1
	Accounting		6	5	7		5	-1		1	-5
	konfigurierbare Laufzeit-Statistiken		6	5	7		4	-2		1	-5
Schnittstellen		5,20				7,20			4,60		
	Endnutzer kann System in vordefinierter Art und Weise beeinflussen		6	3	9		7	1		1	-5
	Command Line Interface (CLI)		5	1	9		9	4		7	2
	Import und Export von Daten		7	5	9		8	1		5	-2
	Konsolenanmeldung auf Agent		1	1	1		4	3		5	4
	einfach zu bedienende SAP-Steuerung		7	5	9		8	1		5	-2
Nachvollziehbarkeit		7,38				7,75			3,50		
	Nachvollziehbarkeit warum Jobs laufen		8,5	8	9		9	0,5		3	-5,5
	Nachvollziehbarkeit wie+wann Jobs laufen		8,5	8	9		9	0,5		3	-5,5
	Revisionssicherheit		6	5	7		6	0		5	-1
	Dokumentation von relevanten Objekten		6,5	5	8		7	0,5		3	-3,5
Kundenorientierte Weiterentwicklung		10,00				8,00			5,00		
	Kundenorientierte Weiterentwicklung		10	10	10		8	-2		5	-5
24/7 Support		9,00				7,00			7,00		
	24/7 Support		9	10	8		7	-2		7	-2

Abbildung 92: Fallstudie 2: Kundenzufriedenheit und Wettbewerbsvergleich (2)

Legende:
Die Erfüllung des Kriteriums [oben] trägt
9 : zwangsläufig und sehr stark
3 : merkbar aber evtl. eingeschränkt
1 : möglicherweise und nur bedingt
0 : nur mittelbar oder ggf. gar nicht
zur Erfüllung der Anforderung [links] bei.

#	Kundenanforderungen	Featuregruppe	Shop	Community	Collaboration	Groupware	Workflow Management	Document & Content Management	Strukturmanagement	Rechte- und Benutzerverwaltung	SSO	Suche	Personalisierung	Konnektoren	I18N und L10N	Betriebskonzept	BI	Gewichtung d. Anforderung	Bedeutung der Kundenanforderungen
		0	3	12	21	17	24	25	28	38	12	23	17	27	26	21	16		
9	Portal soll Zugriff auf verschiedene Arten von Dokumenten ermöglichen				9	9	3	9	1	9		9		1	3			3,00%	0,55%
11	Portal soll Zugriff auf unstrukturierte Informationen ermöglichen			9	9	9	3	9	1	3		9		3	3		9	3,00%	0,55%
7	Zugriff auf Informationen über Produktstruktur							3		1		9	3	1	3		3	2,00%	0,36%
9	Suche nach verschiedenen Kriterien				1	1		9	1	9		9	3	3			3	2,00%	0,36%
5	Lokalisierung von Bauteilen im Modell								1	1		9	1	1				0,00%	0,00%
4	Autorisierung auf Dokumente						3	9		9						3		2,00%	0,44%
3	Möglichkeit zur Anbindung unternehmensexterner Informationsquellen													9	3	3		1,00%	0,33%
2	Push-Mechanismus für [verbindliche] Vorgaben (benutzerspezifisch)				1					9								1,00%	0,33%
9	Bereitstellung von fachlichen verbindlichen Vorlagen (benutzerspezifisch)				3	3	1	9	1	9		9	3		3			1,00%	0,33%
6	Verwaltung von Vereinbarungen z.B. Geheimhaltungsvereinbarungen				1		1	9		9		9	3					1,00%	0,18%
12	Freie Suche [wie Google]		9	9	9	9	1	9		9		9	3	9	3		3	4,00%	0,73%
2	benutzerfreundliche Oberfläche								9						9			6,25%	1,14%
11	Unterstützung für User, die das Portal seltener benutzen			9	1	1		3	9	3	3	9	1	1	9			2,50%	0,45%
12	regelmäßiger User muss effizient mit dem Portal arbeiten können			9	9	9	9	9	9	3	3	9	3	9	9			3,75%	0,68%
0	integrierte Hilfefunktion																	2,50%	0,83%
2	ansprechendes Erscheinungsbild								9						3			5,00%	0,91%
8	Integration weltweit verteilter Mitarbeiter							1	1	3			9	3	9	3	3	3,75%	1,25%
0	Anwendung soll möglichst früh für den Kunden greifbar werden > Prototyp																	0,00%	0,00%
14	Aussagekräftige Fehlermeldung		3	3	3	3	9	3	3	3	3	3	3	3	3		3	1,25%	0,42%
2	Oberfläche anpassbar an Firmen-CI								9						3			0,00%	0,00%
5	Klare Navigation							3	9	3			3		3			0,00%	0,00%
5	Unterstützung von virtuellen Projektteams			1	9	1	1								9			5,00%	10,00%
8	Kommunikation in beide Richtungen über das System			3	9	1	1	9		9		9				3		0,00%	0,00%
1	hohe Verfügbarkeit des Systems															9		1,00%	0,18%
1	Daten gehen nicht verloren															9		1,00%	0,18%
2	Ressourceneffizienz														1	9		1,00%	0,18%
5	Antwortzeiten stören Benutzer nicht									1		3	1			9	3	1,00%	0,18%
7	externer Zugang möglich				9	3			9	9	3				1	9		1,00%	0,18%
3	Skalierbarkeit								3			3				9		1,00%	0,18%
11	anwendungsübergreifende Security-Policies				3	3	9	3	3	9	3	3	1	3			1	1,00%	0,33%
7	geringer Supportaufwand			3					3	9	1	1			9	9		1,00%	0,18%
11	Modularität/Erweiterbarkeit			3	9	3	9	1	3	3		1		9	9		1	1,00%	0,18%

Abbildung 93: Fallstudie 3: House of Quality für Kunde 1 (1)

Legende:
Die Erfüllung des Kriteriums [oben] trägt
9 : zwangsläufig und sehr stark
3 : merkbar aber evtl. eingeschränkt
1 : möglicherweise und nur bedingt
0 : nur mittelbar oder ggf. gar nicht
zur Erfüllung der Anforderung [links] bei.

	Anforderung	*Featuregruppe* 0	Shop 3	Community 12	Collaboration 21	Groupware 17	Workflow Management 24	Document & Content Management 25	Strukturmanagement 28	Rechte- und Benutzerverwaltung 38	SSO 12	Suche 23	Personalisierung 17	Konnektoren 27	I18N und L10N 26	Betriebskonzept 21	BI 16	Gewichtung d. Anforderung	*Bedeutung der Kundenanforderungen*
6	Es müssen Schnittstellen zu weiteren Systemen beachtet werden (SAP, ...)						9			9		3		9		9	3	0,00%	0,00%
3	Grafische Systemdokumentation						3	3								1		1,00%	2,00%
4	Möglichst auf doppelte Datenhaltung innerhalb eines Systems verzichten							9		3		1		9				0,00%	0,00%
8	Zukunfts- / Investitionssicherheit durch Standards		3				3	3		9	3			9	9	9		0,00%	0,00%
7	Kundenspezifisch entwickelte Module können in ander. Kontext eingesetzt werden			1	1	1	3			3				9	3			0,00%	0,00%
1	Kontinuierlicher, partnerschaftlicher Verbesserungsprozess (Lösungen für Kunden)						1											0,00%	0,00%
4	geführte Prozesse				3	1	9	1										15,00%	30,00%
0	Unterstützung des Änderungsdienstes (integriert in Anforderung E.1)																	0,00%	0,00%
0	Prozessunterstützung Nutzerantrag (integriert in Anforderung E.1))																	0,00%	0,00%
4	Abbildung von Workflows						9		1	3							1	0,00%	0,00%
4	Bereichsübergreifende Workflows				9		9		3								3	0,00%	0,00%
7	Firmen-/Experten-Know-How verfügbar machen			9				9	1			9		3	9		9	6,00%	12,00%
4	Unterstützung von Experten-Teams				9	9	3								3			4,50%	9,00%
5	Bereitstellung von Informationen durch beliebige Mitarbeiter			9				3	1			9			3			4,50%	9,00%
5	Nutzungsstatistik									9	1	3	1				3	0,40%	0,80%
7	Audit trail (anwendungsübergreifend)						9	9	3	9				1		9	9	0,80%	1,60%
7	Revisionssicherheit (anwendungsübergreifend)						9	9	3	9				1		9	9	0,80%	1,60%
5	einfache und effiziente Nutzerverwaltung				3	3			3	9				9				1,60%	0,29%
2	Applikationen sind rollenspezifisch									9			9					0,80%	0,15%
3	Einmaliger und eindeutiger Login (SSO)										9			3		3		1,60%	0,29%
5	Zugriff möglich auch für Nicht-Mitarbeiter (z.B. Lieferanten, Entwicklungspartner,..)								9	9	9			3		9		0,80%	0,15%
5	eingeschränkter Zugriff bei unsicherer Verbindung								9	9	9			3		9		0,40%	0,07%
7	Mandantenfähigkeit				9		9	9	9	9					3	9		0,40%	0,13%
2	anwendungsübergreifende Rollenrechtsteuerung									9				9				1,20%	0,22%
2	Aktualisierung/Synchronisierung von Benutzerverwaltung									9				9				1,20%	0,22%
2	Inhalte sind Rollenspezifisch									9			1					0,00%	0,00%
2	Personalisierte Anwendungen (Layout, Maßangaben, ...)												9		9			0,00%	0,00%
5	Portal muss sich einfach in vorhandene IT-Landschaft integrieren lassen									9	9	3		9		9		0,00%	0,00%
		100%																	
	Bedeutung mit Zufriedenheit		0,08	2,23	2,93	1,50	3,63	2,42	0,72	0,91	0,12	2,33	0,24	0,75	3,00	0,52	1,55		
	relative Bedeutung	0	0,3%	9,7%	12,8%	6,5%	15,9%	10,5%	3,1%	4,0%	0,5%	10,2%	1,0%	3,3%	13,1%	2,3%	6,7%		
	Rang		15.	6.	3.	8.	1.	4.	11.	9.	14.	5.	13.	10.	2.	12.	7.		

Abbildung 94: Fallstudie 3: House of Quality für Kunde 1 (2)

	Produktmerkmale	Erläuterung/Beschreibung/konkrete Ausprägung
I	Shop	shopbasierte Funktionen , inkl. Einbindung Warenwirtschaft, Kaufabwicklung, Warenverfügbarkeit, Tracking von Paketen
II	Community	hierunter verstehen wir Möglichkeiten zur Erstellung von user generated content, d.h. Foren, Wikis, etc.
III	Collaboration	Unterstützung verteilter Zusammenarbeit durch. Chat, Web Conferencing, Desktop Sharing, Projekträume, o.ä.
IV	Groupware	ähnlich Exchange: Aufgaben, (Gruppen-)Kalender, Instant Messenger
V	Workflow Management	Unterstützung von Geschäftsprozessen, bspw. durch Genehmigungsmanagement; grafischer und/oder tabellenbasierter Editor
VI	Document & Content Management	Vorhaltung von stukturierten und unstrukturierten Daten und Dateien in diversen Formaten und aus verschiedenen Quellen.
VII	Strukturmanagement	Verwaltung der Strukturen im Portal,z.B. der Anordnung von weblets
VIII	Rechte- und Benutzerverwaltung	Verwaltung von Rollen und deren Berechtigungen im System, basierend auf Authentisierung mittels SSO oder Konnektor
IX	Suche	Suchfunktion für Inhalte des Portals
X	Personalisierung	vom einzelnen Nutzer angepasster Content und individualisierter Menubaum (basierend auf seinen Rechten)
XI	SSO	systemeigene Funktion der Authentisierung, falls Userdaten nicht von externem System übernommen werden
XII	Konnektoren	Schnittstellen zu Drittsystemen (sowohl für Import von Daten als auch für deren Output)
XIII	I18N & L10N	Anpassung an andere Sprachen, Kulturen, Maßeinheiten, etc. bereits bei Programmierung vorsehen, ohne später den Quelltext ändern zu müssen (Kurzform für Internationalization und Localization)
XIV	Betriebskonzept	hierunter fällt der Betrieb der Software inkl. Themen wie Load Balancing, Backup, etc.
XV	BI	sowohl Reportingfunktionen (zum Portal und seiner Nutzung) als auch Wissensmanagement, objektiviertes Wissen in Datenbanken zum Abruf vorgehalten (u.a. Lessons Learned, FAQ,...)

Abbildung 95: Fallstudie 3: Definitionen der Basisdienste